AF390213

Agrippa d'Aubigné

et le Parti Protestant

Agrippa d'Aubigné

et le Parti Protestant

Contribution à l'Histoire de la Réforme en France

TOME DEUXIÈME

*Thèse pour le doctorat ès lettres
présentée à la Faculté des Lettres de l'Université de Paris*

PAR

ARMAND GARNIER

AGRÉGÉ DE L'UNIVERSITÉ, PROFESSEUR AU LYCÉE HENRY IV
ANCIEN ÉLÈVE DE L'ÉCOLE NORMALE SUPÉRIEURE

**PARIS
LIBRAIRIE FISCHBACHER**
(Société Anonyme)
33, RUE DE SEINE, 33

1928

AGRIPPA D'AUBIGNÉ
ET LE PARTI PROTESTANT
DEUXIÈME VOLUME

CHAPITRE VIII

LES PROTESTANTS AU SECOURS DE LA ROYAUTÉ
L'ASSASSINAT D'HENRI III ET L'AVÈNEMENT D'HENRI IV

---

§ 1. — **Les opérations victorieuses du Roi de Navarre. — D'Aubigné gouverneur de Maillezais (1ᵉʳ janvier 1589). — La marche sur Tours et la réconciliation des deux rois (avril 1589). — La marche sur Paris (juin-juillet).**

Pour le moment, la guerre continuait. Le duc de Nevers bombardait la Garnache; les Protestants faisaient une diversion en attaquant *Niort*, où se trouvait Malicorne, le gouverneur du Poitou. Nous les avons laissés à proximité de la place, dans la nuit du 27 au 28 décembre, nuit glaciale et claire. Il fallut attendre dans les pierrières le coucher de la lune. Alors, à la faveur des ténèbres, on put appliquer deux échelles de 44 pieds de haut dans une retraite de muraille, du côté de la porte Saint-Gelais. Dix-huit hommes, commandés par Arambure, montèrent sans encombre et allèrent surprendre le prochain corps de garde. Mais un coup d'arquebuse tiré par un des soldats de la ville donna l'alarme. En même temps jouaient les pétards des assaillants qui faisaient sauter les portes, par où devait pénétrer le gros. La première, celle du bastion avancé, qui couvrait la porte Saint-Gelais, tomba facilement, le pétard ayant été appliqué au bon endroit. Il n'en fut pas de même à la porte de la ville, où l'ouverture produite laissait à peine pénétrer un homme. On dut l'élargir en arrachant les bandes. Perte de temps qui faillit faire

manquer l'entreprise. Car la défense s'organisait et les camarades qui avaient esca-
ladé le rempart avec Arambure avaient beau se battre courageusement, ils ris-
quaient de refaire le saut en sens inverse. Enfin on put pénétrer à flots, d'Aubigné
à la tête de la première troupe. Par une fatale méprise, due à l'obscurité, Arambure
les prit pour des adversaires, et les deux groupes se battirent ensemble. Il **paya**
cher son erreur : et là « se perdit l'œil de son grand ami », dit d'Aubigné, en rappelant avec une émotion douloureuse ce triste souvenir [1]. La résistance ennemie
fléchit vite ; les défenseurs se réfugièrent dans le château, avec Malicorne. Quand
on somma le Gouverneur de se rendre, il ne voulut, paraît-il, parlementer qu'avec
d'Aubigné, qui avait eu à se louer de lui pendant sa captivité. Il est vrai que ni
de Thou, ni les *Mémoires de la Ligue* ne mentionnent ce détail de la capitulation [2].
Mais ce n'est pas une raison pour qu'il soit faux. On comprend que d'Aubigné
rapporte une circonstance honorable pour lui, et qu'elle ait été négligée ailleurs.
Si les choses se sont passées comme il le dit, il fit preuve à l'égard de Malicorne
d'une générosité où il entrait du reste de l'habileté :

« Ce vieillard lui dit à l'abordée qu'il se rendoit à sa discrétion. Aubigné
ne voulut pas abuser de cet effroi, mais ménageant l'aage, la qualité et l'obligation,
lui fit une capitulation qu'il n'osoit demander, à savoir que la capitulation de la
place se faisoit dès l'heure. Pour foi de quoi il choisit quatre ostages et les envoya
en la ville, mais arresta que la reddition de la personne et de la place ne s'accom-
pliroit qu'entre les mains du roi de Navarre, disant qu'un gouverneur de province
estoit un morceau de roi. Par ce moyen, il osta ceux du chasteau du danger de l'in-
solence et laissoit à son maistre quelque part à la curée [3]. »

Le Roi de Navarre arriva le lendemain (29 décembre 1588) et ratifia tout ce qui
s'était fait. Il nomma Saint-Gelais gouverneur de la ville, et Parabère commandant
du château. C'était eux qui, avec d'Aubigné, avaient tout conduit. Lui aussi reçut
sa récompense, mais ailleurs, *à Maillezais*, dont il alla s'emparer presque sans
coup férir, aussitôt après la prise de Niort (dans la nuit du 31 décembre au 1er jan-

---

1. *Mémoires* (Réaume, t. I, p. 65).
2. Voir leur récit de la prise de Niort : DE THOU, t. X, p. 493-96 ; *Mémoires de la Ligue*, t. III, p. 152
et sq.
3. *Histoire*, t. VIII, p. 7-8.

vier), et dont il demeura gouverneur « au regret de son Maistre, prétend-il, qui luy ordonna le plus misérable estat qu'il peut, pour le faire desmordre : mais il estoit trop las de courir [1] ».

Toujours la fameuse jalousie du Roi de Navarre ! Quoi qu'il en soit, il avait satisfaction, et il dut éprouver une grande joie. C'était la revanche de la perte d'Oléron. Désormais il avait une place à lui : « qui commençoit d'estre bonne comme fortifiée par les deux partis », et j'ajoute protégée par la nature, car elle est située dans une île que forment la Sèvre Niortaise et les deux bras de l'Autize, donc facilement défendable. Il allait s'y installer de plus en plus solidement et s'y maintenir pendant trente ans, jusqu'à son exil à Genève, sous la Régence. Son rêve seigneurial était enfin réalisé !

Une sorte de stupeur semblait avoir frappé les places catholiques. Saint-Maixent tomba le même jour que Maillezais [2].

Pour compléter ces succès il aurait fallu sauver la Garnache, qui tenait toujours, et qui repoussa un assaut général, le 4 janvier. Mais les assiégés étaient épuisés et le duc de Nevers de son côté, fort impatient d'en finir, car il n'avait plus son armée dans la main depuis la tragédie de Blois, ceux des gens de guerre qui étaient passionnés pour la Ligue reniant maintenant le service du Roi, et ne demandant qu'à fausser compagnie. Aussi accepta-t-il l'entremise d'un gentilhomme du pays qui remontra au gouverneur le Plessis-Gesté que les intérêts des Protestants et des Royalistes devenaient solidaires contre la Ligue. L'argument porta. Une capitulation honorable fut signée le 6 janvier, avec délai de huit jours pour la reddition ou pour le secours. Le Roi de Navarre averti voulut profiter de cette clause et s'achemina à grandes journées. Mais l'hiver était rigoureux. Il fut brusquement arrêté en route (9 janvier), au Champ-Saint-Père [3], par une pleurésie grave. Il pensa mourir. Dans le Parti on eut grand'peur, et l'on sentit quelle perte irréparable on ferait. De tous côtés les larmes coulaient, et les prières montaient vers Dieu. A la Rochelle notamment les temples ne désemplissaient pas le jour ni la

---

1. *Mémoire* (Réaume, t. I, p. 65). Cf. *Histoire*, t. VIII, p. 9-11.
2. Cf. Lettre du Roi de Navarre à la comtesse de Grammont du 1ᵉʳ janvier 1589 : « Ne vous manderay-je jamais que prinses de villes et forts ? Anuit se sont rendus à moy Saint-Maixent et Maillesaye, et espère, devant la fin de ce mois, que vous oirés parler de moy. » *Lettres-Missives*, t. II, p. 416.
3. Vendée, entre Luçon et la Roche-sur-Yon.

nuit. Même à la Cour de France l'émotion fut profonde à la nouvelle de cette maladie, car les Royalistes patriotes mettaient leur espoir en lui pour tirer le pays de l'anarchie. Enfin il en réchappa et sa robuste constitution triompha du mal. Dès le 18, il entrait en convalescence.

Mais la Garnache était perdue. Le délai de secours expirait le 14. Il avait bien tenté *in extremis* d'y dépêcher Châtillon, trop tard selon d'Aubigné qui avait prédit l'échec. Il connaissait mieux que personne la région pour l'avoir parcourue en tous sens pendant la guerre de 1580, et savait la difficulté des chemins et l'impossibilité d'arriver à temps. Le fait est que quand la nuit tomba, le soir du 14, on était encore à plusieurs kilomètres de la Garnache [1]. La retraite fut pénible :

« Monsieur de Chastillon ayant fait sa desmarche contre le conseil d'Aubigné, il mit en route [déroute] luy mesme son armée à la nuict, et une partie s'en perdoit sans les ralliemens d'Aubigné [2]. »

Celui-ci retrouva son maître au château de la Mothe-Frelon, près du Champ-Saint-Père, où il l'avait laissé alité. Il allait mieux, et sa gaîté revenait [3], comme en témoigne une amusante anecdote que j'ai déjà rapportée au début de cet ouvrage, à propos de la date de naissance de d'Aubigné, parce qu'en la racontant il y fait mention de son âge. C'est le faux avis que chacun donna à l'autre d'une entreprise menaçant Maillezais, le Roi, afin de l'alarmer, lui, pour obtenir congé d'aller revoir les siens. On se rappelle peut-être que ce récit se termine ainsi : « Ceste retraite faite en riant fut le premier repos, ou plustost le premier intervalle de labeurs que cest homme eust essayé despuis l'aage de quinze ans jusques à trente sept ou environ qu'il avoit lors, pouvant dire avec vérité que, hormis les temps des maladies et des blessures, il ne s'estoit point veu quatre jours de suite sans courvée [4]. »

---

1. A Saint-Christophe-de-Ligneron (Vendée).

2. Cf. *Mémoires* (Réaume, t. I, p. 65), et *Histoire*, t. VIII, p. 11-16. Voir aussi pour la fin du siège de la Garnache, DE THOU, t. X, p. 496-499, les *Mémoires de la Ligue*, t. II, p. 540 et sq., et les *Mémoires de Nevers*, t. I, 1ʳᵉ partie, p. 881 et sq. (édit. 1665).

3. Cf. sa lettre du 20 janvier à M. de Scorbiac, conseiller au Parlement de Toulouse, pour rassurer le Midi où avaient couru des bruits sinistres, « J'ay esté proche du sépulcre par une pluerésie, mais à présent, Dieu mercy, je commence à me mieux porter » (*Lettres-Missives*, t. II, p. 428-429). Huit jours après il allait déjà à la chasse (Cf. lettre du 28 janvier à d'Épernon, t. II, p. 429).

4. *Mémoires* (Réaume, t. I, p. 65-66).

Retiré dans sa place de Maillezais pendant la fin de l'hiver, d'Aubigné ne prit donc pas part à la marche victorieuse du Roi de Navarre qui, en trois semaines, l'amena de la Rochelle, où il avait achevé sa convalescence, jusqu'aux abords de Tours, où se trouvait Henri III. Il enleva en courant, lui-même ou par ses lieutenants, Loudun, Thouars, Montreuil-Bellay, Châtellerault, l'Ile-Bouchard[1], sans compter quelques autres petites villes du Poitou[2]. Il est vrai qu'il n'avait plus devant lui l'armée du duc de Nevers, qui s'était disloquée par la défection des Ligueurs, après la capitulation de la Garnache, et n'était pas encore reconstituée[3]. Le 8 mars, il était à Montbazon, presque aux portes de Tours. Cette approche était une invite au Roi, et en même temps une menace pour forcer ses hésitations coutumières. Opération politique autant que militaire. L'intention ressort clairement des lettres de Duplessis-Mornay qui en fut le conseiller[4]. Au reste Henri III, acculé dans ses derniers retranchements et inquiété jusque dans Tours par les Ligueurs de Paris, n'avait plus guère le choix. Aussi avait-il déjà fait partir sa tante, la duchesse d'Angoulême, au-devant du Béarnais, pour examiner les possibilités et les conditions d'un accord. Elle avait contribué à le faire entrer à Châtellerault (2 mars), grâce à des intelligences qu'elle avait dans la place, qui fut le quartier général du Roi de Navarre pendant tout le mois de mars.

Ainsi les Royaux se faisaient presque les complices de ses succès et lui ouvraient la voie. Du moins n'opposaient-ils plus guère de résistance. Mot d'ordre ? Peut-être, mais plutôt signe de l'état d'esprit qui va aboutir à la réunion des deux rois. On pressentait, on souhaitait l'événement par un sûr instinct de conservation nationale. A Montbazon les deux armées s'étaient trouvées en contact, et loin de se témoigner de l'hostilité elles s'étaient mises à fraterniser.

« Nos gens de guerre se rencontrent, écrit le Béarnais à la comtesse de Gram-

1. Conquêtes mentionnées dans une lettre du 5 mars à M. de Saveylles. Cf. *Lettres-Missives*, t. II, p. 459 : Thouars (Deux-Sèvres), Montreuil-Bellay (Maine-et-Loire), Loudun, Châtellerault (Vienne), l'Ile-Bouchard (Indre-et-Loire).
2. Vivonne et Mirebeau dans la Vienne.
3. Cf. *Histoire*, t. VIII, p. 16, note 4.
4. Cf. ses lettres des 11 et 20 février à MM. de Morlas et des Réaux. *Mémoires Duplessis-Mornay*, t. IV, p. 313 et 319.

mont, et s'embrassent au lieu de se frapper, sans qu'il y ait trefve ny commandement exprès de ce faire [1]. »

A cette heure de péril si grave, où la France se disloquait et risquait de sombrer avec la Royauté, ils se sentaient de nouveau compatriotes.

Les négociations une fois amorcées entre les deux rois par la duchesse d'Angoulême, c'est Duplessis qui alla les poursuivre à Tours. Il fut le bon génie de son maître pendant toute cette période. Il inspira, s'il ne le rédigea pas, le beau *Mani feste aux Trois Estats de ce Royaume* [2], daté de Châtellerault, 4 mars, si habile et si français, appel émouvant à la raison, à la concorde, à la paix bienfaisante qui guérira la grande « pitié » du royaume de France. Nous savons que c'étaient bien là les vrais sentiments du Roi de Navarre; il était en pleine communion de pensée avec son conseiller. Il ne faisait pas la guerre pour son plaisir, mais par nécessité, afin de ne pas laisser opprimer les consciences, les biens, la vie de ceux dont il avait la charge ; mais il était toujours prêt à mettre bas les armes si tout cela lui était garanti. Pour réaliser ce vœu de la paix « sacrée », qui était au fond de tant de cœurs et que personne n'avait osé formuler aux États de Blois, lui se déclarait prêt à embrasser tous les Français, même les Ligueurs, et à pratiquer à la lettre le pardon chrétien des injures. Et de nouveau il offrait la solution d'un libre Concile pour régler le différend religieux, mais se refusait, aujourd'hui comme hier, à laisser ployer par la force sa conscience et celle des siens. En somme il n'interdisait pas au pays catholique l'espoir de sa conversion, et il semblait faire de sa résistance actuelle une question de dignité plus encore que de conviction.

C'est pour cela sans doute que d'Aubigné ne souffle mot de ce manifeste dans son *Histoire*. Tant de modération, tant de largeur d'esprit et de cœur, ce zèle national en un mot, étaient bien faits pour choquer sa passion partisane. Il n'y voyait rien que tiédeur pour la Cause et pour Dieu. C'est toujours la même opposition entre ces deux hommes, l'un de tendances toutes modernes, l'autre roidement figé dans une forme de pensée biblique qui considère la guerre de Religion comme une guerre sainte. Comment dès lors auraient-ils pu se comprendre et s'entendre ?

1. Cf. *Lettres-Missives*, t. II, p. 460, lettre du 8 mars.
2. Cf. *Lettres-Missives*, t. II, p. 443 à 458. Il figure dans les *Mémoires de Duplessis-Mornay*, t. IV, p. 322 à 340.

Il fallait toute la solidité des liens qui les unissaient, tant de souvenirs communs, tant de périls affrontés ensemble, et aussi l'attrait réciproque de leur bonne humeur, pour maintenir entre eux, malgré des divergences d'idées si profondes, un indissoluble attachement.

Cette divergence d'idées se montre encore au sujet de *la réconciliation des deux rois*. D'Aubigné blâme. Il ne veut pas admettre les raisons impérieuses qui imposaient cette solution. Henri III est un félon, qui a trahi les Guises après avoir trahi les Protestants : on ne traite pas avec un félon. Il ne sort pas de là. Pour un homme à principes, c'était un homme à principes ; et je ne disconviens pas qu'il y a une noblesse morale dans cette intransigeance, mais elle manque évidemment d'esprit politique.

« Bien que les défiances des refformez fussent grandes, dit-il, et que les mutations escrites aux livres passez, jointes à la foi de Blois, leur rendissent odieuses et les affaires et la personne du roi, le roi de Navarre, qui avoit des conclusions à part, presta l'oreille et le cœur aux négotiations de la duchesse d'Angoulesme, ne communiquant ce traité qu'aux serviteurs du successeur [1]. »

Appellation dédaigneuse dans sa bouche, et qui semble viser particulièrement Duplessis-Mornay, le négociateur du traité [2]. Cependant d'Aubigné ne précise pas son rôle, et paraît dire ou croire que tout fut réglé par l'entremise de la duchesse d'Angoulême. Est-ce ignorance de sa part, ou envie à l'égard d'un conseiller mieux écouté que lui ?

La *trève* fut signée le 3 avril, par du Plessis et le représentant d'Henri III, mais elle resta secrète jusqu'à la publication des *Déclarations des deux rois* (24 et 26 avril), qui avaient pour objet de l'expliquer et de la faire accepter dans les deux camps, et surtout par les Catholiques. Car il suffit de les lire pour se rendre compte qu'elles ont été concertées et que, dans l'une comme dans l'autre, un voile discret est intentionnellement jeté sur les concessions faites aux Réformés. D'Aubigné a reproduit ces deux Déclarations à la fin du livre XII de son *Histoire* [3], et il

---

1. *Histoire*, t. VIII, p. 38.

2. Duplessis eut au moins deux entrevues secrètes avec Henri III à Tours, la seconde le 23 mars. V. dans ses *Mémoires* les lettres où il en rend compte au Roi de Navarre, et les réponses de celui-ci, t. IV, p. 343-350.

3. Livre XIII de l'édition Ruble : c'était le livre II du t. III dans les éditions données par d'Aubigné lui-même.

les a fait suivre d'un bref commentaire où il ne modifie pas son jugement sur la légitimité ou la moralité de cet accord, mais il est bien obligé d'en reconnaître l'efficacité : « Cette tresve, qui encor n'estoit que d'un an, sans l'authorité des provinces, par la seule direction du roi de Navarre et avis de ceux qui estoyent près de lui, eut telle vigueur que nulle paix n'a jamais apporté un tel calme [1]... »

Elle fut donc scrupuleusement observée des deux côtés. N'est-ce pas avouer sa bienfaisance et en tout cas la bonne foi des contractants ? Et, dès lors que ses défiances n'étaient pas fondées, la valeur de ses critiques n'en est-elle pas diminuée ?

Il se garde de spécifier les avantages — réels cependant — que les Protestants retirèrent de cette trêve. Je ne parle pas de l'avantage moral qu'ils s'acquéraient en venant au secours de la Royauté, mais il y avait des bénéfices plus tangibles. Pour la Religion réformée d'abord. Alors qu'elle était proscrite depuis l'Edit de juillet 1585 et effectivement interdite partout où les armes du Parti ne dominaient pas, désormais elle recommencerait à être tolérée dans une ville par baillage ou sénéchaussée parmi celles que les Protestants conquerraient, les autres devant être remises au Roi. Le culte serait libre également là où se trouverait le Roi de Navarre, et dans le lieu de passage concédé sur la Loire. Ce lieu de passage fut, en fait, une pierre d'achoppement pendant les négociations. C'était un des points les plus importants du traité ; il lui donnait son véritable caractère, et le marquait du sceau de l'alliance, en ouvrant aux Protestants les provinces au nord du fleuve pour venir y aider les Royalistes contre la Ligue. Henri III hésitait, proposait des places militaires faibles, ou trop excentriques par rapport à l'ouest protestant. Le Roi de Navarre finit par l'emporter et par obtenir Saumur, qui lui fut remis le 17 avril, et où il installa Duplessis-Mornay comme gouverneur. C'était bien le moins qu'ayant été à la peine il fût à l'honneur. Puis il inspirait même confiance des deux côtés.

Désormais le sort en était jeté. Henri III était lié. Mais jusqu'au dernier

---

1. *Histoire*, t. VIII, p. 146. Le texte des deux *Déclarations* occupe les chapitres xxx et xxxi du livre XII de l'édition Ruble, p. 133 à 145. Celle d'Henri III est d'ailleurs donnée sous un titre erroné : « Tresve faite entre le roi et le roi de Navarre », comme si c'étaient les articles mêmes de la trêve — qu'on peut lire ailleurs, dans les *Mémoires de Duplessis-Mornay*, t. IV, p. 351-356. Quant aux deux manifestes, ils sont également dans les *Mémoires de la Ligue*, t. III, p. 300 et sq.

moment il avait esssayé d'éloigner ce calice : l'union avec les hérétiques !
Même après la signature de la trève, et dans l'intervalle qui s'écoula jusqu'à sa
publication [1], il tenta encore un accommodement avec Mayenne par l'entremise du
Légat [2]. Faut-il voir seulement de la duplicité dans ces tractations contradictoires ?
Ce serait la justification des défiances de d'Aubigné. Mais c'est bien plutôt,
semble-t-il, le débat d'une âme partagée entre des sentiments et des raisons
opposés. Ses scrupules religieux étaient sincères, et il répugnait vraiment à cette
alliance. Surtout il savait combien elle serait exploitée contre lui par la Ligue.
S'il s'y résigna finalement, c'est parce qu'il ne vit pas le moyen de faire autrement. Il avait cru se libérer en supprimant Guise, et redevenir le maître de la
situation. L'effet fut tout contraire à celui qu'il attendait. Le sang des « martyrs » de la Ligue cria vengeance par des milliers de bouches, la rébellion gagna
la plupart des villes et des provinces demeurées fidèles jusque-là. C'est alors, en
constatant la ruine de toutes ses illusions, qu'il se décida à prendre la main que
le Roi de Navarre lui tendait.

Les événements allaient précipiter leur rencontre. Après être retourné de
Châtellerault à la Rochelle, le Roi de Navarre était reparti pour Saumur, où
Duplessis se trouvait déjà. Le 18 avril, il y faisait son entrée et en prenait officiellement possession. Son intention n'était pas de s'y arrêter longtemps, mais
de traverser la Loire et d'aller donner la chasse aux Ligueurs « qui dégastoient
son Vendômois [3] ». Je crois que dès ce moment d'*Aubigné l'avait rejoint*, quoiqu'il
dise dans ses *Mémoires* qu'il « arriva au combat de Tours [4] » (8 mai). Mais la
plupart des corps protestants et le Roi de Navarre lui-même étaient absents,
comme nous le verrons, au début de cette affaire, et ne survinrent que pendant le
combat. La formule de d'Aubigné ne signifie peut-être pas qu'il arrivait de chez
lui, et qu'il reprenait seulement son service après le congé dont il avait bénéficié.
Il y a doute. Dès lors j'inclinerais assez à placer à cette époque, *avant le passage de la Loire, un incident* qu'il relate dans l'appendice de son *Histoire*, à pro-

---

1. Elle fut enregistrée au Parlement de Tours le 29 avril 1589.
2. Cf. DE THOU, t. X, p. 591-593.
3. *Histoire*, t. VIII, p. 39.
4. *Mémoires* (Réaume), t. I, p. 66.

pos de la mort d'Henri IV, parce qu'il y vit — après coup — une sorte d'avertissement céleste. L'anecdote n'est pas datée, mais il semble dire que le Roi de Navarre quittait définitivement le Poitou. A quel moment de sa carrière pourrait-on dire cela plus justement qu'au temps où nous sommes, quand sa Fortune prenait une direction toute nouvelle, et allait, en effet, l'éloigner pour longtemps, sinon pour toujours, de l'Ouest protestant ?

« Henri le grand...., prenant congé du Poictou, et son logis *à Moncontour*, trouva sur le bord du petit pont *le juge du lieu*, grand vieillard sec, le visage long, très ridé, les yeux haves, la barbe blanche et longue, un vestement sale et tout plumeux. Cet homme s'estant présenté pour haranguer, *on nous fit approcher*, plus pour avoir part à la risée, commune aux courtisans, qu'à l'admiration. Adonc l'orateur, avec une triste asseurance, parla ainsi[1]. »

Suit un discours de paysan du Danube, qui aurait fait le voyage du Jourdain, et en aurait rapporté l'allure et le ton des prophètes juifs. Ce discours est évidemment de la façon de d'Aubigné, mais à moins de douter complètement de son témoignage, nous devons penser qu'il en a respecté le fond. C'est un étrange compliment qu'adresse au Roi ce « juge » d'Israël ; en fait c'est une leçon rude, bourrue, menaçante même, pour le cas où ses conseils de justice et de clémence ne seraient pas suivis. Il tire argument surtout du souvenir de Moncontour (3 octobre 1569) dont le champ de bataille est proche, et où l'ire de Dieu a frappé tant de généreuse noblesse pour punir les puissants de ce monde des calamités que leurs ambitions et leurs discordes apportaient au peuple meurtri : « Dieu demandera les vies à milliers de la main de ceux qui les ont fait tomber sous leurs auspices. Et cependant peu de ces grands vont la gorge sèche au tombeau, pour ce que le grand justicier dès ce monde exerce jugement[2]. »

Voilà *la parole fatidique* qui donna le frisson à Henri, et qu'il rappelait souvent à ses familiers. Il avait quitté la Rochelle le 5 avril. Le 15, il passait à Thouars, dans le voisinage de Moncontour. Il avait pu s'y trouver la veille le 14 avril.

De Saumur, au moment où il passait la Loire (21 avril), il lança un *Manifeste*

1. *Histoire*, t. IX, p. 461-462.
2. *Histoire*, t. IX, p. 463.

rédigé par Duplessis, pour expliquer son entrée en campagne au service du Roi,
faisant appel au bon sens, à l'intérêt, au patriotisme de tous les ordres, qui souffraient également de la guerre et sur qui retomberait la ruine de l'État. Il
invite les sujets loyaux à redoubler de dévouement, les égarés à se rallier autour
du trône, dont l'écroulement serait la fin de tout, et n'amènerait qu'une interminable anarchie ; car jamais les prétentions dynastiques ni l'usurpation de Mayenne ne
seront acceptées de la vraie Noblesse française. A tous les bons Français il déclare
la paix, même aux serviteurs de la douzième heure qui reconnaîtront tardivement
leur erreur ; il ne combat que les Ligueurs irréductibles [1].

C'était Mayenne en personne qui mettait à sac le Vendomois, domaine particulier de la maison de Bourbon. Il était sorti de Paris le 8 avril, après avoir régu-
larisé, autant que possible, la commune révolutionnaire qui s'y était constituée à
la nouvelle de l'assassinat de Guise. La terreur régnait dans la ville ; le Parlement
avait été épuré et converti de force au nouveau régime ; les Comités des Seize
quartiers surveillaient les suspects et rançonnaient les riches, les prédicateurs
forts en gueule ameutaient les fidèles en pleine église contre les tièdes ou *politiques* et excitaient les passions fanatiques de la foule par des processions sans
cesse renouvelées. Dans ces conditions, le Conseil général de l'union, que Mayenne
installa au sommet de l'organisation ligueuse, pouvait paraître une institution
modératrice. Il avait hérité de la popularité de son frère disparu, et dans l'émotion
de cette mort qui dévouait les Parisiens à sa famille, il pouvait pour le moment
exercer réellement l'autorité de « lieutenant général de l'État et couronne de
France », qu'on venait de lui conférer.

De Paris il marcha sur Vendôme, qui lui fut livré par la trahison du gouverneur Maillé Benehart. Il allait s'attaquer à Château-Renault quand il apprit l'approche du Roi de Navarre ; alors il changea de direction et vint surprendre à
Saint-Ouen, au nord d'Amboise, la cavalerie de d'Épernon qui était sous le commandement de son beau-frère le comte de Brienne. Les hommes, débandés dans
les villages environnants, furent pris ou s'enfuirent. Le Comte se réfugia, avec une
partie de sa troupe, dans le château du lieu, qui appartenait au fameux trésorier

1. Cf. *Mémoires de Duplessis-Mornay*, t. IV, p. 356-357.

de l'Épargne Molan, dont la Ligue avait pillé la maison et les richesses à Paris. Mais ce château n'avait ni fossé, ni retranchements et ne pouvait tenir longtemps. Le Roi de Navarre, averti par un message d'Henri III de la situation critique des assiégés, fit une traite de vingt-deux heures pour les secourir. Mais il arriva trop tard, et fut informé à Maillé, à deux lieues de Tours, qu'ils avaient capitulé (28 ou 29 avril)[1]. Alors il s'arrêta au château de Maillé, et c'est de là qu'Henri III le manda pour venir le trouver au Plessis-lès-Tours.

Il ne fit pas de difficulté de se rendre à cette invitation, malgré les appréhensions de son entourage, qui ne pouvait chasser le souvenir de la trahison de Blois, et qui voulait surtout l'empêcher de passer la Loire (il était au nord du fleuve) et d'aller se livrer en quelque sorte à la merci du Roi « comme en une isle entre les deux rivières de Cher et de Loire[2] ». Mais lui, jugeant que l'importance politique de cette rencontre valait le risque, ayant foi dans son étoile et dans la protection divine : « Dieu me dit que je passe et que je voise ; il n'est en la puissance de l'homme de m'en garder[3] » ; lui donc, « en secouant la teste secouait aussi ces advis[4] » craintifs, et marchait vers le Roi. Il ne refusa d'ailleurs pas de prendre des précautions élémentaires, et de faire traverser d'abord sa noblesse et sa garde, qui occupa une des portes du *château du Plessis, où devait avoir lieu l'entrevue*. Les deux Rois s'avancèrent l'un vers l'autre dans le parc, mais furent un grand quart d'heure avant de pouvoir se joindre, tant la foule était dense « qui crioit à grande force et exultation : Vive le Roy ! Vive le Roy de Navarre, vivent les Rois ! » Les bourgeois de la ville étaient venus, en effet, se mêler à la Cour pour fêter cette heureuse réconciliation ; et ces manifestations d'allégresse, en même temps que la joie de retrouver les bonnes grâces de son souverain, émurent à tel point le Roi de Navarre qu'il en pleurait des larmes « grosses comme poix[5] » (dimanche 30 avril 1589).

Aussi, étant retourné coucher au faubourg Saint-Symphorien (faubourg de Tours) sur l'autre rive de la Loire, il revint dès le lendemain matin surprendre

1. Cf. DE THOU, t. X, p. 617-618, et L'ESTOILE, t. III, p. 285.
2. PALMA-CAYET, *Chronologie novenaire*. Édit. Michau et Poujoulat, p. 127, col. 2.
3. *Journal de L'Estoile*, t. III, p. 278.
4. AUBIGNÉ, *Histoire*, t. VIII, p. 10.
5. Cf. L'ESTOILE, t. III, p. 277-278.

Henri III au lit, suivi cette fois d'un seul page pour montrer sa confiance [1].

Il éprouvait vraiment un grand contentement, et ce n'était pas une attitude qu'il se donnait pour flatter le Roi. Sa correspondance confidentielle en fait foi [2]. Un tel revirement dans sa situation qui, de proscrit, le faisait tout à coup l'ami et l'allié de son Roi, et le soutien du trône, lui donnait une légitime fierté et répondait à ses plus constants désirs. C'était le couronnement de la politique habile et loyale qu'il avait suivie à l'égard de Henri III depuis qu'il était devenu héritier présomptif.

Il avait fait sa course en Vendômois avec peu de monde : « trois cents salades et sept cents arquebusiers à cheval [3] ». Maintenant, de partout, il appelait les troupes protestantes pour assister le Roi. Mayenne savait que quand elles seraient rassemblées il n'y aurait plus rien à tenter. Il voulut profiter du court délai qu'il avait, et essayer par un coup d'audace de forcer la retraite royale à Tours même. C'est ainsi qu'*il parut le matin du 8 mai au haut du coteau qui descend au faubourg Saint-Symphorien*. Il savait par des espions que le Roi de Navarre n'était plus là et qu'il s'était momentanément absenté avec ses Huguenots. D'Aubigné donne de ce fait une explication malveillante, « les capitaines refformez faisans, dit-il, de grandes difficultez de se mesler parmi ceux qui avoyent leurs espées rouillées de leur sang, qu'aux dangers ils auroyent à l'eschine, et au visage celles des ennemis [4] ». L'entrain avec lequel, d'après son récit même, ils accourent au combat dément les craintes qu'il leur prête, où l'on perçoit trop le son de ses propres paroles et l'écho de ses sentiments personnels.

Le choc fut donc soutenu d'abord par les Royalistes seuls, qui défendirent pied à pied le terrain, les avenues, les forts [5]. Malgré une résistance acharnée ils furent peu à peu refoulés. Mais *sur le soir on vit paraître les premières écharpes*

---

1. Cf. DE THOU, t. X. p. 622, et P. CAYET, *Chronologie novenaire, loc. cit.*

2. Cf. le billet qu'il écrivait à Duplessis, resté à Saumur, le soir même de l'entrevue, en revenant à son quartier de Saint-Symphorien (*Lettres-Missives*, t. II, p. 477, et *Mémoires de Mornay*, t. IV, p. 355). Voir aussi la lettre à la comtesse de Grammont du 18 mai, t. II, p. 487 des *Lettres-Missives*.

3. D'AUBIGNÉ, *Histoire*, t. VIII, p. 39.

4. *Histoire*, t. VIII, p. 42.

5. Voir le récit de de Thou (t. X, p. 622-628) qui fait surtout ressortir les exploits des Royalistes. Il était présent au combat, ce qui donne à son récit, comme à celui de d'Aubigné, la valeur d'un témoignage personnel.

blanches, les Protestants de Châtillon, La Trémoille, La Rochefoucauld qui s'avancèrent froidement, au petit pas, sur le pont balayé par la mitraille des Ligueurs. Il
était trop tard pour sauver le faubourg, mais le pont fut conservé et barré par un
retranchement, en même temps qu'on occupait une île au milieu du fleuve pour
couvrir la ville.

Alors se passa *une scène curieuse*, dont d'Aubigné fut le témoin, et qu'il rapporte
crûment. En voyant dans l'île des écharpes blanches, les Ligueurs, dépités de cette
intervention des Protestants qui arrêtait leur progression, leur criaient bien
haut : « Braves huguenots, gens d'honneur, ce n'est pas à vous à qui nous en voulons, c'est à ce perfide, à ce coyon, qui vous a tant de fois trahis, et qui vous
trahira encore. — Parmi cela, d'autres voix confuses d'opprobres et d'infamies,
outre le commun, nommans des noms ausquels les courtisans sourioyent. Tout cela
n'eut response qu'harquebusades [1]. »

La nuit fut une veillée d'armes dans le camp royal ; les renforts protestants
continuaient d'arriver. Du côté ligueur ce fut une nuit d'orgie. Le chevalier d'Aumale lâcha la bride aux instincts sanguinaires ou lubriques de ses soldats. Des
atrocités furent commises dans les maisons, dans les rues, jusque dans les
Églises [2]. Lorsque, le lendemain, le Roi de Navarre, accouru de Chinon où il se trouvait, visita le faubourg avec Henri III, et qu'on lui raconta toutes les ignominies
qui s'y étaient déroulées, il jura « son ventre Saint-Gris que s'il y eust esté, il en
fust allé autrement [3] ». Mayenne avait décampé au point du jour (9 mai) sans l'attendre. Henri III, pour témoigner sa reconnaissance aux Protestants, prit l'écharpe
blanche. Cette manifestation déplut à quelques-uns de ses gentilshommes, mais
d'autres approuvaient pleinement, et le maréchal d'Aumont disait « qu'il n'y avoit
que les bougres qui ne vouloyent pas souffrir les huguenots [4] ». Le fait est que
l'alerte avait été chaude en cette journée du 8 mai, et sans leur entrée en ligne au
moment critique, Dieu sait comment l'affaire aurait tourné !

Les Royalistes avaient pu apprécier la valeur de leur concours. Les Ligueurs

---

1. D'AUBIGNÉ, *Histoire*, t. VIII, p. 44. L'Estoile relate aussi dans son *Journal* cet incident, mais en
atténuant les propos injurieux pour Henri III (t. III, p. 289).
2. Cf. DE THOU, t. X, p. 626-627, et L'ESTOILE, t. III, p. 287.
3. L'ESTOILE, *ibid*.
4. D'AUBIGNÉ, *Histoire*, t. VIII, p. 45.

en avaient senti le poids. En venant briser contre leurs solides bandes un succès qu'ils croyaient gagné, ils s'étaient aperçus que la situation se retournait. Déjà la confiance et la fortune semblaient changer de camp. De grandes villes leur échappaient[1]. Ils essuyaient, en ce même mois de mai, deux défaites sérieuses et sanglantes, l'une sous les murs de Senlis, que les Parisiens et les Picards essayaient de reprendre (17 mai)[2], l'autre à Bonneval, le lendemain, où le gouverneur de Chartres et l'élite de la noblesse de Picardie étaient taillés en pièce par Châtillon[3].

C'est sous ces heureux auspices qu'Henri III se décida à suivre l'étoile du Roi de Navarre et à entreprendre *la marche sur Paris*. En recevant les drapeaux pris à Bonneval, il promit « son partement de Tours[4] ». Ce n'avait pas été chose facile, si l'on en croit d'Aubigné, de vaincre sa mollesse naturelle et une certaine « peur moins de lui que des siens[5] ». Il avait fallu que le Béarnais vint tout exprès de Châteaudun pour faire une démarche pressante auprès de lui. « Il le trouva entouré de gens qui n'avoyent pas appris les labeurs qui se présentoyent ni fondé leur espérance aux périls. Il fallut donc laisser la vie oisive pour l'active, et promettre le délogement avec un dessein d'assiéger Gergeo[6] » (Jargeau).

Ce que d'Aubigné ne nous dit pas, et ce qui faisait trembler Henri III beaucoup plus que « toutes les forces et canons de la Ligue[7] », c'étaient les foudres pontificales, et l'excommunication dont il venait d'être frappé pour le meurtre d'un prince de l'Église (le cardinal de Guise) à Blois. Il avait tout fait pour parer le coup et usé à cet effet de toutes les influences et missions diplomatiques à Rome[8].

1. A Bordeaux, le mouvement ligueur avait échoué (1ᵉʳ avril), grâce aux mesures promptes et énergiques prises par le maréchal de Matignon. Le même jour, le maréchal d'Aumont reprenait Angers. Le 5 avril, Monbarot, gouverneur de Rennes, chassé par la rébellion, y rentrait victorieux. Le 26, Senlis, aux portes de Paris, était surpris par Montmorency-Thoré.

2. Cf. d'Aubigné, *Histoire*, t. VIII, p. 47-50, et de Thou, t. X, p. 638-640.

3. Bonneval (Eure-et-Loir). Voir d'Aubigné, *Histoire*, t. VIII, p. 51-54, et de Thou, t. X, p. 640-643.

4. D'Aubigné, *Histoire*, t. VIII, p. 54.

5. *Ibid.*

6. *Histoire*, t. VIII, p. 61-62. Le journal des déplacements du Roi de Navarre nous le montre à Tours le 1ᵉʳ et le 2 juin. C'est le moment de cette intervention. Cf. l'Itinéraire à la fin du tome II des *Lettres-Missives*, p. 614.

7. Cf. *Journal de L'Estoile*, t. III, p. 340 (dans les Variantes de l'édition de 1621).

8. Voir dans de Thou la longue histoire de cette excommunication, t. X, p. 530 à 550 et 603 à 614. C'est le 5 mai 1589 qu'elle fut prononcée dans un consistoire qui ne fut rendu public à Rome que le 21 mai. Elle laissait au Roi un délai de dix jours pour venir se justifier en personne, ou par procureur.

Mais la Ligue agissait de son côté. Avouons-le, quand on sait comment le fanatisme catholique, surchauffé par les excitations du clergé, finit par produire le régicide de frère Jacques Clément, on a moins envie de rire des appréhensions d'Henri III. Le Roi de Navarre, qui était excommunié depuis longtemps et qui ne s'en portait pas plus mal, lui représentait « qu'il n'y avoit qu'un remède à cela, qui étoit de vaincre, car il seroit incontinent absous, et qu'il n'en doutât point ; mais s'ils étoient vaincus et battus, qu'ils demeureroient excommuniés, voire aggravés et réaggravés plus que jamais [1] ».

La première opération militaire résolue entre les deux rois était, on l'a vu, l'attaque de Jargeau, à l'est d'Orléaus. Elle avait pour objet, comme la reprise de Châteaudun au nord-ouest effectuée depuis le 25 mai, d'entourer cette grande ville ligueuse de postes de surveillance et de paralyser ses moyens, puisqu'on était obligé de la laisser derrière soi, et de ne pas perdre de temps à un siège de cette importance. Le Roi de Navarre avait bien essayé de réveiller les sentiments français chez les Orléanais et les souvenirs de Jeanne d'Arc dans un beau *Manifeste du 23 mai*[2] ; mais ç'avait été sans résultat. Même ils eurent l'audace d'envoyer leur cavalerie « taster son logis » à Illiers[3], où il se préparait à l'expédition de Jargeau. Mal en prit à ces téméraires. « Ce prince, à la première allarme, ayant sauté sur un courtaut, mena *les plus proches de sa maison* pour coureurs, et, le reste venant à suive qui peut, il fit donner si brusquement dans le retraite de ceste cavalerie qu'il y demeura dix gentilshommes de ceux qui la faisoyent[4] ». Il me paraît évident que d'Aubigné se désigne parmi « les plus proches de la maison » et qu'il faisait partie de cette chasse.

Nous le retrouvons peu après *sous les murs de Jargeau*, aux côtés de son maître, à un endroit dangereux. Les deux rois étaient arrivés presque ensemble devant la place, à un jour d'intervalle (18 et 19 juin). Le Roi de Navarre voulut visiter les approches, et le duc d'Epernon, qui commandait l'armée, le mena « en pourpoint » si près du feu ennemi, que quatre personnes de leur suite furent tuées ·
« Ce prince et le duc ayant gagné le couvert d'une porte de jardin, Frontenac *et un*

1. Cf. L'ESTOILE, t. III, p. 342 (dans une variante de l'édit. de 1744).
2. Cf. *Lettres-Missives d'Henri IV*, t. II, p. 489-495.
3. Eure-et-Loir.
4. *Histoire*, t. VIII, p. 62.

autre [c'était d'Aubigné][1] demeurèrent en la place et convièrent le duc à y retourner, qui s'y en alloit, et peut-estre les rengager à pis... mais le roi de Navarre le retint la main sur le colet[2] ». Le bruit courut que d'Épernon avait voulu le faire tuer, et Henri III aurait eu des doutes. D'Aubigné proteste et n'accuse que la « vanité courtisane... qui nomme la témérité valeur[3] ». Le reproche retombe sur lui-même. Ces bravades étaient jeux de braves ; elles n'en étaient pas moins condamnables.

Les canons une fois mis en batterie, Jargeau capitula ; mais elle fut châtiée, pillée, et la garnison massacrée[4]. Il en fut de même à *Pluviers* (*Pithiviers*) qui se rendit le 23 juin, et où les chefs de la Ligue furent pendus[5]. On voulait faire des exemples et hâter la soumission par la frayeur. De là *Etampes* fut investi (1er juillet). Pendant que Châtillon enlevait les faubourgs, le Roi de Navarre poussa *une pointe jusqu'aux abords de la capitale*, avec un corps de cavalerie. D'Aubigné l'accompagnait et menait les coureurs avec Arambure, qui donna jusque *dans le faubourg Saint-Jacques* à la poursuite des chevau-légers du chevalier du guet[6].

Le fait est mentionné dans le Journal de L'Estoile :

« Ce jour [premier juillet] Congi, chevalier du guet, aveq vingt-cinq ou trente cuirasses, sortist par la *porte Saint-Jaques* sur le soir, pour aller voir vers le Bourg-la-Roine quelle contenance faisoient les ennemis, par lesquels il fut chargé et battu de façon qu'il n'en ramena à Paris que cinq ou six de sa compagnie[7]. »

Dès lors ce fut la panique autour de Paris, et l'alarme continuelle dans la ville même. Les paysans des villages environnants vinrent s'y réfugier avec leur bétail, et les bourgeois furent commandés de garde aux tranchées, en même temps que les soldats « auxquels seuls on ne s'osoit fier[8] ».

---

1. Cf. *Mémoires* (Réaume, t. I, p. 66).
2. *Histoire*, t. VIII, p. 62-63.
3. *Ibid.*, p. 63.
4. D'Aubigné atténue les choses, mais de Thou ne mâche pas la vérité. Cf. t. X, p. 660-661.
5. Cf. DE THOU, t. X, p. 661.
6. Cf. *Histoire*, t. VIII, p. 65-66, et *Mémoires* (Réaume, t. I, p. 66).
7. *Journal de L'Estoile*, t. III, p. 297.
8. *Ibid.*

Le Roi de Navarre n'avait donc pas perdu son temps en faisant cette randonnée vers Paris, et d'Aubigné pouvait se vanter d'avoir pris part à une belle aventure. Quand ils revinrent, Étampes était déjà emporté par escalade, et les deux rois y firent leur entrée ensemble, le 3 juillet. Là aussi le traitement fut dur, la ville saccagée, quelques capitaines et gens de robe pendus [1].

Dès lors l'avance est irrésistible, et les événements se précipitent. Rendez-vous est donné à Poissy à toutes les troupes qui s'amassaient partout pour rejoindre l'armée royale, en Normandie, Picardie et autres provinces proches. Sancy amenait de Suisse dix mille hommes, ayant réussi ce tour de force de les recruter sans argent. En attendant le rassemblement, on alla assiéger Pontoise. Le Roi de Navarre fit traverser la Seine à ses Huguenots, à *Poissy*, le 12 juillet, sous les yeux d'Henri III, et le 14 il écrivait fièrement à la comtesse de Grammont « Devant hier je fis voir mes troupes au Roy passant sur le pont de Poissy. Je luy monstray douze cens maistres et quatre mille arquebusiers [2]. »

Pontoise, bien défendue, résista jusqu'au 25 juillet. Le Roi de Navarre n'avait pas été d'avis de l'attaquer et croyait qu'on n'en viendrait pas à bout [3]. En quoi il fut mauvais prophète. Le récit du siège, dans d'Aubigné, plein de détails curieux [4], est évidemment d'un témoin, bien qu'il ne se mette pas en scène. Le Roi de Navarre faillit être tué devant cette place. Il était appuyé sur un de ses plus valeureux maitres de camp Cherbonnières quand celui-ci eut les deux bras brisés par une arquebusade et en mourut [5].

Les assiégés obtinrent une capitulation honorable (25 juillet) et demandèrent à être escortés à leur sortie par des troupes protestantes « disans assez licentieusement qu'ils ne trouvoyent foi que de ce costé-là [6] ». Le Roi de Navarre fit, en effet,

---

1. D'Aubigné, *Histoire*, t. VIII, p. 65.

2. *Lettres-Missives*, t. II, p. 502. Le sieur de La Force, qui arrivait de Basse-Guyenne, nous dit dans ses Mémoires qu'il reçut les félicitations de Leurs Majestés pour la bonne tenue de sa compagnie, qui apparut « la mieux montée et armée qui fût en toute l'armée ». *Mémoires de Caumont La Force*, édition du marquis de La Grange, 1843, t. I, p. 62.

3. Voir le début de sa lettre du 14 juillet à la comtesse de Grammont. *Lettres-Missives*, t. II, p. 501.

4. *Histoire*, t. VIII, p. 67-69.

5. *Ibid.*, p. 70.

6. *Ibid.*, p. 69. C'est La Force qui les escorta jusqu'à Saint-Denis (*Mémoires de La Force*, loc. cit., p. 62).

respecter scrupuleusement la capitulation, sans vouloir se souvenir des injures qu'on lui avait lancées du haut des murailles[1].

§ 2. — **L'armée des deux Rois devant Paris et le premier régicide (1er août 1589). — Un prouesse singulière d'Agrippa d'Aubigné qui fait l'admiration du Roi blessé. — Le rôle important qu'il s'attribue dans l'avènement d'Henri IV.**

La veille même de la capitulation de Pontoise[2], Sancy avait rejoint l'armée avec les contingents étrangers, et ce renfort la portait à trente mille hommes « frais, sains et bien armez[3] », gros chiffre pour l'époque. On avait maintenant les moyens d'attaquer Paris. Cependant, il y avait encore des hésitations, si l'on en croit d'Aubigné, dans l'entourage timoré d'Henri III et l'on commençait à s'y effrayer malgré les succès remportés, de la hardiesse de cette opération où le Béarnais avait entraîné les Royalistes. Aussi le Roi aurait tenu conseil et « demandé à part aux siens leur jugement pour assiéger Paris ». D'après la suite du récit, c'est le matin du jour où il devait venir prendre « son funeste logis à Saint-Cloud », donc le 30 juillet, qu'eut lieu cette délibération. Il est probable que cela se passa à Saint-Germain, où le Roi de Navarre coucha le 29 et demeura toute la matinée du 30[4]. C'est lui qui, comme au départ de Tours, aurait par son ardeur et sa confiance, vaincu les avis timides, et forcé l'adhésion de son souverain. C'est assez vraisemblable pour en croire d'Aubigné sur parole, mais sans penser qu'il nous rapporte les propos exacts du Roi de Navarre. La brève et pittoresque harangue qu'il lui prête, et qui met les arguments en images, ou les enfile en sentences et en déductions superposées, sent trop l'artifice pour n'avoir pas été refaite après coup. Du moins contient-elle une comparaison gauloise qui ne disconvient pas à la verdeur habituelle du langage du Roi de Navarre, et qui peut bien être de son invention. Les Royalistes objectaient — sauf Givry — qu'on risquait de compromettre dans une entreprise difficile et hasardeuse le prestige acquis par les derniers combats,

1. Cf. *Journal de L'Estoile*, t. III, p. 301-302.
2. Cf. DE THOU, t. X, p. 666.
3. Cf. D'AUBIGNÉ, *Histoire*, t. VIII, p. 70-71.
4. Voir le tableau des séjours et déplacements d'Henri IV à la fin du t. II des *Lettres-Missives*, p. 616.

et la réputation militaire des deux rois. Et le Béarnais répondait du tac au tac :

« J'avoue, disoit-il, qu'il y va du royaume à bon escient d'estre venu baiser ceste belle ville, et ne lui mettre pas la main au sein ; qu'il n'y avoit point d'aimant pour attirer tout le fer de la France en l'armée royalle que la gloire d'assiéger Paris, que l'audace estoit mère de la créance, la créance de la force, elle des victoires et partant des seuretez[1]. »

Henri III, se laissa convaincre et les mouvements de troupes pour prendre position devant Paris commencèrent immédiatement. On avait tout intérêt à brusquer l'attaque pour décontenancer l'adversaire. L'armée royale s'avança dans la journée jusqu'à Saint-Cloud, dont le pont était occupé par les Ligueurs. Quelques volées de canons le leur firent quitter, et le soir même le Roi couchait dans le château que sa mère avait donné à l'évêque de Paris, Gerôme de Gondi. Son beau-frère, avec les Protestants, avait poussé plus loin et gagné Meudon (30 au soir)[2]. Il « coule le long de la rivière, relate d'Aubigné, et, soustenu d'un régiment de Suisses, emplit tous les villages du bord jusques à Vaugirart, où Chastillon fit la teste, à laquelle se passèrent de froides escarmouches contre la cavalerie légère des liguez[3] ». Bien que d'Aubigné ne précise pas la durée de ces opérations de refoulement, elles durent durer deux jours, et s'achever seulement dans la journée du 31. Car c'est « le lendemain au matin » — après leur terminaison — qu'il place le combat dont nous allons parler et qui à date certaine, puisque ce fut le jour même de l'assassinat de Henri III, donc le 1er août. Tous les témoignages concordent à ce sujet. Les *Mémoires de La Force* nous apprennent que le Roi était descendu la veille de sa mort dans la plaine de Vaugirard pour examiner la situation, et que voyant les Parisiens sortir « à la faveur de leurs bastions », il avait eu l'idée de leur tendre un piège le lendemain en les attirant par une escarmouche, et en démasquant tout à coup de l'artillerie pour jeter le trouble dans leurs rangs et essayer de rentrer pêle-mêle avec eux dans le faubourg[4]. C'est le Roi de Navarrre

---

1. D'AUBIGNÉ, *Histoire*, t. VIII, p. 71, et pour la conclusion de la délibération, p. 72.
2. Cf. Itinéraire et séjours à la fin du t. II des *Lettres-Missives*, p. 616.
3. *Histoire*, t. VIII, p. 72.
4. Cf. *Mémoires de Caumont La Force*. Éd. du marquis de la Grange, 1843, t. I, p. 63. La Force était de garde avec sa compagnie du côté de Vaugirard, et Henri III pendant son inspection s'était entretenu assez longuement avec lui.

qui devait engager l'action et faire office de provocateur. Voilà ce que d'Aubigné n'explique pas. Il nous laisse ignorer qu'il y avait un plan concerté avec Henri III, peut-être parce que la catastrophe qui survint en empêcha ou arrêta l'exécution. Dans son récit, toute l'initiative appartient au Roi de Navarre, et il s'agit seulement de « taster le poux de l'armée assiégée » — formule assez vague. A cet effet, le Prince vient donc, le matin du premier août, avec huit cents chevaux « se mettre en bataille à la veue de la ville aux carrières de Vaugirart, plaçant lui mesmes ses vedettes de gens bien choisis, pour pouvoir donner un avis digéré ; et leur permit de se promener aux harquebusades des retranchemens. Ces refformez estoyent ravis de joye d'ouyr siffler les balles de Paris, conférant ceste condition avec celle où ils s'estoyent veus depuis peu, quand ils contemployent de la Rochelle le meurtre et le feu de Croichapeau. C'estoit à qui demanderoit le coup de pistolet[1] ».

Rosny (Sully) se signala parmi les plus téméraires, et s'aventura même si imprudemment que son maître dut le rappeler[2]. D'Aubigné se piqua d'honneur et voulut faire encore mieux que les autres. Cette noblesse, pour se distinguer, risquait sa vie avec une légèreté admirable ou impardonnable. Mais n'est-ce pas le caractère français ? D'Aubigné en tient, de cette vanité chevaleresque, plus que quiconque. Aurait-on le courage de l'en blâmer quand elle est chez lui un principe d'héroïsme toujours prêt ? Voici donc ce qu'il fit en cette circonstance, à quoi il a fait seulement une allusion dans son *Histoire*[3] par une modestie méritoire, mais il se rattrape dans ses *Mémoires*, et s'y étend complaisamment sur ce bel et inutile exploit.

Il était au nombre des vedettes placées de la main du Roi de Navarre, et pendant sa faction il avait provoqué à un combat singulier, un des ennemis, Sagonne. Il n'avait pas eu de réponse. Dès qu'il fut relevé, voulant renouveler son défi, il « se desroba seul *vers le Pré aux Clercs*, où appelant le Chevalier le plus avancé qui se nommoit l'Éronnière, Mareschal des logis du Conte de Tonnerre, cestui-ci ne respondit qu'injures et reniements, le desfiant au combat, lequel il pensoit

---

1. D'Aubigné, *Histoire*, t. VIII, p. 72.
2. Cf. *OEconomies royales* dans la collection Michaud et Poujoulat, t. I, des *Mémoire de Sully*, p. 70 col. 2.
3. *Histoires*, t. VIII, p. 72-73.

pourtant impossible, à cause d'un fossé hors de toutes mesures qui estoit entre deux. Aubigné qui vit à cest homme des armes argentées, se résolut de le voir de plus près, mais à cause de l'Orge qui estoit entre deux, il n'avoit pas recognu le fossé, bien estonné, quand il s'en veit sur le bord, de si près que, vousist ou non, il luy falut donner de l'esperon, et hasarder tout. Bien luy servit d'avoir un cheval grand sauteur. L'autre le receut sur le bord d'un coup de pistolet, mais tout aussi tost il sentit celuy de son ennemi au défaut de la gorge, qui luy fit demander vie et se rendre de tout point, quoy que huit ou dix chevaux s'avançassent à son secours, il fut amené vif au Prince de Conti et à Monsieur de Chastillon, qui n'estoyent point plus près que Vaugirard [1]... »

Je suppose que d'Aubigné n'a pas ramené son prisonnier par le même chemin ; le saut à deux aurait été encore plus compliqué et plus risqué. C'est un détail qu'il a négligé de préciser. Quoi qu'il en soit, le bruit de cette prouesse se répandit vite dans l'armée, et cela jusqu'à Saint-Cloud. Mais *pendant que les Protestants se livraient à ces jeux hasardeux de la guerre, Henri III était assassiné*[2]. « Toutes ces gayetez furent esteintes par Roquelaure, qui, en venant changer les gardes, conta aux compagnons comment le roi venoit de recevoir un coup de couteau dans le petit ventre des mains d'un jacobin qui lui avoit esté présenté par La Guesle, procureur général [3]. »

Tous les dirigeants de la Ligue étaient complices de l'assassinat, au moins moralement, surtout le clergé parisien, dont les violences dégoûtantes contre le « tyran » avaient déshonoré les chaires des églises, et qui avait soumis la population à un régime affolant d'excitations fanatiques par ses prédications, par les cérémonies funèbres en l'honneur des fameux « martyrs » de Blois, par les proces-

1. *Mémoires* (Réaume, t. I, p. 66).
2.   Au mois, jour et logis, à la chambre et au lieu
                          Ou à mort il jugea la famille de Dieu .
 (*Tragiques*, éd. Réaume, t. X, p. 232). D'Aubigné a répété cette assertion dans l'*Histoire* « Quelques curieux ont remarqué qu'il receut le coup de la mort en la mesme maison, chambre et place et au mesme mois que, dix-sept années auparavant, il avoit consulté violemment, sollicité et résolu le massacre de la Sainct-Barthélemi » (t. VIII, p. 78). Cette coïncidence n'est qu'une légende (Cf. note Ruble, n° 2 de la p. 78).
 3. *Histoire*, t. VIII, p. 73. La Guesle a rédigé une relation de l'assassinat et des circonstances qui le précédèrent. C'est un document très précieux. Il est reproduit dans les Pièces additionnelles au t. III du *Journal de L'Estoile*, éd. Brunet-Champollion, etc., p. 376 à 381.

sions théâtrales enfin, constamment renouvelées de jour et de nuit. A cette action religieuse s'ajoutait la propagande par les écrits ou les gravures, libelles, placards, caricatures du Valois, toutes les injures, toutes les dérisions de la Majesté royale, étalées à tous les coins de rues ou criées par les « camelots » de Mme de Montpensier, la reine de la Ligue. L'Estoile avait soigneusement collectionné toutes ces manifestations du « journalisme » ligueur. Des cinq tomes qu'il avait ainsi constitués il ne reste que le recueil des *Belles Figures de la Ligue* [1]. Pour avoir une idée de la vie de Paris à cette époque, dans les mois qui suivirent le drame de Blois, il faut feuilleter ce recueil, mais aussi et surtout lire le tome III du *Journal de L'Estoile* [2].

On comprend quel effet put produire dans un milieu ainsi surchauffé l'approche des deux armées royales, la crainte d'un siège et du châtiment. Ce fut comme une crise anticipée de fièvre obsidionale, qui acheva de détraquer les esprits [3]. *L'acte de Jacques Clément* est la résultante de toutes ces causes, et il n'est pas besoin pour l'expliquer des sorcelleries de « la chambre dès méditations » dont d'Aubigné nous parle, sans d'ailleurs se porter garant du fait [4]. L'idée d'un crime devait pousser naturellement dans cette atmosphère empoisonnée, et elle trouva un terrain propice dans le cerveau faible de ce rustre, que sa foi grossière rendait accessible à toutes les impulsions du fanatisme.

1. Contenant, outre des placards (affiches), toutes sortes de gravures, avec leurs légendes ou commentaires satiriques. Cf. ce que dit L'Estoile de sa collection au t. III, p. 279. « Desquels [libelles] j'ai esté curieux jusques là d'en ramasser jusques à plus de trois cens tout divers, tous imprimés à Paris et criés publiquement par les rues, contenans quatre gros tomes que j'ai fait relier en parchemins et éthiqueté de ma main, sans [sans compter] un grand in-folio plein de figures et placards diffamatoires de toutes sortes, que j'eusse baillés en garde au feu, comme ils en sont dignes, n'estoit qu'ils servent plus que quelque chose de bon à monstrer et descouvrir les abus, impostures, vanités et fureurs de ce grand monstre de la Ligue ». L'in-folio des *Belles Figures de la Ligue*, seul conservé, est aujourd'hui à la Bibliothèque Nationale (département des Imprimés. La 25/6). Dans l'édition Brunet-Champollion du *Journal de L'Estoile*, au t. IV, se trouvent seulement reproduits les placards, et le texte qui accompagnait les estampes.

2. *Passim*, et en particulier, t. III, p. 230 (le sermon et le serment du curé Lincestre à l'église Saint-Barthélemy); p. 242 (ordonnances évangéliques de la Sorbonne, qui déliaient les sujets du serment de fidélité, et fruits des sermons des prédicateurs); p. 243 (les services pour les Guisards faits à Paris); p. 246 (le baptesme du *Dauphin* à Paris, fils posthume du duc de Guise); p. 243 et 244, 247 à 249 (les processions); p. 278 et sq. (les pamphlets après la réunion des deux rois à Tours). Voir aussi à l'appendice du t. III, des variantes et additions curieuses de l'édition de 1621 : l'envoûtement du Roi par des figures de cire (p. 338), les sermons et propos pleins de charité chrétienne des curés Boucher et Lincestre (p. 339-340).

3. Cf. DE THOU, t. X, p. 666.

4. Cf. *Histoire*, t. VIII, p. 73-74.

Faut-il aller plus loin et croire qu'il fut un simple instrument, qu'il tua par ordre et approbation de ses supérieurs religieux et de chefs de la Ligue ? Question difficile à résoudre et que ce n'est pas le lieu de traiter ici. Mais il y a des faits troublants. D'Aubigné paraît insinuer que le prieur de son couvent, Bourgoin (Bourgoing), fut l'instigateur [1]. De Thou ne le nomme pas, mais le désigne clairement [2]. Notons en tous cas qu'on dut relever contre lui des charges suffisantes, puisque, fait prisonnier plus tard par Henri IV (en novembre 1589), il sera exécuté à Tours, le 26 janvier 1590 [3]. L'entrevue de Jacques Clément avec Mayenne au faubourg Saint-Martin, à Saint-Lazare, avant de sortir de Paris, si elle était certaine, apparaîtrait comme une preuve de complicité effective [4]. Enfin il y a un autre indice, l'arrestation de royalistes notables à Paris, le jour même où Clément en sortit (31 juillet), coïncidence au moins étrange et qui permet de supposer qu'on en voulait faire des otages pour garantir la vie du « missionnaire [5] ».

Quoi qu'il en soit des responsabilités, le Roi était frappé mortellement. On se fit des illusions au début, ou l'on chercha à s'en faire sur la foi des médecins, dont le pronostic, après le premier examen de la plaie, fut optimiste : « On ne cognoissoit pas qu'il fust en danger... ils espéroient, avec l'aide de Dieu, que dans dix jours au plus tard, il monteroit à cheval [6]. » Alors on s'adonna à l'espérance. Pour rassurer les siens et se rassurer lui-même, Henri III voulut qu'on le vît bien en vie encore. Il avait mandé son beau-frère, qui quitta aussitôt la partie engagée aux carrières de Vaugirard, et accourut à Saint-Cloud avec Rosny (Sully) et quelques gentilshommes. Ils trouvèrent « le Roy dans le lict en assez bonne disposition apparemment : car on lui avait donné un clistère qu'il avoit bien rendu sans sang ni douleur. Les médecins en avoient assez bonne opinion et luy mesme dit au roy de Navarre qu'il espéroit que ce ne seroit rien, et que Dieu le préser-

---

1. *Histoire*, t. VIII, p. 73.
2. Cf. DE THOU, t. X, p. 668-669.
3. Note de Ruble à l'*Histoire* de D'AUBIGNÉ, t. VIII, p. 73, note n° 4.
4. Entrevue rapportée par de Thou, t. X, p. 670.
5. C'est l'opinion de L'Estoile (cf. t. III, p. 302, *Politiques emprisonnés à Paris pour gages du Jacobin*) et de de Thou (t. X, p. 670) qui sont plus catégoriques sur ce point que d'Aubigné lui-même.
6. *Extrait du Certificat des seigneurs qui assistèrent le Roi depuis l'instant de sa blessure jusqu'à son décès*, reproduit parmi les Pièces additionnelles à la fin du t. III du *Journal de L'Estoile*, p. 372 à 375.

veroit encore pour luy faire paraistre combien il l'aymoit ; sur cela il prit congé et s'en retourna à son quartier de Meudon[1]. »

D'Aubigné qui ne semble pas avoir accompagné son maître à Saint-Cloud dans cette première visite au blessé, mais qui connut ses impressions dès son retour, donne à l'entrevue une physionomie presque gaie, animée, au moins autant que les circonstances pouvaient le comporter. Le mot d'ordre à cette heure, dans l'entourage du Roi, après la consultation des médecins, était la confiance. Chacun l'avait ou l'affectait. Des missives officielles avaient été expédiées dans toutes les directions « pour avertir comment sa playe estoit sans danger de mort ». Il avait envoyé « quérir plusieurs gentilshommes, devisoit avec eux, et mesmes, ayant sceu le duel fait au pré aux Clercs, estima ce coup et s'en resjouit, pria le roi de Navarre de lui envoyer celui qui l'avoit fait avec son prisonnier[2] ». Mais d'Aubigné se déroba à cet honneur pour ne pas « faire le charlatan[3] ». N'empêche qu'il dut être flatté de cette marque d'intérêt en un pareil moment. Qui sait ? De telles attentions auraient bien été capables de le conquérir avec le temps. Mais il n'eut pas à subir cette épreuve.

Son récit, comme on le voit, corrobore celui de Sully et le complète. Tous deux suffiraient à établir que le *Roi de Navarre vint bien à Saint-Cloud aussitôt après l'accident, et avant l'aggravation de l'état de Henri III.* On en a douté parce que le fait n'est pas mentionné dans certaines relations contemporaines[4]. Mais omission n'est pas dénégation. Et il y a mieux encore que le témoignage de d'Aubigné et de Sully, c'est celui d'Henri IV en personne. De Saint-Cloud même, le 1er août, il dicta une *lettre à M. de Souvré*, respirant le même optimisme officiel que les missives royales ; et c'est seulement le soir, à Meudon, qu'au reçu des dernières nouvelles il ajouta de sa main un post-scriptum alarmant. Ainsi on peut suivre par ce document *les étapes de sa journée jusqu'au second départ pour Saint-Cloud dans la nuit*, et l'évolution du mal. Le matin, quand la lettre est écrite, on croit le Roi sauvé. Il ne souffre pas et ce calme semble confirmer le diagnostic médical.

1. *Œconomies royales*, éd. citée p. 71, col. 1.
2. *Histoire universelle*, t. VIII, p. 76-77.
3. *Mémoires* (Réaume, t. I, p. 66-67).
4. Cf. note de Ruble à la p. 76 du t. VIII de l'*Histoire* de D'AUBIGNÉ, note 4.

— la situation ne changea, en effet, et les douleurs ne survinrent qu'à la fin de la journée[1]. Aussi le Roi de Navarre dit-il à M. de Souvré : « Dieu a préservé Sa Majesté miraculeusement... La résolution de cest hypocrite caphard s'est exécutée ; le coup s'est donné, mais il n'a pas porté comme il espéroit ; tellement que nous sommes asseurés de la guérison. Vous pouvez penser quel ennuy ce nous a esté du commencement. J'estois près les faulxbourgs Saint-Germain quand le Roy m'a mandé que je le vinsse treuver. Estant arrivé, il m'a commandé de tenir le conseil[2]. »

Je me demande comment, après cela, on peut conserver encore des doutes sur la réalité de cette visite matinale, et comment on peut écrire que l'état d'Henri III « était désespéré, quand le roi de Navarre, accouru de Meudon, arriva. Le mourant l'embrassa, le bénit et le reconnut pour son successeur, mais il l'engagea à se faire catholique[3] ».

C'est Palma Cayet, dans sa *Chronologie novenaire*, qui me paraît avoir accrédité cette version erronée. Encore ne représente-t-il pas le Roi comme mourant lors de la visite de son beau-frère, mais il a dramatisé leur entrevue, et l'on reconnaît facilement, dans la scène théâtrale qu'il décrit, un arrangement du récit de Sully, je veux dire des circonstances de ce récit :

« Le Roi de Navarre s'étant mis à genoux, les yeux pleins de chaudes larmes, et le cœur de gros sanglots, ne lui put dire un seul mot, et ayant pris les mains du Roy, les baisa. Sa Majesté voyant qu'il ne lui pouvoit répondre à cause de ses larmes, l'embrassa par la tête, et l'ayant baisé lui donna sa bénédiction[4]. »

Le tableau est impressionnant, mais il fait l'effet d'avoir été retouché. Que le Roi de Navarre ait éprouvé de l'émotion au chevet et à la vue du blessé, c'est naturel et tout à son honneur ; mais il dut avoir assez de tact ou d'empire sur lui-même pour ne pas la manifester avec tant de trouble, afin de ne pas l'alarmer. L'attitude que Palma Cayet lui prête ne répond pas d'ailleurs à la situation réelle du moment, ni aux espoirs qu'on avait alors dans la guérison. La vérité, c'est qu'il

---

1. Cf. le *Certificat des Seigneurs*, déjà cité, *Journal de L'Estoile*, t. III, Pièces additionnelles, p. 374.
2. *Lettres-Missives d'Henri IV*, t. II, p. 503.
3. De M. Mariéjol dans le t. VI, vol. I de l'*Histoire de France* de LAVISSE, p. 300.
4. *Chronologie novenaire*. Éd. Michaud et Poujoulat, p. 150, col. 1.

était reparti pour Meudon relativement rassuré, ainsi que le montre sa lettre à M. de Souvré, même en faisant la part de l'optimisme de commande, qui pouvait exagérer la confiance pour des raisons de politique assez claires : afin de contre-balancer les mauvais bruits répandus par les Ligueurs, et de prévenir toute agitation dans les provinces et les villes demeurées fidèles au Roi, mais non ralliées à l'idée d'un successeur huguenot. Cette préoccupation fut certainement pour quelque chose — ou pour beaucoup — dans la hâte qu'on mit à annoncer partout que la blessure n'était pas grave. Il suffit de comparer, en effet, la lettre à M. de Souvré avec celles que l'on fit signer à Henri III, pour deviner un mot d'ordre concerté[1].

On s'était trop pressé, en effet, de lancer ces bonnes nouvelles, car, après un répit de quelques heures — pendant lesquelles l'hémorrhagie interne faisait son œuvre — les symptômes inquiétants apparurent brusquement, l'état du Roi empira vite et se révéla bientôt désespéré[2]. Un des médecins qui le soignaient, M. d'Orthoman, expédia un messager à Meudon pour mander au Roi de Navarre « qu'il se diligente de venir à Saint-Cloud, s'il veut trouver le Roy en vie[3] ».

Le courrier pour M. de Souvré n'était pas encore parti. C'est alors que le Roi de Navarre ajouta à sa lettre son *post-scriptum autographe :* « L'avis que j'ay eu de la disposition du Roy, depuis la présente escrite, me fait maintenant changer de style, estans les chirurgiens en grand doute de sa guérison. S'il en advient faute (que Dieu ne veuille!) je te prye, mon amy, de me vouloir estre tel que je me suis tousjours promis. Je m'asseure qu'un bon cueur n'aimera jamais la Ligue, ayant fait un si malheureux acte. Croyez Lambert de ce qu'il vous dira de ma part, et que n'aurés jamais un meilleur amy que moy[4]. »

A cette heure grave, au moment de recueillir une succession difficile, qui lui serait contestée pour sa religion, il sentit le besoin, avant de retourner à Saint-

1. Voir par exemple, comme spécimen, la dépêche d'Henri III à Duplessis-Mornay, gouverneur de Saumur, qui se termine par ce post-scriptum : « Je vous prye d'avertir promptement les gentilshommes et villes voisines de ce que dessus, afin que les bruicts que font courir mes ennemis ne portent aulcung préjudice à mon service. » *Mémoires de Mornay,* t. IV, p. 379 à 381.
2. Cf. le *Certificat des Seigneurs* déjà cité, L'Estoile, t. III, p. 374-375.
3. *Œconomies royales,* éd. citée, p. 71, col. 1.
4. *Lettres-Missives d'Henri IV,* t. II, p. 504-505.

Cloud, de conférer avec des amis dévoués et il les fit appeler à son logis. D'Aubigné était du nombre :

« Le soir venu, le roi de Navarre estant adverti de l'estat où estoit le roi, envoye promptement quérir *huict* de ses serviteurs plus confidens, avec lesquels ils consultent de ses affaires nouvelles, leur commande de prendre des cuirassines sous le pourpoint, et, s'estant accompagné en outre de quelques vingt cinq gentilshommes, part avant le jour du logis et arrive en la chambre du roi au mesme temps qu'il achevoit d'expirer [1]. »

Dans les *Œconomies Royales*, rédigées par les secrétaires de Sully, il n'est fait mention que de la consultation avec celui-ci. Ce n'est pas une raison de penser qu'elle ait été limitée à lui seul, contrairement aux dires de d'Aubigné [2]. Pour les autres circonstances du récit il y a concordance. Les Mémoires de Sully précisent seulement que c'est en traversant une petite rue, pour aller au château, que le Roi de Navarre apprit le décès par un pauvre homme qui se lamentait [3]. D'Aubigné nous dit qu'avant de mourir, Henri III avait reconnu le Roi de Navarre pour son successeur. Ce ne fut donc pas en sa présence, mais en s'adressant aux seigneurs catholiques qui l'assistèrent jusqu'à la fin [4].

« Ses derniers propos, rapporte-t-il, furent, au commencement, des regrets de sa vie, des vengeances de sa mort, et commanda l'union des siens près la personne du roi son beau-frère, qu'il déclara son successeur, non par une harangue continue,

1. *Histoire universelle*, t. VIII, p. 77.

2. De Thou semble placer cette délibération un peu plus tard, dans la matinée du 2 août, et cependant encore à Meudon, où le Roi de Navarre serait donc rentré une seconde fois ? Les *Mémoires d'Angoulême* (coll. Michaud et Poujoulat, t. XI, p. 67 A) ne le font, en effet, arriver (définitivement ?) au camp de Saint-Cloud que le 2, à 10 heures du matin. Version suivie par Poirson (*Henri IV*, t. I, p. 18). L'objet de la délibération de Meudon d'après de Thou (t. XI, p. 3 à 5) aurait été d'examiner l'opportunité d'une retraite du nouveau Roi sur la Loire. Guitry aurait énergiquement combattu ce recul, et le Roi de Navarre se serait rallié à son point de vue. De Thou désigne comme ayant participé à ce débat, outre Guitry, Beauvais la Nocle, Ségur, *et quelques autres des plus zélés serviteurs du Roi de Navarre*. D'Aubigné pouvait donc en être. Et comme il ne donne aucun renseignement sur ce qui se passa dans le *conseil des huit* dont il parle, et qui se serait tenu *avant* le départ nocturne pour Saint-Cloud, il est bien possible que les deux délibérations n'en fassent qu'une. Mais alors c'est lui qui doit avoir raison pour le moment où il la place, puisqu'il rapporte des souvenirs personnels.

3. Cf. *Œconomies royales*, éd. citée, p. 71, col. 1.

4. Il est vrai qu'il n'en est pas question dans le *Certificat des Seigneurs* qui assistèrent le Roi (L'Estoile, t. III, p. 372-375). Mais ce certificat est surtout une attestation de « mort édifiante » pour répondre aux calomnies de la Ligue, qui contestaient la sincérité religieuse d'Henri III. Les questions politiques n'y tiennent pas de place.

comme on lui attribue, mais par mots entrecoupez de gémissements et de sanglots, le tout en bons termes pourtant[1]. »

D'Aubigné paraît viser ici un long discours en bonne forme, mis par de Thou dans la bouche d'Henri III à cette heure suprême : plaidoyer pour lui-même et apologie de son successeur[2]. C'est évidemment invraisemblable, et c'est un morceau composé après coup, soit par de Thou, soit par quelque autre, à qui il l'a emprunté. Henri III était « bien disant » de sa nature, mais quand la vie s'en va, on n'a ni la liberté d'esprit ni la force de faire de savants discours.

L'oraison funèbre de d'Aubigné est brève mais d'un relief saisissant. Elle contraste heureusement avec les invectives des *Tragiques*[3]. Il a su s'élever, pour juger honorablement un Roi de France, quelles que fussent ses fautes, à l'impartialité de l'historien, presque à l'indulgence. Ne lui faisons pas l'injure de supposer que c'est l'admiration montrée par le Roi blessé pour sa prouesse du Pré-aux-Clers qui a adouci sa sévérité :

« Voilà, dit-il, la fin de Henri troisiesme, prince d'agréable conversation avec les siens, amateur des lettres, libéral par-delà tous les rois, courageux en jeunesse et lors désiré de tous ; en vieillesse aimé de peu, qui avoit de grandes parties de roi, souhaité pour l'estre avant qu'il le fust, et digne du royaume s'il n'eust point régné ; c'est ce qu'on peut dire un bon François[4]. »

En France, comme l'observe Sully, quand il s'agit de succession royale, « le mort saisit le vif sans aucune formalité ny cérémonie[5] ». En principe donc, Henri IV devait succéder automatiquement à Henri III. « Le Roi est mort, vive le Roi! » C'est le cri dont on saluait l'avènement d'un nouveau règne. Mais les circonstances étaient exceptionnelles, et une partie du pays s'était précisément soulevée d'avance contre cette éventualité d'un roi huguenot. L'événement se produisant, l'opposition ligueuse ne pouvait être que renforcée : avec elle pas d'accommodement possible,

---

1. *Histoire universelle*, t. VIII, p. 78.
2. Cf. DE THOU, t. X, p. 671-673. Il est vrai que cette partie de l'*Histoire de de Thou* n'était pas encore publiée. Mais il y eut des communications entre les deux historiens. ¡Voir mon chapitre XI, § 2, p. 179 du présent vol. II et la lettre de d'Aubigné au pasteur Goulart, à Genève, en 1616, Réaume, t. II, p. 474.
3. Notamment dans le second livre (*Princes*) voir sur l'assassinat la tirade :
> Aigle né dans le haut des plus superbes aires.
> *Dégénéré Henry, hypocrite bigot* (Réaume, t. IV, p. 100).
4. *Histoire*, t. VIII, p. 78-79,
5. *Œconomies royales*, éd. cit., p. 71, col. 1.

il n'y avait d'autre solution que la décision par les armes. Mais même parmi les catholiques royaux, Henri IV n'allait-il pas rencontrer des résistances ? Obéiraient-ils au mot d'ordre du Roi défunt, et reconnaîtraient-ils sans conditions son successeur légitime ?

Quand Henri pénétra dans le château de Saint-Cloud, en ce matin blanchissant du 2 août, la garde écossaise se jeta à ses pieds : « Ha sire ! Vous estes à présent nostre Roy et nostre maistre [1] ». Il monta *à la chambre mortuaire*, et là l'accueil fut différent. D'Aubigné, qui l'accompagnait, nous a laissé un tableau brossé de main de maître du curieux et dramatique spectacle qui s'offrit à eux : sur le lit le corps du Roi, au pied « deux minimes avec des cierges, faisans leur liturgies », à la tête Clermont d'Entragues « tenant le menton ». Voilà pour la décence et le respect de la mort. Mais le reste de l'assistance ne contenait pas les sentiments violents qui l'agitaient et dont la signification fut tout de suite claire pour les nouveau-venus. Ils virent plusieurs de ces seigneurs catholiques « parmi les hurlemens, enfonsans leurs chapeaux ou les jettans par terre, fermans le poing, complottans, se touchans à la main, faisans des vœux et promesses, desquelles on oyoit pour conclusion : *plustost mourir de mille morts !* Les compagnons du bourlet [2] esclatent leurs lamentations. Mais d'O, Manou son frère, Antragues, Chasteau-Vieux murmurent, et à dix pas du roi il leur eschape de se rendre plustost à toutes sortes d'ennemis que de souffrir un roi huguenot [3] ».

Henri fut troublé par ces démonstrations d'hostilité, quoiqu'elles n'émanassent en somme que d'une minorité [4], mais il ne pouvait encore le savoir; et, dans la situation incertaine où il se trouvait, « demi-assis sur un trosne tremblant », il dut voir là un mauvais présage dont il s'effraya. Les fatigues et les émotions d'une journée épuisante s'y ajoutant, il aurait eu, si l'on en croit d'Aubigné, un moment de dépression et ce fut son écuyer qui, d'un vigoureux redressement, le remit en équilibre normal. Le rôle qu'il s'attribue en cette circonstance aurait été capital et décisif, non seulement parce qu'il insuffla à son maître sa

---

1. *Œconomies royales, loc. cit.* (p. 71, col. 1).
2. Bourrelet à bassin, le bourrelet de la chaise percée, c'est-à-dire les intimes de défunt.
3. *Histoire universelle*, t. VIII, p. 79-80.
4. Sur les diverses opinions qui partageaient alors le camp catholique à Saint-Cloud dans la question de la reconnaissance d'Henri IV, cf. DE THOU, t. XI, p. 1 à 3 et 8 à 9.

propre énergie, mais parce qu'il lui aurait inspiré la plupart des mesures qui furent prises, en effet, pour obtenir ou forcer les adhésions. S'il a eu ce mérite, il a le droit d'en être glorieux. Mais n'exagère-t-il pas un peu la portée de son intervention? Il en est seul garant en tout cas ; il est vrai que les conditions dans lesquelles elle se serait produite — sans témoins qu'un tiers — expliqueraient le silence des contemporains à ce sujet.

Henri était sorti de la chambre funèbre en le prenant par la main, ainsi que La Force pour les emmener dans une garde-robe, et consulter avec eux sur la conduite à tenir [1]. Il semble qu'alors on devrait trouver aussi dans les *Mémoires de La Force* le récit de cet entretien secret. Le fait est qu'il n'en est rien. Mais il y a peut-être à cela une raison. La Force, d'après d'Aubigné, joua le personnage muet, ce qui n'a rien de particulièrement flatteur, et il n'a sans doute pas éprouvé le besoin d'en faire part à la postérité. Fût-ce par embarras, ne sachant quel conseil donner, qu'il s'excusa « de dire son avis sur la présente perplexité », ou recula-t-il devant la responsabilité ? Quel que soit le sentiment auquel il ait obéi, si vraiment il se tut et laissa parler d'Aubigné, on comprend qu'il ait usé de la même discrétion dans ses *mémoires*. Mais alors, puisqu'il apparaît naturel que *le conciliabule de la garde-robe* ne nous ait été révélé que par d'Aubigné, ne tirons pas argument contre lui du fait que son témoignage est unique, et, lui faisant crédit, examinons ce témoignage en lui-même.

Le Discours qu'il aurait tenu au Roi à ce grave moment, et qu'il nous rapporte dans son *Histoire* [2], était bien en situation. C'est un langage ferme, même un peu rude, pour lui donner du cœur — mais on sait que c'était la manière de d'Aubigné, et l'élévation de son maître n'était pas susceptible de l'en faire changer — puis cette rudesse recouvre un dévouement si manifeste que le Roi ne pouvait s'en formaliser.

« Sire, vous avez plus de besoin de conseil que de consolation. Ce que vous ferez dans une heure donnera bon ou mauvais branle à tout le reste de vostre vie, et vous fera roi ou rien... Sérenez vostre visage, usez de l'esprit et du courage que

1. Cf. *Histoire universelle*, t. VIII, p. 80-81, où il se désigne seulement sous le titre de « un gentilhomme des siens », mais dans les *Mémoires* (Réaume, t. I, p. 67) il se nomme.
2. Cf. *Histoire*, t. VIII, p. 81-83.

Dieu vous a donné ; voici une occasion digne de vous ; mettez la main à la besongne. »

Tout a ce ton, cet accent, cet entrain intrépide. Il affirme avec une confiance et un optimisme peut-être prématurés, que la majorité des catholiques royaux, par crainte de la Ligue, ne demande qu'à se rallier au nouveau Roi, et qu'il suffit pour les y décider de repousser l'assaut des intransigeants, qui voudraient faire pression sur sa conscience et l'amener à renier sa religion, avant même qu'il n'ait mis la couronne sur sa tête. Contre ceux-là « plus attachés au Pape qu'à leur Roi» il n'a que mépris, et l'indignation le rend injuste. Certes il a raison de recommander la résistance à leurs exigences inadmissibles ; une défaillance à cette heure critique aurait compromis non seulement la dignité du Roi, mais l'avenir en supprimant le respect. Mais pourquoi ne supposer, comme il le fait, à ces catholiques trop pressés que de vilains sentiments : la peur de la guerre, et la recherche d'un prétexte pour se dérober et ne pas se battre contre la Ligue ? Que certains aient fait ce calcul, c'est possible, mais les autres pouvaient fort bien obéir à des scrupules religieux sincères. D'Aubigné ne veut pas admettre que cette noblesse catholique répugnait à subir un roi protestant; et, plutôt que de reconnaître cette simple et évidente vérité, il préfère lui prêter des mobiles inavouables et l'accuser de lâcheté. Il y a là un parti pris et une offense imméritée qu'on a le droit de lui reprocher. Comme toujours, quand il s'agit de religion, la passion l'aveugle, il ne voit plus clair; et il fait preuve ici d'un manque de compréhension psychologique et politique.

Et voici le mot de la fin, un trait de hâblerie gasconne, qui a de l'allure, mais qui n'ajoute rien à la substance de la harangue, au contraire. Il discréditerait plutôt ce qu'elle renferme de solide :

« N'ignorez pas que vous estes le plus fort ici ; voilà plus de deux cents gentilshommes de vostre cornette dans ce jardin, tous glorieux d'estre au roi. Si vostre douceur accoustumée et bien séante à la dignité royale et les affaires présentes n'y contredisoyent, d'un clin d'œil vous feriez sauter par les fenestres tous ceux qui ne vous regardent point comme leur roi[1]. »

Heureusement qu'il avait préconisé des moyens moins radicaux et plus adroits

1. *Histoire*, t. VIII, *loc. cit., in fine.*

d'intimider les opposants et d'influencer les hésitants. La première chose était
d'obtenir l'adhésion des régiments suisses, et à cela il fallait employer le maréchal
de Biron ; puis on dépêcherait aux divers corps de noblesse de l'armée des intermédiaires bien vus, Givry à ceux de l'Ile de France et de Brie, Humières aux Picards, etc...

« Le roi approuva la pluspart de cet avis [1]. »

Ce sont, en effet, les mesures qui furent adoptées et qui réussirent [2]. Sancy, qui
avait amené les Suisses en France, avait d'ailleurs pris l'initiative, sans attendre
d'en être sollicité, d'agir auprès d'eux et de les convaincre qu'il y allait de leur
honneur et de leur intérêt de ne pas abandonner le nouveau Roi dans son besoin.
A lui revient tout le mérite de ce premier ralliement qui entraîna les autres [3]. D'Aubigné ne dit rien de son intervention. Comme il ne pouvait ignorer le fait quand il
rédigea son *Histoire*, on peut considérer cette omission comme volontaire, et l'attribuer à sa haine connue contre Sancy. La pamphlétaire ici a dominé l'historien.

Ceci doit nous mettre un peu en défiance contre sa prétention d'avoir été l'inspirateur de toutes ces démarches opportunes. Qu'il en ait eu l'idée et qu'il les ait
suggérées au Roi, c'est bien possible ; mais il ne fut sans doute pas le seul ; sans
compter que le Roi lui-même avait dû y songer. Somme toute, il est permis de
penser qu'écrivant longtemps après les événements et connaissant leur suite, qui
lui aurait donné raison, il grandit de très bonne foi la part qu'il y prit, par une
illusion d'optique et d'amour-propre assez naturelle.

Ce serait aussitôt après son ardente admonestation — trois heures après la mort
d'Henri III, nous dit-il [4] — que d'O aurait demandé audience et présenté au Roi
une délégation de seigneurs catholiques, qui désiraient avoir des assurances sur
la question religieuse. *C'est d'O qui porta la parole.* Le langage que lui prête
d'Aubigné [5] est offensant, sinon dans la forme même, au moins par la brutale

1. *Histoire*, t. VIII, p. 83.
2. Cf. Poirson, *Histoire du Règne de Henri IV*, Paris, Colas, 1856 (2 tomes en 3 vol. 8°) au t. I, p. 20.
Il ajoute aux intermédiaires nommés par d'Aubigné le maréchal d'Aumont, qui alla trouver la Noblesse
de Champagne. C'est Sully qui était venu l'en prier au nom du Roi. (Cf. *Œconomies royales*, édit., citée p. 71,
col. 2).
3. Cf. de Thou, t. XI, p. 5-8.
4. *Histoire*, t. VIII, p. 85 dans la réponse du Roi.
5. Cf. *Histoire*, t. VIII, p. 83 à 85.

sommation qu'il apportait. Il avait beau la justifier par des considérations exactes, à savoir qu'Henri IV ne pouvait espérer régner vraiment dans un pays où l'immense majorité était foncièrement catholique, du haut en bas de la société, s'il n'apaisait les alarmes de ses sujets; il n'en reste pas moins qu'exiger une « mutation » immédiate, ou une promesse de conversion à terme fixe, c'était ou violenter la conscience du souverain, ou supposer qu'il n'avait pas de convictions. Et dans les deux cas c'était lui faire injure. Et il y a pis, et il est étonnant que des Royalistes ne l'aient pas compris, et que les passions religieuses aient à ce point obscurci le sens politique : subordonner la reconnaissance à l'abjuration, mettre une condition à la succession légitime, n'était-ce pas ébranler le fondement même du droit monarchique en France ?

Mais d'O a-t-il réellement prononcé les paroles que d'Aubigné met dans sa bouche ? On sait qu'il ne s'impose pas pour loi, pas plus qu'aucun historien ancien, de reproduire les termes exacts d'un discours. Au reste, quand bien même il aurait rendu ici l'argumentation et la conclusion plus catégoriques qu'elles ne le furent, cela ne changerait pas grand'chose au fond de l'affaire. Car la pression exercée sur le nouveau Roi ne peut guère être contestée, puisqu'il dut signer, pour rassurer ses sujets catholiques, et leur donner des garanties, *la fameuse Déclaration du 4 août*. Or dès le 2 août, c'est-à-dire le jour même où d'Aubigné place la requête impérative de d'O, les bases de la Déclaration, sinon sa teneur définitive, furent arrêtées, comme en témoignent les *Lettres-Missives* de ce jour adressées par Henri IV « aux principales villes du royaume », aux Parlements, et à divers grands personnages pour leur annoncer la mort de son prédécesseur[1].

Dès lors il devient assez invraisemblable que le Roi ait pu faire à d'O la réponse hautaine que d'Aubigné rapporte[2]. Car ce n'est rien de moins qu'un refus cassant d'entrer en discussion, et un congé dédaigneux à ceux qui venaient lui mettre le marché à la main. Ainsi lui-même aurait provoqué la rupture, et rejeté une partie de sa noblesse dans le camp ennemi ? On a le droit de douter qu'il ait eu une attitude aussi intransigeante à l'heure où il avait besoin de tous les concours. Qu'il se soit révolté à l'idée qu'on voulait le « prendre à la gorge sur le premier

1. Cf. *Lettres-Missives*, t. III, p. 1 à 10.
2. Cf. *Histoire*, t. VIII, p. 85-86.

pas de son avènement » pour lui arracher son consentement immédiat à une apostasie, fort bien ! Son indignation était légitime, et il a pu lui donner libre cours. Mais il a dû atténuer son refus d'abjurer en ne fermant pas la porte à toute espérance pour l'avenir, et en proclamant de suite sa volonté de respecter et de maintenir la Religion catholique « sans y rien innover », comme il le dira dans sa Déclaration, et comme il l'annonce déjà dans ses lettres du 2. D'Aubigné m'a tout l'air d'avoir relevé le ton de la riposte du Roi, pour la mettre mieux en harmonie avec son propre discours de la garde-robe et avec les conseils qu'il y avait donnés. Mais le dénouement de la crise ne répond pas à ces prémisses, et puisque ce dénouement fut en vue dès cette première journée, il faut croire que l'influence de d'Aubigné n'y fut pas aussi grande qu'il se l'imagine, et que le discours du Roi à la délégation catholique ne fut pas un simple écho de celui que lui-même avait soufflé aux oreilles royales[1].

Au reste, sa déception est assez visible dans le fait qu'il ne mentionne même pas la Déclaration du 4 août, conclusion logique des pourparlers entamés dès le premier jour avec les Catholiques royaux. C'est la désapprobation par le silence, la désapprobation muette. Il se borne à faire allusion à la contre-partie de cette Déclaration, à l'hommage rendu — *sous conditions* — au nouveau Roi par les Seigneurs catholiques[2]. On comprend la mauvaise humeur des Protestants devant cet accord fait à leurs dépens. Toutes les garanties étaient pour leurs adversaires. Eux étaient maintenus au régime sec — au régime strict de la trêve de Plessis-lès-Tours. Rien de plus, rien de moins. La Religion réformée ne pouvait être pratiquée que dans les lieux où elle l'était déjà ; toutes les places conquises seraient confiées à des catholiques, sauf une par baillage ou sénéchaussée, conformément aux stipulations de la trêve. Leur situation n'était donc pas améliorée par l'ascension au trône de leur Protecteur. Mais ils étaient sans doute trop pressés en escomptant si

1. De Thou a composé aussi un discours d'Henri IV pour protester contre la contrainte qu'on voulait exercer sur sa conscience, et donner congé à ceux qui lui faisaient cet affront (t. XI, p. 11-14). Mais si le fond est le même que dans d'Aubigné, la matière y est abondamment délayée, comme toujours chez de Thou. Puis les circonstances ne sont pas identiques. C'est postérieurement à la Déclaration du 4 août, donc *après* l'accord conclu avec les Catholiques royaux qu'Henri IV tient ce langage à ceux qui, imitant d'Epernon déjà parti, se préparaient à faire défection. Ce n'était qu'une minorité, et il n'y avait plus le même intérêt à la ménager.

2. Cf. *Histoire*, t. VIII, p. 89-90.

vite un changement; il fallait tenir compte des difficultés où se trouvait le Roi, en butte aux défiances et à l'hostilité des Catholiques. Ce qui était plus inquiétant, c'était la promesse qu'il faisait de réunir dans un délai de six mois un « bon, légitime, et libre concile général ou national » pour examiner les différends des deux Religions, et de se laisser « instruire » par lui. Cela n'équivalait-il pas à promettre sa conversion à terme, comme d'O le lui avait demandé ? Car après avoir donné cette espérance à la nation catholique, serait-il libre de la décevoir sous prétexte qu'on ne l'aurait pas suffisamment éclairé ou convaincu ? Il est vrai que ce projet de Concile était ancien, et qu'il l'avait proposé bien des fois à Henri III depuis qu'il était devenu héritier présomptif, sans qu'il y fût jamais donné suite. Mais le moyen qu'il offrait pouvait paraître alors une simple échappatoire, quand le Roi le pressait de se faire catholique. Ses coreligionnaires n'avaient pas grande raison de s'en alarmer. Maintenant qu'il était le maître de le réaliser, c'était autrement grave de s'y engager.

Si fort fut le ressentiment des Protestants zélés comme d'Aubigné, devant ces concessions faites aux exigences catholiques, qu'il se produisit dans leurs rangs des défections — au moins momentanées :

« La noblesse de Guiene, de Poictou et des lieux plus esloignez, qui avoit desjà demandé son congé sur la prise de Pontoise, lors le pressa et le prit; les réformez ayans apris de d'O mesme qu'il n'y avoit ni secours ni bienfaits pour eux, et les catholiques plus passionez, pour les haster d'aller, leur ayans fait sçavoir entre les clauses promises celle qui les privoit des bienfaits et honneurs du royaume[1]. »

D'Aubigné dut être de ces mécontents qui repartirent avec La Trémoille, car il n'assista pas aux combats d'Arques, en septembre.

----

1. *Histoire*, t. VIII, p. 152.

CHAPITRE IX

DE L'AVÈNEMENT A L'ABJURATION (25 JUILLET 1593)

§ 1. — **La détention du Roi de la Ligue à Maillezais (6 septembre-15 oct. 1589).
Arques (sept. 1589), Ivry (14 mars 1590). — D'Aubigné au siège de Paris (été
de 1590).**

Il n'arriva à *Arques* que quand tout était terminé, et le Roi le « conduisit
par la main en tous les endroits remarquables pour les combats, bien quelors
il n'y eust aucune délibération d'escrire ceste histoire [1] ».

C'est donc un récit « de première main », si j'ose dire, qu'il nous a laissé de
ces combats [2], bien qu'il n'en ait pas été le témoin; et, à ce titre, son rapport est une
source précieuse qui mérite d'être consultée à côté des relations de Rosny, de La
Force et du duc d'Angoulême (le fils naturel de Charles IX) qui eux étaient présents [3]. En effet, ce sont *les explications du Roi lui-même données sur le terrain* qu'il nous transmet, au moins pour la journée capitale, celle du 21 septembre
1589, où la lutte fut si disputée et la situation un moment si critique. Henri IV,

---

1. *Histoire*, t. VIII, p. 165.
2. Au tome VIII, de la page 156 à la page 165. C'est le chapitre II du livre XIII (dans l'édition
Ruble) intitulé : *Ce qui se passa à Arques et vers Dieppe.*
3. Voir : *les Œconomies royales* dans la collection Michaud et Poujoulat, 2ᵉ série, t. 1 des *Mémoires de
Sully*, chap. xxviii, p. 72-73 ; *les Mémoires de La Force*, édition du Marquis de la Grange, 1843, t. I, p. 68
à 95; *les Mémoires d'Angoulême*, au t. XI de la collection Michaud et Poujoulat, 1ʳᵉ série, p. 73 à 84.

après cette affaire annonçait des « mémoires » à plusieurs correspondants[1]. Ce pourraient bien être les comptes rendus d'allure officielle qui sont insérés dans Duplessis-Mornay, et qui se retrouvent ailleurs[2]. Les communications faites à d'Aubigné viennent les compléter, et permettent de mieux comprendre comment se produisit la surprise qui faillit tout perdre, cette irruption des lansquenets ennemis derrière les retranchements royaux, qu'ils avaient tournés en s'avançant sous bois. La version accréditée, qui les fait accueillir bénévolement dans le camp comme des transfuges, est moins vraisemblable, car elle suppose de la part des royalistes un excès de crédulité et d'imprudence. En tous cas ils ne tardèrent pas à leur tirer dans le dos. Il faut donc savoir que d'Aubigné est une autorité pour l'éclaircissement de cette journée fameuse, qui présente encore, il faut l'avouer, bien des points obscurs.

Il avait dû rejoindre le Roi avant le 21 octobre, date extrême du séjour de celui-ci à Dieppe[3], où il s'était attardé après la retraite de Mayenne (6 octobre) pour festoyer les contingents écossais et anglais envoyés à son secours par sa « bonne sœur » Élisabeth[4]. Mais d'autre part, il n'y a guère possibilité que d'Aubigné ait quitté Maillezais avant le 15 octobre, car *jusque-là il y avait été retenu par une lourde responsabilité, la garde d'un prisonnier de marque*, qui n'était autre que « le roi de la Ligue », Charles X, confié par Henri IV à sa fidélité. Et cela prouve qu'il ne lui tenait pas rigueur de son éloignement momentané, non plus que des brouilles antérieures. D'Aubigné en fait la remarque dans ses *Mémoires*, non sans fierté, et certainement aussi avec reconnaissance :

« Les colères que le Roy prenoit de telles choses n'empescherent point qu'estant mis sur le bureau où on logerait le Cardinal de Bourbon, le Roy déclaré de la Ligue, et qui battoit monaye en France, soubs le tiltre de Charles

---

1. Cf. *Lettres-Missives*, t. III, p. 42 à M. de Vivans, du 23 septembre, et p. 48 à M. de Lestelle, du 28 septembre.

2. Cf. *Mémoires de Duplessis-Mornay*, t. IV, p. 419-425, et t. V, p. 1 à 35. Ce second document est également inséré dans les *Mémoires de la Ligue* (édition d'Amsterdam, 1758) au t. IV, p. 48 à 73 sous le titre *Vrai Discours de ce qui s'est passé en l'armée conduite par S. M. très chrétienne, depuis son avènement à la couronne jusqu'à la fin de 1589*.

3. Cf. *Lettres-Missives*, t. III, p. 42 et la note.

4. Débarquement des Écossais le 30 septembre, des Anglais le 2 octobre. Cf. *Lettres-Missives*, t. III, p. 53, précisions fournies par Henri IV dans une lettre à M. de Saint-Aulaire.

dixième, qu'on ne l'ostast de Chinon à M. de Chavigny pour le mener à Maillezais. Et comme Monsieur du Plessis-Mornay allégua les grands mécontentements d'Aubigné et les perpétuelles riottes avec son Maistre, luy fut respondu que sa parole, prise comme il faut, estoit suffisant remede à tout cela [1]. »

Il raconte ensuite les tentatives faites par les Ligueurs, pendant le séjour du Cardinal à Maillezais, pour corrompre l'incorruptible geôlier qu'il était. Avant d'indiquer ces tentatives, il ne sera pas inutile de rappeler les circonstances dans lesquelles avait eu lieu ce transfert du roi de la Ligue, de Chinon à Maillezais. On comprendra mieux la responsabilité qui pesait sur d'Aubigné.

L'éditeur des Lettres-Missives d'Henri IV, Berger de Xivrey, avait eu l'imprudence naguère (en 1846) de contester la détention de Charles X à Maillezais, et de taxer d'invention et de hâblerie tout ce qu'en dit d'Aubigné [2]. C'est Duplessis-Mornay, observe-t-il, qui retira de Chinon le prisonnier — et cela est vrai — mais il ajoute que ce fut pour le remettre au gouverneur de Fontenay-le-Comte, M. de la Boulaye, des mains de qui il ne sortit plus jusqu'à sa mort ; et cela est faux. Les témoignages mêmes qu'invoquait Berger de Xivrey, à savoir les deux biographies de Duplessis-Mornay, celle écrite par sa femme, et celle que composa David de Licques [3], confirment au contraire la véracité de d'Aubigné. Entre Chinon et Fontenay, le Cardinal a passé par Maillezais, et d'Aubigné en eut bien la garde pendant quelques semaines. Ce point d'histoire a été parfaitement élucidé et établi dans une étude de la Revue du Bas-Poitou, parue en 1896 sous la signature de M. E. Bourloton [4]. Ce ne sont pas, en effet, les documents qui manquent sur la détention du roi de la Ligue à Maillezais. En dehors des deux biographies consacrées à Duplessis, dont je viens de parler, elle est prouvée par les Mémoires mêmes de Duplessis-Mornay, par un manuscrit de la Bibliothèque de Poitiers (le mémoire inédit de B. Aubery, seigneur du Maurier [5]) qui relate le transfert dans

1. *Mémoires*, éd. Réaume, t. I, p. 71-72.
2. Cf. *Lettres-Missives d'Henri IV*, t. III, p. 28, note 2.
3. Le récit que Mme de Mornay (Charlotte Arbaleste) a laissé de la vie de son mari, occupe le premier volume des *Mémoires de Duplessis-Mornay*, dans l'édition de 1824 (Treuttel et Würtz). Quant à David de Licques, il n'a pas signé son *Histoire de la vie de Messire Philippe de Mornay* (Leyde, 1647, in-4°).
4. E. Bourloton, *le Roi de la Ligue à Maillezais* (6 septembre-15 octobre 1589). *Revue du Bas-Poitou*, t. IX, 1896.
5. Bibliothèque de la ville de Poitiers, *ms.* n° 250.

la place de d'Aubigné ; enfin on a des détails sur le séjour que le Cardinal y fit dans le récit de sa vie, publié peu après sa mort par le *bénédictin Dom Jacques du Breul*[1].

D'Aubigné ne s'est donc pas vanté en s'attribuant l'honneur de cette charge, et de cette marque de confiance que lui donna son maître. Quelles raisons avait eues Henri IV de ne pas laisser Charles X à Chinon, dans quelles conditions fut-il amené à Maillezais, et comment y fut-il traité ? C'est ce que nous allons exposer succinctement.

Le cardinal de Bourbon avait été proclamé roi par le parlement ligueur de Paris, toutes chambres réunies, le 7 août 1589, en « y observant les promulgations et cérémonies les plus authentiques et authorisantes qu'ils pouvoyent inventer. La Cour des monnoyes fit forger des pièces d'or et d'argent sous le nom de Charles X, et les arrests de la Cour travailloyent à ce mesme titre, commençans par : Charles, par la grâce de Dieu, roi de France, etc. De mesme style toutes les commissions avec un charactère de son nom imprimé [2] ».

On comprend qu'on ait tenu aux formes, afin de donner une apparence de réalité à cette royauté fictive, à cette royauté en peinture, dont on voulait faire un épouvantail pour les légitimistes qui suivaient Henri IV. Mais le roi de la Ligue n'était qu'un fantôme de roi, puisqu'il était en prison, aux mains de ses adversaires, et tant qu'il y resterait. C'est Henri III qui l'avait mis à l'ombre, dès le 23 décembre 1588, le jour de l'assassinat du duc de Guise, en le traitant de « marotte, vieil fol, et sotte teste [3] » parce qu'il faisait déjà acte de prétendant, depuis que la disparition de François de Valois ouvrait l'accès du trône à un successeur huguenot. En fait, ce Bourbon médiocre et honnête n'avait pas d'ambition personnelle, et n'était que le jouet ou l'instrument de celle des autres. Lui-même se serait volontiers contenté de demeurer un Prince de l'Église, et de continuer à jouir des agré-

---

1. *La vie de Mgr l'illustrissime Prince et révérendissime Cardinal Charles de Bourbon*. Paris, P. Chevalier, 1612, plaquette in-4° de 15 pages.

2. *Histoire*, t. VIII, p. 149 et note 3. Pour ce qui est des monnaies frappées au nom de Charles X, on trouve de curieuses précisions dans l'étude de E. Bourloton, dues à une communication d'un numismate, M. Farcinet : on frappa à l'effigie de Charles X deux variétés d'écus et un demi-écu d'or, deux variétés de francs, des quarts d'écu et des huitièmes d'écu en argent, des doubles sols parisis, des douzains et des liards en billon, des doubles tournois et des deniers tournois en cuivre. Cette frappe fut continuée à Nantes jusqu'en 1598, bien longtemps après la mort du cardinal de Bourbon.

3. Cf. *Histoire* de D'AUBIGNÉ, t. VII, p. 393, note 4.

ments de son archevêché de Rouen et de sa villégiature seigneuriale de Gaillon [1]. Dans ses prisons successives il en conserva toujours, le pauvre homme, un souvenir nostalgique.

Il avait été enfermé d'abord au château d'Amboise et assez maltraité. Il passa ensuite, après deux étapes ou stations intermédiaires, à Chinon, sous la garde de François le Roy de Chavigny [2]. Mais celui-ci se faisait déjà vieux, il était devenu aveugle quelques mois avant l'avènement d'Henri IV, mauvaise condition pour exercer une surveillance vigilante. Il est vrai que Mme de Chavigny, encore jeune, avait des yeux pour son mari, et c'était elle le véritable gouverneur de la place. Mais elle était intrigante et offrait peu de garanties. Très sollicitée par tous ceux qui avaient un intérêt politique (les Ligueurs [3]) ou familial (les neveux du Cardinal [4]) à l'élargissement du prisonnier, elle était bien capable de céder au plus fort enchérisseur. Henri IV résolut de la soustraire à cette tentation en lui retirant le gage dont elle appréciait trop la valeur, et il chargea Duplessis de négocier avec elle la remise du prisonnier. Nous voyons par les *Mémoires* de celui-ci que, dès le 11 août, il s'y employait activement : « Nous debvons empescher autel contre autel, disait-il. Il y va de tout [5]. »

Quoique malade d'une fièvre tierce qui lui dura quatre mois [6], il se fit porter par eau dans une île de la Loire, à Montsoreau, et il y eut une entrevue secrète avec Mme de Chavigny, en présence de la duchesse d'Angoulême [7], la fille naturelle d'Henri II. Les conditions du marché furent arrêtées, il fallut y mettre le prix pour « désintéresser » Mme de Chavigny. Elle ne demanda pas moins de vingt-deux mille écus de dédommagement, partie comptant, partie à terme [8].

---

1. Sur la Seine (Eure), la maison de campagne des archevêques de Rouen.

2. Cf. *Histoire universelle*, t. VIII, p. 149, note 5.

3. Voir l'article de E. Bourloton : le gouverneur du Berry, La Châtre, lui offrait en leur nom une forte somme.

4. Voir dans les *Mémoires de Duplessis-Mornay* (t. IV, p. 517-518), la reproduction d'une lettre adressée de Tours le 6 août 1589 à M. de Chavigny par les neveux du cardinal de Bourbon, le cardinal de Vendôme et le comte de Soissons.

5. Lettre à M. du Pin, t. IV, p. 399.

6. Cf. sa *Vie* par Mme de Mornay, p. 176 et 181 des *Mémoires de Duplessis*, t. I.

7. La première négociatrice du « traité des deux rois » en 1589.

8. Cf. David de Licques, *Histoire de Duplessis-Mornay* (Leyde, 1647, 4°, p. 139-140 et *Mémoires de Mme de Mornay*, t. I des *Mémoires de Duplessis*, p. 180. Quoi qu'en dise Bourloton dans son article, les chiffres donnés par Mme de Mornay sont parfaitement d'accord avec ceux que fournit une lettre de Duplessis lui-même,

Cette entrevue de Montsoreau, dont ni Mme de Mornay, ni David de Licques, n'indiquent la date, est probablement antérieure au 24 août, jour où Henri IV écrit à Duplessis :

« J'envoye par le s[r] de Montbazin au s[r] de Chavigny sa descharge pour mon oncle le cardinal de Bourbon, et le prie de vous le deslibvrer. S'il est besoing que vous y aillés en personne, comme je pense qu'il ne le vouldra pas faire aultrement, vous y irès[1]... »

Pour en prendre livraison, non pour traiter des conditions de la remise, car il semble que tout soit réglé déjà et l'accord réalisé. Cependant quelques difficultés durent subsister jusqu'au 1er septembre, dont on trouve l'écho dans deux lettres de ce jour, l'une du Roi, l'autre de Duplessis, et qui se croisèrent[2].

Du Plessis vint lui-même chercher le prisonnier le jour convenu, le 3 septembre. Il avait pris des précautions militaires extraordinaires pour parer à toute tentative d'enlèvement par les Ligueurs. MM. de la Boulaye (lieutenant du roi en bas Poitou), de Parabère (gouverneur du château de Niort) et de Chouppes étaient en bataille en face de Chinon, de l'autre côté de la Vienne « avec de belles forces ». Le Cardinal essaya de moyens dilatoires, alléguant « qu'il n'avoit pas sa littière, ses muletz, son carrosse ». Rien n'y fit. Duplessis avait tout prévu et pourvu à tout. Il fallut « partir dans demy heure ». Mais à la première étape, à Loudun, où l'on parvint le soir même, Duplessis se sentit incapable d'aller plus loin. Il avait déployé en toute cette affaire une activité et une énergie épuisantes dans l'état de

---

écrite longtemps après à Louis XIII, le 20 janvier 1622, pour faire valoir ses services passés (Bibliot. Nat., *Départ. des ms. collection Dupuy*, t. 349, f° 61 verso). Il n'y grossit pas pour les besoins de la cause les sommes dont il s'était porté personnellement garant envers M. de Chavigny.

1. *Lettres-Missives*, t. III, p. 28-29.

2. Cf. *Lettres-Missives d'Henri IV*, t. III, p. 85, et *Mémoires de Duplessis-Mornay*, t. IV, p. 405-408, qui reproduisent aussi la lettre du Roi. Les éditeurs des *Mémoires* concluent d'une phrase de cette lettre que la négociation de Duplessis avec M. de Chavigny ne devait pas encore être commencée, parce que Henri IV parle du retour près de lui — à Darnétal (Rouen), où il était — de M. de Manon (frère du surintendant d'O), qui lui avait rapporté des Mémoires de M. de Chavigny « auxquels, dit-il, je pourvoiray ; ce pendant je vous prie de traicter avec luy — et faire en sorte que nous tirions cest homme de là, à quoy ne faut rien espargner ». Ça ne prouve pas que l'entrevue de Montsoreau n'ait eu lieu qu'après réception de cette lettre, car alors la remise du prisonnier aurait été plus tardive qu'elle ne le fut — mais on peut en induire peut-être que quand M. de Manon avait quitté Chinon, Duplessis ne s'était pas encore rencontré avec Mme de Chavigny. Ni elle, ni son mari n'avaient « rien voulu faire » avec M. de Manon, comme nous l'apprend Mme de Mornay (*Vie de Duplessis*, t. I des *Mémoires*, p. 180).

santé où il était. Il dut s'arrêter et confier à MM. de La Boulaye et de Parabère le
soin d'achever sa mission, et de conduire le prisonnier à Maillezais [1].

Le procès-verbal de la remise du Cardinal entre leurs mains se trouve dans les
papiers de Duplessis. Le voici :

« Nous soubsignés, sieurs de la Boulaye et de Parabère, déclarons et reco-
gnoissons par ces présentes, que le sieur Duplessis ayant receu monseigneur le
cardinal de Bourbon le dimanche, 3ᵉ de septembre, des mains du sieur de Chavigny
par le commandement du roy, et icelui conduict avec nous du chasteau de Chinon,
jusques en cette ville de Loudun, où il seroit demeuré malade sans pouvoir passer
plus oultre, nous aurait à ceste occasion remis icelui seigneur cardinal, *pour le
conduire jusques au lieu de Maillezais*, comme il auroit esté advisé d'ung commun
advis, pour plus grande seureté, de laquelle conduicte nous nous sommes chargés,
pour le désir qu'avons de servir sa majesté en une occasion si urgente et si importante. En témoing de ce, nous avons signé la présente à Loudun.

Du 4 septembre 1589.

Ainsi signé, La Boulaye, Parabère ²».

Charles X arriva à Maillezais le 6 septembre, et y eut pour prison la salle
voûtée de l'évêché, la seule partie de l'ancien palais épiscopal qui subsiste encore
avec les sous-sols [3]. Il ne devait être l' « hôte » de d'Aubigné que pendant cinq semaines ou guère plus, puisque dès le 15 octobre on le soulagea de ce dépôt encom-
brant. Il ne semble pas que le pauvre roi de la Ligue, si l'on en croit son biographe,
Dom Jacques du Breul, ait eu à se plaindre de son geôlier, qui se montra pour lui
plein de courtoisie : « Mon dit Seigneur, rapporte le bénédictin, se loüoit plus du
traictement qu'il avoit reçu du Gouverneur de Maillezais, nommé Monsieur d'Aubigny, gentilhomme sçavant et instruit aux langues, et du sieur de la Boulaye, que
de celui qu'il avoit eu à Chinon. Estant chose bien congneue que, cessant la Reli-

----

1. Cf. *Vie de Duplessis, par Mme de Mornay*, p. 181-182 du t. I des *Mémoires*. On trouve des confirmations plus ou moins détaillées de toutes ces circonstances dans *David de Licques*, dans le ms. *Aubery* de la
Bibliothèque de la ville de Poitiers (nᵒ 250) et dans la *Vie du Cardinal*, par Dom Jacques de Breul (cf. références et citations dans l'étude de Bourloton).

2. Cf. *Mémoires de Mornay*, t. IV, p. 408-409.

3. Cf. BOURLOTON, *loc. cit.*

gion, les gentilshommes et gens de guerre de Poictou portèrent tout le respect à mondit Seigneur qu'il eust pu désirer en l'estat où il estoit[1]. »

D'Aubigné était galant homme ; il voulait distraire son prisonnier, il allait s'entretenir avec lui dans sa chambre. Beau parleur, brillant, spirituel, il savait sans doute que sa conversation serait agréable. Il mettait d'ailleurs dans cette amabilité un peu de malice. Puisque la Fortune lui livrait un Prince de l'Église, il n'était pas fâché d'aller jouter avec lui sur des points de religion. On connait son goût pour cette escrime. Il y apportait ses qualités militaires, la fougue, la présence d'esprit, jointes à l'érudition d'un ministre de l'Évangile. Le Cardinal avait affaire à un rude adversaire, et lui-même était peu redoutable. D'Aubigné devait remporter des victoires faciles. Pourtant, si nous en croyons le bon moine, tout confit d'admiration pour le saint prélat, celui-ci se tirait fort bien de ces discussions :

« Le sieur d'Aubigny et autres gentilshommes huguenots qui estoient en sa chambre, peuvent rendre témoignage des beaux discours qu'ils luy ont ouy faire quand il s'offroit occasion de parler de points de Religion discordables entre les Catholiques et eux[2]. »

Au dehors cependant on s'agitait pour la délivrance de Charles X[3]. Mayenne encourageait officiellement ces tentatives, mais je doute qu'il désirât beaucoup leur succès. La détention du roi de la Ligue accommodait fort bien ses affaires[4] et il aurait dû en savoir gré à Henri IV. Elle lui permettait de tenir l'emploi à sa place, quitte à lui rendre le facile hommage de mettre sous son nom les actes publics et de faire graver son effigie sur les monnaies de la Ligue. Mais tous les Ligueurs ne partageaient pas la résignation intéressée de Mayenne. Il y avait des fidèles qui prenaient au sérieux cette majesté fictive, et qui s'indignaient de la savoir sous les verrous ; il y avait des habiles qui auraient voulu contre-balancer l'autorité de Mayenne. Les uns et les autres considéraient comme un devoir de tout mettre en œuvre pour la libération du prisonnier. On avait espéré obtenir cette libération de la complaisance de M. de Chavigny ; mais Henri IV avait mis la forte somme pour

1. *La vie du Cardinal*, par Jacques du Breul, p. 7 et 8.
2. Cf. la page 11 du récit de du Breul.
3. En octobre 1589, on imprima sans nom d'auteur une « Exhortation dernière à la Noblesse pour la délivrance de notre Roy très chrétien ». Cf. Bourloton.
4. C'est l'opinion de d'Aubigné. Cf. *Histoire universelle*, t. VIII, p. 150.

affermir sa loyauté, et le coup avait raté. Maintenant on cherchait à l'enlever à son
nouveau gardien. On essaya successivement de corrompre la fidélité de d'Aubigné
et de tromper sa vigilance. C'était mal le connaître. On ne força pas plus sa conscience que la porte de son donjon. La duchesse de Retz, parente de sa femme, lui
envoya pour négocier « un gentilhomme italien, qui, ayant pris sauf-conduit à
deux lieues de Maillezais, porta cette lettre [de la duchesse] au gouverneur :

« *Mon cousin, je vous prie recevoir par ce porteur en bonne part les tes-
moignages que nous vous pouvons rendre, Monsieur le Mareschal et moy, de
l'amitié parfaite et du soin cordial que nous avons de vostre eslèvement, et du
bien de nos cousins vos enfans. Montrez à ce coup que vous estes sensible aux
injures, en ayant chère l'occasion par laquelle je désire me prouver vostre, etc.*

« L'Italien ayant exposé sa charge qui estoit de deux cents mille ducats content, pour fermer les yeux à laisser sauver le prisonnier, ou bien du Gouvernement
de Belle-Isle avec cent cinquante mille escus, la responce sans escrire fut : Que le
second offre me seroit plus commode pour manger en paix et en seureté le pain de
mon infidélité ; mais pource que ma conscience me suit de si près qu'elle s'embar-
queroit avec moy quand je passerois en l'Isle, retournez-vous en, tout asseuré que
sans ma promesse je vous envoyerois au Roy[1]. »

Voilà une réponse digne de Plutarque. D'Aubigné s'y drape un peu à l'antique,
mais le vêtement est à sa taille. De telles paroles sonnent bien dans sa bouche.
Elles sont d'accord avec le caractère que nous lui connaissons.

Il n'y avait donc pas d'espoir d'amadouer cet incorruptible Cerbère. Alors, on
eut recours à d'autres moyens ; on complota pour lui arracher son prisonnier. Du
moins l'affirme-t-il dans ses *Mémoires :* « Les Ligués faisoyent force entreprises sur
Maillezais pour sauver leur Roy. » Il est vrai qu'il le dit à propos de la démarche
louche d'un certain capitaine Daufin, moitié soldat, moitié bandit, « qui exsersoit
une grande pyratrie dans les marais de Poitou et Xainctonge » et qui, prétendant
avoir à se plaindre du comte de Brissac, gouverneur ligueur de Poitiers, avait
demandé une entrevue à d'Aubigné pour machiner une vengeance contre lui[2]. Si
tel était le prétexte, d'Aubigné fait une confusion d'époques, et cette aventure n'est

---

1. *Mémoires*, t. I de l'éd. Réaume, p. 72. Le maréchal de Retz était marquis de Belle-Isle.
2. Cf. *Mémoires* (Réaume, t. I, p. 72-73).

pas contemporaine, comme il le croit et le dit, de la détention du Cardinal à Maillezais. Car Brissac, nommé gouverneur de Poitiers par Mayenne après la mort tragique du vicomte de la Guierche (fév. 1592), ne vint prendre possession de son poste qu'en septembre[1]. Il y avait beau temps que le roi de la Ligue avait quitté Maillezais — et même ce monde, puisqu'il mourut à Fontenay-le-Comte le 9 mai 1590. Cette erreur n'est évidemment pas une raison de mettre en doute les autres entreprises qui auraient pu être faites pour enlever le Cardinal, mais d'Aubigné ne nous renseigne sur aucune d'elles[2].

A moins que le médecin dont il est question dans l'*Histoire*, et qui se présenta pour donner des soins au prisonnier, n'ait été qu'un émissaire des conspirateurs. Bourloton le suppose, mais d'Aubigné ne le spécifie pas, ni même à vrai dire ne le laisse entendre :

« Je dirai en passant, conte-t-il, que ce vieil prince estant envoyé par le roi prisonnier à Maillezais, quelques hommes ayans affaire à lui, et entre ceux-là un excellent médecin de Poictiers, nommé Lommeau, ayant dit au corps de garde de la porte de l'Isle qu'ils vouloyent parler au roi, et ceux de la garde leur refusant l'entrée s'ils n'ostoyent ce tiltre au cardinal de Bourbon, aimèrent mieux s'en retourner que de l'apeller autrement que le roi[3]. »

Il faut avouer que cet entêtement et ces susceptibilités protocolaires seraient étranges de la part de conspirateurs qui auraient eu bien envie de pénétrer dans la place.

Quoi qu'il en soit de toutes ces intrigues, d'Aubigné vécut en perpétuelle alerte tant qu'il eut la responsabilité du roi de la Ligue. C'est lui qui était le prisonnier de son prisonnier. Aussi dut-il éprouver une grande satisfaction à en être débar-

---

1. Cf. Ouvré, *la Ligue à Poitiers*, dans les *Mémoires de la Société des Antiquaires de l'Ouest*, 1re série, t. XXI, 1854, et Ledain, *Étude sur les maires de Poitiers*, ibid., 2e série. t. XX, 1897.

2. Je ne pense pas qu'il faille compter parmi ces entreprises « deux faites par le comte de Brissac sur Maillezais, la première par intelligence, descouverte par les soupçons du gouverneur, l'autre par escalade du costé du marais ». (Cf. *Histoire universelle*, t. VIII, p. 241.) Si c'est bien Brissac qui les inspirait, elles sont très postérieures comme l'affaire du capitaine Daufin. Mais d'Aubigné nous ayant montré, à propos de cette affaire, qu'il a fini par confondre et brouiller dans sa mémoire les tentatives faites contre sa place aux deux époques, pendant la détention du Cardinal et pendant que Brissac était gouverneur de Poitiers, on ne peut être tout à fait certain que les deux attribuées à Brissac dans ce passage de l'*Histoire* n'appartiennent pas à la première période.

3. *Histoire universelle*, t. VIII, p. 149-150.

rassé. La Boulaye et Parabère, qui l'avaient reçu en charge de Duplessis-Mornay, et en avaient répondu, jugèrent qu'il serait plus en sûreté dans une grande ville fortifiée comme Fontenay-le-Comte, où La Boulaye, gouverneur de la province, avait sa principale résidence. Aussi y fut-il transporté[1]. C'est là qu'il devait mourir de la gravelle, quelques mois après. Nous ne l'y suivrons pas.

C'est sans doute pour rendre compte de la garde du Cardinal que d'Aubigné alla trouver son maître à Dieppe. En apprenant ce qui s'était passé et le péril auquel le Roi avait été exposé contre les forces très supérieures de Mayenne, il dut regretter son absence. Le fait est que cette campagne de Normandie, avec une armée très diminuée par les départs de catholiques ou de protestants, était risquée. Des voix prudentes avaient conseillé à Henri IV de se retirer plutôt sur la Loire ; d'autres, plus alarmés ou plus alarmistes encore, l'engageaient à passer en Angleterre et à se mettre sous la protection de la Reine Élisabeth. L'essentiel, observait le maréchal de Biron, était de conserver sa personne. Henri IV n'avait rien voulu entendre à ces conseils timides, alléguant le proverbe que « qui quitte la partie la perd », et déclarant qu'au surplus il ne pouvait abandonner ses serviteurs du nord de la Loire qui lui demeuraient fidèles[2].

L'événement lui avait donné raison. Maintenant, il avait le droit de se gausser avec son compère d'Aubigné de la hâblerie de Mayenne, annonçant aux Parisiens qu'il allait jeter le Béarnais à la mer, ou le leur ramener « lié et garrotté »; si bien qu'on louait déjà des fenêtres rue Saint-Antoine pour le voir passer et conduire à la Bastille[3]. Ils le virent bien venir, en effet, mais pas tout à fait dans la posture

1. Parabère rendit compte de ce nouveau et dernier transfert dans une lettre au Roi (reproduite par Bourloton d'après un *manuscrit inédit* de la Bibliot. Nat., *Collect. Dupuy*, t. LXI, folio 62) qui paraît contenir des insinuations malveillantes à l'égard de d'Aubigné, comme s'il avait été capable, à l'imitation de Chavigny, de spéculer sur son précieux otage, et de ne pas le rendre à toute réquisition. Il est vrai qu'en revanche Benjamin Fillon, très hostile aux Huguenots, déclare que d'Aubigné inventa des conspirations imaginaires pour en être délivré. Le même Benjamin Fillon accuse Henri IV d'avoir confiné son rival dans le climat malsain du marais, afin de le supprimer plus rapidement (Cf. *Recherches historiques et archéologiques sur Fontenay*, 1846. Fontenay, Naizière-Fontaine). Par contre, La Fontenelle de Vaudoré, dans sa *Chronique Fontenaisienne des trois Henri, dite chronique de Longon* (1841, p. 471) considère que c'est par sollicitude pour sa santé que le Cardinal fut transféré de Maillezais à Fontenay. Il n'y a donc pas lieu de s'arrêter à de misérables calomnies. On trouve dans J. du Breul des détails circonstanciés sur sa mort édifiante.

2. Cf. *Mémoires de La Force*, t. I, chap. III, p. 66-68. Voir aussi DE THOU, t. XI, p. 3-5, qui attribue surtout à Guitry l'honneur de la résolution royale.

3. Cf. *Journal de Lestoile*, t. V, p. 248 (Variante de l'édition 1719). Voir aussi DE THOU, t. XI, p LEGRAIN, *Décade du Roi Henry le Grand* (1614), livre V, p. 395 dans l'édition de 1633, 4° (Rouen).

qu'ils attendaient. *Le premier novembre, jour de la Toussaint,* il leur offrit une aubade de sa façon en attaquant à l'improviste les faubourgs de la rive gauche. Les Royalistes arrivèrent jusqu'à la Seine, La Noue essaya même de la traverser au pied de la tour de Nesle et faillit se noyer. Les détails précis, et personnels, semble-t-il, que d'Aubigné donne de cet incident dramatique, comme sur la mort héroïque du Piémontais Saint-Sevrin, qui défendait l'abbaye de Saint-Germain, font croire qu'il avait suivi l'armée jusqu'à Paris [1]; mais ses devoirs de gouverneur durent le rappeler ensuite à Maillezais et il est peu probable qu'il ait participé à cette *merveilleuse campagne d'hiver*, qui, en trois mois, fit tomber aux mains du Roi une multitude de places et finalement le ramena à la mer par un circuit triomphal à travers l'Orléanais, l'Anjou, le Maine et la Normandie.

« Je fais bien du chemin, écrivait-il de Falaise, le 8 janvier 1590, à la comtesse de Grammont, et vay comme Dieu me conduict ; car je ne sçay jamais ce que je doibs faire au bout ; cependant mes faicts sont des miracles : aussy sont-ils conduicts du grand Maistre [2]. »

Il avait raison, ses succès tenaient du prodige, et, à cette aurore du règne, la confiance dans son étoile, le prestige de son nom et de sa gloire le rendaient irrésistible. D'Aubigné a écrit une intéressante relation de cette émouvante randonnée, mais rien n'y décèle sa présence d'une façon évidente [3].

Faut-il en dire autant pour *la bataille d'Ivry* (14 mars 1590), où l'on ignore s'il se trouva, car il n'en fait mention nulle part, ni dans son récit de l'*Histoire*, ni ailleurs ? On en est donc réduit aux conjectures tirées de ce récit même, mais il me semble qu'elles suffisent et permettent de conclure affirmativement. Sans doute il

---

1. Cf. *Histoire,* t. VIII, p. 170-173. Ruble dit dans une note, p. 170, qu'il s'est inspiré comme de Thou, d'une relation du temps, imprimée dans les *Mémoires de la Ligue* (c'est celle que nous avons signalée plus haut : *le Vrai Discours* des opérations du Roi depuis son avènement jusqu'à la fin de 1589, au t. IV, p. 48-73). Mais il n'y est pas question de la tentative de traversée de la Seine, ni de Saint-Sevrin. De Thou parle du premier fait, mais ne dit pas que La Noue ait été en danger.

2. *Lettres-Missives,* t. III, p. 116.

3. Cf. *Histoire,* t. VIII, p. 173-179. Il y a cependant çà et là des détails originaux qui ne sont ni dans de Thou, ni dans une relation des *Mémoires de la Ligue* faisant suite à la précédente (t. IV, p. 73-86). Ainsi la mésaventure des deux Seize de Paris, faits prisonniers à l'attaque des faubourgs et pendus à Vendôme avec toutes sortes d'égards du reste, et « d'honnestetez » de la part du Grand Prévôt, juste au moment où l'on apportait leur rançon... mais aussi la nouvelle d'exécutions de royalistes à Paris. Ainsi encore les précisions sur l'habileté des commissaires de l'artillerie, notamment dans la destruction par un tir nocturne, de la chaussée qui retenait les eaux dans le fossé autour du château d'Alençon (p. 178-179).

paraît un peu surprenant au premier abord, s'il a assisté à cette mémorable journée, qu'il ait consenti à rester dans l'ombre, et renoncé ainsi à sa part légitime de la fierté de la victoire. Mais il a donné d'autres exemples de cette modestie méritoire, quand il ne s'était pas signalé spécialement, et on ne s'expliquerait guère, à moins d'un empêchement absolu, qu'il ne soit pas revenu avec ses coreligionnaires du Poitou, avec La Trémoille et Parabère[1], à l'appel du Roi, qui avait recherché cette rencontre et qui y conviait tous les siens[2]. Et lorsqu'on lit le chapitre de son *Histoire* qui y est consacré[3], on a bien l'impression à plusieurs reprises qu'il raconte des « choses vues » de ses yeux — et qu'il est parfois seul à relater. C'est le cas du tableau émouvant qu'il nous fait de la veillée d'armes dans le camp royal, où Henri IV dit lui-même les prières protestantes pendant que les Catholiques allaient à leurs dévotions particulières[4].

On ne voit pas non plus ailleurs le spectacle comique qu'il nous décrit sur la ligne ennemie, avant que l'action ne s'engage au matin du 14 :

« *Encore n'oublierai-je* [cela a bien l'air d'un souvenir] qu'à la teste des Walons y avoit un moine en habits sacerdotaux, qui portoit une grande croix en forme qu'ils appellent de Sainct-André, de laquelle il faisoit de grands signes que toute l'armée voyoit, ayant promis à ses compagnons de maudire tellement les hérétiques, comme il disoit, qu'il les feroit rendre sans combat. Et fit cette contenance jusques à la charge, où il jetta la croix par terre pour se sauver[5]. »

1. Cf. DE THOU, t. XI, p. 115.
2. Voir par exemple sa lettre à Duplessis-Mornay du 31 janvier 1590 (*Lettres-Missives*, t. III, p. 136).
3. Le chapitre vi du livre XIII dans l'éd. Ruble, t. VIII, p. 182-194.
4. Cf. *Histoire*, t. VIII, p. 184. Il n'est pas question de ces prières nocturnes dans les autres relations qui font rester le Roi à cheval une partie de la nuit pour aller aux avant-postes. C'est à d'autres moments au matin du 13 et du 14 — car il croyait déjà à la bataille la veille — qu'il aurait prononcé des prières et des harangues. Cf. *Mémoires de la Ligue*, t. IV, p. 235-252, *Discours véritable sur la bataille d'Ivry*; DE THOU, t. XI, p. 116 et sq.; P. CAYET, *Chronologie novenaire* dans la collection Michaud et Poujoulat, au t. XII de la première série, p. 213 et sq. L'analogie de ces trois récits prouve que la source est la même.
Duplessis-Mornay qui était venu de Saumur avec sa compagnie, et qui a rédigé un *Journal* personnel de cette campagne (t. IV, p. 473-477) ne dit rien de la veillée d'armes. Sully non plus, mais pour une bonne raison, c'est qu'ayant été retenu par une menace ligueuse dans sa place de Pacy-sur-Eure, il n'arriva à Ivry qu'au dernier moment. Il sortit de la mêlée couvert de blessures, mais aussi avec l'honneur de prisonniers de bonne volonté et du plus glorieux trophée, la cornette même du général ennemi. Son récit à la fois sincère et avantageux est tout à fait pittoresque. (Cf. t. I des *Œconomies royales* dans la collection Michaud et Poujoulat, 2e série, p. 75-80.)
5. *Histoire*, t. VIII, p. 187.

Sa protestation contre les longs discours *in extremis* attribués au Roi avant de charger, donc à une heure bien inopportune [1], a l'accent d'une attestation personnelle : « En cet endroit, les derniers qui ont escrit donnent au roi une harangue à laquelle il ne pensa jamais ; et puis lui font faire une prière, en laquelle ils n'ont pas observé le langage de Canaan qui estoit lors en la bouche de ce prince. Car ils le font parler à Dieu par vous, ce qui lors lui estoit grandement ridicule, ayant appris de s'adresser à un dieu comme à un père. Je laisse ces choses pour me contenter de ce qui en est. »

Ce qui en est, ce sont les paroles fameuses qu'il prononça « d'un visage riant » avant de mettre son casque : « Mes compagnons, Dieu est pour nous, voici ses ennemis et les nôtres, voici vostre roi. A eux ! si vos cornettes vous manquent, ralliez-vous à mon panache blanc, vous le trouverez au chemin de la victoire et de l'honneur. [2] »

Enfin je crois qu'il est seul à noter le danger un moment couru par le Roi, quand il eut enfoncé le corps de Mayenne, et qu'emporté par son élan assez loin de ses gens, il vit venir à lui qui n'avait pas vingt gentilshommes à ses côtés, trois cornettes fraîches de Wallons ennemis [3].

Certes il ne serait pas impossible qu'il ait connu ces particularités par des témoins sans avoir été présent lui-même. Ruble constate qu'il a utilisé, ainsi que de Thou, la relation de la bataille qui se trouve dans les *Mémoires de la Ligue* [4].

Mais les rapprochements et comparaisons que j'ai faits dans les notes montrent qu'*il y a chez lui beaucoup d'inédit* qui ne vient pas de cette source.

En tout cas, avec ou sans sa participation, si complète était la défaite des

---

1. Cf. en particulier DE THOU, t. XI, p. 121-123. Il est vrai que cette partie de l'Histoire de de Thou n'était pas encore publiée lorsque d'Aubigné rédigeait son 3ᵉ tome (qui a paru en 1620). Mais elle le fut précisément en 1620 à Genève, posthume (tout ce qui est postérieur à 1584). D'Aubigné a donc pu s'y référer, au dernier moment, et viser son récit.

2. *Histoire*, t. VIII, 189. P. Cayet (édit. citée p. 216-217) et de Thou (t. XI, p. 125-126), parlent de ce signe de ralliement, soit le panache que portait le cheval du Roi, soit l'aigrette blanche de son casque mais ils ne citent pas textuellement, comme d'Aubigné, les paroles qui s'y rapportent.

3. Cf. *Histoire*, t. VIII, p. 190. Cet épisode est relaté dans les *Mémoires de la Ligue* (t. IV, p. 245), mais il y a un autre aspect. C'est le Roi qui attaque ce parti ennemi rencontré à son retour, et rien n'indique qu'il ait été plus exposé à ce moment qu'à un autre. De même dans P. Cayet, édit. citée, p. 217.

4. La note de Ruble est à la page 191.

Ligueurs et si grande fut l'émotion à Paris quand on reçut la nouvelle, que si le Roi n'avait pas laissé le temps à ses adversaires de se ressaisir, il aurait pu, du coup, reconquérir la capitale, à ce qu'affirme L'Estoile, qui tàta le pouls de ses concitoyens en cette circonstance et le sentit faiblir [1]. Henri IV aurait donc renouvelé la faute d'Annibal après Cannes. D'Aubigné, qui est cependant porté à la critique, ne lui adresse pas le même reproche. C'est que L'Estoile ne voyait qu'un côté de la situation, le côté parisien ; d'Aubigné connaissait l'autre et les difficultés qui retardèrent l'avance de l'armée royale ; difficultés d'ordre technique et d'ordre moral, car tout le monde n'était pas si pressé de pousser le char du triomphateur. Les catholiques ardents voulaient que l'abjuration précédàt l'entrée à Paris, de peur qu'autrement elle fût renvoyée à la Trinité... ou aux Calendes grecques [2].

Le retard fit qu'au lieu d'une attaque brusquée de Paris, pour profiter d'un moment de désarroi et d'effroi, il fallut y substituer une opération lente d'investissement méthodique, qui commença par la saisie de places commandant les voies fluviales autour de la capitale, afin de gêner son ravitaillement et de lui trancher, comme dit pittoresquement d'Aubigné, « les veines de ses rivières par tous les endroits [3] ». Ces préparatifs demandèrent du temps, et *l'armée ne parut devant Paris que le 7 mai* [4]. C'était le début de ce *siège de quatre mois*, resté fameux par les horreurs de la famine, et qui épuisa toutes les ressources, toute la substance des Parisiens, tout le fond de la misère humaine, sans venir à bout de la résistance fanatisée par les prédicateurs. D'Aubigné est un de ceux qui nous ont laissé de leurs épreuves les tableaux les plus précis et les plus impressionnants [5]. Il a pu et dù recueillir ces renseignements sur place, car nous ne sommes plus, comme pour Ivry, réduits à des conjectures sur sa présence ; il la signale à plusieurs endroits, mais pas avant juillet, semble-t-il, et même fin juillet. Je suppose donc

1. Cf. L'Estoile, t. V, p. 19.
2. Cf. *Œconomies royales de Sully*, dans l'édit. Michaud et Poujoulat, 2ᵉ série, t. I de ses *Mémoires*, p. 86, col. 1.
3. Cf. *Histoire*, t. VIII, p. 195.
4. Cf. L'Estoile, t. V, p. 22.
5. Tous les détails dramatiques qu'il donne sur la famine (cf. surtout t. VIII, p. 197-198 et 201) sont confirmés par le *Journal de L'Estoile* qui subit le siège à Paris (*Journal et Supplément de 1736*). Ils sont d'accord avec plusieurs pièces imprimées dans les *Mémoires de la Ligue*, t. IV, p. 276 à 317. L'une est faite par un Ligueur et tend à atténuer les choses; les deux autres au contraire sont l'œuvre d'antiligueurs : là, c'est l'horreur mise à nu.

qu'il est arrivé au siège à cette époque avec tous les renforts de province qui y affluèrent alors [1].

Ce qui me confirme dans cette hypothèse, ce sont les lacunes ou les insuffisances de son récit pour la période antérieure. Pas un mot de l'attaque du faubourg Saint-Martin, le 12 mai, chaude affaire pourtant où La Noue fut blessé [2] ; il n'indique même pas que c'est de ce côté que l'assaillant poussait sa pointe, et non plus à l'ouest de Paris, comme dans les tentatives de l'année précédente (en août et en novembre), le Roi ayant établi son quartier au nord-est [3] afin d'être en mesure de surveiller et de barrer l'approche possible de secours espagnols. C'est ainsi que dès la première quinzaine de juin, il alla avec une petite troupe de cavalerie donner la chasse à Mayenne qui ramenait de Flandre des renforts, et qui se hâta de se dérober dans Laon. A peine si d'Aubigné fait mention de cette « grande courvée [4] » sans s'y arrêter. Gageons que s'il en avait pris sa part, et s'il avait fourni avec le Roi cette traite endiablée de dix-huit lieues, il en dirait davantage [5]. On s'étonne aussi qu'il ne parle pas de l'entrée en scène, vers le milieu de juin, des batteries placées « sur le mont des Martyrs de Montmartre [6] », et plus encore qu'il oublie de nous montrer les moissons sanglantes des Parisiens en juillet, quand, pressés par la faim, ils sortaient pour aller couper les blés mûrs, s'exposant à être taillés en pièces par les cavaliers royaux qui battaient l'estrade, ou mitraillés par la mousqueterie et l'artillerie [7]. Mais toutes ces omissions de faits qui l'auraient frappé s'il avait été sur les lieux deviennent très explicables au cas où, comme

---

1. Cf. L'Estoile, t. V, p. 279 (supplément de 1736) et relation de Duplessis-Mornay, t. IV de ses *Mémoires*, p. 468. Il semble bien qu'au moment de la mort du cardinal de Bourbon (9 mai 1590) d'Aubigné était à Maillezais, et qu'il vint saluer sa dépouille mortelle à Fontenay-le-Comte (Cf. la plaquette de J. du Breul, p. 10 et 11).

2. Cf. *Mémoires de la Ligue*, t. IV, p. 282.

3. A Chelles d'abord, puis à Gonesse, enfin à Aubervilliers, pour être à portée à la fois de Paris et de Saint-Denis qu'il assiégeait en même temps.

4. *Histoire*, t. VIII, p. 204.

5. Voir des détails sur cette hardie chevauchée dans la relation de Duplessis-Mornay, t. IV, p. 464-465 et dans de Thou, t. XI, p. 156-157. A son retour le Roi écrivit une lettre *aux manants et habitants de sa ville de Paris* (datée du 15 juin, du camp d'Aubervilliers). Cf. *Lettres-Missives*, t. III, p. 203.

6. Cf. L'Estoile, t. V, p. 77 et 276 (*Supplément*); Duplessis, t. IV, p. 466; *Mémoires de la Ligue*, t. IV, p. 284.

7. Cf. L'Estoile, t. V, p. 38 et 281 (*Supplément*); Duplessis, t. IV, p. 466-67; de Thou, t. XI, p. 166-167; *Mémoires de la Ligue*, t. IV, p. 288-289.

nous l'admettons, il ne serait venu prendre son poste de combat à l'armée assiégeante que vers la fin du mois de juillet.

C'est alors que se passa un événement qu'il décrit comme *un rare spectacle*
auquel il a dû assister, bien qu'il ne le spécifie pas formellement, mais il n'est pas
probable qu'il nous offrirait une vision aussi nette et aussi pittoresque, s'il en parlait
seulement par ouï dire. Il s'agit de *l'assaut nocturne donné à tous les faubourgs
de Paris* en même temps (27 juillet), à la lueur seulement des coups de feu qui
éclataient, comme des fusées d'artifice, sur tout le pourtour de l'enceinte.

« Le roi voulut estre au bout de la galerie de Montmartre pour voir brusler
l'amorce de toutes les parts de ceste grande ville ; ce qui fut un tableau non commun. Car ceste rondeur de la ville, quand Chastillon eut commencé vers Saint-
Marceau, fut esprise de bluettes de feu ; toutesfois peu au regard de tant de gens
qui se devoyent retirer en combatans et les courtines qui devoyent faire feu pour
les favoriser. Nulle partie n'opiniastra plus que l'autre, et furent toutes les portes
bloquées en une heure de temps, horsmis celle de Sainct-Antoine... Paris fut donc
bouclé de près [1]. »

D'Aubigné était sans doute aux côtés du Roi sur l'observatoire de Montmartre,
pour jouir de cette féerie militaire [2].

Désormais la contrebande des vivres qui se faisait de nuit par les faubourgs
allait devenir beaucoup plus malaisée. Ce resserrement du blocus effraya la population, déjà déprimée par les privations et par la vaine attente du secours sans
cesse annoncé et qui ne survenait jamais. « Les chaudières d'Espagne » où bouillait
la soupe des pauvres payée par l'ambassadeur, et les « marmites de chair de cheval, asne et mulet » — voire de chien et de chat — qu'on distribuait au coin des rues [3],
ne suffisaient plus à calmer les estomacs, ni les impatiences. Une agitation inquié-

---

1. Cf. *Histoire universelle*, t. VIII, p. 200.

2. Comme Sully, qui était assis à la même fenêtre que le Roi, et qui nous fait une description également précise, quoique avec moins d'art. (Édit. Michaud et Poujoulat, t. I des *Mémoires*, p. 81.) Quand on
compare avec le récit pourtant circonstancié de de Thou, mais qui est manifestement de seconde main
(cf. t. XI, p. 174-175), on sent la différence. L'Estoile, sans doute réveillé par le bruit au milieu de la nuit,
n'a pas dû voir grand'chose, car il se borne à enregistrer le fait de la perte des faubourgs, et à en marquer
l'importance (t. V, p. 32). Ainsi font aussi les *Mémoires de la Ligue* (t. IV, p. 291) et P. Cayet (édit. Michaud
et Poujoulat, p. 240).

3. Cf. L'Estoile, t. V, p. 32, et *Mémoires de la Ligue*, t. IV, p. 307-308.

tante se manifestait, qui décida le Conseil de la Ligue à donner aux malheureux habitants une satisfaction illusoire par *une apparence de négociation* avec le Roi. L'évêque de Paris (Gondi) et l'archevêque de Lyon (Pierre d'Espinac) allèrent le trouver *le 6 août, à l'Abbaye de Saint-Antoine-des-Champs hors des murs* [1]. Il y était venu accompagné de douze cents gentilshommes, qui se pressaient autour de lui dans le cloître, et voici que parmi eux s'esquisse, si nous y regardons bien, la figure narquoise d'Agrippa d'Aubigné. Pendant que le Roi avait emmené les deux prélats pour s'entretenir en particulier avec eux, deux autres dignitaires ecclésiastiques, qui s'étaient joints à eux à leur sortie de Paris, étaient demeurés avec son escorte et cherchaient à l'édifier par des sermons de circonstances sur l'esprit de charité et de sacrifice. C'étaient les auxiliaires mêmes du Légat du Pape, Caëtano. L'un des auditeurs se permit une contradiction. L'incident, tel que le rapporte d'Aubigné, est amusant :

« Là se trouvèrent Bellarmin et Panigarole, préparez pour tenir des propos notables à ceux qui n'estoyent pas de la conférence non plus qu'eux. Ce grand docteur [Bellarmin] disant que l'affliction où estoit Paris estoit une marque de la vraie Église, *quelqu'un* lui dit : Je vous tire par une de vos robes pour vous faire souvenir qu'en vostre traité de l'Église militante, entre vos quinze marques de l'Église, vous y avez logé la prospérité [2]. »

Ce *quelqu'un* est un anonyme dont nous n'avons pas de peine à lever l'incognito. On sait que d'Aubigné use volontiers dans son *Histoire* de ces moyens discrets de se découvrir à moitié seulement. Au reste, cette boutade théologique lui ressemble trop pour qu'on s'y trompe. D'autant que ces deux docteurs italiens [3] étaient pour lui de vieilles connaissances, leurs ouvrages au moins, et l'on ne s'étonne pas de

1. Cf. L'Estoile, t. V, p. 42 et surtout le *Supplément de 1736* (qui place d'ailleurs l'entrevue la veille, le 5 août), p. 284-285. Il y a un compte rendu de ces conférences dans les *Mémoires de la Ligue*, t. IV, p. 317-323. De Thou s'en inspire (t. XI, p. 178-182), Palma-Cayet également, édition Michaud et Poujoulat p. 241-243.

2. *Histoire universelle*, t. VIII, p. 199.

3. Ils étaient venus en France avec le Légat du Pape, Caëtano, pour soutenir le moral ligueur. Bellarmin, le célèbre et savant théologien jésuite, avait publié en 1587 ses *Disputationes de Controversiis fidei*. Il deviendra cardinal en 1598, et archevêque de Capoue en 1601. — Panigarole appartenait à l'ordre des Cordeliers, il était depuis peu évêque d'Asti : fameux prédicateur, dont d'Aubigné a souvent raillé les hardiesses trop profanes (Voir dans *Sancy*, livre II, chapitre ɪᴠ, *Examen de quelques livres de ce temps*, l'anecdote sur ses prétendus sermons amoureux, Réaume, t. II, p. 344, reprise dans *Faeneste*, t. II, p. 590).

le trouver si ferré à leur sujet. Nous nous rappelons qu'il en avait fait une étude spéciale quelques années auparavant, quand il eut des velléités de quitter le Protestantisme, dans le dépit de la « vendition » de son gouvernement d'Oléron [1].

Donc pas de doute, c'est bien lui qui intervient ici, et il était à l'armée assiégeante à ce moment. Nous allons en avoir d'ailleurs la confirmation.

La Conférence de Saint-Antoine n'aboutit pas, c'était fatal. Ce que le Roi voulait, c'était la reddition de la ville [2]. Les dirigeants de la Ligue ne cherchaient, eux, qu'à gagner du temps pour attendre l'arrivée du duc de Parme qui préparait une expédition de secours. Cependant la *misère* devint si grande à Paris et la *famine* si terrible — on mangeait jusqu'aux charognes, on donnait la chasse aux chiens, même aux petits enfants [3] — qu'Henri IV eut pitié, et « aimant mieux faillir aux règles de la guerre qu'à celles de la nature », il autorisa les plus faibles, surtout les femmes et les enfants, à quitter la ville assiégée (20 août) [4].

Beaucoup de ces réfugiés étaient si épuisés qu'ils ne purent aller plus loin, et qu'on dût les héberger dans les cantonnements de l'armée. C'est à cette occasion que d'Aubigné cesse enfin, dans son récit du siège, de garder l'incognito, non pas pour mettre en lumière une de ses bonnes actions, car bien d'autres sans doute firent comme lui, mais pour attester l'état de délabrement où étaient ces malheureux :

« Le premier accident, dit-il, qui incommoda l'armée du roi, fut la peste, esmeue en partie par les puits empoisonnez, comme aussi pour la grande multitude des vieillars, femmes et enfans, desquels les assiégez se deschargeoyent dans l'armée

---

1. Voir *Mémoires* (Réaume, t. I, p. 59) et mon chapitre VII, § 2, t. I, p. 362.

2. Il proposa en dernier ressort une capitulation à terme de huit jours pour laisser la possibilité d'un secours *in extremis*. Cf. *Mémoires de la Ligue*, t. IV, p. 321.

3. Cf. D'AUBIGNÉ, *Histoire universelle*, t. VIII, p. 197, « quelques enfans dévorez ». Le fait est confirmé par L'Estoile, qui attribue cette barbarie aux lansquenets (t. V, p. 52). On se souvient que dans les *Tragiques* d'Aubigné en a rapporté et décrit une autre plus monstrueuse encore : les mères dévorant leurs enfants (Réaume, t. IV, p. 44-46). Le *Supplément au Journal de L'Estoile* (t. V, p. 281), cite seulement le cas d'une grand'mère qui aurait salé deux petits-enfants morts pour s'en nourrir avec sa servante.

4. Cf. L'ESTOILE, t. V, p. 50-52, qui estime que cette généreuse bonté du Roi — doublée d'ailleurs d'une vraie faiblesse, car il fit ravitailler particulièrement les princes et princesses de la Ligue — fut une des principales causes de l'échec du siège. Il dut se justifier auprès de la Reine Élisabeth, qui ne voyait que sottise dans tant d'humanité. (Cf. *Lettres-Missives*, t. III, p. 284-285, à M. de Beauvoir, ambassadeur à Londres.)

par le moyen de leur cognoissance et pour leurs commoditez. Le roi, sollicité et conseillé par quelques principaux capitaines de repousser ce pauvre peuple à mousquetades, ne put digérer ceste inhumanité. *Il me souvient* qu'ayant retiré en une partie de mon logis quatre femmes et dix-huit petits enfans beaux et plaisans, comme enfans de Paris, au retour d'une cavalcade, nous trouvasmes tout mort et quatre corps incognus qui servoyent de porte au logis. Tous les matins nous avions de tels huissiers à monceaux [1]. »

Paris était donc à bout de souffle. Quelques jours encore [2] et il succombait, il allait être obligé d'ouvrir ses portes quand l'*intervention du Prince de Parme* le sauva. Il descendait de Flandre avec une belle armée à laquelle se joignirent les troupes de Mayenne. Il approchait rapidement. Déjà il était à Meaux. Le Roi jugea imprudent de l'attendre avec des forces dispersées tout autour de la ville ; il se décida à lever le siège et à aller lui présenter la bataille. De Thou prétend que ce fut l'avis de tous les capitaines, y compris les chefs protestants [3]. D'Aubigné fait entendre une autre cloche [4]. Il ne formule pas son opinion personnelle, mais il oppose La Noue à Biron : La Noue était persuadé qu'on pouvait maintenir le blocus jusqu'à la reddition de la place, tout en contenant l'ennemi et en harcelant sa marche. Turenne qui, sur ces entrefaites, arriva de Gascogne avec des renforts, lui donna raison. Mais Henri IV céda aux arguments et à l'autorité du maréchal de Biron. Et c'est ainsi que dans la nuit du 29 au 30 les postes furent retirés des faubourgs, et toute l'armée rassemblée le lendemain sur la rive droite, dans la plaine de Bondy. L'Estoile, qui savait et voyait à quelle extrémité était réduite la capitale, ne peut comprendre pareille aberration :

« En quoi nous pouvons remarquer que les providences des hommes, et mesmes celles des plus grands rois et princes, sont fort incertaines, et qu'elles despendent de ceste grande de là-haut, qui tient les conseils et les événemens en sa main [5]. »

Henri IV, il faut bien le dire, n'obéit pas seulement aux conseils de la prudence qui, après tout, avaient leur valeur, mais à l'attrait d'une bataille contre un

1. *Histoire universelle*, t. VIII, p. 201.
2. **Deux ou trois**, d'après les *Mémoires de la Ligue* (t. IV, p. 300), 4 jours selon DE THOU, t. XI, p. 186.
3. *Ibid*, t. XI, p. 186.
4. *Histoire universelle*, t. VIII, p. 205-206.
5. *Journal de L'Estoile*, t. V, p. 50.

des plus renommés capitaines du temps. Mais celui-ci, rassasié de gloire et indifférent à la gloriole, n'avait d'autre objectif que de faire lever le siège et de ravitailler Paris. Il se montra plus habile manœuvrier que le Roi, et sut esquiver le combat. La Noue avait prédit ce résultat et lui avait annoncé « qu'il perdroit Paris, qu'il tenoit en ses mains, et si [pourtant] ne donneroit point de bataille[1] ». Le duc de Parme avait répondu à peu près la même chose à un trompette du Roi qui lui avait apporté le défi de son adversaire. Il avait déclaré qu'il « prendroit une ville sous la moustache du roi[2] ». Et il tint parole. Il réalisa, en effet, ce tour de force de demeurer inexpugnable dans son camp retranché sur un coteau de la rive droite de la Marne, et de garder assez de liberté de mouvements pour s'emparer de *Lagny*, de l'autre côté de la rivière. D'Aubigné a son mot à dire dans cette affaire. Car, s'il s'était déjà signalé dans les escarmouches des jours précédents, où l'on avait essayé vainement de provoquer l'ennemi au combat[3], il eut l'honneur, *le matin du 7 septembre*, d'accompagner seul le Roi et Biron, qui, avertis tardivement de l'attaque de Lagny, passaient l'eau pour aller reconnaître la situation :

« Ils virent la fumée de la batterie, et pour chose notable contoyent les amorses sans ouyr un seul coup, quoiqu'il ne fît aucune haleine de vent et qu'il n'y eust qu'une lieue de prairie, où quelquesfois les arquebusades s'entendent de trois[4]. »

Dans une lettre de ce jour au duc de Montpensier Henri IV explique que le vent portait dans la direction opposée[5]. C'est ce qui fait qu'on n'avait rien entendu du bombardement de Lagny, bien qu'il fût commencé depuis la veille. Le duc de Parme avait fait traverser des troupes sur un pont de bateaux. La brèche ouverte, elles donnèrent l'assaut. Le faible secours envoyé par le Roi, en voulant relever, au

---

1. *Journal de L'Estoile*, t. V, p. 51.
2. D'Aubigné, *Histoire universelle*, t. VIII, p. 208.
3. Le 31 août, le logis de Chelles avait été disputé entre les deux avant-gardes. Le soir « le Roy commanda à Aubigné de lever les vedetes qui avoyent servi le jour : les Carabins espagnols le prenant pour homme de commandement l'engagèrent en une escarmouche, où il falut se mesler en la desmeslant ». (*Mémoires*, Réaume, t. I, p. 67.) Le lendemain, on se battit en avant du marais qui couvrait le camp espagnol. Quelques gentilshommes de la Cornette blanche, trouvant l'escarmouche trop froide, se dérobèrent de leur corps pour aller la réchauffer. D'Aubigné en était. (Cf. *Histoire universelle*, t. VIII, p. 208 et *Mémoires*, Réaume, t. I, p. 67.)
4. *Histoire universelle*, t. VIII, p. 209.
5. Cf. *Lettres-Missives*, t. III, p. 245 et sq. Elle y est datée par hypothèse et par erreur du 5 septembre. La date exacte se trouve dans Duplessis-Mornay où elle est reproduite (*Mémoires*, t. IV, p. 481).

cours même du combat, les défenseurs fatigués, ne fit guère qu'amener du désordre dont l'ennemi profita ; et la ville fut prise. Ainsi se vérifia le pronostic de d'Aubigné qui avait soutenu contre le Roi et contre Biron « que ce qu'on jettoit dans Lagni estoit ce qu'il faloit pour perdre et non pour secourir ». Lui était d'avis de faire passer la Marne à toute l'armée. Le Roi ne voulut pas la déplacer pour ne pas ouvrir au duc de Parme la route de Paris [1].

Depuis huit jours que le siège était levé, les paysans de la Beauce et du pays chartrain avaient apporté des vivres [2]. Bientôt, les convois de ravitaillement pourront descendre librement le cours de la Marne et celui de la Seine, que Parme allait débloquer aussi en amont de Paris, en s'emparant de Corbeil et du pont de Charenton. Ainsi s'évanouissaient à la fois deux grandes espérances, la reprise de la capitale et la victoire escomptée sur l'Espagnol. La noblesse, qu'avaient attirée de toutes les parties de la France ces deux brillantes perspectives, ne résista pas à cette double déception. Elle demanda son congé sous prétexte que les bourses étaient épuisées. Après une suprême et inutile tentative pour surprendre le rempart, au faubourg Saint-Antoine, dans la nuit du 9 au 10 septembre, le Roi se décida à la laisser repartir. *La dislocation fut décidée au Conseil de guerre de Gonesse* (11 septembre), où avait apparu dans une triste évidence la mauvaise disposition morale de l'armée [3]. Henri IV dissimula ses impressions pénibles ; mais, un mois après, dans une lettre à Montmorency, gouverneur du Languedoc, il épanchait son amertume et se plaignait que « ceste noblesse, qui estoit si courageusement accoureue [n'y] eust voulu un peu s'arrester et tenir ferme davantage ; mais le même excès qui fut en l'ardeur de venir, il fust aussy tost en l'impatience de s'en retourner. C'est une humeur que je ne suis pas de ceste heure à recognoistre, m'estant aperceu assez de fois que de telles résolutions prises ils n'en reviennent jamais, et ne sert de rien de les y contredire ; de sorte qu'il est encore meilleur de s'y accommoder, car le leur permettant volontairement, je m'asseure qu'à la première occasion qu'il se présentera ils s'y retrouveront tous [4]. »

1. *Histoire universelle*, t. VIII, p. 209-210.
2. Cf. de Thou, t. XI, p. 188-189 ; Palma-Cayet, édit. Michaud et Poujoulat, p. 247.
3. Cf. *Histoire universelle*, t. VIII, p. 211.
4. Cf. *Lettres-Missives*, t. III, p. 265-266.

En attendant, l'effet de cette débandade avant même que Parme n'eût été reconduit à la frontière (il ne le sera qu'à la fin de novembre), fut déplorable [1]. Il est vrai que les provinces avaient aussi besoin d'être défendues. La Ligue faisait partout appel à l'étranger : les Espagnols avaient envahi le Languedoc ; ils allaient débarquer en Bretagne ; le duc de Savoie, leur allié, cherchait à conquérir la Provence. La fortune du Roi subissait une éclipse. Son entrée à Paris aurait eu un retentissement considérable, elle aurait sans doute découragé bien des résistances et abrégé la lutte. Maintenant tout était remis en question.

Il est probable que d'Aubigné profita du licenciement de Gonesse pour aller veiller sur sa place de Maillezais, car, de ce côté aussi, Royalistes et Ligueurs étaient aux prises. Nous le retrouverons près du Roi, à Saint-Denis, à la fin de décembre. Mais il prit part dans l'intervalle, comme nous allons le voir, à des opérations en Bas-Poitou.

§ 2. — La petite guerre en Bas-Poitou (1590). — Les Edits de Mantes (4 juillet 1591). D'Aubigné au siège de Rouen (novembre 1591 à mai 1592).

C'est La Boulaye qui commandait en Bas-Poitou, avec le titre de lieutenant-général. Il déployait beaucoup d'activité contre la Ligue locale, qui n'était pas très redoutable, mais qui bénéficiait du voisinage et de l'appui des Ligueurs bretons. Dans un chapitre de son *Histoire* [2], qui est un vrai pot-pourri, où il a mêlé et brouillé des événements poitevins de plusieurs années (1590, 1591, 1592), d'Aubigné nous raconte *deux expéditions en Bas-Poitou*, où il accompagna La Boulaye. La seconde est contemporaine du débarquement des Espagnols à Blavet, en Bretagne, où les avait appelés Mercœur (début d'octobre 1590) [3]. Or, d'Aubigné place ce « second voyage », comme il dit, « à quelque temps » seulement du premier. On peut donc admettre que la première expédition eut lieu avant sa venue au siège de Paris, et l'autre à son retour.

Dans la première, il se signala surtout *à la prise de la Boucherie*, petite

1. Cf. DE THOU, t. XI, p. 192.
2. Livre XIII, chapitre XI, dans l'édition Ruble, au tome VIII, p. 227 et sq.
3. Cf. DE THOU, t. XI, p. 212.

place située à l'ouest de la Roche-sur-Yon, et qui fut enlevée sans canon, l'état des chemins n'ayant pas permis d'amener l'artillerie, et le temps pressant à cause de l'approche de Mercœur. Alors il fallut bien payer d'audace. « Le mareschal de camp de ces troupes s'estant fait enlever par des soldats au haut de la muraille, et de là s'estant jetté au bas, accompagné d'un gentilhomme seulement au commencement, donna heureusement aux basses-cours, mesla ceux qui se retiroyent au chasteau et entra dedans avec eux [1]. »

Les *Mémoires* précisent que ce maréchal de camp intrépide n'était autre que lui-même [2].

De là on alla au-devant de Mercœur vers le pays de Retz [3].

« *Le second voyage* », en septembre 1590, porta également La Boulaye vers le nord de la province, où tendait toujours à s'infiltrer la Ligue bretonne, mais il opéra un peu plus à l'est et s'empara de la Rocheservière, près de Montaigu [4], et de la Séguinière, près de Cholet [5]. A d'Aubigné revient tout le mérite de cette dernière prise, non plus par un acte de témérité comme à la Boucherie, mais grâce à son flair, qui lui fit découvrir et utiliser les intelligences d'un de ses capitaines avec les défenseurs de la place. Il en usa, il faut le dire, d'une façon cruelle, qu'autorisaient peut-être les lois de la guerre, mais qui nous choque. Pendant que le capitaine Caesar, un beau nom, était de garde aux tranchées, il avait comploté avec l'ennemi de le laisser évader, avant l'arrivée des canons, contre une bonne somme d'argent. D'Aubigné en faisant une ronde surprit quelques mots, et obligea le traître à achever le marché sous son contrôle, en prenant un mousquet et en se dissimulant sous le manteau d'une simple sentinelle. Et quand la garnison sortit, elle fut massacrée [6].

J'ai dit qu'à *la fin de décembre* de cette année nous retrouvions *d'Aubigné auprès du Roi à Saint-Denis* [7]. Il nous fait assister, en effet, à une séance du

1. *Histoire*, t. VIII, p. 228.
2. *Mémoires*, édit. Réaume, t. I, p. 67.
3. Territoire de Mâchecoul (Loire-Inférieure), au sud de Nantes.
4. Nord du département de la Vendée.
5. Maine-et-Loire.
6. Cf. *Histoire*, t. VIII, p. 229-230.
7. Cf. dans le Recueil des *Lettres-Missives*, deux lettres d'Henri IV au duc de Nevers, datées du camp de Saint-Denis, 28 et 29 décembre 1590, t. III, p. 312-313.

Conseil qu'il raconte avec une savoureuse ironie. Lesdiguières venait de reprendre
Grenoble aux Ligueurs du Dauphiné (22 décembre). Il avait dépêché un de ses
officiers, Saint-Julien, « tant pour porter la nouvelle de la prise d'un Parlement
que pour en demander le gouvernement ». Requête embarrassante. Lesdiguières
était un grand général, et il fallait craindre de le mécontenter, mais d'autre part
la Déclaration du 4 août contraignait le Roi à ne nommer que des catholiques au
gouvernement des places conquises. C'est pourquoi « d'O se leva en fureur, de
quoi un réformé osoit demander un gouvernement de telle estofe. Ses partisans ne
faillirent pas à le seconder et à jetter au loin telles prétentions. Le mareschal [de
Biron] qui eust esté d'autre opinion, fit un grand discours à Sainct-Julien, premièrement des grandes obligations que le roi et le royaume avoyent à son maistre,
et du désir de reconnoistre ses mérites ; mais il exposa la conséquence de mettre
un Parlement entre les mains d'un réformé. Tout cela avec un discours fidèle, et
comme s'il eust esté de l'opinion du plus de voix. Le petit secrétaire fit une révé-
rence et s'en va. *Et comme nous considérions le roi pensif et triste là-dessus,*
Sainct-Julien vint frapper à la porte, et estant admis dict : Messieurs, vostre résolution inespérée m'a fait oublier un mot : c'est qu'il vous plaise, puisque vos prudences ont refusé Granoble à mon maistre, aviser aussi aux moyens de le lui oster.
— Cela dict, et s'estant retiré de bonne grâce, le mareschal, d'un visage plus gay,
reprit le propos disant : Le petit homme vous dit vrai, et faut y aviser. Il jetta de
ce coup une œillade au roi, qui lui rendit un ris de contentement, et avant partir
de là l'avis fut de dépescher les lettres du gouvernement qu'emporta Sainct-Julien [1]. »

En effet, en dépit de l'intransigeance de certains Catholiques royaux, il n'était pas
possible de prolonger indéfiniment cette sorte d'ostracisme des Protestants fidèles,
et de les écarter des charges et des honneurs mérités ; car on avait besoin d'eux.
Les ménagements d'Henri IV pour le Catholicisme n'avaient pas désarmé l'hostilité
des Ligueurs, ni des puissances catholiques, Espagne, Rome, Savoie. On le com-
battait avec toutes les armes et par tous les moyens. Le nouveau Pape, Grégoire XIV, beaucoup plus ardent que Sixte-Quint qui avait fini par se dégoûter
de la Ligue anarchique, lança des bulles d'excommunication contre le roi hérétique

---

1. Cf. *Histoire,* t. VIII, p. 313-315.

et ses partisans (mars 1591). Elles allaient être affichées à Notre-Dame le 3 juin et soulever les protestations gallicanes des Parlements loyalistes [1] et du Clergé rallié [2]. Le Pontife ne se contenta pas de fulminer ces foudres ecclésiastiques, il leva un corps de neuf mille hommes, qu'il envoya en France sous le commandement de son neveu Montemarciano. Déjà, on le sait, les soldats de Philippe II et de ses alliés envahissaient de toutes parts le royaume, en Provence, en Languedoc, en Bretagne. Et, au nord, le duc de Parme était toujours prêt à déboucher des Pays-Bas pour venir donner un coup de main aux Ligueurs en cas de besoin. Il avait profité des alarmes des Parisiens, après le siège et l'alerte de la *Journée des Farines* (20 janvier 1591) [3], pour mettre garnison à Paris, puis bientôt à Meaux et à la Fère : ainsi la route de la capitale, jalonnée de postes espagnols, lui était toujours ouverte. Contre cette coalition catholique soutenant la rébellion intérieure, il fallait bien qu'Henri IV cherchât un point d'appui dans le groupe opposé des puissances protestantes. Il avait envoyé Turenne en Angleterre solliciter des secours et recruter des hommes. La contre-partie du service qu'il demandait aux coreligionnaires des Réformés français était évidemment de pratiquer envers ceux-ci une politique de bienveillance, à laquelle le portaient d'ailleurs ses sentiments personnels. Aussi saisit-il l'occasion que lui fournissaient la maladresse de la Papauté, par ses bulles intempestives, et la réaction nationale qu'elles déterminèrent dans les cœurs vraiment français, pour rendre son *double Édit de Mantes* (4 juillet 1591) — sorte de dyptique symbolique de son esprit de tolérance et de la balance qu'il voulait tenir égale dans la mesure du possible entre les deux partis : le premier Édit renouvelait les assurances données à la Religion catholique lors de son avènement, et sa promesse de se laisser instruire par un Concile libre, l'autre mettait fin au régime provisoire de la trêve de Plessis-lès-Tours et rétablissait en faveur des Protestants les Édits de pacification d'Henri III (Édit de Poitiers de 1577 avec ses compléments de Nérac, 1579, et de Fleix, 1580). Ils méritaient bien ce beau titre, puisqu'ils avaient assuré la paix du royaume d'une façon presque con-

1. Condamnation des Bulles par la Chambre du Parlement siégeant à Châlons le 10 juin 1591, par celle de Tours le 5 août.

2. Déclaration de l'Église royaliste à Chartres, le 21 septembre.

3. Où des soldats d'Henri IV, déguisés en paysans et chargés de sacs de farine, avaient essayé de s'introduire par la Porte Saint-Honoré.

tinue, pendant 8 ans (de 1577 à 1585). Désormais, en attendant mieux, c'est-à-dire
l'Édit de Nantes, dont celui de Mantes était comme l'annonciateur, les Protestants
français allaient retrouver tous les droits et la situation honorable dont ils s'étaient
contentés sous un Roi qui ne leur offrait pas, tant s'en faut, autant de garanties. Je
veux croire qu'ils apprécièrent cette amélioration — quoique d'Aubigné se borne à
enregistrer le fait sans aucun commentaire [1].

Le siège de Rouen fut la manifestation la plus claire de cet appui prêté au Roi
par les puissances étrangères. L'importance d'une telle conquête n'échappait à personne. Déjà la prise de Chartres au printemps (19 avril), un des greniers de la Capitale, avait en partie effacé l'impression produite par l'échec du siège de Paris.
Toutes les places voisines sur les rivières, que le duc de Parme avait délivrées,
étaient vite retombées aux mains des Royaux, et ils en avaient enlevé d'autres,
comme Noyon. En Normandie, le duc de Montpensier et les deux Biron, père et fils,
réduisaient méthodiquement les dernières résistances. De cette belle et riche province il ne restait plus guère aux mains des Ligueurs que le Hâvre et Rouen, deux
gros morceaux il est vrai, et qui leur assuraient le cours de la Basse-Seine : grande
gêne pour le commerce britannique. Aussi Élisabeth qui, en bonne Anglaise, s'in-
téressait fort à nos ports, envoya au Roi six mille soldats, dont beaucoup de
pionniers, pour prendre Rouen. Les Hollandais, pour les mêmes raisons à la fois
religieuses et mercantiles, l'aidèrent par une armée navale de quarante-cinq vais-
seaux, garnis de trois mille hommes. Turenne, de son côté, lui amena quatorze cents
Allemands que le Roi passa en revue le 19 septembre 1591, dans la plaine de Wandy
près Vouziers. Il avait encore six mille Suisses et quatre mille fantassins français ;
plus la cavalerie des gentilshommes, revenus avec empressement à son appel
comme il l'avait escompté, car la noblesse était toujours tout feu tout flamme
au début des entreprises, mais il ne fallait pas mettre sa patience trop longtemps à l'épreuve. *D'Aubigné vint au siège de Rouen et y resta vraisemblablement jusqu'à la fin.* Il faisait partie de la Cornette blanche, la compagnie
d'élite de la cavalerie royale [2].

1. *Histoire*, t. VIII, p. 248.
2. Tous les chiffres donnés sur la composition de l'armée lui sont empruntés. Cf. *Histoire*, t. VIII,
p. 250-251. — Ils sont un peu différents dans Sully (*Œconomies royales*, t. I, dans la collection Michaud
et Poujoulat, p. 88, col. 2).

Le maréchal de Biron avait commencé l'investissement le 11 novembre 1591, le Roi le rejoignit au camp le 24. Sous ses yeux une émulation s'établit vite entre tous ces corps de provenance diverse, et l'on rivalisa d'entrain dans les travaux d'approche de la citadelle de Sainte-Catherine, qui, élevée sur une colline de la rive droite de la Seine, en amont de Rouen, dominait la vallée et la ville, et aurait permis de la réduire à merci par le feu de l'artillerie... si l'on avait pu s'en emparer. Mais elle se défendit bien sous la direction d'un énergique capitaine, Bois-Rosé. Certains prétendaient que le maréchal de Biron jouait sciemment la difficulté, en essayant de prendre d'abord cette forteresse, au lieu de s'attaquer directement à la ville ; cela, afin de retarder la victoire définitive des armes d'Henri IV, et de prolonger son commandement personnel.

D'Aubigné nous a conté par le menu l'âpre lutte qui s'engagea pour la possession de la contrescarpe [1] et du fossé du fort de Sainte-Catherine. Le Roi y donna de sa personne, car, pour prêcher d'exemple, il venait lui-même prendre son tour de garde aux tranchées, une nuit sur quatre, avec ses gentilshommes [2]. C'est ainsi que, dans un brusque assaut nocturne, il emporta la crête de la contrescarpe. Mais le lendemain les Anglais la reperdirent. A la garde suivante le Roi la reprit : les Anglais avaient voulu être de la partie, et tenir « compagnie à la noblesse pour regagner ce qu'ils avaient perdu ». Quatre jours après on nettoya le fossé : « Le mareschal de Biron prit la charge du milieu, celle du coin de gauche fut donnée à un autre [d'Aubigné] qui dans deux heures alla joindre le baron [de Biron, le fils] par le fonds du fossé [3]. »

Pour dégager Sainte-Catherine et inquiéter les Royaux, Villars-Brancas, le gouverneur de Rouen, faisait des sorties. Dans ces occasions aussi, le Roi s'exposait avec une imprudente témérité, comme un simple capitaine. Un jour qu'il était

1. Pente du mur extérieur du fossé.

2. Il avait son logis à Darnétal, dans la vallée entre la colline de Sainte-Catherine et Rouen. Sully était, comme d'Aubigné, au nombre des gentilshommes qui l'accompagnaient aux tranchées, et lui aussi prit part à tous ces combats (Cf. *Œconomies royales*, édit. Michaud et Poujoulat, t. I, p. 89-90).

3. *Histoire*, t. VIII, p. 253-254. Ces combats eurent lieu dans la seconde quinzaine de décembre, car le 17 Henri IV écrivait au duc de Nevers : « Le siège s'advance fort, nous serons *demain logaz* sur la contrescarpe du fort de Sainte-Catherine » (*Lettres-Missives*, t. III, p. 525). La lettre est sans doute écrite la veille de la première attaque. Les *Œconomies royales* précisent qu'il faisait grand froid, et qu'on devait être en décembre (édit. Michaud et Poujoulat, t. I, p. 89, col. 2).

sur le coteau de la citadelle avec d'Aubigné et le général anglais Roger Willems, il entend la mousquetade et le cri d'alarme dans la plaine de Darnétal. Il galope jusqu'au bord du coteau pour se rendre compte de ce qui se passait, et voit qu'il n'y a qu'une poignée d'hommes, surtout des Anglais, en face des trois cents salades (cavaliers) de Villars et de ses dix-huit cents arquebusiers. Alors, entraînant ses compagnons, il dévale la pente abrupte à cheval, au risque de se rompre le cou; et, arrivé au bas, il pousse sa monture « à grande force sur un bardeau ou bastardeau fait à travers la rivière [1] pour retenir l'eau. Cet excellent cheval, que du ventre, que des pieds, passe le roi delà. *Nous, ne l'osans suivre*, avoue d'Aubigné, destournasmes de cent pas, où nous vismes traverser un valet. Ici, je me nomme, pour donner gloire à mon maistre aux despens d'un des plus vaillans hommes du monde, et aux miens [2] ». Cette apparition inopinée du Roi et son intrépidité exaltèrent le courage de ses soldats et intimidèrent les assaillants qui battirent en retraite.

Mais bientôt il dut quitter Rouen pour aller *au-devant du duc de Parme*, qui voulait renouveler le coup de Paris. Cette fois, averti par ce précédent, Henri IV ne retomba pas dans la même faute de lever prématurément le siège [3]. Il laissa Biron avec l'infanterie pour le continuer et n'emmena que la cavalerie (six mille hommes). Le Duc avait fait ses conditions avant de prêter de nouveau son concours aux chefs de la Ligue. Dans des conférences tenues à la Fère et à Lihons-Sainte en janvier 1592, ses représentants avaient formulé nettement la prétention de Philippe II de faire reconnaitre sa fille Isabelle-Claire-Eugénie, petite-fille d'Henri II, comme Reine de France, au mépris de la loi salique. Mayenne, qui ne pouvait se maintenir qu'avec les subsides espagnols, dut s'engager à faire agréer cette solution aux Princes français et aux États-Généraux, — qu'au fond il n'était pas pressé de convoquer, préférant exercer son pouvoir sans contrôle. Aussi espérait-il que les circonstances lui permettraient d'éluder sa promesse. Chaque partie comptait jouer l'autre. Mais le jeu était dangereux et coupable de la part de Français.

C'est à *Folleville*, près Montdidier, le 29 janvier 1592, qu'eut lieu la première

1. L'Aubette, qui coule dans la vallée de Darnétal.
2. *Histoire*, t. VIII, p. 254-255.
3. Voir dans les *OEconomies royales* (édit. Michaud et Poujoulat, t. I, p. 90-91) les considérations qu'il développe à ce sujet dans un entretien confidentiel avec Sully.

rencontre des Royaux avec l'avant-garde espagnole. Le Roi avait détaché quelques groupes d'éclaireurs ; l'un avait été prélevé sur sa Cornette blanche et confié à Laverdin. C'est ainsi que d'Aubigné eut l'honneur du premier combat. Laverdin, qui avait pris la tête en chargeant, tomba avec son cheval. Ses compagnons (ils étaient vingt) arrivèrent juste à temps pour le sauver de cinquante à soixante ennemis, qui de leurs épées lui cherchaient le défaut de la cuirasse. « L'ambassadeur d'Angleterre Edmont se déroba du roi pour taster ceste meslée et en fut repris par lui [1]. »

Ce n'était là en somme qu'une assez vive escarmouche, une prise de contact un peu rude avec l'adversaire. *L'affaire d'Aumale*, quelques jours après (5 février), fut autrement sérieuse. On sait que le Roi, entraîné par sa témérité hasardeuse, qui faisait trembler tous les siens et irritait son alliée la Reine Elisabeth [2], alla se jeter ce jour-là, loin du gros de ses forces, avec une poignée d'hommes, en pleine armée ennemie. Peu s'en fallut qu'il ne fût pris ou tué ; et s'il s'en tira avec une légère blessure, il le dut sans doute aux prodiges de valeur que lui-même et sa troupe firent en ce péril, mais aussi à sa chance, et elle pouvait être une protectrice capricieuse : il eût été imprudent de toujours compter sur elle. On se doute bien que d'Aubigné ne le céda à personne en vaillance dans cette journée difficile.

C'est sur le plateau qui domine Aumale, de l'autre côté de la rivière (la Bresle), qu'Henri IV était allé chercher aventure de bon matin, avec un escadron trié dans toutes les compagnies. Il n'y avait pas d'autre programme arrêté que de « faire quelque chose de gaillard à la teste de l'armée. » Il fut fort bien réalisé. Ce qu'ils firent fut, en effet, tout à fait gaillard, un peu plus même sans doute qu'ils ne l'auraient désiré.

---

1. Cf. *Histoire*, t. VIII, p. 256-257, et *Mémoires*, édit. Réaume, t. I, p. 67. En fait, Thomas Edmonds n'était que l'agent de l'ambassadeur anglais, qui était le chevalier Henry Unton. D'après Sully (édit. Michaud et Poujoulat, t. I, p. 92, col. 2) les choses ne se passèrent pas tout à fait de cette façon, car le Roi lui-même serait venu au secours des siens.

2. Voir les remontrances qu'elle lui avait fait transmettre à ce sujet par Duplessis-Mornay, qui était en mission en Angleterre au mois de janvier 1592 (*Mémoires de Mornay*, t. V, p. 172-173), et aussi la lettre émue de Duplessis au Roi en débarquant à Dieppe le 6 février (t. V, p. 190-191). Sully lui faisait souvent des observations sur son imprudence. Cf. *Œconomies royales*, édit. Michaud et Poujoulat, t. I, p. 90 et 95, col. 1).

Ils avaient couru quatre lieues quand ils tombèrent sur l'armée ennemie, marchant dans un ordre de bataille « excellent » et à vrai dire invulnérable. Elle faisait masse compacte « en forme trapésite [1] » expose d'Aubigné, composée de seize mille hommes de pied et de près de cinq mille chevaux ; elle avoit à sa teste et à chacun des angles de derrière une ouverture pour sortir au combat, celle du devant fermée par l'escadron, sur la confiance duquel le duc entreprenoit toutes choses ; les deux de derrière estoyent remplies des premières troupes de cavalerie qui devoyent aller à la charge ; les deux lates [côtés, de *latus*] clos d'une file de chariots et près d'eux les régimens de pied par ordre. Hors de cela, la cavalerie légère et les carabins faisoyent des ailes les mieux composées qu'on ait jamais veu. Le duc, dans le milieu de tout cela, dans un petit chariot descouvert, des pantoufles dans les pieds, ne changea point de posture pour ce que vous entendrez [2] ».

Il n'y avait pas à penser « mordre » avec quelques centaines de cavaliers sur cette forteresse ambulante. La retraite s'imposait, mais il fallut la faire sur un terrain difficile, par échelons, chacun payant à tour de rôle pour couvrir le reste. Et le Roi paya plus que quiconque.

Les endroits les plus critiques furent le rebord du plateau, où l'on essaya de s'accrocher un peu, puis la pente du coteau dévalant sur le marais qui précède la rivière, surtout le passage de la chaussée jetée sur le marais, et par laquelle on accède au petit pont d'Aumale. Ce passage fut très disputé. C'est là que le Roi « receut une harquebusade dans sa ceinture » heureusement à bout de portée et qui ne fit qu'effleurer les reins. Givri le dégagea par une charge furieuse, mais le flot ennemi revenait plus pressé, en dépit des efforts héroïques des compagnons du Roi. D'Aubigné, précipité au bas de la chaussée, était perdu sans le secours de son grand ami Arambure, celui-là même à qui, par une fatale méprise, il avait fait perdre un œil dans l'attaque nocturne de Niort [3]. Mais le pauvre n'en avait pas gardé rancune, et il le lui montra bien à cette heure. Admirable fraternité d'armes, qui est la grâce et

---

1. Palma-Cayet nous fait bien comprendre le sens de cette expression. Il y avait trois gros d'infanterie, les deux premiers marchaient de front avec un large intervalle entre eux, le troisième en arrière dans l'axe de cet intervalle, suffisant pour qu'il y vienne prendre place au besoin (Cf. *Chronologie novenaire* dans la collection Michaud et Poujoulat, 1ʳᵉ série, t. XII, p. 361, col. 1).

2. *Histoire universelle*, t. VIII, p. 258-259.

3. Nuit du 27 au 28 décembre 1588. Cf. *Histoire*, t. VIII, p. 6, et *Mémoires*, édit. Réaume, t. I, p. 65).

comme la fleur de la bravoure française. Ne la respire-t-on pas dans cette page ?

« Laverdin blessé à l'entrée de la chaussée, les plus opiniastres, qui ne la voulurent pas enfiler sans donner encores un coup d'espée, furent contraints à coups de lance d'en prendre le chemin. Arambure, voyant *quelqu'un*[1] de ses amis poussé de deux lanciers au bas de la chaussée et ne la pouvant regagner à l'endroit où il estoit, rallie Moraise, le lieutenant du grand escuyer et celui de Laverdin. Avec ces quatre, il fait quitter l'embouchure de la chaussée, quoique desjà on y eust fait jetter à pied plusieurs carrabins, qui apuyèrent deux coups dans son estomac. Et puis, ayant donné loisir à son ami de regagner le passage, il fit à bon escient Horace le borgne[2]. Il se retire le dernier, ayant à tous coups l'espée dans les dents des plus pressants ; il trouve une barrière abandonnée par les harquebusiers, il les rappelle en vain ; il se jette à terre et la ferme, et l'escuyer de Laverdin qui lui sauvait quelques coups lui est tué sur les espaules. A cent pas de là, il fait de mesme au petit pont le plus près de la ville[3]... »

Enfin les camarades restés à Aumale viennent à la rescousse et aident les pourchassés à rentrer. « Le roi ne perdit à tout cela que soixante hommes, pas un grand, mais tous vaillants[4]. »

Ce sont là, en effet, des exploits dignes des paladins de nos chansons de gestes : la tradition ne s'en est pas perdue.

D'Aubigné était-il de *la partie de Bures*[5], où Henri IV, une fois qu'il fut guéri de sa blessure et put monter à cheval, prit sa revanche de la « retraite » d'Aumale, en venant fondre à l'improviste sur le « logis » du duc de Guise, occupé par onze cornettes de cavalerie et cinq régiments de gens de pied ? Ce fut une brillante opération, sur laquelle le Roi s'étend complaisamment et fièrement dans une de ses lettres[6], et dont Duplessis-Mornay nous a laissé aussi une relation[7]. D'Au-

---

1. Les *Mémoïres* de d'Aubigné précisent qu'il s'agit bien de lui. « Encore ce qui est dit d'un qu'Arambure sauva. » Réaume, t. I, p. 67.
2. Horatius Coclès.
3. *Histoire*, t. VIII, p. 260-261.
4. *Ibid*. Voir aussi le récit de Sully, édit. Michaud et Poujoulat, t. I, p. 94-96.
5. Village sur la Béthune, entre Neufchâtel et Dieppe (Seine-Inférieure).
6. A M. Ancel, son résident à Vienne. *Lettres-Missives*, t. III, p. 569-571.
7. Cf. *Mémoires de Mornay*, t. V, p. 199-201.

bigné est sec à côté [1] et ne rapporte guère qu'un épisode préliminaire, la rencontre des premiers coureurs du Roi avec ceux du comte de Chaligny, dont peu échappèrent et allèrent porter l'alarme au quartier de Guise. Chaligny, prince de la Maison de Lorraine, frère de Mercœur, fut fait prisonnier par le bouffon Chicot et ne se consola pas de cette mortification. Si curieux que soit cet incident, il n'est qu'un lever de rideau. Or, d'Aubigné s'en tient là, ce qui fait supposer qu'il n'assistait pas à l'affaire. Elle se termina par l'enlèvement du logis de Guise, défendu mollement et qui fut pillé : « Il y fut tué, dit le Roi à M. Ancel près de trois à quatre cents hommes tant de cheval que de pied, quatre cents chevaulx buttinez leur bagage, vaisselle d'argent et habillemens, jusques à la valeur de plus de cinquante mille escus, et la cornette du duc de Guise, qui estoit allé ce matin là au quartier du duc de Parme [2]. »

Mais *à Rouen, en l'absence du Roi, les choses se gâtaient.* La discipline et la surveillance s'étaient relâchées. Il y avait des communications entre la ville et le camp. Les espions de Villars circulaient librement [3]. C'est ainsi qu'il fut renseigné sur les habitudes et les négligences du service de garde aux tranchées de Sainte-Catherine, et que *le matin du 24 février*, profitant du brouillard, il put surprendre les Royaux par *une sortie* combinée de sa garnison et de celle de la citadelle. Les lansquenets allemands surtout firent peu de résistance et abandonnèrent le parc d'artillerie. Dans les tranchées tout fut bouleversé, les travaux détruits, les mines étouffées. Toute l'œuvre de plusieurs mois était annihilée, sans compter les pertes en hommes fort importantes.

La nouvelle de ce désastre atteignit Henri IV, toujours en campagne, au camp de Clères [4] le 27 février, et s'il essaye, dans sa lettre à Montmorency [5] datée de ce jour, d'en atténuer la gravité, d'Aubigné témoigne que la consternation fut profonde à l'armée [6]. Ce qui paraît l'avoir le plus ému, lui, dans les rapports qui parvenaient, c'est *l'héroïsme de deux jeunes huguenots*, qui, ne voulant pas fuir

1. Cf. *Histoire*, t. VIII, p. 257-258.
2. *Lettres-Missives*, t. III, p. 570.
3. Cf. DE THOU, t. XI, p. 470 et sq.
4. Clères, entre Rouen et Neufchâtel (Seine-Inférieure).
5. Cf. *Lettres-Missives*, t. III, p. 574.
6. Sully aussi, et il ajoute que les Catholiques en prenaient prétexte pour déclarer que, tant que le Roi serait Huguenot, on ne verrait que des malheurs (*Œconomies royales*, édit. Michaud et Poujoulat, t. II, p. 96).

comme les autres, « se dévouèrent » pour sauver l'honneur. L'épisode a dans son récit la beauté d'une légende antique :

« Tout ce qui estoit dans les tranchées avoit pris l'effroi et la fuite, horsmis *les deux frères Piles*, qui, n'ayans point encor de barbe, prindrent la résolution de la mort plus tost que de quitter leur devoir. Eux, ayans rallié quinze ou seize hommes, la plus part de commandement, se firent assommer en un monceau ; plusieurs fois sommez de se rendre à promesse de la vie, ce qu'ils refusèrent de si bonne grace que, parmi la multitude qui les accabloit, force honnestes gens ont tesmoigné y avoir mis la main à regret [1]. »

Malgré la grandeur de leur sacrifice, la passion religieuse persécuta leurs cadavres, et des catholiques s'opposèrent à leur inhumation au cimetière du quartier royal à Darnétal. Ce qui contrista fort le Roi quand il l'apprit [2].

Il semble que le duc de Parme aurait dû profiter de ce renversement momentané de la situation à Rouen pour essayer de passer malgré Henri IV, et d'aller donner la main aux assiégés. Au contraire il recula sur la Somme, comme si le danger de la ville était écarté. Étrange détermination. De Thou prétend qu'elle fut inspirée par Mayenne, qui ne tenait pas à l'attirer jusqu'à Rouen, à moins de nécessité absolue, de peur qu'il ne s'en rendit maitre [3]. Il est possible que ce soit la vraie raison de ce mouvement de retraite en apparence inopportun. L'explication vaut toujours mieux que celle de d'Aubigné, qui repose sur *une singulière bévue chronologique :*

« C'estoit au poinct, dit-il, de la penderie de Paris, doht nous avons parlé et pour laquelle le duc de Mayenne avoit esté contraint d'y faire une course. Le duc de Parme, ne voulant rien faire sans lui et ayant quelques compagnies à recevoir, fit semblant de passer la Somme pour s'en retourner. Le roi se met sur ses pas [4]... »

La « penderie de Paris » c'était déjà de l'histoire ancienne à cette heure. Il s'agit de l'attentat révolutionnaire des Seize contre le Premier Président du Parlement Brisson et les conseillers Larcher et Tardif (15-16 novembre 1591). Mayenne

1. *Histoire*, t. VIII, p. 263-264.
2. *Ibid.*, p. 264.
3. Cf. DE THOU, t. XI, p. 470 et 473.
4 *Histoire*, t. VIII, p. 262.

vint à Paris réprimer le mouvement, du 4 au 10 décembre 1591. Le duc de Parme n'était pas entré encore en France à ce moment.

Il n'y a qu'une chose à retenir dans la version de d'Aubigné, c'est que *le duc de Parme aurait fait une fausse sortie* du Royaume. Ce fut, en effet, la conviction ultérieure d'Henri IV, éclairé par la suite des événements et par des lettres interceptées[1]. Mais au premier moment il n'en eut pas l'idée, et fut tout à la joie de voir disparaître cette menace qui planait sur le siège de Rouen, et de donner *la chasse à l'armée en retraite. D'Aubigné dut en être.* Il paraît bien en particulier s'être trouvé à *Pont-de-Remy*[2], sur la Somme, jusqu'où le Roi harcela l'ennemi (7 mars)[3], et nous rapporter *de visu* ce qui s'y passa :

« Le lendemain, le roi, avec deux mille chevaux, arriva à veue du Pont de Remi, au passage duquel il cuidoit monstrer aux Espagnols qu'il falloit pousser plus chaudement à Aumale ; mais un grand logement d'Espagnols et de Suisses dans la vallée de main gauche et à la droite un gros de quatre mille chevaux, qui fit ferme sur le costau, tout cela fit qu'après une bonne et ferme escarmouche, pour couvrir les reconnoisseurs, il falut retourner à Blangi et de là à Claires[4]. »

Puis à *Rouen* où nous trouvons Henri IV, revenu le 16 mars[5], résolu à poursuivre le siège avec vigueur et à serrer le blocus. Mais à peine de retour, la noblesse déçue de n'avoir pas eu bataille demande son congé comme elle l'avait fait dans des circonstances analogues au moment du siège de Paris. Et cette fois encore le Roi céda, se flattant de l'espoir qu'il la rallierait rapidement en cas de besoin[6]. Mais quand *un mois après, l'armée espagnole redescendit de la Somme à marches forcées*[7], il eut beau sonner le rappel, quelque diligence que chacun fît, le rassem-

---

1. Cf. ce qu'il en dira dans ses lettres du 28 mars à l'ambassadeur d'Angleterre Unton, aux États-Généraux des Pays-Bas, et à M. de Goville. *Lettres-Missives*, t. III, p. 596-599.

2. Au-dessus d'Abbeville (Somme).

3. Cf. sa lettre au duc de Nevers du 6 mars avec le P. S. *Lettres-Missives*, t. III, p. 576-577.

4. *Histoire*, t. VIII, p. 262. C'est à ce retour à Clères, où l'on avait passé à l'aller, que d'Aubigné place la venue du courrier annonçant le désastre des tranchées de Sainte-Catherine du 24 février. Mais c'est une erreur. Ce fut bien à l'aller, comme le prouve une lettre d'Henri IV à Montmorency du 27 février (Cf. t. III des *Lettres-Missives*, p. 574).

5. Cf. *Lettres-Missives*, t. III, p. 579, 1re lettre datée du camp de Darnétal.

6. Voir sa lettre du 26 mars à Montmorency, *Lettres-Missives*, t. III, p. 591 et sq. (à la page 593).

7. Villars-Brancas, le gouverneur de Rouen, avait prévenu Parme qu'il ne pourrait tenir au delà du 20 avril.

blement ne put s'effectuer à temps ; et, n'ayant plus sa cavalerie mobile pour couvrir l'armée assiégeante, il dut se résigner à lâcher Rouen, comme il avait lâché Paris (20 avril). Ainsi à deux reprises et à si peu d'intervalle, la même défaillance, la même impatience de la noblesse française fit perdre le bénéfice d'un long effort et d'un succès presque acquis.

Je ne pense pas que d'Aubigné fût reparti, car c'était surtout ceux des provinces voisines qui avaient reçu la permission d'aller faire un tour chez eux[1]. Mais le récit assez confus qu'il fait des escarmouches d'Yvetot[2], où le duc de Parme avait établi un camp retranché après la délivrance de Rouen, ne contient pas d'indices suffisants pour être assuré qu'il y prit part. S'il était présent, il ne fut sans doute pas plus perspicace que les autres sur les intentions de Parmesan, et sur ses préparatifs d'évasion en traversant la Seine de nuit, puisqu'il déclare que le Roi ni son Conseil ne pouvaient estimer faisable un pont de bateaux « à travers un bras de mer si tempestueux et si large[3] » comme est le fleuve à Caudebec. Le Duc affirma de nouveau sa supériorité militaire en esquivant encore la bataille qu'on voulait lui imposer, et que la fatigue de ses troupes, les pertes déjà subies, enfin l'état de sa santé — car il avait été blessé au siège de Caudebec — ne lui permettaient pas d'accepter. Son habileté de manœuvrier l'emportait décidément sur la fougue du Roi des braves.

Dès qu'il se fut dérobé (16 mai) le Roi, après avoir pris Caudebec (le lendemain) congédia, nous dit d'Aubigné, « les plus incommodez de son armée[3] ». En admettant donc qu'il fût resté jusque là, il dut rentrer au plus tard en juin dans le Poitou, où nous allons, en effet, le voir se battre dès juillet. Il ne perdait pas de temps.

Le plus « incommodé » — j'entends d'argent — c'était le Roi lui-même. Faute de ressources il dut licencier aussi les auxiliaires étrangers que Turenne reconduisit à la frontière (en juillet). Les Hollandais rappelèrent leurs contingents. *Ce fut la fin des grandes opérations contre la Ligue.* Le Roi avait prouvé qu'on ne

---

1. Cf. la lettre du 26 mars à Montmorency, *loc. cit.*
2. Cf. *Histoire*, t. VIII, p. 267-268. Il est d'ailleurs assez facile d'éclaircir ce récit par des rapprochements avec les lettres du Roi.
3. *Histoire*, t. VIII, p. 268.
4. *Histoire*, t. VIII, p. 269.

pouvait pas l'abattre, mais la Ligue avait montré sa résistance, et qu'on n'en viendrait pas à bout seulement par la force. *La solution de l'abjuration va s'imposer.*

§ 3. — La guerre en Poitou (1592-1593). — Une suprême tentative d'Agrippa d'Aubigné pour empêcher l'abjuration du Roi (juin 1593). — La nécessité et les effets de l'abjuration.

A peine de retour chez lui, d'Aubigné qui ne pouvait tenir en place refit la petite guerre, car la lutte continuait dans la région entre Ligueurs et Royalistes, malgré la disparition de l'actif et entreprenant gouverneur ligueur de Poitiers, le vicomte de la Guierche, noyé au combat de l'Isle[1] le 6 février 1592.

Mayenne lui avait donné pour successeur le comte de Brissac, le héros des Barricades, qui ne vint prendre possession de son poste qu'en septembre[2]. Dans l'intervalle, le gouverneur royaliste du Poitou, Malicorne, s'efforçait de prendre de nouveaux avantages et de compléter les succès remportés par le prince de Conti dans sa campagne de mai à octobre 1591.

C'est ainsi qu'il vint s'attaquer, en juillet 1592, à Montreuil-Bonnin « assez bon chasteau » à deux pas de Poitiers[3], avec l'assistance de Parabère (gouverneur du château de Niort) et de d'Aubigné. C'est à d'Aubigné que fut due la réussite, le canon ayant fait une brèche mal placée et incomplète par où l'escalade était difficile et périlleuse, car la zone était battue par deux fauconneaux d'une galerie et par le tir de la grosse tour. Mais il observa qu'on pouvait se défiler « au rond de la tour » et de plus que le parapet nouveau, refait en arrière par les assiégés pour boucher la brèche, était trop large, si bien « qu'il s'en faloit quatre pieds que les fers des piques le peussent passer ». Profitant habilement de cette circonstance, il lança les siens au bon moment et au bon endroit : « Et cela bien suivi emporta

---

1. Cf. sur cet événement, qui fit sensation, l'article de A. Barbier dans les *Mémoires des antiquaires de l'Ouest*, 2ᵉ série, t. XVIII, année 1895. Voir encore dans la même collection, 1ʳᵉ série, t. XXI, année 1854, Ouvré, *la Ligue à Poitiers* ; et 2ᵉ série, t. XX, 1897, Ledain, *les Maires de Poitiers*.

2. Cf. Ouvré et Ledain, *Ibid.*

3. *Sur la Boivre, à l'Ouest.*

la place, où La Pierrière et La Taupane, qui y commandoyent, furent pendus avec vingt-deux soldats ; ce qui se sauva estoit fort peu [1] ».

Quand Brissac fut arrivé à Poitiers (28 septembre 1592) [2] il donna un regain à la Ligue poitevine, et alla porter l'offensive chez ses adversaires. D'Aubigné fut particulièrement visé. Il y eut *deux entreprises sur Maillezais* « faites par le comte de Brissac... la première par intelligence, descouverte par les soupçons du gouverneur ; l'autre par escalade du costé du marais. Celle-là faillie pour ce que Favrière, qui la menoit, trouva plus de difficultez à entrer dans la forêt qu'il n'avoit estimé [3] ».

Mais Brissac avait beau faire et se démener, il n'était plus en mesure d'inquiéter les autres ; *la Ligue poitevine touchait à sa fin;* elle allait avoir à se défendre dans *sa dernière citadelle, Poitiers.* En juin 1593 Malicorne vint investir la ville, avec des forces importantes [4] où figuraient la plupart des gouverneurs et gen. tilshommes royalistes de la Province. *Le blocus* devait durer deux mois, jusqu'à la publication de la Tréve générale signée à la Villette, le 31 juillet, entre les représentants du Roi et les délégués des États généraux de la Ligue. Elle fut proclamée à Poitiers, le 14 août, et Malicorne leva le siège le 15. Nous reviendrons sur les incidents et les combats de ce siège où d'Aubigné parut.

Mais ce ne fut sans doute qu'assez tardivement, car *des motifs impérieux le décidèrent au mois de juin à aller trouver le Roi à Dreux,* dont il faisait le siège [5]. L'heure était grave. Chacun devait prendre ses responsabilités. *Il n'était bruit partout que de la prochaine conversion d'Henri IV* au catholicisme. On

---

1. *Histoire,* t. VIII, p. 232-233. Il ne s'y désigne que sous l'indice anonyme *quelque capitaine* mais dans les *Mémoires* il se nomme, t. I, de l'éd. Réaume, p. 67.

2. Cf. Ouvré et Ledain, articles cités.

3. *Histoire,* t. VIII, p. 241. — Il est probable qu'il faut, comme je l'ai dit plus haut, dans le § 1, sur la détention du roi de la Ligue à Maillezais (p. 45-46) rattacher aussi à cette période et à ces entreprises de Brissac contre Maillezais, l'étrange affaire du capitaine Daufin (Cf. *Mémoires,* éd. Réaume, t. 1, p. 72-73) quoique d'Aubigné la rapporte à l'époque où le Cardinal était son prisonnier; mais ce doit être une erreur, puisque, d'après son récit même, ce Dauphin aurait été un instrument de Brissac, cherchant à l'attirer dans un piège, ou au contraire un traître à Brissac, voulant se venger de lui pour quelque offense, et escomptant le concours de d'Aubigné.

4. Cf. Ouvré et Ledain, *op. cit.*

5. Commencement du siège le 8 juin, prise de la ville le 19, capitulation de la citadelle le 5 juillet à terme de 3 jours, reddition le 8. Cf. de Thou, t. XII, p. 1 à 7. Le Roi vint au siège au milieu de juin et y resta jusqu'à la fin.

conçoit les alarmes des Protestants et l'indignation de d'Aubigné. Il accourait dans l'espoir qu'il était encore temps, avec sa rude franchise, de disputer le Roi à de mauvaises influences, de sauver sa religion, et de le garder au Parti. N'était-ce pas lui qui avait réveillé sa conscience endormie en 1576, qui l'avait fait évader de la Cour des Valois, et l'avait rendu au Protestantisme ? Il venait défendre son œuvre de salut — pour le Prince, comme pour la Cause. Mais les circonstances n'étaient plus les mêmes : Henri IV ne pouvait plus s'évader de la Cour, il était prisonnier de ses devoirs de Roi, et d'Aubigné arrivait trop tard.

Jamais, on le sait, Henri IV n'avait voulu désespérer ses sujets catholiques en faisant montre d'intransigeance sur la question religieuse. Déjà comme héritier présomptif il proposait de soumettre à un Concile le débat entre les deux Religions, pour parvenir à un accord. Dans la Déclaration du 4 août 1589, au moment de son avènement, il promettait formellement de « se laisser instruire » par un « libre concile général ou national » et fixait le terme de six mois pour sa réunion. Il y avait longtemps que ce délai était passé, mais le Roi avait l'excuse de la guerre que les Ligueurs l'avaient obligé à faire sans interruption. Sa dignité et son honneur lui interdisaient d'ailleurs de subir l'apparence même d'une contrainte dans une affaire de conscience. Il aurait donc eu des raisons de temporiser encore, si la réunion des États généraux ligueurs n'avait amené le conflit entre la Royauté et la Ligue à un point critique, où une solution immédiate s'imposa.

L'objet des États généraux de la Ligue, si longtemps retardés par l'obstruction de Mayenne, qui n'était pas pressé de passer ses pouvoirs à un autre, n'était rien de moins que *l'élection d'un Roi Catholique* pour remplacer l'héritier naturel, déchu de ses droits par l'hérésie[1].

Les États s'étaient ouverts le 26 janvier 1593, au Louvre. Les intrigues s'y croisaient, la couronne qui brillait entre les mains des députés excitant naturellement d'ardentes convoitises. Philippe II voulait la faire poser sur la tête de sa fille l'Infante Isabelle-Claire-Eugénie, petite-fille d'Henri II et de Catherine de Médicis par sa mère Élisabeth de France. Il est vrai que si la succession par les femmes était

---

1. Un bref du Pape Clément VIII adressé le 15 avril 1592 à son Légat en France, le cardinal de Plaisance, avait renouvelé la condamnation lancée contre Henri IV par Grégoire XIV dans ses bulles du 28 mars 1591. Cf. Ruble, t. VIII, p. 302, note n° 2.

admise, la Maison de Lorraine pouvait invoquer un degré plus proche encore, le duc régnant Charles étant le mari d'une autre fille de Henri II, Claude de Valois.

L'obstacle à ces candidatures était *la Loi salique*, expression et garantie de l'indépendance nationale, puisqu'elle écartait du trône toute domination étrangère amenée par le mariage des princesses françaises. Philippe II ne comprenait pas ce sentiment et ne voyait dans cette loi qu'une vaine tradition. Le subtil juriste qu'il avait envoyé aux États, Don Inigo de Mendoza, comptait démontrer qu'elle ne remontait pas au delà de Louis X le Hutin, et qu'elle ne pouvait donc être invoquée en faveur de la branche des Bourbons, qui s'était détachée de la souche royale plus tôt, avant que cette prétendue loi fondamentale de la Couronne existât.

La branche cadette de Lorraine ne s'embarrassait pas de ces difficultés. S'appuyant sur la popularité du nom de Guise, elle attendait tous ses droits de l'élection. Mais la famille était divisée contre elle-même. Mayenne, fort des services rendus et de la situation prééminente qu'il occupait, entendait bien ne travailler que pour lui, ou pour l'un de ses fils, sous le nom duquel il aurait continué à gouverner. Mais il n'avait pas les qualités qui séduisent les foules, et son « morveux » de neveu, comme l'appelait dédaigneusement sa femme, Mme du Maine, le jeune duc de Guise, était bien plus capable d'émouvoir, par le souvenir de son père le Balafré, l'attendrissement du peuple de Paris.

Toutes ces compétitions opposées se nuisaient évidemment, mais on ne peut pas dire qu'elles se neutralisaient, et le danger était grand pour Henri IV de voir finalement sortir de ces tractations ténébreuses un rival consacré par une apparence d'élection régulière. C'est l'Espagne qui semblait avoir le plus de chances d'emporter le vote, parce qu'elle disposait de la force et de l'argent, et que la Ligue ne pouvait subsister sans elle. Il lui aurait suffi pour réussir de ménager le sentiment national et de désigner à temps au choix des États le prince *français* auquel Philippe II destinait la main de sa fille, l'Infante Isabelle-Claire-Eugénie. On ne pouvait prévoir qu'il commettrait orgueilleusement la maladresse de vouloir d'abord imposer un prince étranger, l'archiduc Ernest d'Autriche ; ensuite de réclamer l'élection préalable de sa fille comme Reine avant de désigner l'époux français qu'il lui donnerait et qui prenait ainsi figure d'un simple prince consort.

Aussi Henri IV, pour parer au péril, avait-il devancé ses adversaires. La can-

didature de l'Infante ne fut produite aux États que le 28 mai ; les deux propositions relatives à son mariage, que je viens d'indiquer, sont du 13 et du 21 juin. Or,
dès le 17 mai, Henri IV avait fait annoncer officiellement sa prochaine conversion.
C'est lui qui menait le jeu, l'Espagne ne faisait plus que riposter.

Voici à quelle occasion il avait pris cet avantage, et porté ce coup droit aux
intrigues de ses adversaires : c'est Mayenne qui, sans le vouloir, lui avait procuré cette occasion. Habitué pour se maintenir en place, à pratiquer une politique
de bascule et d'équilibre savant entre l'Espagne et le Parti royaliste, il n'avait pas
renoncé, on le conçoit, au moment critique des débats sur l'élection, à cette diplomatie de maquignon. Dans un Manifeste justificatif de la Ligue et des États,
publié le 5 janvier 1593, avant l'ouverture de la session, il avait offert aux Catholiques royaux d'entrer en pourparlers avec les États pour aviser en commun au
salut de la religion et du royaume. C'était sans doute une amorce qu'il leur tendait, dans l'espoir de les détacher du Roi hérétique, et de constituer ainsi un fais-
ceau de catholiques français, capable de faire contre-poids à l'Espagne. Mais
c'était aussi un pont jeté entre Henri IV et lui, à toutes fins utiles, et suivant la
tournure des événements.

Le Roi en profita. Avec son consentement, les Catholiques royaux acceptèrent
les conversations proposées (Déclaration du 27 janvier 1593). Les États en délibé-
rèrent en février, et donnèrent leur adhésion, annoncée dans une Lettre-manifeste
de Mayenne, du 4 mars. *La Conférence commença le 29 avril à Suresnes*, entre
douze délégués des États et huit royalistes.

Or, nous voyons par la correspondance d'Henri IV que dès ce moment, pour
rendre la paix à son peuple et mettre fin aux menées de l'Espagne, son parti était
près de se convertir ; mais pour que ce fût librement, il ne voulait encore le faire
qu'*après* être arrivé à une entente avec les dirigeants de la Ligue. N'était-ce pas
un cercle vicieux, si la conversion était précisément la condition de cet accord ?
Voici ce qu'il écrivait, le 26 avril, au Grand Duc de Toscane, son allié, qui
employait ses bons offices à le réconcilier avec Rome :

« Non seulement je vous veux confirmer ce que je vous ay mandé par ledict s⁺
cardinal de Gondy, touchant ma conversion, mais j'ay voulu et veux de plus vous
promettre, comme je fais, en foy et parole de Roy, par la présente escripte et

signée de ma main, de faire déclaration et profession publique de la religion catholique selon les constitutions de l'Eglise (comme ont faict les rois de France mes prédécesseurs) dans deux mois après que mon cousin le duc de Lorraine [Mayenne] sera tombé d'accord avec moy par juste et convenable composition [1]. »

Jamais il n'avait donné d'assurances aussi catégoriques, mais elles étaient encore à terme. Les premiers entretiens de Suresnes allaient l'amener à faire un pas de plus, le pas décisif. Quand on eut réglé, en effet, la question préliminaire d'une trève temporaire et locale [2] pendant les négociations, et qu'on eut abordé, le 5 mai, la discussion générale sur les moyens de rétablir la paix, les représentants du Roi s'aperçurent que leurs adversaires, tout en lui opposant sa religion, ne demandaient qu'à l'y maintenir, afin de garder ce prétexte pour le repousser et poursuivre leur machination d'élection. Ils le renvoyaient au Pape, en effet, sachant bien qu'il était tout inféodé à l'Espagne, et que la bonne volonté du Roi se heurterait aux portes closes de Saint-Pierre.

Une lettre d'Henri IV au prince de Conti, du 10 mai, expose clairement cette tactique des chefs ligueurs [3]. Pour la déjouer, il se résigna à ne plus différer sa conversion, et à y procéder entre les mains de prélats français sans attendre le résultat des pourparlers engagés avec la Ligue. Telle fut la *résolution adoptée par le Conseil du Roi dans les séances tenues à Mantes les 15 et 16 mai.* On y arrêta même la forme de l'instruction à laquelle il se prêterait. Deux avis étaient en présence : les uns la voulaient contradictoire, afin qu'il pût se dire éclairé par un débat

---

1. *Lettres-Missives*, t. III, p. 763.
2. Trève de 10 jours — renouvelable — dans un rayon de 4 lieues autour de Paris et Suresnes.
3. Cf. *Lettres-Missives*, t. III, p. 769.

« Vous sçavés, mon Cousin, que la proposition de la dicte conférence fut introduicte parmy des délibérations où l'on voulait faire tomber l'assemblée de Paris, de procéder à l'élection d'un roy. Il se cognoit que ce moyen a suspendu les esprits de plusieurs de la dicte assemblée, qui ne vouldroient tomber sous la domination de l'Espagnol, à laquelle ils voyent qu'on les veut soubmettre, et à personnes du tout despendantes d'eux ; et ceste crainte, joincte à la nécessité qu'ils sentent de la longueur de la guerre, leur a engendré un désir de s'accommoder avec moy, si j'estois de leur religion. Ceux qui ont aultre intention, qui sont les chefs... en faisant semblant d'adhérer à la mesme opinion des autres, la traictent avec termes qu'ils sont bien assurez y former une impossibilité, quand ils seroient pris au mot de ma conversion, la renvoyans comme ils font, au Pape, qu'ils sçavent n'avoir en cela mandement ny volonté que celle du roy d'Espagne,.... pensant tirer du refus que j'en ferois, ou de la difficulté que j'y trouverois quand je le voudrois tenter, une grande confirmation de leur prétexte et crédit envers le peuple, et par là le faire plus facilement condescendre à ce qu'ils désirent. »

théologique entre représentants des deux Religions ; les autres repoussaient cette discussion, comme paraissant mettre en doute la vérité catholique, et parce que ce serait laisser encore planer une incertitude sur sa décision finale. Leur opinion prévalut, et il fut convenu que l'instruction du Roi serait faite seulement par les Prélats et Docteurs catholiques appelés à Mantes en juillet. Mais, en revanche, on y convoquerait en même temps une Assemblée *politique* mixte, où des Protestants seraient conviés, pour rechercher ensemble les moyens de pacifier le royaume. Et dès maintenant, pour prévenir les justes inquiétudes du Protestantisme, à la veille de l'abjuration du Roi, *les Catholiques royaux* lui fournirent une assurance *par leur Déclaration du 16 mai* où ils s'engageaient à ne rien consentir aux conférences de Suresnes, qui pût porter atteinte aux Édits de tolérance [1].

Les résolutions prises dans ces deux journées capitales furent publiées sans délai, le Roi tenant à en avoir de suite le bénéfice politique auprès des Catholiques. Dès le lendemain 17 mai, l'archevêque de Bourges annonçait officiellement sa conversion prochaine aux délégués des États à Suresnes. Puis la nouvelle était envoyée dans toutes les directions, notamment aux personnes invitées à l'une et l'autre Assemblée de Mantes en juillet [2]. Nos ambassadeurs en Italie étaient informés, et prenaient soin que le Pape le fût [3].

Ainsi Henri IV avait coupé les ponts derrière lui ; il ne pouvait plus reculer. Il n'y songeait d'ailleurs pas. Qu'il souffrît de quitter ses anciens coreligionnaires, on est en droit de le supposer — à son honneur ; mais l'hésitation était passée, car il en avait reconnu la nécessité. Il essaya de la leur expliquer, et de la leur faire accepter en leur dépêchant deux missionnaires de sa pensée, *MM. de Viçose et de Beauchamps*, l'un envoyé aux Églises de l'Ouest et du Sud-Ouest, l'autre en Languedoc et Dauphiné [4].

---

1. Sur ce qui se passa à Mantes les 15 et 16 mai, cf. les commentaires attristés de Duplessis-Mornay dans ses lettres au Roi et à Bouillon datées de Saumur 25 mai (*Mémoire de Mornay*, t. V, p. 426-429). Cf. aussi les « faire part » du Roi, tant aux Catholiques qu'aux Protestants, qui seront mentionnés dans les notes suivantes.

2. Cf. Spécimens de ces convocations, *Lettres-Missives*, t. III, p. 771-774.

3. *Ibid.*, p. 770, note 1.

4. Les lettres et instructions qui leur furent remises, datées de Mantes, 25 et 26 mai, se trouvent dans les *Mémoires de Duplessis-Mornay*, t. V, p. 431-437. La lettre dont était porteur M. de Viçose est reproduite, d'après Duplessis, dans les *Lettres-Missives*, t. III, p. 779-780.

*Ce sont sans doute les nouvelles apportées par **M.** de Viçose en Poitou, qui déterminèrent d'Aubigné à partir pour Dreux.* Il jugeait donc encore possible d'empêcher l'inévitable. D'où lui venait cette illusion ? Il était persuadé que le Roi était circonvenu par une vaste conspiration, où entraient des Protestants infidèles, et qui l'effrayait de périls imaginaires ou démesurément grossis, s'il refusait d'abjurer. Les deux épouvantails dont on jouait étaient le Tiers-Parti, qui l'aurait menacé dans son propre camp de la défection des Catholiques royaux, et l'élection en suspens aux États généraux de Paris. Or, d'Aubigné ne prend pas ces deux dangers au sérieux. Le Tiers-Parti n'est pas à craindre, car il n'est que la protestation de gens fatigués par les labeurs de la guerre. Il manque de nerf et de force; c'est un invalide. Il a son origine dans la mollesse des compagnons d'Henri III, habitués au bien-être sans peine et aux récompenses sans mérite, et qui ne peuvent se faire au service d'un Roi toujours en campagne, et chiche de ses bienfaits [1]. Quant à l'élection, elle n'est pas encore faite, elle suscite trop de rivalités.

C'est donc à tort qu'on alarme l'esprit du Roi, et par un dessein calculé, pour l'obliger à céder. D'Aubigné connaît tous les dessous de cette intrigue diabolique, et il prétend nous les révéler dans un curieux chapitre de son *Histoire* [2], où l'on voit se profiler tou es sortes de figures louches. Le metteur en scène de la pièce est l'évêque d'Évreux Duperron, renégat de sa naissance protestante, habile homme « monstrueux en savoir ». Il a pour compères des pasteurs faméliques et ambitieux, qui ont flairé dans la conversion du Roi, s'ils y aidaient, un bon moyen de parvenir, et qui offrent à l'évêque, dans des discussions théologiques truquées, des triomphes faciles ; autour, quelques associés de meilleure réputation, et dont la bande s'est peu à peu grossie. Mais le coup de maître a été de recruter finalement une alliée irrésistible, la belle Gabrielle, d'abord hostile, et qu'on est parvenu à gagner en faisant miroiter devant ses yeux l'espérance d'un mariage avec le Roi, le jour où le Pape aurait annulé le précédent [3].

Peut-être y a-t-il du vrai dans ces révélations. D'Aubigné est évidemment

---

1. D'Aubigné ne tient pas compte du mobile religieux, et le Tiers-Parti était plus redoutable qu'il ne le prétend. Cf. L'Estoile, t. V, p. 211, et *Supplément*, 1736, t. VI, p. 289.

2. C'est le chapitre intitulé « Du Tiers Parti et changement du Roi », t. VIII, p. 331 et sq. de l'édit. Ruble.

3. Avec Marguerite de Valois.

convaincu de tout ce qu'il rapporte. Mais elles nous renvoient trop un écho de la *Confession de Sancy* [1], et cela les rend suspectes. L'Histoire ne doit pas ressembler à un pamphlet. On admet fort bien que, dans un drame à la fois individuel et national, tel que fut la conversion d'Henri IV, tous ceux qui y jouèrent un rôle n'aient pas obéi qu'à des considérations désintéressées et patriotiques. Les cœurs des hommes sont troubles ; des sentiments et des mobiles complexes s'y agitent, surtout dans les crises publiques. Mais, chez des adversaires, d'Aubigné ne veut voir que le mal ; il ne croit jamais à leur sincérité ; et sa passion aveugle lui fait accueillir avec la même crédulité les bruits qui courent et les certitudes.

C'est dans cet état d'esprit qu'il arrivait à Dreux, pour se faire auprès du Roi l'avocat de Dieu ; et comme si sa résolution était encore en balance, il nous le montre soupirant « en ses perplexitez » et écoutant tour à tour — sinon le même jour, du moins à peu d'intervalle — *deux voix* [2], la première qui est celle des conspirateurs, dont *le surintendant d'O* « ennuyé d'estre financier sans argent » se fait le porte-parole ; la seconde qui est une réplique venant de « *quelque gentilhomme* » où l'on reconnaîtrait aisément d'Aubigné, même s'il n'avait pas pris la précaution de nous avertir dans ses *Mémoires* [3].

Ces deux discours sont forts — celui d'O est même brutal — mais il paraît douteux qu'ils aient pu être prononcés tels quels au moment du siège de Dreux, car ils supposent encore en discussion la question de la conversion, et nous savons qu'elle était déjà décidée et annoncée partout. Quel besoin avait donc d'O de livrer un prétendu assaut aux dernières « perplexités » du Roi, et comment de son côté d'Aubigné pouvait-il s'imaginer qu'Henri IV était encore libre de repousser le Démon tentateur lui offrant de régner sur une France pacifiée au prix d'une abjuration ? On est donc fondé à croire qu'il a un peu arrangé les choses, et que sans trop se soucier de l'ordre des temps, ni des circonstances exactes, il a résumé dans ce débat pathétique les arguments que chaque partie pouvait faire valoir.

Sous cette réserve, il vaut la peine de les reproduire. Voici donc la scène ou

1. L'histoire de toute cette machination pour obtenir la conversion du Roi, de la *Ruse de Mantes* comme d'Aubigné l'appelle, tient une grande place dans le *Sancy*. Voir mon chapitre xi, § 1.

2. Cf. *Histoire*, t. VIII, p. 336-340.

3. Cf. Réaume, t. I, p. 67 : « Au chapitre xxii [1re édition], *la harangue qui suit celle d'O est de sa façon.* »

la double scène, si elle fut coupée par un court entr'acte entre les deux harangues :

« Cettui-ci [d'O] pour esbranler ou pour le moins taster les résolutions de son maistre, *un jour auprès de Dreux*, l'oyant souspirer en ses perplexitez, le vint accoster pour lui tenir ce langage en ces termes et que je n'ai point voulu adoucir :

« Sire, il ne faut plus tortignonner (et puis adjoutant un mot honteux et un jurement du nom de Dieu à sa façon), vous avez dans huict jours un roi esleu en France, le parti des princes catholiques, le pape, le roi d'Espagne, l'empereur, le duc de Savoye et tout ce que vous aviez déjà d'ennemis sur les bras. Et vous faut soustenir tout cela avec vos misérables huguenots, si vous ne prenez une prompte et galante résolution d'ouyr une messe. Vous y estes obligé, non seulement par vostre conscience, car c'est enfin l'Église et la voye du salut, et vous voyez ce que vos ministres ont laissé aller devant vous [1], mais encore vous le devez par le serment que vous nous fistes à Saint-Maur. Que pouvons-nous espérer de vous si vous nous faussez vostre foi, et si vous voulez nous mettre tous à l'hospital ou à la mort, pour une opiniastreté sans fondement ? Si vous estiez quelque prince fort dévotieux, je craindrois de vous tenir ce langage ; mais vous vivez trop en bon compagnon, pour que nous vous soupçonnions de faire tout par conscience. Craignez-vous d'offenser les huguenots, qui sont toujours assez contens des rois quand ils ont liberté de conscience, et qui, quand vous leur feriez du mal, vous mettront en leurs prières ? Avisez à choisir, ou de complaire à vos prophètes de Gascongne et retourner courir le guildrou, en nous faisant jouer à sauve qui peut, ou à vaincre la Ligue, qui ne craint rien de vous tant que vostre conversion, pour estouffer le tiers parti à sa naissance et estre dans un mois roi absolu de toute la France, gagnant plus en une heure de messe que vous ne feriez en vingt batailles gagnées et en vingt ans de périls et de labeurs [2].

« Le roi respond à cette harangue (que j'ai rapportée à son naturel, hors l'es-

---

1. C'est-à-dire qu'ils se sont laissés aller à avouer que cela est vrai.

2. L'Estoile rapporte l'intervention de d'O, mais la met en juillet, encore plus tard ; cf. t. VI, p. 73-74. Il lui fait tenir un langage analogue, mais toute l'argumentation y est tirée du péril du Tiers-Parti. Chez d'Aubigné comme on le voit d'O embrasse la situation davantage dans son ensemble.

pargne des juremens) qu'il le remercioit et lui donneroit bientost contentement ; cela dict en serrant la main.

« *En ces jours quelque gentilhomme,* n'y ayant pour tiers qu'un valet de chambre, tous deux réformez, jettent devant les yeux de cet esprit qui balançoit les bénédictions de Dieu, qu'il avoit receues, et les malédictions que l'ingratitude tireroit après soi ; qu'il lui valoit mieux estre roi d'un coin de la France en servant à Dieu et estre assisté de personnes d'amour et fidélité esprouvées, que de régner précairement, ayant sur sa teste les pieds et la domination du pape, qui commanderoit insolemment, comme ayant vaincu ; à un de ses costez les liguez réconciliez, se vantans de l'avoir amené par force ; et à l'autre, ceux qui ont triomphé, par inductions et menaces de choses qui ne sont point[1] ; les uns et les autres voulant partager le royaume, duquel ils ont conquis le roi. Quant au peuple qui sera sous les pieds, les révoltes que la crainte empesche seront-elles point fréquentes par mespris ? — Je veux, disoit cettui-ci, que la voye de la vertu soit plus dure et plus longue pour vous faire roi absolu ; mais l'autre qu'on vous montre ne peut jamais vous rendre souverain. Les craintes d'Italie et de Rome sont de vous voir affermi par vos victoires, sachans bien qu'un roi de France, qui auroit secoué le joug de Rome, qui pourroit employer l'inutile à la seurté, donner ce qui va aux moines pour les soldats, sans toucher à l'ecclésiastique, où il y a ce qu'ils appellent charge d'âmes, tel prince, selon le calcul bien fait, pourroit entretenir trois armées de chascune cent mille hommes et cent canons, ses garnisons fournies, ses officiers bien payez, le tiers des tailles osté et un million d'or mis tous les ans en thrésor. Cette fable d'un tiers parti et la communication qu'ils ont depuis peu de jours avec les Parisiens et l'importunité qui de là[2] et d'ici vous pressent plus que de coustume, tout cela ne vient que de leurs confusions et de la difficulté qu'ils ont à faire un roi. Car il n'y a pas un des pretendans qui ne face dire par ses émissaires que, s'il n'est nommé, il sera dès le lendemain vostre serviteur ; et ainsi vous feriez la guerre au mari de l'infante, avec tous ses rivaux[3]. Ils savent de plus que Paris n'a plus

1. Il s'agit du Tiers-Parti.
2. C'est-à-dire de Paris.
3. On peut induire de ce passage que d'Aubigné parle après la proposition espagnole du 21 juin qui ne précisait plus comme celle du 13 juin l'époux désigné (l'archiduc Ernest), mais réservait le choix de Philippe II parmi les princes *français* ou *lorrains.*

d'oreilles que pour ouir parler de vostre pitoyable bonté ni de bouche que pour demander pardon, hormis ceux qui sont irréconciliables. Le clergé leur est en risée depuis qu'on a fait la monstre générale, qu'ils appellent *la Drôlerie*[1] et de laquelle mesme ils font faire des tableaux contre les défenses du légat. La vérité est bien qu'en déclarant le désir de se rendre à vous, ils y adjoustent la clause de vostre changement ; mais c'est en disant : « S'il se pouvoit », et n'espèrent point cela que sur les leçons qu'ils reçoivent d'ici. Le duc de Nemours dit, il y a quelques jours, à un des Seize qui parloit du roi de Navarre : « Il n'y a plus que les sots qui ne voyent bien comment il faut oster cette queue[2] », et cela en sortant d'un conseil où on avoit estimé les conditions du fils aisné de Lorraine. Vitri en sortant du mesme conseil, en jurant et despitant la causerie : « Il vaut bien mieux, dit-il, servir le brave huguenot ». Cettui-là et La Chastre, son oncle, sont prests de tendre les mains. Fermez-vous[3], Sire, à voir les fruicts de leur confusion, l'élection d'un roi de paille, et, avec ceux qu'ils jetteront dans vostre parti, laissez amasser tout le venin dans une teste, pour en elle trencher tous vos ennemis ; et employez le grand jugement que Dieu vous a donné à voir la différence qu'il y a d'estre roi par la victoire ou par la soumission.

« Les architectes de ce changement trouvèrent le roi y pancher moins que de coustume, et mesme, recherchant d'eux la vérité des revenus ecclésiastiques pour avérer la proposition susdite. »

Que d'Aubigné ait tenu ce langage, ou un langage analogue, c'est très vraisemblable. Il est trop conforme à ses idées et à ses sentiments pour que nous en doutions. Notons cependant que quand il rédigea son chapitre de l'*Histoire* sur le « Changement du Roi » il connaissait l'issue des États de la Ligue ; et cette connaissance a pu — ou dû — réagir sur le souvenir qu'il avait gardé des propos tenus par lui à Dreux, en donnant à son opinion sur ce sujet une forme plus catégorique. En fait, il était bien difficile alors d'être aussi sûr du résultat. Il y eut en vérité *un mois d'anxiété* réelle et justifiée dans l'entourage du Roi[4], depuis le *28 mai*, où

---

1. C'est la fameuse procession inaugurale des États du 17 janvier 1593 qui est tournée en ridicule au début de la *Satyre Ménippée*.
2. C'est-à-dire l'addition Navarre, pour dire simplement le Roi.
3. C'est-à-dire affermissez-vous.
4. Cf. un témoignage de cette anxiété dans une lettre d'Henri IV à Duplessis du 25 juin : l'accord

fut présentée officiellement aux États la candidature de l'Infante, jusqu'au *28 juin*, où fut rendu le fameux *Arrêt du Parlement de Paris* contre toute mainmise étrangère sur la Couronne. Cet arrêt éclata comme le véto même de la nation. Alors, en effet, le moment le plus critique était passé; mais si d'Aubigné ne parla qu'après cette date, il n'y avait plus grand mérite à prévoir l'échec des États.

Et s'il pense tirer argument de cet échec contre la conversion, il commet un cercle vicieux. Car rien ne contribua plus que son annonce opportune à déranger toute la machination espagnole, en offrant aux adversaires de bonne foi la perspective d'une solution nationale, au lieu de jeter le pays dans l'aventure, peut-être mortelle, d'une sorte de schisme monarchique. Sans cela rien ne dit qu'on n'aurait pas fini par s'entendre, entre Ligueurs et Espagnols, sur le compromis final imprudemment proposé par les États : Philippe II donnerait sa fille au Roi *élu* par eux, — et convenu d'avance sans doute, mais non imposé par l'Espagne.

Qui sait si dans ce cas les Catholiques royaux, par lassitude d'une lutte dont on n'aurait plus vu le terme, et pour ne pas aller tous « à l'hospital ou à la mort », comme dit d'O [1], ne se seraient pas ralliés à l'Élu? D'Aubigné méprise trop le danger du Tiers-Parti, comme celui de l'élection.

Quant à ses pronostics sur le règne d'Henri IV, suivant qu'il aurait abjuré ou non, les uns ont subi le contrôle des faits et ont été démentis par l'événement, les autres restent dans le domaine des hypothèses. Nous savons ce qu'il est advenu de la conversion; nous ignorons ce qui se serait passé si le Roi s'était « opiniâtré » à la refuser.

D'Aubigné lui annonce les pires calamités s'il se soumet, et son asservissement durable aux puissances qui l'auront fait céder : Papauté, Ligue, Tiers-État. Ici l'Histoire répond. Jusque-là, malgré ses succès militaires, il n'avait pas été capable d'entamer sérieusement la Ligue, il n'avait pas réussi à prendre Paris ni

serait fait entre l'Espagne et la Ligue. Ce n'était d'ailleurs qu'un faux bruit qui anticipait sur les propositions espagnoles : « Mons' du Plessis, la conférence [de Suresnes transportée à la Villette depuis le 11 juin] est rompue, et les Espagnols ont faict des offres sy grandes que les ennemys ont presté l'oreille. Ils ne demandent seulement, sinon que l'on eslise le duc de Guise, et qu'il espouse la fille d'Espagne, de quoy le duc de Mayenne semble avoir quelque jalousie » (*Lettres-Missives*, t. III, p. 810, et *Mémoires Mornay*, t. V, 465-466).

1. Cf. *Histoire*, t. VIII, p. 337.

Rouen ; après l'abjuration, au contraire, l'établissement de son pouvoir fut relativement aisé et rapide.

D'Aubigné est convaincu que par l'autre voie, celle de la résistance, il serait arrivé plus lentement sans doute, mais avec plus de gloire et de sûreté, à se rendre maître absolu, en libérant pour jamais la Couronne du joug de Rome ; et, son imagination aidant, il entrevoyait déjà, dans une fantasmagorie de calculs mirifiques, tous les profits que le Roi en tirerait par la suppression des couvents et la confiscation de leurs biens : c'est le milliard des Congrégations.

Il n'oublie qu'une chose dans tous ses raisonnements — et ainsi ils pèchent par la base — c'est la Nation. Il ne tient pas compte de ce fait que, dans son immense majorité, elle était alors foncièrement attachée à la religion catholique traditionnelle, et répugnait de façon irrémédiable à accepter un roi huguenot. C'est cet instinct populaire, c'est ce sentiment religieux de la masse, qui constituèrent les étais solides de la Ligue, sans lesquels les chefs ambitieux n'auraient jamais pu asseoir ni maintenir si longtemps leur domination.

Voilà la vérité, que le protestantisme un peu borné de d'Aubigné l'empêche d'apercevoir ou de reconnaître, et qui avait fini par s'imposer avec évidence à l'esprit plus libre d'Henri IV. C'est pourquoi l'appel suprême de son vieux compagnon d'armes et d'épreuves, s'il trouva un écho dans son cœur, ne pouvait rien changer à sa résolution. Car il savait qu'il avait raison, et l'avenir lui a donné raison.

D'Aubigné avait fait une tentative en vérité désespérée. Il dut le reconnaître lui-même, et quand il n'en douta plus, il partit pour ne pas être au moins spectateur de la grande « abomination », qui l'aurait fait pleurer sur le Roi plus encore que s'indigner.

Il s'en vint — ou revint — *au siège de Poitiers*, où il put tromper sa tristesse et dépenser sa colère en se battant. On était à la seconde période du siège — celle du blocus après les approches — suivant la division qui ressort clairement de son récit [1], source capitale en l'absence des registres du corps de ville pendant le majorat de Pierre Pidoux [2]. Je ne sais s'il avait pris part aux opérations de la

---

1. Cf. *Histoire*, t. VIII, p. 235 et sq., *Blocus de Poitiers*.
2. Cf. LEDAIN, *Étude* déjà citée *sur les Maires de Poitiers, Mémoires de la Société des Antiquaires de l'Ouest*, 2ᵉ série, t. XX, 1897.

première période, au début de juin, avant de se rendre à Dreux ; mais c'est possible, ou même probable, car il donne sur *l'affaire principale* des détails tout à fait circonstanciés, que les autres relations se bornent à reproduire. Arrêtons-nous y un instant.

Malicorne préparait alors l'investissement de la place, et son armée était campée au nord de Poitiers, dans la vallée du Clain, à Chasseneuil et à Jaulnay où était le quartier général. Brissac, le gouverneur ligueur, piqué par les brocards des Poitevins qui se moquaient de ses inutiles sorties, bonnes seulement à « gaster les bleds », résolut de venir tâter le logis de Chasseneuil. Et c'est ainsi que s'engagea, sur les bords de l'Auxance, un furieux combat où les Royaux, commandés par Parabère, forcèrent le passage de la rivière sous les arquebusades ennemies, et malgré la destruction d'une partie du pont, pour venir à la charge sur l'autre rive, avec une fougue irrésistible. Le comte de Brissac les reçut valeureusement et « opiniastra la meslée » aussi longtemps qu'il put, démentant par là les méchantes langues qui le taxaient de poltronnerie. Mais il fut enfin ramené jusque dans les faubourgs de la ville, et perdit beaucoup de monde[1].

On place en général cette sortie de Brissac le 10 août, sur la foi de d'Aubigné[2] ; mais cette date paraît être sous sa plume un simple lapsus — à moins que ce ne soit une erreur de lecture de l'imprimeur[3] — car quelques lignes avant, parlant évidemment de la même affaire, et indiquant, en manière d'introduction à son récit, les mobiles qui poussèrent Brissac à attaquer, c'est au mois de *juin* qu'il rapporte cette tentative, peu après l'apparition de Malicorne[4].

1. Cf. *Histoire*, t. VIII, p. 236-239.
2. « *Ce dixiesme d'aoust*, ceux de Poictiers ayant dès avant le jour arcelé les gardes des royaux..., etc. » p. 237.
3. En tout cas le texte est le même dans l'éd. princeps (t. III, 1620 p. 252), que dans l'éd. de 1626, reproduite par Ruble.
4. Cf. *Histoire*, t. VIII, p. 236 : « *Au commencement de juin* Malicorne, ayant mis ensemble les régimens de la Tronche, la Forest, la Courbe, Nesde, quatre compagnies de gens d'armes, six de chevaux-légers, huict d'harquebusiers à cheval, fit de cela deux logis, l'un à Jonai pour le général et l'autre à Chasseneuil. *Le dixiesme*, le comte de Brissac se résolut à venir aux mains avec ses assiégeans... » Ledain résoud la contradiction en supposant deux affaires distinctes, une du *10 juin*, l'autre du *10 août* ; mais comme d'Aubigné dans ce cas ne nous apprendrait rien de ce qui se passa le dix juin, il y supplée en prenant à une autre journée la matière de celle-ci, et en y mettant une *petite sortie* qui se heurta à une montre générale des Royaux et n'insista pas (cf. t. VIII, p. 237) ; mais cela aurait eu lieu, suivant d'Aubigné, « *trois jours devant* le combat qui se présente » et qu'il va raconter, c'est-à-dire *la grande sortie* du dix (juin ou août, donc le 7 juin ou août) et, d'après l'interprétation de Ledain, le 7 août.

C'est beaucoup plus vraisemblable, car le 10 août on est à la fin des hostilités devant Poitiers, la Trêve générale de la Villette (31 juillet) y ayant été proclamée le 14 août ainsi que je l'ai noté plus haut, et le siège levé le 15. Comme d'autre part, la *grande sortie* de Brissac se produisit, d'après la relation de d'Aubigné, *avant le blocus*, et pour l'empêcher, quel temps restera-t-il pour le blocus et les divers incidents et combats dont il fut marqué? Cette disposition des faits est donc de tous points inadmissible [1].

C'est l'échec de la sortie de Brissac [2] qui permit à Malicorne de procéder librement à *l'investissement de la ville* — d'une façon incomplète d'ailleurs. Il répartit ses trois mille hommes en trois corps, « l'un à Ausance, l'autre à Croutelles, l'autre à l'abbaye de Nuaillé [3] ». Lui-même avait son quartier général sur l'Auxance, Parabère commandait à Croutelles, et Abin à Nouaillé ; mais les mailles du filet étaient trop larges et l'ennemi passait comme il voulait :

« Ces blocus, estans trop peu et trop loin, n'empeschoyent point ceux de Poictiers de voir souvent Sainct-Jean [d'Angély], le fauxbourg de Niort et Fontenai, et chercher diverses occasions de combats entre les quartiers [4]. »

Un jour, après le retour de d'Aubigné, Abin et Parabère se rendant à un conseil de guerre au quartier de Malicorne, virent sortir par la *Porte de la Tranchée* un parti ennemi qui voulait leur barrer le chemin. Heureusement *un mareschal de camp* leur avait amené fort à propos « cent chevaux sur la doute du passage ». Grâce à ce renfort, qui tint l'adversaire en respect, ils purent s'esquiver, « promettans à ceux de Poictiers de les voir de plus près au retour ; à quoi ils ne faillirent pas ». C'est donc une sorte de *cartel*, auquel l'honneur ne permet pas de se dérober ; et l'on se retrouve, en effet, le soir à la « rencontre des trois chemins de Croutelles, de Lusignan et de Sansai » (Sanxay), où la mêlée s'engage gaillardement entre les deux groupes, cent chevaux de part et d'autre. Finalement les Royaux ont l'avantage, et les autres sont ramenés, ou se laissent ramener vers la ville, à portée du

---

1. Aussi Ledain renverse-t-il l'ordre et place *avant* la sortie tout ce que d'Aubigné raconte et situe manifestement *après*. Mais cette reconstruction n'est que de l'arbitraire.

2. Échec honorable d'ailleurs, et auquel Brantôme a consacré un éloge dans ses *Grands Capitaines* (t. VI de l'édition de la *Société d'Histoire de France*, p. 147-148, *Discours sur les Couronnels François*). Il n'indique pas la date : l'éditeur Lalanne la fixe au 10 août, d'après d'Aubigné, auquel il renvoie.

3. La rivière d'Auxance au nord de la ville, Croutelle au sud-ouest, Nouaillé au sud-est.

4. *Histoire*, t. VIII p. 240

tir de leurs gens de pied et du canon des remparts. L'ardeur de la poursuite risquait de coûter cher aux vainqueurs :

« Ceux de la ville furent assez difficiles à estre remis en chemin ; mais comme leurs capitaines eurent crié « Gagnons nos arquebusiers », ils vinrent faire une pause auprès de la chapelle ; là, vivement chargez par Abin et par son fils qui avoyent chacun vingt chevaux. Une troupe d'harquebusiers de la ville ne leur fit pas grand mal, pource qu'à la veue de la première charge elle avoit repassé les chemins. Et ainsi, la cavalerie estant congnée vivement jusques à cent pas de la porte, Abin et son fils, qui se retiroyent les derniers, eurent leurs deux chevaux tuez d'un mesme coup de canon [1]. »

On a deviné d'Aubigné dans le *mareschal de camp* qui intervint si opportunément le matin pour protéger le passage d'Abin et de Parabère. On pense bien qu'il ne manqua pas le combat du soir. C'est ce que confirment les *Mémoires* dans un passage assez peu clair d'ailleurs pour ce qui est de l'incident qu'il relate :

« A quoy faut adjouster que à l'escarmouche devant Poitiers ayant recognu Pluzeau, il le reprit de trotter aux arquebusades : de quoy il fut payé d'une grande musquetade que son cheval reçeut à l'espaule droite, et qui sortit près la cuisse derrière, sans perdre courage ; c'estoit le mesme cheval qui avoit sauté le fossé du Pré-aux-Clercs, appelé le *Passeport* [2]. »

Pluzeau est-il un compagnon de d'Aubigné, qui s'expose imprudemment au feu des arquebusades ? Mais tous les poursuivants en font autant. Et puisqu'il y a « reconnaissance » entre les deux hommes, il est vraisemblable qu'ils ne se sont pas vus depuis un certain temps. Je crois donc qu'il est du parti adverse, et que d'Aubigné lui fait ironiquement la leçon, comme s'il y avait grande témérité de sa part à trotter — non dans le champ de tir — mais sous la protection des balles de la ville. Il est vrai qu'une balle perdue... Celle que reçut le cheval de d'Aubigné en tous cas ne manqua pas son but.

Il n'indique pas la date de cette escarmouche vers la Porte de la Tranchée. Elle aurait eu lieu le *8 juillet* [3].

1. Cf. *Histoire*, t. VIII. p. 240-241.
2. Cf. *Mémoires* (Réaume, t. I, p. 67-68).
3. Cf. LEDAIN, *op. cit.* Il infère cette date d'un court pasquil en vers, bien mauvais, inséré dans le

La *Trêve générale*, en arrêtant la lutte, laissait Poitiers aux Ligueurs — pas pour longtemps, car *les conséquences de l'abjuration* d'Henri IV (25 juillet 1593) se firent sentir là comme partout. Elle lui rallia peu à peu tous ceux qui n'étaient pas irréconciliables pour s'être trop compromis. Ni l'opposition de l'évêque, ni celle du nouveau gouverneur, le duc d'Elbeuf, ne purent empêcher le Corps de ville d'entamer quelques mois plus tard des pourparlers avec le Roi, et de lui envoyer une députation pour traiter [1]. Et moins d'un an après la trêve, la Capitale du Poitou aura fait sa soumission, imitant Meaux, Lyon, Orléans, Bourges, Paris, Rouen, le Havre, Troyes, Sens, pour ne parler que des plus grandes villes, et sans énumérer celles des Provinces qui revenaient au Roi presque en bloc, comme la Provence, la Picardie, la Bourgogne [2].

C'était un mouvement irrésistible. Il ne fera que s'amplifier et se précipiter à mesure de son progrès même, l'exemple de Paris surtout étant contagieux et entraînant le reste. La résistance de certains chefs ligueurs défendant âprement leurs intérêts particuliers, et craignant de les voir sacrifiés s'ils cédaient trop vite à ce mouvement qui les emportait malgré eux et les débordait, pourra bien le retarder ici et là, mais non l'arrêter... Les peuples étaient las de la guerre, et jugeant la religion sauvée par la conversion du Roi, ils se jetaient vers l'espoir de paix, d'ordre et de restauration sous toutes ses formes. Ils avaient trop souffert pour ne pas saluer avec joie et confiance, comme l'étoile du matin brillant après la tourmente, l'aurore du nouveau règne devenu enfin légitime par son retour au catholicisme national.

Devant ce spectacle, quels pouvaient être *les sentiments des Huguenots ?* La surprise, la consternation et l'effroi. Toutes leurs attentes étaient déçues. D'Au-

---

Registre 150 de la Paroisse de Saint Jean-Baptiste de Poitiers (cf. *Archives Historiques du Poitou*, t. XV, p. 344-345). La poésie — même inférieure — a des dispenses de précision, mais il faut avouer qu'ici le rapport est bien vague avec le combat décrit par d'Aubigné.

1. A sa tête était Scévole de Sainte-Marthe. Les députés partirent de Poitiers le 25 mai 1594; l'accord fut enregistré dans l'édit du 4 juillet. Cf. Ouvré et Ledain, *op. cit.*

2. Vitry rendit Meaux le 23 décembre 1593. Lyon se souleva contre la Ligue le 7 février 1594. Dans le même mois, remise d'Orléans et Bourges par La Châtre, un des quatre maréchaux de la Ligue. Paris ouvrit ses portes à Henri IV le 22 mars. Villars-Brancas traita le 27 mars pour Rouen, le Havre et autres places de Normandie. Troyes chassa le prince de Joinville le 5 avril. Sens reconnut Henri IV le 16. La Provence avait fait sa soumission par un arrêt du Parlement d'Aix du 5 janvier 1594. Les villes de Picardie et de Bourgogne se détachèrent successivement de la Ligue dans les premiers mois de 1594.

bigné s'était trompé en prophétisant au Roi qu'il se mettrait dans les pires difficultés, s'il donnait à tous les partis cette preuve de faiblesse de soumettre sa conscience. Mais Duplessis, plus pondéré et clairvoyant d'ordinaire, avait commis la même erreur d'appréciation, et auguré de la même façon du résultat de l'abjuration. Témoin cette lettre douloureuse qu'il écrivait quelques jours après, le 11 août, à M. de Loménie :

« Quant à ce que m'escrivés, je plains et pleure au fond de mon âme la gehenne de sa majesté, que certes je n'ignore poinct, et vous prye là-dessus de lui dire que, s'il lui prend jamais envie de sortir de ceste captivité et spirituelle et temporelle, je ne puis croistre de fidélité à son service ; mais bien y doublerai-je de courage, pour la juste douleur que j'en ressens. Ils ne lui donnent poinct la paix de l'estat, et lui ostent la paix de la conscience. Ils ne lui réconcilient poinct les rebelles, et lui refroidissent ses plus fidèles. Ils ne lui rendent poinct son royaulme ; car c'est à Dieu et non au diable à le donner, et lui font renoncer autant qu'en eulx est le royaulme des cieulx. Je endure de le voir ainsi servi, *ainsi trompé, ainsi trahi*, et ne vois homme de bien, mesmes, entre les catholiques de deçà, qui n'en die de mesmes [1]. »

C'était là prendre des désirs pour des réalités, et des politesses de catholiques pour l'expression de leur véritable pensée. Si quelques prêtres fanatiques trouvèrent dans la dérision de la « simulée conversion » un thème facile à exploiter, si ce fut un mot d'ordre ligueur de la rendre suspecte au peuple, le succès de la manœuvre ne fut ni étendu ni durable. Certes, Henri IV ne reçut pas dans la basilique de Saint-Denis une sorte de baguette magique qui lui permît de recouvrer son royaume comme par enchantement ; et l'on sait assez qu'il dut encore se battre, négocier, et... payer pour en redevenir maître, mais il disposait désormais d'un talisman sûr pour ouvrir le cœur de ses sujets récalcitrants.

Plus cette vérité apparut avec évidence, plus le trouble grandit parmi les Réformés. Ils se voyaient isolés dans le pays ; ils avaient l'impression non seulement d'être abandonnés par leur ancien Protecteur, mais trahis par lui. Les négociations qui se poursuivaient avec la Ligue après la Trêve générale, celles que le

---

1. Duplessis-Mornay, *Mémoires*, t. V, p. 511.

Roi menait à Rome pour obtenir l'absolution pontificale, leur semblaient dirigées contre eux. On s'entendrait à leurs dépens : voilà la crainte générale. Tous les bruits alarmants trouvaient créance. On disait que Bellegarde, le Grand Écuyer, partait pour Rome, et que la Ligue y envoyait de son côté l'archevêque de Lyon. Deux compères, pensait Duplessis, sinon au départ, au moins à l'arrivée :

« Ils s'accorderont entre ci et le mont Cenis ; car ils ont mesme but. Si le pape refuse l'absolution, ce sera ung schisme ; mais il ne le fera pas, quand on lui représentera la conqueste d'ung roy de France, et l'honneur que ce lui est à son pontificat. Il l'acceptera donc... et pour pénitence lui enjoindra secrètement la guerre contre la relligion. Reste le contentement du roy d'Espagne, lequel sera de marier sa fille au roy, moyennant quoi les deux droicts soient confondeus [1]. »

Quand on connait la suite, et la déclaration de guerre d'Henri IV à l'Espagne, on juge que c'étaient là des terreurs paniques. Mais elles sont révélatrices de l'état d'esprit qui régnait dans le Parti.

Bouillon annonce à Duplessis que c est le duc de Nevers qui va à Rome pour le Roi, mais il n'en est pas plus rassuré : « Monsieur de Nevers va en Italie, et suis asseuré que son desseing de lui est de nous faire tout tomber sur nous, et se réunir par là [2]. »

Ces alarmes exagérées s'expliquent en partie par le sentiment qu'on avait d'être désarmé, si les temps d'épreuves revenaient pour le Protestantisme. Car on avait renoncé depuis l'avènement d'Henri IV, — on s'était laissé persuader de renoncer comme si cet avènement résolvait tout et garantissait tout, — à l'organisation politique qui avait fait la force de résistance du Parti : plus d'assemblées [3], plus de tribunaux spéciaux, plus de finances distinctes. Les places de sûreté même n'en donnaient plus guère, leurs garnisons s'étiolant faute de paiements réguliers. Comment les pessimistes n'auraient-ils pas vu, dans toutes ces circonstances, un plan savamment combiné pour détruire les Églises ? La situation était en vérité

---

1. *Mémoires de Mornay*, t. V, p. 509, lettre du 10 août au duc de Bouillon.
2. *Ibid.*, p. 513, lettre du 12 août (Bouillon à Duplessis).
3. Sauf en Languedoc d'après d'Aubigné, où les Réformés avaient gardé « la possession des assemblées par forme d'Estats (*Hist.*, t. IX, p. 86), c'est-à-dire que, se trouvant réunis aux Etats provinciaux, ils pouvaient se concerter.

paradoxale, alors que le Roi « faisant profession de la religion romaine demeuroit seul protecteur de la Réforme [1] ».

Dans cette crise le Parti risquait de se dissoudre : les malins songeaient à fausser compagnie et à imiter la défection du Roi, ou tout au moins l'excusaient et reparlaient d'accommodements entre les deux Religions ; les tièdes se résignaient, chassant l'anxiété de l'avenir par la satisfaction de la paix revenue. Ceux-là « qui voyoyent rendre tant de villes, et par là rentroyent en leurs maisons, laissoyent eschapper ces mots : Voilà bonne messe, puisqu'elle nous met chez nous [2] ». Les grands étaient accessibles aux tentations de la Cour [3]. Mais les convaincus, comme d'Aubigné, secouaient rudement ces hommes de peu de foi, et prétendaient retremper dans le danger présent l'énergie défaillante de leurs coreligionnaires.

Il nous a peint ce désarroi moral du Parti après l'abjuration, avec une intensité de vie singulière, dans *un chapitre de l'Histoire* où il récapitule « *l'Estat des Réformez depuis la conjonction des deux rois* [trêve de Plessis-lès-Tours] *jusques en l'an 1595* [4] »; et si l'on peut le soupçonner de pousser le tableau un peu au noir pour grandir son rôle dans le redressement qui suivit, il y a là des pages de psychologie trop vraisemblable, pour qu'elles ne renferment pas beaucoup de vérité. En tous cas lui-même, par le langage qu'il tenait et qu'il rapporte sans se nommer — mais il est clair que nous entendons l'écho de sa propre voix — est un témoin des griefs et des craintes qui agitaient alors le Parti, qui ne vont cesser de grandir et de se formuler de plus en plus haut, jusqu'à ce que l'Édit de Nantes leur apporte un remède.

Voici donc quelques-uns de ses propos :

« La mesme suite d'affaires, les mesmes impressions, promesses et menaces qui avoyent poussé le roi au panchant et puis au précipice de sa conscience le pousseroyent aussi au panchant des promesses et puis au précipice de la persécution [5]. »

En regard de ce péril il montrait la faiblesse et l'iniquité de leur condition :

1. Cf. D'AUBIGNÉ, *Hist.*, t. IX, p. 81.
2. *Ibid.*
3. *Histoire*, t. IX, p. 82 bas.
4 Cf. t. IX, p. 76 à 86. C'est le xie chapitre du livre quatorzième dans l'édition Ruble.
5. Cf. t. IX, p. 81-82.

« Nous voilà au plus misérable estat que nous ayons esté depuis les feux, car nous n'avions point encore esté sans protecteur ou sans l'usage de nos assemblées pour nos affaires et leur direction. A cette fois, nous voyons que nostre protecteur est demeuré à la porte du temple de Saint-Denis. Celle de tous bienfaits et de tous honneurs nous est fermée ; la clef en est attachée avec celle de Rome. Nous nous ruinons entièrement aux guerres pour le service du roi, et n'y a point pour nous ni d'utilité pour nos labeurs ni d'honneurs pour nos périls, qui sont les deux monnoyes de la sueur et du sang. Nous vivons sous le bénéfice d'une trefve, trefve qui présuppose différence de parti, et que ceux, avec lesquels nous l'avons, sont nos ennemis. Et cependant nous n'avons aucune voix pour parler en corps, rentrer en amitié et demander la paix [1]. »

D'Aubigné prétend que « plusieurs tenoyent ce langage [2] ». Cela prouve à quel point les esprits étaient aigris. On se jugeait sacrifié, rejeté par celui qui aurait dû embrasser les Réformés comme ses meilleurs et plus dévoués serviteurs. Là gisait la gravité du malentendu : le cœur offensé y était intéressé. Ils n'avaient plus confiance dans leur ancien chef — en quoi ils avaient tort — ils voulaient donc des garanties nouvelles, contre lui-même, contre la faiblesse dont ils l'accusaient à l'égard de leurs ennemis. Mais lui, dont la bienveillance au fond n'avait pas changé, n'en voyait pas la nécessité. Ainsi se heurtaient les deux points de vue. Il faudra du temps pour les concilier sans recourir à la force, qui eût paru odieuse, d'un côté comme de l'autre.

---

1. Cf. *Histoire*, t. IX, p. 82.

2. Cf. dans Duplessis-Mornay un mémoire adressé au Roi après la conversion (t. V, p. 535-544) qui expose les mêmes plaintes et appréhensions que nous trouvons dans d'Aubigné, en les délayant d'une façon d'ailleurs éloquente, et en insistant surtout sur la crainte qu'une faiblesse en entraînant une autre, Henri IV ne se laisse arracher par la Ligue et par le Pape la promesse de faire la guerre à l'hérésie.

CHAPITRE X

DE L'ABJURATION (25 JUILLET 1593) A L'ÉDIT DE NANTES (AVRIL 1598).
LA FIN DES GUERRES ET LA RETRAITE D'AGRIPPA D'AUBIGNÉ

1. — La réaction du Parti réformé après l'abjuration, et la part qui en revient
à d'Aubigné. — Le malheur le rapproche du Roi; il va le trouver, après la mort
de sa femme, au siège de la Fère (novembre 1595-mai 1596).

D'Aubigné s'attribue le mérite d'avoir donné la première impulsion au redressement du Parti protestant, qui suivit l'abjuration. Son action aurait même commencé avant. C'est à un *synode provincial tenu à Saint-Maixent* (le 28 avril 1593)
qu'il se serait attaché, avec quelques hommes énergiques comme lui, à relever
« les affaires toutes perdues, en commençant par un souper de table ronde [1] ». Il
nous raconte, en effet, dans l'*Histoire* [2] que, se rendant à Saint-Maixent, il fit en
chemin la rencontre du ministre Esnard, de Fontenay-le-Comte, et « après plusieurs
propos sur la ruine du parti et la difficulté de donner aux remèdes leur premier
mouvement, ils se touchent à la main et se voüent d'y faire un effort, non sans
avoir bien espluché leur impuissance ; mais ils s'echauffèrent par leurs mutuels
souspirs. Ces deux ayans choisi en la compagnie huict des plus avisez et hardis,

1. *Mémoires*, édit. Réaume, t. I, p. 70.
2. Il y garde l'anonymat, et ne met en scène qu'un *gentilhomme du pays*, mais les *Mémoires* révèlent
que c'est bien lui.

le gentilhomme leur donne à souper en une chambre secrette ; et, leur repas ayant esté plein de propos sur leurs nécessitez, ils s'enferment pour taster les remèdes. Après la prière faite, deux ministres et un autre se séparent, ayans remonstré premièrement la périlleuse besongne à laquelle ils s'atachoyent, et le peu d'apparence que la France fut esmeüe par personnes de si peu d'authorité. Les cinq qui demeurèrent, assavoir deux gentilshommes dont l'un estoit La Valière, les ministres Esnart et L'Oiseau et Chalmot, président des éleus de la Rochelle, se touchent à la main et résolvent premierement de mesnager, parmi les plus fermes de l'assemblée, que la province envoiroit vers les autres de la France, les prier de faire une députation vers le roi, à temps qu'ils leur nommoyent [ou nommeroyent ?], pour demander à Sa Majesté l'ordre qu'il lui plairoit estre observé parmi eux en leur façon de vivre ; qu'il lui pleust leur ordonner de se trouver ensemble pour recevoir cet ordre tout à la fois, et, pour le tiers, qu'il pleust aussi à Sa Majesté de changer leur trefve en une paix [1]. »

Il y a là, en substance et en gros, le programme des revendications qui triompheront par la suite : demander un « ordre » nouveau « en leur façon de vivre », c'est demander la reconstitution, la réorganisation politique du Parti, qui a cessé pratiquement d'exister ou de fonctionner depuis l'avènement d'Henri IV [2] ; requérir une assemblée « pour recevoir cet ordre tout à la fois », c'est prétendre le débattre en corps avec le Roi, et y rétablir d'avance, par le fait accompli, le droit de tenir des assemblées politiques, comme au temps où l'on formait un État dans l'État pour se défendre contre le pouvoir hostile ; enfin « changer la trêve en une paix », qu'est-ce sinon consacrer dans et par un nouvel Édit les droits et privilèges qui seraient ainsi accordés ? Ce qui revient à dire qu'on ne se contente pas des Édits de pacification antérieurs (l'Édit de Poitiers de 1577 avec ses compléments

---

1. *Histoire universelle*, t. IX, p. 83-84.

2. Même avant, si l'on en croit d'Aubigné, dès la trève de Plessis-lès-Tours et la réconciliation des deux rois : «. Ce fut lors que le roi de Navarre depescha du Fay, petit-fils du chancelier de l'Hospital, lequel, monstrant pour toutes commissions la clef des sceaux de Navarre en une course qu'il fit [qu'il fit] par la Guienne et environs, cassa les chambres de justice et l'ordre des finances et mesmes quelques garnisons du parti réformé, leur fit prendre la tresve pour une paix et abolir parmi eux tous les vocables de différences, hormis ceux de religion. » *Histoire*, p. 78 du t. IX.

de Nérac, 1579, et de Fleix, 1580) qu'Henri IV avait fait revivre [1] sans vouloir jusqu'alors accorder davantage.

Si c'est bien au synode de Saint-Maixent — fût-ce dans la coulisse — que ce programme a été élaboré, on ne saurait contester l'importance de ce conciliabule, auquel nous fait assister d'Aubigné, et l'on comprend qu'il soit fier d'en avoir été l'inspirateur. On comprendrait aussi que le Roi lui en ait su fort mauvais gré, s'il en fut informé, comme on peut l'inférer d'un passage des *Mémoires* [2]; car, une fois le branle donné, toute la campagne politique menée par le Parti, et qui aboutit à l'Édit de Nantes, c'est-à-dire toute la succession des assemblées protestantes, qui donnèrent tant de tracas à Henri IV, aurait été la conséquence de cette impulsion première. Mais d'Aubigné ne s'en exagère-t-il pas un peu la portée, et le mérite qui lui en revient ?

On a *une relation* du synode de Saint-Maixent. Elle est conservée aux Archives départementales des Deux-Sèvres, et a été publiée dans le *Bulletin de la Société d'Histoire du Protestantisme français* (N° de janvier-février 1911), avec un commentaire introductif, par M. H. Gelin. On y retrouve tous les noms que cite d'Aubigné, sauf celui de l'autre gentilhomme, La Valière. Mais M. Gelin remarque que la liste des Églises représentées, et de leurs mandataires, qui figure en tête du document, doit être incomplète, car il est invraisemblable, par exemple, que celle de Saint-Maixent, siège du synode, n'y ait pas participé. Or il n'en est pas fait mention. D'Aubigné y avait été délégué en qualité d'*Ancien* de l'Église de Maillezais. Le ministre Esnard, qui présida, était le pasteur de Fontenay-le-Comte. L'Oiseau (François Oyzeau), envoyé par l'Église de Thouars, était le chapelain du duc de La Trémoille, dont on sait la conformité d'idées et d'opinions avec d'Aubigné. On ne s'étonne donc pas qu'elle s'affirme de nouveau ici — par intermédiaire. Enfin le président Chalmot, de la Rochelle, qui ne fait pas partie du Poitou, avait été délégué par le colloque d'Aunis pour assister au synode de la province voisine, suivant une coutume ordinaire.

1. Par l'Édit de Mantes du 4 juillet 1591.
2. Cf. tome I de l'édition Réaume, p. 70 : « Vous avez ouï que les colères du Roy s'estoyent esmeües pour les affaires de la Religion. Sachez donc que quelques mois auparavant, *à un synode de Saint Maixent...*, etc. »

Le compte rendu relate seulement les délibérations officielles, qui ne portèrent, comme il était naturel, que sur des questions d'ordre religieux ou de discipline. Tout ce qui s'est passé, ou a pu se passer en marge du synode, dans les entretiens privés, à plus forte raison dans une réunion secrète comme celle dont parle d'Aubigné, ne saurait donc trouver place, ni laisser de trace dans le procès-verbal. De ce silence on ne peut rien induire, ni pour ni contre son récit.

Il le termine ainsi :

« Cela réussit si bien [cela, c'est-à-dire le plan d'action concerté et les incitations aux provinces] que les deputez se trouvèrent tous à la fois près du roi à Mante [1]... »

Autant dire que, sans l'initiative qu'il a prise à Saint-Maixent, avec le ministre Esnard, il n'y aurait pas eu d'*Assemblée de Mantes* — la première assemblée politique des Réformés qui ait été autorisée sous le règne d'Henri IV, le commencement de toute une série qui va se dérouler presque sans interruption. Que penser de cette prétention ?

Il semble que la première idée — gouvernementale — de l'Assemblée de Mantes, au moins d'une certaine forme d'assemblée protestante, remonte à ce fameux conseil de Mantes (des 15 et 16 mai 1593) qui avait décidé l'annonce de la conversion prochaine d'Henri IV, et en avait réglé d'avance la procédure.

On se rappelle qu'à côté de la conférence d'instruction du Roi — non contradictoire, réservée aux seuls Docteurs catholiques — il devait y avoir une autre conférence, mixte celle-là, où des représentants des deux Religions rechercheraient les moyens de pacifier les esprits et le royaume. Ce projet fut abandonné, mais il se transforma, et il donna naissance à l'Assemblée purement protestante de Mantes, destinée à fournir des apaisements aux Réformés, inquiets de l'abjuration. Elle fut d'ailleurs l'occasion, nous le verrons bientôt, d'une amorce au moins de débat théologique contradictoire — reste et souvenir du projet primitif.

Quelle fut la part du gouvernement royal, quelle fut celle des sollicitations protestantes dans ce changement de programme ? C'est là, dans cet intervalle de temps, que put bien intervenir l'action déclenchée, au dire de d'Aubigné, par les

____

1. *Histoire universelle*, t. IX, p. 84.

résolutions prises autour de la table ronde du souper de Saint-Maixent. Remarquons que la chronologie ne s'oppose pas à sa version. Le synode est antérieur de plus de quinze jours au *Conseil* de Mantes. A plus forte raison eut-on le temps d'agir après pour faire modifier son projet de conférence mixte, et obtenir qu'une assemblée régulière protestante fût convoquée. Henri IV avait une prévention contre les Assemblées politiques de ses coreligionnaires ; il les avait vues à l'œuvre. Il est douteux qu'il aurait consenti à les faire revivre sans une pression suffisante du Parti.

La preuve, c'est qu'après s'être laissé arracher son consentement, il essaya de temporiser et de retarder la réunion des députés, sous prétexte de ne pas porter ombrage à Rome, au moment où il y adressait le duc de Nevers pour solliciter son absolution[1]. C'est Duplessis qui réussit à vaincre ses hésitations, et sa tâche fut d'autant plus délicate qu'il rencontrait une résistance auprès d'un des grands chefs du Protestantisme, le duc de Bouillon, qui n'était pas plus pressé que le Roi — pour d'autres raisons — de voir s'ouvrir l'Assemblée. Il aurait préféré attendre que l'émotion et l'indignation provoquées dans le Parti par l'abjuration se fussent un peu calmées, et il redoutait un conseil de têtes échauffées, capables de faire plus de mal que de bien à la Religion réformée. Il avait peur, en particulier, des incartades de La Trémoille, l'ami de d'Aubigné[2]. Voilà une opinion autorisée qui est de nature à nous rendre sceptiques sur l'opportunité des initiatives que d'Aubigné s'attribue au synode de Saint-Maixent. En tout cas il n'est que juste d'ajouter à leur effet — incontrôlable pour nous — l'influence personnelle de Duplessis, qui s'employa de tout son pouvoir, comme cela ressort de sa correspondance, à éviter un retardement trop prolongé de l'Assemblée.

1. Cf. les lettres inquiètes de Duplessis à Bouillon des 6 et 18 septembre 1593, *Mémoires de Mornay*, t. V, p. 547 à 560. Le Roi lui écrivait d'ailleurs lui-même le 14 septembre (cf. p. 556) de retenir provisoirement les députés à Saumur, où était le lieu de rassemblement avant de gagner Mantes.

2. Voir la lettre de *Bouillon* à *Duplessis* du 12 août : « Je ne sçais s'il est à propos que les églises renvoyent des députés, que *premièrement* nous n'ayons rompu la glace... » et toute la suite, sur la prudence nécessaire pour ne pas donner au Roi une mauvaise impression de leurs dispositions. Puis il ajoute : « Tout le monde crie après M. de la Trémoille ; conseillez-le, et le tancés. » *Mémoires de Mornay*, t. V, p. 513-514. Un mois après, il n'avait pas changé d'avis, malgré l'insistance de Duplessis, comme en témoigne une information transmise de la Cour par un protestant, M. de Montigny : « Hier, il [le Roy] avoit pris résolution de les contremander [les députés], suivant l'advis de M. de Bouillon et de quelques-ungs qui sont ici pour les raisons que je vous ai mandées. Vos lettres sont venues à propos. » Lettre à Duplessis du 14 septembre. *Mémoires de Mornay*, t. V, p. 558.

*Elle put enfin s'ouvrir à Mantes, le 8 novembre 1593, et siégea jusqu'au
23 janvier 1594.* Il est peu probable que d'Aubigné y ait assisté. Il n'en fait pas
mention, et son nom ne paraît pas dans le procès-verbal [1], où beaucoup de députés
sont cités. Mais ce fut le ministre Esnart, de Fontenay-le-Comte, qui fut élu président, celui-là même avec qui d'Aubigné aurait combiné à Saint-Maixent le plan
de redressement du Parti. Son esprit fut donc présent à Mantes, à défaut de lui-
même. L'Assemblée insista surtout dans ses demandes sur le libre et plein exercice de la Religion, sur l'entretien des pasteurs, les garanties judiciaires, et l'admission aux charges publiques. Ce n'était pas tout le programme de Saint-Maixent,
mais cela pouvait être un acheminement vers sa réalisation. Le Conseil du Roi ne
contesta pas la légitimité de ces requêtes, mais il les déclara incompatibles avec la
situation présente : il fallait attendre que l'autorité du Roi fût mieux établie, que
la négociation de Rome pour l'absolution eût abouti. Bref, les Réformés devaient
se contenter de l'Édit de 1577 (avec ses compléments) déjà remis en vigueur depuis
deux ans, théoriquement au moins. Mais Henri IV promettait cette fois de le faire
vraiment appliquer, malgré l'opposition des Parlements (notamment pour l'admission aux charges), de l'interpréter libéralement, et même de l'élargir un peu dans
la pratique sur certains points (en particulier pour la liberté du culte). Mais il
refusa de prendre à ce sujet aucun engagement écrit dans ses réponses aux
Cahiers.

Duplessis avait été d'avis, comme Bouillon — et même La Trémoille — d'accepter ces propositions. Cependant il n'était pas sans appréhensions : « Je prévois,
écrit-il, le 19 février à M. de Buzenval, ambassadeur du Roi aux Pays-Bas, que
la vérification ès courts de parlement en sera difficile, l'exécution encore plus,
sinon en tant que l'auctorité du roy, vivement employée, corrigera les animosités ;
car, certes, nous remarquons évidemment qu'elles ne se veulent encores amortir.
Cependant il n'y a pas peu de peine à retenir nos hommes, impatiens de souffrir
ce dur traictement soubs celui qui a esté leur protecteur, qu'ils n'eussent toléré
soubs les roys qui les persecutoient ; et contre ces indignités les raisons des meilleurs ont peu de force [2]. »

<hr>

1. Cf. *Actes des Assemblées politiques des Réformés*, Bibliothèque Mazarine, ms. in-folio 2604.
2. Duplessis-Mornay, *Mémoires*, t. VI, p. 10.

Si d'Aubigné n'a pas été à Mantes, il fut renseigné sur tout ce qui s'y passa, et il nous rapporte une curieuse anecdote, malveillante pour l'un des députés, selon sa bonne habitude.

« A Mante... Rotan se fit députer et choisir pour une dispute notable contre du Perron. Or avoit-il promis de faire une prévarication subtile, de laquelle estant sur le poinct, il avint que quelque gloire ou quelque crainte le fit tellement chanceler qu'il aima mieux feindre une maladie. Fut mis en sa place le ministre Béraud, de Montauban. Leur dispute fut aiguë, d'une part et d'autre, sur la suffisance ou insuffisance de l'Escriture et les termes de l'épistre à Timothée. Sur ce point, cette conférence fut rompuë par la défence des ecclésiastiques [1]. »

Voilà l'essai de controverse théologique, dont je parlais. Il ne fut pas poussé. Cette tentative avortée, c'est tout ce qui rappela le dessein qu'avait eu d'abord le Roi de profiter de sa conversion pour faire conférer ensemble des Docteurs catholiques et protestants sur les différends des deux confessions. En fait le moment était mal choisi, je ne dis pas pour un rapprochement, mais même pour une simple confrontation courtoise de points de vue. Le Catholicisme, qui venait de triompher d'une conscience royale, ne pouvait puiser dans ce succès que plus d'intransigeance doctrinale, et les Protestants étaient plus que jamais en défiance contre lui, contre les habiletés de casuistique ou d'intrigue qu'ils lui supposaient, comme autant de pièges toujours tendus.

Ils furent un peu rassurés à la fin de l'année par l'échec de la mission du duc de Nevers à Rome [2] et par la dénonciation de la Trève générale conclue entre les Royalistes et les Ligueurs. Mais ces satisfactions furent éphémères. La négociation de Rome rebondit bientôt entre les mains d'autres intermédiaires, et *la reddition de Paris* (22 mars 1594) fut le signal de toute une série de capitulations signées par les villes ligueuses, et dont le culte réformé faisait les frais : elles stipulaient, en effet, son interdiction dans leurs murs [3].

1. *Histoire universelle*, t. IX, p. 84-85. Voir mon chapitre xi, § 4, sur la place que tient la « machination de Mantes » dans la *Confession de Sancy*.
2. Découragé par l'intransigeance papale, il quitta Rome le 14 janvier 1594.
3. C'est ainsi qu'à Poitiers, pour la région de d'Aubigné, l'édit, concédé par le Roi le 4 juillet 1594,

Aussi l'agitation ne cessa pas. Sous prétexte de rendre compte de leur mandat, les députés de Mantes provoquèrent, à leur retour, des réunions d'assemblées provinciales. En réalité, il s'agissait de préparer une nouvelle assemblée générale, dont ils disaient avoir reçu du Roi l'autorisation « en termes généraux et non exprès » avoue d'Aubigné... « ayans trouvé par les plaintes de tous costez occasions suffisantes pour oser ceste nouveauté[1] ».

L'effervescence était particulièrement vive dans le Poitou : il y eut à Thouars le 2 mars 1594 un conciliabule de gouverneurs des places de la région (y compris l'Anjou, la Touraine et le Maine) pour se donner entre eux l'assurance d'un mutuel secours, non seulement contre les Ligueurs de Bretagne, mais contre le danger possible d'un « retranchement » de leurs garnisons par le gouvernement royal. D'Aubigné, comme gouverneur de Maillezais, ne dut pas manquer de venir à cette réunion. Il y en aura d'autres dans la suite, de même nature, où nous constaterons sa présence certaine. Celle-ci semble avoir été présidée par Duplessis, ce qui était un gage de modération et de sagesse[2]. On y fixa les dates de convocation des assemblées provinciales[3] pour l'élection des députés à la prochaine Assemblée générale.

Puis, à la fin de mars, ce fut le synode de Fontenay qui n'aurait dû s'occuper que de questions religieuses, mais qui toucha, par la force des choses et des circonstances, à la politique. Le Roi s'en émut et demanda des explications à Duplessis :

« M. du Plessis, je trouve bien estrange l'assemblée qui a esté faicte à Fontenay, en laquelle il ne s'est pas seulement traicté du faict de la rellipion simplement, mais de plusieurs aultres choses contre mon service. Vous sçavès bien que

---

prescrira le rétablissement du culte catholique dans les villes du diocèse où il avait été interrompu (Niort, Châtellerault, Fontenay-le-Comte, etc.), mais interdira la célébration du culte réformé, même dans les faubourgs de Poitiers.

1. *Histoire universelle*, t. IX, p. 85.

2. Voir le compte rendu de cette réunion de Thouars dans les *Mémoires de Duplessis-Mornay* (t. VI, p. 14 et 15), et les commentaires qu'il en fait dans ses lettres, du 4 mars, à M. de Calignon, p. 18, et du 8 mars, à M. Rotan, p. 21. — C'est sans doute à la suite et en conséquence des résolutions qui y furent prises que La Boulaye, Aubigné et J. de Constant sommèrent le trésorier principal du Poitou, Bonaventure Billard, d'avoir à payer leurs garnisons. Il s'exécuta et l'accord fut signé le 6 mars 1594. (Cf. Benjamin Fillon, *Recherches historiques et archéologiques sur Fontenay*, t. I, p. 230.)

3. Aux 1er et 15 juin.

je sçais assés la différence qu'il y a entre synode et assemblée. Tenès la main que telles choses ne se facent plus, et me mandés ce qui s'est passé en ceste là, où il s'est trouvé non seulement des ministres, mais des gens de justice et d'espée ; et quelques ungs ont esté depputez que je cognoy pour brouillons... [1]. »

Duplessis dut reconnaître qu'à cet étrange synode étaient venus« les principaulx de la province » —ce qui lui enlevait son caractère d'assemblée religieuse — mais il plaida les circonstances atténuantes en faveur de ses coreligionnaires, et ne cacha pas leur mécontentement grandissant :

« Mais bien supplierai-je très humblement Votre Majesté de prendre en bonne part que je lui die que le refus qui se faict partout de vérifier vostre edict, et la rigueur que tiennent vos courts de parlement contre ceulx de la relligion presque partout, aigrit fort les esprits de plusieurs; mesmes [surtout] quand ils voyent que ceulx de la Ligue sont receus alaigrement aulx plus grandes charges, et qu'ils sont si indignement exclus des plus petites [2]. »

Parmi « les principaux de la province » qui s'étaient joints aux pasteurs au synode de Fontenay, et l'avaient transformé en assemblée politique, je serais bien étonné que ne se soit pas trouvé d'Aubigné, si voisin de Fontenay. Duplessis dit qu'on y fit élection de députés à la Générale ; ce n'était pas l'affaire d'un synode.

C'est à Sainte-Foy sur Dordogne, au mois de juin 1594, que délibéra cette nouvelle Assemblée générale, au moment où Henri IV assiégeait Laon. *Son importance est capitale.* C'est elle, en effet, qui refit au Parti une constitution solide, en rétablissant avec des perfectionnements l'ancienne organisation antérieure à Henri IV [3]. *D'Aubigné vint à Sainte-Foy.* Il y laisse entrevoir sa pré-

---

1. La lettre se trouve dans les *Mémoires de Duplessis-Mornay*, t. VI, p. 41, reproduite dans les *Lettres-Missives d'Henri IV*, t. IV, p. 129, datée du 30 mars.

2. Cf. *Ibid.*, DUPLESSIS, t. VI, p, 41-43. Réponse au Roi du 4 avril.

Si l'on veut avoir une idée plus précise des griefs des Protestants à ce moment, il faut se reporter au Mémoire — sans doute rédigé par Duplessis — qui sera présenté peu après, au nom de sa province, à l'Assemblée générale de Sainte-Foy (cf. t. VI, p. 66-72). Nulle part, y est-il exposé, les Réformés ne bénéficient réellement de ce qui leur a été promis à Mantes — à cause de l'hostilité des Parlements qui les écartent des charges, et leur dénient la justice, ou par suite des traités que concluent pour leur reddition les villes ligueuses, et qui excluent le culte réformé parfois de tout un bailliage (Exemples de Meaux, Lyon, Orléans, Bourges, Troyes, Abbeville, etc.). Et partout ce sont des vexations et des iniquités : à Paris on les oblige à saluer les images catholiques ; à Bordeaux, on exhume les cadavres des leurs. Les officiers de finances refusent le paiement des assignations pour le traitement des pasteurs, etc., etc.

3. Et qui était le résultat des Constitutions de Milhaud (1573), de Nimes (1573) et de la Rochelle (1588).

sence dans l'*Histoire*, par un de ces procédés discrets qui lui sont habituels. C'est de lui qu'il s'agit quand il parle d'« un de la compagnie » qui intervint pour faire enterrer — avec le secret demandé d'ailleurs par son auteur — un projet de redressement du Parti, émanant « d'un des plus vieux, renommez et expérimentez capitaines qui fussent parmi eux, général d'une province [1]... »

Ce projet contenait pourtant en germe une institution qui sera réalisée plus tard, après l'Édit de Nantes, celle de la Députation générale et permanente des Églises auprès du Roi. Mais il proposait aussi des moyens plus équivoques, comme l'achat de Gabrielle d'Estrées. Surtout, je crois, la raison du rejet, c'est qu'on ne voulut pas se contenter d'une représentation et d'une action plus ou moins dissimulées à la Cour ; on tenait à montrer ouvertement la reconstitution et la force du Parti. Finalement on prit comme base de discussion « le plus petit » des trois mémoires, ou rapports, présentés sur la question. — Est-ce le moins long, ou celui qui venait du « plus petit personnage », et dans ce cas ne serait-ce pas à lui-même que d'Aubigné ferait allusion ?

Après « trois semaines de débats » on aboutit à mettre sur pieds *le Règlement de Sainte-Foy*, qu'Aubigné nous détaille tout au long [2]. Il refaisait vraiment du Parti réformé un État dans l'État. Cet État huguenot reposait sur le système fédératif et représentatif. Il avait ses divisions territoriales, dix circonscriptions englobant chacune plusieurs provinces de la monarchie ; ses assemblées électives, une par province protestante, et au-dessus, les dominant, l'Assemblée Générale, véritables États généraux du Parti ; enfin ses conseils permanents de gouvernement : Conseil provincial qui administrait la province, Permanence de la générale pour remplacer le Protecteur, qu'on n'osa pas nommer au lieu du Roi. L'Assemblée Générale pouvait y suppléer, car, en dehors de ses sessions, elle n'était jamais absente, en droit ni même en fait, le mandat des députés étant valable pour un an, et leur renouvellement s'opérant par moitié tous les six mois [3].

L'État protestant avait encore son budget, alimenté en partie par les contri-

---

1. *Histoire universelle*, t. IX, p. 85.

2. *Histoire universelle*, t. IX, p. 87 à 99 (Chap. xii du livre XIV dans l'édition Ruble).

3. Pour la première fois, l'Assemblée devait désigner — ou tirer au sort faute d'entente — la portion qui ne resterait que six mois, et celle qui ferait un an (art. 6). Cf. *Histoire universelle*, t. IX, p. 88-89.

butions volontaires ou forcées des Religionnaires, en partie aux dépens des finances publiques. C'est au gouvernement royal, en effet, qu'incombait l'entretien des garnisons des places de sûreté, et, faute de paiement, on n'hésitait pas à prendre l'argent où il était, dans les caisses des receveurs. C'était là, il faut l'avouer, une mesure révolutionnaire, mais elle avait pour excuse un intérêt vital, et la tradition d'une pratique antérieure que l'ancien Roi de Navarre connaissait mieux que personne. D'autres articles du Règlement, relatifs aux places, sentaient aussi la rébellion éventuelle : avec des formes, on annonçait la résistance, active ou passive, à toute tentative pour substituer un gouverneur catholique à un gouverneur protestant, ou pour « retrancher » en quoi que ce soit les garnisons. Ces garnisons formaient l'armée du Parti, ou le noyau d'une armée ; et il ne manquait plus à l'État huguenot restauré, pour être complet, que ses juridictions particulières. L'Assemblée ne les rétablit pas d'office, mais décida, dans un des articles secrets ajoutés au Règlement, que le Roi serait requis de créer des chambres mi-parties dans tous les Parlements suspects d'hostilité et de partialité, c'est-à-dire tous, sauf celui de Grenoble.

D'Aubigné pouvait dire à bon droit que désormais les Réformés s'étaient remis « en leur distinction [1] ». Je ne sais si ce fut « à grand regret » comme il le prétend, en rejetant toute la responsabilité de ce séparatisme sur l'abjuration du Roi ; mais en tout cas, d'un cœur léger ou non, « le pas de cette première assemblée estant franchi » comme il dit encore [2], ils ne pouvaient plus reculer et devaient aller jusqu'au bout de leurs revendications, s'ils ne voulaient pas faire l'aveu et la montre de leur impuissance. Ainsi ils avaient créé une situation grave, et pour eux-mêmes et pour le Roi.

Les *délégués* que l'Assemblée lui envoya pour porter ses demandes eurent enfin audience à *Saint-Germain, en novembre 1594*, après une assez longue attente — qui n'était pas de fort bon augure. C'était bien l'impression de Duplessis, qui était venu avec eux à la Cour pour traiter en même temps d'autres affaires :

« Autant que j'en puis juger, on les asseurera de faire effectuer ce qui leur fut

---

1. Cf. *Histoire universelle*, t. IX, p. 288.
2. *Histoire universelle*, t. IX, p. 99.

accordé à Mantes ; et si c'est promptement et sérieusement, ce sera quelque chose bien que fort esloingné des demandes [1]. »

Le Roi, en effet, qui voyait les villes ligueuses se soumettre de gré ou de force les unes après les autres [2], qui venait de faire son accommodement avec le duc de Guise (22 octobre), et allait signer la paix avec le duc de Lorraine (16 novembre), n'était pas disposé, au moment où son pouvoir s'affermissait d'un côté, à le laisser diminuer de l'autre. Il ne concéda donc rien de plus qu'à la précédente Assemblée, c'est-à-dire le régime antérieur à la rupture de 1585, le régime sous lequel les Églises avaient vécu en paix pendant plusieurs années. Duplessis admettait que ce serait là une condition tolérable si les Réformés en jouissaient véritablement. Mais jusqu'à présent les « articles de Mantes » étaient demeurés lettre morte, les Parlements et officiers royaux n'en tenant pas compte. Le Roi, qui était de bonne foi dans ses concessions, voulut mettre fin à cette situation irritante; et ce fut là le progrès réalisé. Par sa *Déclaration de Saint-Germain* (novembre 1594) il leur donna une consécration solennelle, et fit des Édits de tolérance une loi d'État, que le Parlement de Paris dut enregistrer, malgré sa résistance, en février 1595 : l'opposition avait été vive surtout contre l'article 19, qui accordait aux Réformés l'admission à toutes les charges au même titre que les Catholiques — question de boutique et non de principe, on le voit, sur laquelle se butait le Parlement [3].

Entre temps, un accident avait ému profondément tout le pays, et montré la nécessité d'une réconciliation des bons citoyens autour du trône sauveur ; ce fut l'alerte causée par l'*attentat de Châtel* (27 décembre 1594). On ne manqua pas naturellement dans le Parti d'y voir un avertissement de Dieu au Roi infidèle, pour rappeler vers lui son cœur, et l'on sait, ou l'on verra avec quelle franchise et même quelle brutalité de langage d'Aubigné traduira ce sentiment, quand il se retrouvera en présence du Roi, un an plus tard, au siège de la Fère ; mais Duplessis, sous une forme

---

1. Cf. *Mémoires de Mornay*, t. VI, p. 101, lettre du 5 novembre 1594 M. de La Fontaine. Voir aussi les lettres précédentes au même, du 4 et du 16 octobre, t. VI, p. 94 et 95.

2. Capitulation de Laon le 2 août 1594, reddition de Beauvais le 22. En Bretagne, le maréchal d'Aumont emporte le fort de Crozon édifié par les Espagnols pour surveiller Brest ; Saint-Malo se soumet (octobre).

3. Celui de Rouen ne céda que deux ans plus tard, quand Henri IV vint tenir dans la ville l'assemblée des Notables. Il vérifia enfin l'Édit le 4 février 1597.

us atténuée, pense et dit la même chose. Et comment s'en étonner? Pour des
uguenots convaincus le doigt de Dieu était trop manifeste en cette affaire :

« Sire, écrit-il dès la nouvelle de l'attentat, le 1ᵉʳ janvier 1595, nous ne pou-
ns encore r'asseoir, ni de l'appréhension de la blessure de Votre Majesté, ni de
joie, en ce qu'il a pleu à Dieu la mesurer en ses miséricordes... »

Et après avoir déclaré que les Réformés mettent leur salut dans celui du Roi,
ajoute :

« Ma fidélité peult dire encore ung mot, sire : Dieu veult estre escouté quand
parle ; il veult que nous le sentions aussi quand il nous frappe, les grands prin-
palement, que nul ne peult chastier que lui. Je m'asseure donc que Votre Majesté
ra profict de cette affliction, non pour vous garder de pareils attentats, il sera vostre
arde ; mais pour ressentir sa main sur le péché, pour n'en attirer la pesanteur,
usant de sa patience ; ains la destourner en vous convertissant à lui, en vous di-
rtissant de tout ce qui provoque son ire [1]. »

Est-ce une vraie conversion — à rebours de celle de Saint-Denis — que Duplessis
tendait de l'effet produit sur l'âme du Prince par le « châtiment céleste » ? C'est peu
robable, car c'eût été de la naïveté. Mais il escomptait peut-être que, pour se faire
ardonner l'abjuration, Henri IV témoignerait désormais à ses anciens coreli-
ionnaires une bienveillance plus active. C'était un peu spéculer sur la crainte de
l'ire de Dieu ». Mais dans cette mesure le calcul demeure assez innocent.

Les Assemblées protestantes se succédaient presque sans interruption. *Après
ainte-Foy, ce fut Saumur.* Les convocations avaient été faites pour le 1ᵉʳ dé-
embre 1594 ; mais la venue des députés fut lente, et on ne la pressa pas, tant
u'on n'avait pas de réponse définitive aux demandes de Sainte-Foy. Quand la Dé-
aration de Saint-Germain eut enfin été enregistrée au Parlement de Paris (février
595), *l'Assemblée de Saumur s'ouvrit, le 22 février,* dans la place, mais non sous
inspiration de Duplessis. Il n'en faisait pas partie, et communiquait avec elle, au
esoin, par l'entremise du Sr de Pierrefitte, lieutenant pour le Roi en la ville de
aumur. Est-ce la raison pour laquelle elle montra des dispositions peu conciliantes ?
n tout cas *d'Aubigné* n'y a pas de responsabilité car lui non plus *n'y fut pas dé-*

---

1. *Mémoires de Mornay*, t. VI, p. 142-143.

légué. Le procès-verbal de l'Assemblée [1] donne les noms de tous les députés par province, au début à propos de la vérification des pouvoirs, et à la fin (23 mars) pour l'approbation et la signature du compte rendu. D'Aubigné n'y figure pas. Il aurait pu y être admis, il est vrai, à titre honorifique, en vertu du Règlement de Sainte-Foy, comme La Trémoille, qui passa par Saumur à ce moment et fut prié de siéger. Mais c'était un personnage plus important que d'Aubigné. Nous savons du reste qu'ils étaient fort liés ensemble et également intransigeants. Son influence dut donc s'exercer dans le sens qu'aurait souhaité d'Aubigné. Et le fait est que l'Assemblée garda une attitude assez cassante à l'égard du pouvoir royal. Elle refusa de se contenter de l'Édit de 1577 et des réponses faites aux Cahiers de Mantes. Elle décida donc de les représenter purement et simplement, en y ajoutant les griefs survenus depuis. En attendant, elle prenait des mesures pour que rien ne fût changé à la situation de fait des Églises, sous prétexte d'en revenir à l'Édit de 1577 : avec des formes elle décidait en somme de résister si l'on voulait supprimer certains lieux d'exercice, ou certaines garnisons, dans les endroits non prévus par les Édits de pacification antérieurs. Il était clair qu'Henri IV ne viendrait pas facilement à bout de l'obstination résolue de ses anciens coreligionnaires.

D'Aubigné me paraît bien marquer, à propos de l'envoi en Cour des deux députés (La Noue président de l'Assemblée et La Primaudaye) pour porter les Cahiers, l'opposition essentielle des points de vue entre le Roi et les Protestants :

« Dès lors, dit-il, on députa vers le roi pour demander le changement de tresve en paix et remonstrer que, durant les services notables des réformez, qui portoyent, par toutes les parts du royaume, les plus grands fardeaux de la guerre, il n'estoit pas raisonnable que, sous le règne d'Henri IV, on leur refusast la paix et les mesmes conditions accordées neuf fois par les rois, leurs persécuteurs [2]. »

La paix, c'est un nouvel Édit. Le sens du mot est précisé par le rapprochement avec les neuf paix, c'est-à-dire les neuf Édits de pacification antérieurs. Mais ce n'était pas aux mêmes conditions que les Réformés voulaient l'obtenir, quoi qu'en dise d'Aubigné avec une certaine équivoque. La vérité est qu'ils voulaient mieux, et qu'ils ne comprenaient pas que leur ancien chef, monté sur le trône, ne

1. Cf. Bibliothèque Mazarine, ms. in-folio 2607, en tête.
2. *Histoire universelle*, t. IX, p. 274-275.

eur accordât pas plus que ses prédécesseurs. Mais lui, au contraire, se jugeait très
généreux en leur concédant le même statut dont ils s'étaient contentés sous un Roi
ostile, et qui devenait presque à ses yeux un luxe de précautions sous un Prince
bienveillant. Là gisait le malentendu. On n'était pas d'accord sur les principes,
ur la base même d'un règlement.

Et assez maladroitement les Réformés avaient l'air — ce n'était pas qu'une ap-
arence, on le verra bientôt lors du siège d'Amiens — de marchander désormais
eur dévouement, et d'y mettre pour condition l'obtention de ce nouvel Édit qu'ils
éclamaient :

« Ils entroyent en une juste crainte, remarque d'Aubigné, que, travaillans pour
eux qui leur refusoyent la paix et qui chérissoyent le tiltre d'ennemi, ils les éprou-
assent tels bientost par effects [1]. »

En bon français, cela veut dire qu'ils ne tenaient pas à contribuer davantage
u rétablissement de l'ordre et de la paix dans le royaume, tant qu'ils n'auraient
as l'assurance — et des garanties — que leurs ennemis (les Catholiques) ne re-
ourneraient pas cet ordre contre eux. Mais ils oubliaient trop qu'à ce moment le Roi
isait plus la guerre à l'Espagne [2] qu'aux derniers Ligueurs, et que leur patriotisme
eur eût fait un devoir de ne pas chicaner leur concours. Cette attitude leur sera
évèrement et justement reprochée.

Remarquons d'ailleurs qu'en protestant contre le régime de la trêve (de Ples-
is-lès-Tours) d'Aubigné feint d'ignorer l'Édit de Mantes (du 4 juillet 1591) — con-
rmé depuis à plusieurs reprises — qui y a mis fin et a rendu force de loi aux
dits de tolérance d'Henri III. Mais tant que cette loi n'est pas appliquée, ou pas
omplètement, il veut la considérer comme inexistante. Est-ce tout à fait de bonne
oi ?

C'est à Lyon, où il séjourna du 24 août au 23 septembre 1595, *qu'Henri IV
eçut les délégués de l'Assemblée de Saumur*, MM. de La Noue et de La Primau-
aye, porteurs des Cahiers de plaintes et de requêtes. Il venait de soumettre la
ourgogne et d'arrêter les Espagnols en Franche-Comté par le brillant combat

---

1. *Histoire*, t. IX, p. 275.
2. Déclaration de guerre à l'Espagne du 17 janvier 1595.

de Fontaine Française (5 juin 1595); mais la situation sur la frontière du nord lui causait de graves préoccupations. Bouillon, après une offensive hardie dans le Luxembourg, avait été refoulé par le comte de Fuentès, le nouveau gouverneur des Pays-Bas [1]. Le Catelet était tombé en juin, Doullens en juillet, après la défaite d'une armée de secours. Cambrai était assiégé depuis le 13 août [2]. Henri IV ne pensait qu'à faire la guerre, et il estima sans doute au moins inopportunes, dans les circonstances présentes, les exigences de l'Assemblée de Saumur. Il refusa même d'examiner la question d'un nouvel Édit, et s'en tint à ses premières propositions.

Ce qui dut aggraver pour les Réformés la rudesse de ce refus, c'est le contraste qu'elle faisait avec l'humilité de son attitude à Rome. Le mois de septembre, où leurs demandes étaient rebutées à Lyon, est précisément celui où le Pape Clément VIII accordait enfin l'absolution aux envoyés extraordinaires du Roi (d'Ossat et du Perron) prosternés à ses pieds et soumis, pour la satisfaction de l'orgueil pontifical, à un simulacre de pénitence [3].

Dans le Poitou, on avait un motif de plus d'exaspération : c'était l'*odieux massacre de la Châtaigneraie* [4] exécuté par les Ligueurs de Rochefort-sur-Loire [5] — de vrais bandits — sur des gens désarmés, réunis pour un prêche :

« Ceux-la mesmes, rapporte d'Aubigné, [les hommes de Rochefort] l'année d'après en aoust [le 13 août 1595], vindrent mettre en pièces une assemblée des réformez communians à la Cène, au village de la Tardière, près de la Chastaignerais, et laissèrent sur la place grande quantité de personnes de tous aages et sexes, comme il paroist par leur confession aux articles par eux présentez et obtenus [6]. »

---

1. Le successeur de l'archiduc Ernest, mort le 21 février 1595.

2. Siège du Catelet du 19 au 25 juin, de Doullens du 15 au 31 juillet. La défaite de l'armée de secours est du 24 juillet : Vilars-Brancas, l'ancien gouverneur ligueur de Rouen, y fut tué. Le siège de Cambrai devait durer jusqu'en octobre.

3. Le 17 septembre 1595. Cf. dans les *Tragiques*, quelques vers sur l'absolution et l'humiliation de la Couronne devant la Tiare, livre I (*Misères*), Réaume, t. IV, p. 65 :

> On void sans qu'on s'estonne,
> La pantoufle crotter les lis de la couronne.

Livre II (*les Feux*), Réaume, t. IV, p. 232 :

> Ce qu'on debvoit à Dieu fut pour le Dieu de Rome.

Voir aussi *Confession de Sancy*, livre I, chap. I : *De l'Authorité de l'Église et de son Chef.*

4. Vendée, à 22 km. nord de Fontenay-le-Comte.

5. Rochefort-sur-Loire, en réalité sur le Louet, arrondissement d'Angers (Maine-et-Loire).

6. *Histoire universelle*, t. IX, p. 38. Les « articles obtenus », ce sont les « lettres d'abolition » qui furen

Deux cents personnes, d'après Duplessis, furent tuées « hommes, femmes, sexagénaires, jusques aulx enfants qu'on portoit au baptesme[1] ».

Cet acte barbare eut un retentissement considérable[2]. L'assemblée provinciale de Fontenay (septembre) où la Province voisine (d'Anjou, Maine et Touraine) avait été invitée à se faire représenter, résolut d'en poursuivre la vengeance par tous les moyens de droit et au besoin par la force[3].

Le fait était d'autant plus révoltant qu'on était à la veille d'une trêve entre le Poitou (la Châtaigneraie est dans le Bas-Poitou) et la Ligue de Bretagne, dont relevaient les Ligueurs de Rochefort-sur-Loire. Elle fut conclue[4] le 16 septembre 1595. N'ayant plus ce point d'appui au dehors, les restes de la Ligue en Poitou allaient cesser d'être redoutables. Ce n'étaient plus déjà, depuis la réduction de Poitiers (4 juillet 1594) que des membres épars, sans tête. On pouvait espérer que désormais ils se tiendraient en repos.

Ainsi d'Aubigné n'aurait plus l'occasion de courir à quelque combat proche de sa résidence. Allait-il donc raccrocher définitivement son épée ? On était en guerre avec l'Espagne ; sa place n'eût-elle pas été à l'armée, auprès du Roi ? Mais il y avait entre eux l'abjuration, un abîme ! D'Aubigné, de son côté, l'avait creusé

finalement accordées aux deux frères Saint-Offange, gouverneurs de Rochefort, en 1598 (mars) au moment de la paix de Mercœur, de qui ils dépendaient. Voir encore sur cette amnistie scandaleuse, D'AUBIGNÉ, t. IX, p. 272, et DE THOU, t. XIII, p. 201.

1. Détails donnés dans une lettre du 4 septembre à M. de Loménie, secrétaire d'Etat. Cf. *Mémoires de Mornay*, t. VI, p. 328.

2. Il en parut peu après une relation, intitulée : *Discours véritable du massacre plus qu'inhumainement exercé le treiziesme jour d'Aoust 1595 sur l'Église réformée de la Chastaigneraye en Poictou, composée pour la pluspart des habitants dudict lieu et d'autres paroisses circonvoisines, laquelle de longtemps a accoustumé s'assembler à la Brossardière* (Nom du temple). Imprimé nouvellement, 1595, petit in-8°. On y trouve la liste des victimes, tous de petites gens. Cf. Benjamin FILLON, *Recherches sur Fontenay*, 1846, p. 231-232.

3. Voir les lettres de Duplessis à M. de Loménie. Outre celle du 4 septembre déjà citée, celles des 16 et 27 septembre, t. VI, p. 353 et 358 ; et aussi les Instructions remises par lui aux délégués de sa province qui se rendirent à Fontenay, MM. de Chouppe et de Clairville (en date du 15 septembre, t. VI, p. 550).

4. Pour trois mois seulement, renouvelables, entre Malicorne, gouverneur royal du Poitou, et Mercœur, gouverneur ligueur de Bretagne (Cf. LEDAIN, *Étude sur les Maires de Poitiers* dans les *Mémoires de la Société des Antiquaires de l'Ouest*, t. XX de la 2e série 1897). Les négociations avaient été conduites, au nom du Roi, par Duplessis avec la Reine douairière Louise, veuve d'Henri III, qui était la sœur de Mercœur. Celui-ci ne voulait pas de trêve générale, mais des accords particuliers avec les provinces limitrophes, et facilement révocables. Il y a de nombreuses lettres, au tome VI des *Mémoires de Mornay*, concernant ces laborieuses négociations. Mais on se reportera surtout au résumé d'ensemble qu'il en fait dans un *Manifeste* préparé pour l'entrée en campagne contre Mercœur, au début de 1598 (t. VI, p. 385 à 430).

par son attitude et son action dans le Parti réformé. Henri IV s'en irritait comme d'une hostilité personnelle. Et il y avait bien quelque chose de cela en apparence. Mais en fait il suffit que d'Aubigné fût atteint par le malheur pour qu'une détente s'opérât en lui, et qu'il eût un retour vers le compagnon de sa jeunesse. La mort prématurée de sa femme, Suzanne de Lezay, qui le laissa inconsolable [1], le rapprocha du Roi ; et peu après [2] nous le trouvons auprès de lui, *à la Fère*, dont Henri IV était venu faire le siège après son expédition de Franche-Comté, pour endiguer l'invasion de Fuentés. Le maître ne l'attendait pas du tout ; il était même fort irrité contre lui à cause de l'opposition qu'il lui faisait parmi ses coreligionnaires. Mais d'Aubigné ne se laissa pas arrêter par ce qu'on lui rapportait de sa grande colère. Le péril, s'il y en avait, à aller se mettre entre ses mains n'était pas fait pour l'effrayer ; et puis, dans son chagrin, il faisait encore meilleur marché de sa vie qu'auparavant. Voici comment il nous raconte cette démarche hardie :

« Ce qui le fit aller à ce siège fut qu'ayant travaillé en quelque Assemblée aux choses que vous verrez ci-après, ses collègues disoyent que sa fermeté n'estoit que pour désespoir de n'avoir jamais la bonne grâce du Roy, ni s'oser présenter devant luy, et pour ce que le Roy avoit juré en pleine table de le faire mourir ; luy, pour lever ceste opinion, a fait six voyages dont celui-ci en estoit un. Estant donc arrivé au logis de la Duchesse de Beaufort où l'on attendoit le Roy, deux Gentilshommes de marque le prièrent affectionnement de remonter à cheval pour la fureur où le Roy estoit contre luy ; et de fait, il entendit quelques Gentilshommes disputants si on le mettroit entre les mains d'un Capitaine des gardes, ou du prevost de |l'hostel. Luy se mit au soir entre les flambeaux qui attendoyent le Roy : et comme le carrosse para au perron de la maison, il ouït la voix du Roy disant : *Voilà Monsieur Monseigneur d'Aubigné!* Quoy que ceste Seigneurie ne luy fust pas de bon goust, il s'avança

---

1. Nous parlerons de cet événement au chapitre suivant.

2. Il dit dans ses *Mémoires : « Aubigné arriva pour le siège de la Fère à Chauny, portant le deuil de sa femme morte quelques mois auparavant,* et pour laquelle il fut trois ans ne passant guères nuit sans pleurer... » Édit. Réaume, t. I, p. 68. La tournure qu'il emploie : « Il arriva *pour le siège* » semble indiquer qu'il y était dès le début. Or le siège de la Fère commença en novembre 1595 et dura six mois, jusqu'au 22 mai 1596. Nous voyons par une lettre d'Henri IV au connétable de Montmorency qu'il passa à Chauny, le 6 novembre, se rendant à la Fère où était déjà l'armée (*Lettres-Missives*, t. IV, p. 440). Il se peut que ce soit à ce moment que d'Aubigné l'ait rejoint. Il est vrai que dans le *Sancy* (Réaume, t. II, p. 352), c'est à *Senlis* qu'il place la rencontre.

à la descente : le Roy luy mit la jouë contre la sienne, luy commanda d'aider à sa maistresse, la fit démasquer pour le saluer, et on oyait dire aux compagnons : *Est-ce là le Prévost de l'hostel ?* Le Roy donc ayant desfendu d'estre suivi fit entrer Aubigné seul avec sa maistresse et sa sœur Juliette ; il le fit promener entre la Duchesse et luy, plus de deux heures ; ce fut là où se dit un mot qui a tant couru : car comme le Roy monstroit sa lèvre percée au flambeau [1], il souffrit, et ne print point en mauvaise part ces paroles : *Sire, vous n'avez encore renoncé Dieu que des lèvres, il s'est contenté de les percer ; mais quand vous le renoncerez du cœur, il vous percera le cœur.* La Duchesse s'écria : *O les belles paroles, mais mal employées ! Ouy, Madame,* dit le tiers, *pour ce qu'elles ne serviront de rien* [2]. »

La glace ayant été ainsi rompue — un peu brutalement — ni le Roi ni la Duchesse n'auraient tenu rigueur à d'Aubigné de sa rude franchise. Au contraire, et il fut même question de lui confier l'éducation du petit César de Vendôme, né l'année précédente (1594) « lequel il [le Roi] fit apporter nud pour le mettre sur les bras d'Aubigné qui le devoit à trois ans emmener en Xaintonge pour le nourrir, et appuyer entre les Huguenots ; et pour ce que ce desseing s'en alla au vent, nous y envoyons aussi les discours [3] ».

D'Aubigné resta-t-il à la Fère pendant toute la durée du siège (novembre 1595 à mai 1596) ? C'est possible sans être certain. Les Protestants y étaient représentés par les corps de La Trémoille et de Bouillon. On les accuse d'avoir abandonné la partie avant qu'elle ne fût achevée, et d'avoir lâché le Roi sous les murs de la Fère à cause du refus qu'il opposa aux demandes de l'Assemblée de Loudun, portées par Vulson   Mais l'Assemblée de Loudun, dont nous parlerons, ne s'ou-

---

1. Par le coup de couteau de Châtel (27 décembre 1594).

2. *Mémoires*, édit. Réaume, t. I, p. 68-69. Déjà dans un quatrain — que je crois antérieur — d'Aubigné avait menacé le Roi du « couteau de vendanges » du Seigneur (cf. éd. Réaume, t. IV, p. 360, la XVIII⁰ des *Pièces Épigrammatiques*). Quant à l'avertissement de la Fère, il y attacha une valeur prophétique, quand il se fut réalisé par l'assassinat du Roi. Aussi l'a-t-il rappelé un peu partout : dans l'*Histoire* (éd. Ruble, t. IX, p. 104 et 464), dans la *Confession de Sancy* (Réaume, t. II, p. 352), dans la *Préface des Tragiques* (Réaume, t. IV, p. 24-25), dans le *Discours par Stances avec l'esprit du feu Roy Henri quatriesme* (Réaume, t. IV, p. 314). — Il aurait également fait à la Fère une prédiction à la Duchesse. Voir le *sonnet XXII des Épigrammatiques* (Réaume, t. IV, p. 340) et la note qu'y met d'Aubigné.

3. Cf. *Mémoires*, t. I, p. 69.

4. Cf. Poirson, *Histoire du règne de Henri IV*, Paris, Colas, 1856, t. I, p. 319, et DE THOU, t. XIII,

vrit que le 1er avril 1596. M. Vulson, son délégué, ne vint à la Fère qu'en mai. La prétendue défection des Protestants coïnciderait donc avec la fin du siège.

Il ne s'y était rien passé de bien mémorable au point de vue militaire, sinon dans l'art du génie. C'était un blocus. On attendait les effets de la famine. Les Espagnols réussirent une fois à ravitailler la place (nuit du 13 au 14 mars, après un échec dans la nuit du 16 au 17 février). Pour hâter la disette et la capitulation, les ingénieurs du Roi s'étaient avisés d'un moyen... détourné. C'était d'inonder les magasins de vivres, situés dans la ville basse. « Or, raconte d'Aubigné, n'ayant point délibéré [le Roi] de forcer la ville par batterie ni par assauts, et puis ayant basti deux grands forts, un à chaque porte, son principal dessein fut d'une nouvelle invention que lui fournit Beringhen : ce fut d'arrester la rivière au-dessous de la ville, par *une chaussée* qui baissast les terriers d'une part et d'autre, avec telle force qu'elle pust renvoyer toute l'eau submerger la ville. Ce fut une entreprise qui ne sentoit ni un roi ni un royaume abatu de tant d'incommoditez. Ce qui s'y fit encore de plus ingénieux et de mesme inventeur, fut *un pont d'espines* liées ensemble, sur lequel *nous passions* l'Oise à cheval fort aisément et mesmes l'artillerie [1] ».

Ce *nous passions*, qui indique un fait habituel, confirme que d'Aubigné demeura au moins un certain temps à l'armée assiégeante.

Quant à la fameuse chaussée, sur laquelle on fondait tant d'espoirs, et dont il est souvent question dans les lettres d'Henri IV [2], elle donna des mécomptes, quoi qu'en dise d'Aubigné, qui lui attribue en partie la reddition de la place [3], et

p. 8 et 9, qui notent bien le mécontentement des Réformés et leur sécession, mais sans préciser que Bouillon et La Trémoille soient partis avant la reddition de la Fère (16-22 mai). Il est question dans la correspondance de Duplessis, au début de mai (t. VI de ses *Mémoires*, p. 472, 473, 475, 476), de troupes licenciées par M. de La Trémoille ; mais rien ne dit qu'il s'agisse de soldats protestants, ni qu'ils venaient de la Fère. Quant à Bouillon, il avait accompagné Henri IV au secours de Calais en avril, d'où il passa en Angleterre pour y négocier au nom du Roi une alliance avec Élisabeth. C'était donc une mission de confiance, qui fut suivie d'une autre en Hollande, au mois de septembre. Cf. *Lettres-Missives*, t. IV, p. 576 ; *Mémoires de Duplessis*, t. VI, p. 471 et 486, et DE THOU, t. XII, p. 649 à 671.

1. Cf. *Histoire universelle*, t. IX, p. 100.

2. Lettres du 29 novembre 1595 au Connétable (t. IV des *Lettres-Missives*, p. 469) — du 17 janvier à Biron (t. IV, p. 486), — du 27 janvier au Connétable (p. 491), — du 15 et du 26 février au même (p. 505-506) — du 6 mars à M. de La Force (p. 515).

3. Cf. *Histoire universelle*, t. IX, p. 105.

elle causa autant d'inondation dans le camp des lansquenets royaux que dans la ville basse [1].

D'Aubigné allait repartir quand il fut retenu par une grave maladie du Roi, qui l'appela en consultation... non médicale, mais religieuse! Il voulait mettre sa conscience en repos sur la question de l'abjuration. Étrange idée de s'adresser à d'Aubigné pour le rassurer! Il connaissait l'intransigeance de ses principes et de sa foi, et le dur propos, à l'abordée, sur l'attentat de Châtel aurait dû lui suffire. Aussi peut-on se demander s'il n'a pas simplement cherché l'occasion d'une discussion *in extremis* — j'entends avant de le congédier, et non de prendre congé lui-même de ce monde. Car on ne voit pas, dans sa correspondance officielle, qu'il ait été si malade, à aucun moment, pendant le siège de la Fère. Il se donna au contraire beaucoup de mouvement, et fut souvent en route. De courtes et légères indispositions, c'est tout ce qu'on constate [2].

D'Aubigné doit donc exagérer la gravité — même passagère — de son état, et dramatiser la scène. Il est vraisemblable que cela se passa vers la fin du siège, au retour de l'expédition inutile que le Roi avait faite dans le Nord pour essayer de sauver Calais, où la ville avait été surprise par les Espagnols, mais où la citadelle résista quelques jours. La fatigue du voyage, la déception de l'échec, la tristesse de perdre de cette façon une place de cette importance, purent bien déterminer chez lui une dépression physique et morale. Ce n'est qu'une hypothèse, mais il est permis de la faire [3].

1. Cf. DE THOU, t. XII, p. 630.

2. Fin janvier 1596, il souffre d'un « dévoyement d'estomac » (Lettre du 31 janvier au Connétable, *Lettres-Missives*, t. IV, p. 492) — fin février, d'un coup d'éperon « bien grand et en un lieu bien fascheux » qui le retient un jour ou deux au lit (Lettres des 25 et 26 février au même, p. 505-506). Cela ne l'empêcha pas d'aller quelques jours après à Compiègne et à Noyon. Mais, au retour, il ne se trouve pas bien (Lettre du 4 mars au même, t. IV, p. 512). A aucun de ces moments, d'ailleurs, il ne se trouve au camp de Travecy, où se serait passé le fait raconté par d'Aubigné.

3. Henri IV quitta la Fère le 15 avril et y revint au début de mai. Il avait été averti le 13 de l'attaque de Calais, commencée le 9 (surprise des voies d'accès : le pont fortifié de Nieulet, du côté de la terre, la tour de Risban du côté de la mer, par l'avant-garde espagnole, que commandait l'ancien ligueur Rosne). Jusque-là il ne s'était douté de rien, ayant été complètement trompé, ou s'étant trompé sur les intentions de l'archiduc Ernest, nouveau gouverneur des Pays-Bas, dont il croyait les préparatifs destinés au secours de la Fère. Il eut beau faire diligence quand il fut désabusé, payer de sa personne, demander de l'aide à Élisabeth — qui la marchanda — il était trop tard. Cf. sur ce triste événement DE THOU, t. XII, p. 631-637, et *Lettres-Missives* du 16 au 25 avril, adressées au Connétable laissé devant la Fère, ou en Angleterre (t. IV, p. 570-576). La ville capitula le 17 avril, la citadelle fut emportée d'assaut le 24.

Est-ce en raison de ces circonstances, que d'Aubigné usa de quelques ménagements pour ne pas accabler le Roi, qui l'était déjà assez ? Il fut moins brutal qu'à son arrivée. Il essaya même d'esquiver la consultation ; mais le maître insistant, il s'exécuta en y mettant des formes, des formes théologiques.

Voici comment il rapporte la chose, moitié dans l'*Histoire*, moitié dans ses *Mémoires* :

« Le roi fut attaqué à Traveci d'une grande maladie, de laquelle pensant mourir, il fit appeler un de ses anciens serviteurs, qu'il estimoit capable de respondre à une difficile question. Après plusieurs larmes et longues prières à Dieu, il le conjura de lui dire sur son âme et comme devant Dieu si son changement de religion estoit péché contre le Sainct-Esprit. Le gentilhomme, s'excusant d'une matière si difficile sur la profession des armes, s'offrit à chercher un ministre et le mener vers le roi ; ce que ce prince ayant refusé, il lui mit devant les yeux les quatre degrez de ce péché, afin que lui-mesmes print droit sur toutes ses actions[1]. »

Ces quatre degrés ou « marques » étaient : « La première sur la cognoissance du mal en le commettant ; la seconde, d'avoir tendu une main à l'Esprit d'erreur, et de l'autre repoussé celuy de vérité. La troisiesme marque estoit d'estre sans pénitence, laquelle n'estoit véritable, si elle n'avoit la haine parfaite du péché, et de nous mesmes à cause luy ; la quatriesme et dernière estoit quand la confiance en la miséricorde de Dieu estoit perduë par ces moyens. Le Roy fut renvoyé à la cognoissance de soy-mesme pour vider la question. Après un discours de quatre heures, et s'estre mis six fois en prières, ce dialogue fut séparé, et le Roy se trouvant mieux le lendemain ne voulut plus l'ouïr parler[2]. »

Alors d'Aubigné n'avait plus de raison de s'attarder davantage, et il rentra en Poitou.

1. *Histoire universelle*, t. IX, p. 104.
2. *Mémoires*, édit. Réaume, t. I, p. 69-70.

§ 2. — **La Phase décisive de la Crise protestante et son dénouement. — Les Assemblées permanentes jusqu'à l'Édit de Nantes (1ᵉʳ avril 1596-11 juin 1598). — Le rôle de d'Aubigné.**

Nous avons vu qu'Henri IV avait reçu à la Fère, en mai 1596, en revenant de sa pénible expédition au secours de Calais, l'envoyé de l'*Assemblée protestante de Loudun*, M. Vulson. Cette Assemblée, *ouverte le 1ᵉʳ avril 1596*, était *la première d'une série, qui va durer sans interruption jusqu'à l'Édit de Nantes.* Cette permanence, c'est le signe de la gravité de la crise, et de la résolution bien arrêtée du Parti d'arracher enfin au nouveau Roi un statut solide.

D'Aubigné nous apprend dans ses *Mémoires* qu'il participa très activement aux travaux de toutes ces assemblées :

« Depuis, à la grande Assemblée qui dura près de deux ans, à Vandosme, à Saumur, à Loudun et à Chastelleraut, Aubigné toujours choisi entre les trois ou quatre, qui s'affrontoyent sur le tapis aux députés du Roy, fit plusieurs traicts qui envenimèrent l'esprit de son Maistre, et plus encor toute la Cour contre luy... Enfin toutes les aigreurs et duretez de l'Assemblée luy furent imputées, et pour cela fut appelé le *Bouc du Désert*, pource que tous deschargeoyent leur haine sur luy [1]. »

Il exagère, je crois, un peu l'importance de son rôle et de ses responsabilités. Son influence en tout cas, ne put s'exercer que d'une façon intermittente, car il ne fit à l'Assemblée que de courtes apparitions, quand elle se renforçait de grands personnages, de délégués de la Noblesse, dans les moments graves, pour augmenter son prestige et prendre avec eux de sérieuses décisions. Jamais il n'y siégea comme membre ordinaire, astreint à l'assuidité, ce qui eut été incompatible avec ses fonctions de gouverneur de place.

Est-ce pour cela qu'il n'a pas gardé un souvenir très précis de l'ordre dans lequel se succédèrent les quatre stations de l'Assemblée ? Mais il aurait pu facile-

---

1. Cf. *Mémoires*, t. I, éd. Réaume, p. 70-71. Dans le *Lévitique*, le *Bouc du Désert* est un bouc émissaire que l'on chassait dans le désert après l'avoir chargé des malédictions que l'on voulait détourner de dessus le peuple.

ment le vérifier. Il le brouille aussi bien, mais différemment, dans l'*Histoire* que dans les *Mémoires*[1]. C'est à Loudun qu'elle commença, pour se transporter ensuite à Vendôme, Saumur et Châtellerault.

La session de Loudun dura du 1er avril au 18 octobre 1596. Son effort principal, finalement couronné de succès, se porta sur la question de principe qu'avait déjà soulevée l'Assemblée précédente : celle de la concession d'un nouvel Edit à débattre, alors que le Roi voulait lier d'avance les Protestants dans les clauses de l'Édit de 1577. C'était l'objet du voyage de Vulson à la Fère de lui porter cette requête, mais Vulson était mal tombé « car ce fut au temps que la ville de Calais fut prinze et forcée par les Espagnols, que S. M. estoit encore incertaine de celle de la Fère au siège de laquelle elle avoit consommé sept à huict mois[2] ».

Bref, Henri IV jugea inopportune et déplacée cette insistance à faire prévaloir des intérêts de parti quand le pays était engagé dans une guerre ; il écouta non sans impatience le représentant de l'Assemblée, et il le renvoya les mains vides... du moins de satisfactions, car il lui remit quelque chose de positif, un ordre de dissolution, enveloppé de quelques bonnes paroles palliatives. Quand Vulson, à son retour à Loudun (24 mai), y annonça ce résultat de son voyage, ce fut un *tolle* de protestations. Et l'on décida de ne pas obéir, et de se préparer à la résistance.

« Au lieu de s'en retourner chacung chez soi, écrivait Duplessis-Mornay au Roi, ils délibèrent plus oultre de ce qu'ils ont à faire[3]. »

Et, en effet, les résolutions prises à ce moment résonnent encore, même dans la sécheresse du procès-verbal conservé, comme un branle-bas de combat[4]. On alerte les Églises et la noblesse. Partout les positions occupées par le Parti devront être maintenues ; si le culte réformé était supprimé quelque part, on userait ailleurs de représailles contre la messe. Tous les gouverneurs sont solidaires dans la défense de leurs places, si le gouvernement royal veut toucher à l'une d'elles. Et

---

1. Dans l'*Histoire*, t. IX, p. 276, il met Châtellerault à la fois en tête et en queue, si bien que l'Assemblée aurait inauguré et terminé ses séances au même endroit ; ce qui est faux.

2. Cf. Bibliothèque Mazarine. *Actes des Assemblées politiques des Réformés*, ms. in-folio 2607 (*Pièces annexes*) dans les Instructions qui seront remises le 19 juillet à MM. de Vic et Calignon envoyés par le Roi à l'Assemblée.

3. Lettre du 2 juin, *Mémoires de Mornay*, t. VI, p. 488 à 490.

4. Voir les *Actes de l'Assemblée* (le procès-verbal des séances) au ms. in-folio 2605, Bibliothèque Mazarine.

ce qui montre bien l'état d'esprit de l'Assemblée, c'est la question militaire qui paraît dominer alors dans ses préoccupations. Elle prend l'initiative de convoquer à Thouars pour le 15 juin, une réunion des principaux de la noblesse et des gouverneurs de places de toutes les provinces limitrophes, afin qu'ils avisent ensemble aux mesures à prendre. Après quoi, ils sont invités à venir soumettre leurs propositions à Loudun. Ils y arrivent le 18 et, parmi eux, je relève sur le compte rendu de la séance de ce jour le nom de *M. d'Aubigny, gouverneur de Maillezais*, à côté de ceux de Claude de La Trémoille, prince de Talmont, pair de France, Duplessis-Mornay, gouverneur de Saumur, de Parabère, lieutenant pour S. M. en Poitou, gouverneur de Niort, M. de Chouppes, gouverneur de Loudun et pays Lodunois, de La Tabarière, gouverneur de Fontenay, M. Constant, gouverneur de Marans, la plupart voisins et amis de d'Aubigné. On les met au courant des délibérations antérieures de l'Assemblée auxquelles ils donnent leur approbation, et eux-mêmes font part des moyens qu'ils ont envisagés pour assurer la garde des places : installation de nouvelles garnisons, renforcement des anciennes — celle de d'Aubigné par exemple est portée de cinquante à soixante hommes, ce qui n'est pas, avouons-le, un gros effectif. Enfin, si cela est utile, on devra généraliser le procédé exceptionnel et illégal de la saisie des deniers royaux pour subvenir à l'entretien de ces garnisons. Toutes ces suggestions furent adoptées par l'Assemblée, qui prononça, *le 20 juin, un vrai serment de conjuration*, où s'associèrent les voix des membres ordinaires et celles des assistants temporaires venus de Thouars.

Voici les passages essentiels de cet engagement solennel :

« Nous soubz signez promettons et jurons garder inviolablement l'union des Églises de France faicte à Mantes l'an mil cinq cens nonante trois, et en conséquence d'icelle nous soubmettre à toutes les résolutions des assemblées générales et notamment de celle tenue à Loudun en la présente année, observer les règlements y dressez pour l'ordre de nostre conservation, pour laquelle parvenir nous protestons de maintenir de tout nostre pouvoir ce que nous avons de liberté de conscience, ne permettant point que l'exercice de la religion soit osté d'aucun lieu où il est maintenant, ny la messe receue es lieux où elle n'est poinct de présent, de garder nos seuretez, ne relascher aucunes des places que nous tenons, saisir les deniers pour les payementz des garnisons selon qu'il a esté desjà ordonné par la dicte

assemblée, employer vies et biens pour la deffence de celuy ou ceux qui seront re-
cherchez pour cet effect, garder fidellement les places pour la manutention des
Églises, n'en transporter aucunes pour quelque cause que ce soit ez mains d'un autre
sans le consentement et expresse permission du conseil de la Province[1].... »

Bref, si l'on ne se mettait pas encore en état de rébellion ouverte, on se mettait du moins en état de défense... et d'une manière qui ressemblait fort à une pro-
vocation. Duplessis tirait la morale de cette manifestation dans une lettre à M. de
Bouillon : « Ces gens rebutés de la court sont résoleus de chercher les remèdes
en eulx-mesmes, sont auctorisés à ceste fin, et par des actions qui ne les y semblent
pas mener tout droict, se trouveront avoir passé le Rubicon fort gaiment[2]. »

En attendant, les gouverneurs rentrèrent chez eux pour veiller sur leurs places.
Si d'Aubigné revint à Loudun, ce ne fut qu'en passant. On ne trouve plus trace de
son nom dans le procès-verbal. Il est possible cependant qu'il ait assisté à la réception des *envoyés du Roi, MM. de Vic et de Calignon*, le 22 juillet, car la façon dont
il rapporte l'impression produite sur l'Assemblée par le discours de M. de Vic a
tout l'air de n'être pas un simple écho de séance qui lui serait parvenu, mais fait
l'effet d'un témoignage personnel : « Vic fit une harangue à l'ouverture, admirée
par les réformez pour une excellente construction de belles paroles, qui mesna-
geoyent les promesses et menaces, l'espoir et les craintes, d'un artifice nom-
pareil[3]. »

Notons ici le contraste piquant entre la satisfaction du connaisseur, qui a goûté
l'art du bon orateur, et le mécontentement du partisan, grondant à cette séduction,
et se refusant à s'y laisser prendre.

C'est Duplessis qui avait obtenu du Roi qu'il fit ce pas en avant vers ses
anciens coreligionnaires, et leur adressât quelque négociateur pour éviter la rupture[4]. M. de Calignon, protestant, avait été adjoint à M. de Vic pour rendre sa

---

1. Bibliothèque Mazarine, Ms. 2605, à la date du 20 juin 1596.
2. Lettre du 19 juin. Cf. *Mémoires de Mornay*, t. VI, p. 504.
3. *Histoire universelle*, t. IX, p. 276.
4. Cf. *Mémoires de Mornay*, lettre au Roi du 11 mai, t. VI, p. 473; du 2 juin, t. VI, p. 488 et sq. —
Réponses d'abord par le secrétaire d'État M. de Loménie, 9 juin, t. VI, p. 491, puis par le Roi en personne
le 13, p. 493. — Duplessis vient annoncer la nouvelle à Loudun le 19, et rend compte de son voyage à
M. de Loménie et au Roi le jour même, t. VI, p. 502 et sq.

mission plus agréable à l'Assemblée. En fait, c'est plutôt le contraire qui se produisit. Celle-ci, très ombrageuse, n'admettait guère que des Réformés se prêtassent à ce rôle d'intermédiaires et de conciliateurs entre la Cour et elle : leur devoir était d'épouser sa cause absolument. Aussi fit-elle des remontrances à M. de Calignon. La conversation s'engageait assez mal.

MM. de Vic et de Calignon n'avaient charge d'offrir que l'Édit de 1577 comme base de discussion[1], avec quelque élargissement sur certains points. Mais il eût fallu se battre sur chaque article. Les Réformés refusèrent de s'engager dans cette chicane. Nous savons qu'ils considéraient l'Édit de 1577 comme insuffisant en soi, et d'ailleurs annihilé en partie par les restrictions successives qu'y avaient apportées les traités particuliers conclus avec les Ligueurs. Mieux valait donc déblayer le terrain de cet obstacle, et aborder franchement la construction d'un nouvel Édit. C'est la thèse que deux de leurs délégués MM. de Rieux et de La Motte, allèrent soutenir en Cour quand Vic et Calignon y retournèrent[2].

Ils réussirent à convaincre le Roi et son Conseil, et il fut convenu, au moins tacitement, qu'on traiterait sur de nouvelles bases. N'est-ce pas le sens de la lettre du Roi à Duplessis, du 15 septembre 1596, l'informant du retour prochain de MM. de Vic et de Calignon à Loudun, « pour rendre capable la dicte assemblée de mes intentions, et faire qu'ils m'envoyent d'autres depputez *avec charge plus ample*, affin qu'il soit pris une bonne et ferme résolution en leurs affaires, et pourveu à leur contentement le plus tost qu'il sera possible[3] ».

Voilà un empressement de bon augure, semble-t-il. Même sans prendre à la lettre une formule diplomatique, on conviendra qu'elle ne révèle pas chez Henri IV le parti pris dont l'accuse d'Aubigné, de faire passer la paix des Huguenots après toutes les autres :

« Il protestoit en secret de sa bonne volonté, et, en parlant à ceux qu'on lui

---

1. Cf. leurs Instructions datées du 19 juillet dans les *Actes des Assemblées politiques des Réformés*. Bibliothèque Mazarine, ms. 2607, p. 77 à 97.

2. Cf. DUPLESSIS-MORNAY, t. VII, p. 288 dans le *Brief Discours par lequel chacuny peut estre éclairci des justes procédures de ceulx de la religion réformée*. Ce mémoire justificatif fut écrit après le rejet des nouvelles propositions de Schomberg et de de Thou à l'Assemblée de Saumur (fin mars 1597). Il reprend l'histoire de la Réforme depuis ses origines (t. VII, p. 257 à 298).

3. Cf. *Lettres-Missives*, t. IV, p. 643.

envoyait, usoit du terme de *Nos Églises*, Et, comme telles négociations commencèrent dès un an après son changement, tant que son affermissement fut douteux, il mettoit ses craintes pour excuses. Mais, estant affermi et perdant peu à peu le goust des réformez, il coucha de sa force pour menaces, et commença pourtant à traiter, asseurant les catholiques que la paix des réformez seroit la dernière de toutes [1]. »

Ce n'est pas là une simple insinuation qui lui échappe en passant. D'Aubigné affirme et répète la chose à plusieurs reprises [2].

Il reconnaît que le Roi « désiroit *en effet* la pacification » et qu'il fut heureux d'être aidé par Mayenne, après sa réconciliation, pour la faire agréer des Catholiques. Notons cet hommage rendu au chef de la Ligue [3]. Mais il s'était engagé à ne traiter avec les Huguenots qu'en dernier lieu, et il fut fidèle à ce serment. — C'est là une étrange histoire, qui nous laisse sceptiques. Sans doute c'est un fait que l'Édit de Nantes ne fut signé qu'après le rétablissement complet de la paix intérieure, et à la veille du traité de Vervins (donc *avant*) conclu avec l'Espagne le 2 mai 1598; mais il y a peut-être à ce retard une explication plus naturelle que celle imaginée par d'Aubigné. Lui-même en rapporte une autre, qui était la version officielle et à laquelle, bien entendu, il n'ajoute pas foi; elle est pourtant vraisemblable : « Ce qui fut expliqué bien plus magnifiquement; car on dit aux députez que le roi, premier que signer, avoit voulu voir tout paisible, pour faire paroistre à un chascun qu'il n'y avoit eu nulle force ni contrainte en sa volonté, et que ce qu'il en avoit accordé n'estoit qu'avec la raison, estant roi paisible et absolu [4]... »

Les Protestants eux-mêmes avaient intérêt à ce que leurs adversaires ne pus-

---

1. *Histoire universelle*, t. IX, p. 275.

2. Ainsi, t. IX, p. 280 : « et la paix des réformez estant condamnée de marcher après la dernière des liguez [celle de Mercœur]... »; — p. 288 : « Et lors on travailla à leur paix, condamnée à estre la dernière »; — p. 292: « Et n'y voulut toucher [signer l'Edit] qu'après avoir touché à la main du duc de Mercœur, au pont de Sez, suivant le serment qu'il avoit fait auparavant » ; même page, plus bas : « Et fut, selon la promesse, la paix des réformés postposée à tous le traitez honteux... » (avec les chefs ligueurs).

3. « Le chef de la Ligue, ayant fait la sienne [sa paix, édit de Follembray 24 janvier 1596] fut un des plus équitables conseillers pour l'avancement des traittez ; ce fut lui qui, dans le conseil, s'opposa à ceux qui traittoyent indignement la réputation des réformez, qui blasma le refus de la paix à ceux ausquels il attribuoit la ruine de son parti. Le roi ne fut pas marri d'avoir un autheur de telles qualitez pour la pacification *qu'en effect* il désiroit. » *Histoire universelle*, t. IX, p. 275.

4. *Histoire universelle*, t. IX, p. 292.

sent les accuser d'avoir profité des difficultés du moment pour imposer des conditions inacceptables, qui dès lors auraient toujours été contestées. Le précédent de l'Édit de Beaulieu (1576) toujours regretté par eux, si favorable — trop favorable pour être durable — et dicté par la force à Henri III, aurait dû les avertir et les faire réfléchir. En fait, ils n'useront que trop, pour obtenir l'Édit de Nantes à leur convenance, de la pression que leur permettront les circonstances et la guerre étrangère. Et ils auraient pu l'avoir plus tôt, s'ils avaient un peu modéré leurs exigences.

Les deux grosses pierres d'achoppement de la négociation étaient la question des *juridictions spéciales* qui devaient les mettre à l'abri des partialités de la justice ordinaire, et celle des *places de sûreté*. Ils réclamaient dans tous les Parlements des *chambres mi-parties*, telles que les avait accordées l'Édit de Beaulieu [1], c'est-à-dire des chambres où les conseillers protestants seraient en même nombre que les catholiques, institution qui leur aurait procuré, avec des garanties de bonne justice, des charges à occuper. Le gouvernement royal y opposait — sauf peut-être pour le Midi — le moyen terme des *chambres de l'Édit*, c'est-à-dire de l'Édit de 1577, où pourraient entrer des conseillers protestants, s'il y en avait en exercice dans les Parlements intéressés, mais sans nécessité formelle, ni proportion de nombre déterminé [2].

Quant aux places de sûreté, ils prétendaient conserver toutes celles qu'ils détenaient, « plus de deux cents » avoue d'Aubigné, et « près de quatre mille hommes ès garnisons [3] », alors que l'Édit de 1577 (et même le traité de Beaulieu de 1576 qui était encore plus avantageux) ne leur en concédait que huit. Il avait été convenu lors de la trève de Plessis-lès-Tours, que, dans le délai d'un an, elles devraient être réduites au chiffre d'une par bailliage ou sénéchaussée. Cela n'avait pas été effectué. Aussi les receveurs royaux mettaient-ils une mauvaise volonté, inspirée

1. Accordées seulement et non instituées. Car la guerre avait repris avant que l'Édit ait pu être exécuté.

2. Cf. les Instructions déjà mentionnées du 19 juillet à MM. de Vic et Calignon. Bib. Mazarine, ms. 2607, p. 77 et 79. Le Roi offrait des *chambres de l'Édit* aux Parlements de Rouen et de Dijon, comme il en existait une à Paris, une chambre *spéciale* pour la Guyenne à Bordeaux formée de conseillers parisiens, car le Parlement local était justement suspect aux Réformés ; enfin une chambre *mi-partie* à Grenoble, comme il en existait déjà une à Castres pour le Languedoc.

3. *Histoire universelle*, t. IX, p. 283.

d'en haut, à acquitter les assignations délivrées pour l'entretien des garnisons. Pas d'argent, pas de Suisse, dit le proverbe. C'était le moyen, pensait-on, d'obliger les Protestants à les diminuer. Mais eux, au lieu de s'y résigner, avaient eu recours, comme nous l'avons vu, à la réquisition des deniers royaux dans les caisses des officiers des finances. L'Assemblée de Saumur de 1595 avait déjà pratiqué ce genre d'opération. Celle de Loudun en généralisa l'emploi. Nécessité n'a point de loi, dit-on, et je veux bien que l'excuse soit valable ici. Mais tout de même on serait plus disposé à l'admettre, si le Parti s'était montré moins intransigeant dans cette question des places, et avait consenti, comme le Roi le demandait, à rendre celles qui n'avaient pas d'intérêt militaire, et qui ne servaient qu'à procurer des postes de gouverneurs à des particuliers, en grevant inutilement ses finances et en éparpillant ses soldats [1].

C'est seulement le 11 octobre 1596 que MM. de Vic et de Calignon revinrent à Loudun, munis de nouvelles instructions du Roi [2]. Elles avaient surtout pour objet d'inviter l'Assemblée à lui envoyer des délégués à Rouen, où il allait tenir une réunion de Notables, et où il pourrait en même temps discuter avec les députés protestants les bases d'un nouvel Édit. L'Assemblée désigna son président La Noue, et cinq autres : MM. de Chouppes, baron de Fons, La Motte, Texier et Brunier, en spécifiant qu'ils ne conclueraient rien de définitif sans lui en référer. Puis, le 18 octobre, elle clôtura sa session en s'ajournant pour le 10 novembre, à Vendôme, conformément au désir du Roi, qui préférait, pour la facilité des négociations, la voir se rapprocher.

La session de Vendôme s'ouvrit un peu en retard sur les prévisions, le *23 novembre 1596*. Les hommes d'épée, qui ne pouvaient s'absenter longtemps de leurs places, n'y arrivèrent qu'en janvier : La Trémoille, Duplessis et Constant le 25, d'*Aubigné* le 27. C'était le moment où les débats allaient reprendre de l'intérêt et de l'importance, par le retour de la délégation de Rouen et des commissaires royaux. La députation protestante revint la première, et fit son rapport à l'Assemblée le 16 janvier. Elle ne cacha pas qu'elle avait reçu du Roi un accueil assez frais, le trouvant prévenu contre les Réformés par leurs ennemis, et persuadé

---

1. Cf. Les Instructions du 19 juillet à Vic et à Calignon, *loc. cit.*
2. Elles sont à la suite des précédentes, au Vol. ms. 2607 de la Bib. Mazarine, p. 99-107.

« qu'il y avait en leur poursuite plus de faction que de religion [1] ». Aussi ne rapportait-elle pas grand profit de son voyage. L'Assemblée partagea sans doute cette opinion après l'examen des réponses faites à son Cahier de requêtes, car une fois les commissaires arrivés elle écouta assez impatiemment M. de Vic (le lundi 3 février) se féliciter et la féliciter de la bienveillance qu'avait montrée le Roi, et M. Vulson répliqua assez brutalement en son nom (le 4 février) : « Nous ne pouvons nous contenter desdictes réponses ny sur le poinct de la Religion, ny de la justice, ny des seuretez... les oppressions qui nous sont ordinairement faictes nous contraindront de cercher quelque soulagement en nous-mesmes, sy Messieurs du Conseil n'y pourvoient [2]. »

Cela sent la menace et l'ultimatum. MM. de Vic et de Calignon s'en plaignirent (5 février) et déclarèrent que s'obstiner à faire des demandes impossibles — et, qui plus est, injustes — c'était empêcher tout accord. Ce langage déplut à l'Assemblée, qui se jugea offensée. C'était elle pourtant qui avait commencé à hausser le ton de la discussion jusqu'à ce diapason. Non sans solennité, elle chargea trois de ses membres — comme dans les affaires d'honneur — d'aller trouver les commissaires et d'avoir avec eux une explication. C'étaient les sieurs d'*Aubigné*, de Rieux et de La Motte. Il faut croire que d'Aubigné, contrairement à son caractère, ne se montra pas en cette circonstance trop pointilleux, car tout finit par s'arranger [3]. Il fut convenu (6 février) qu'on remettrait aux députés du Roi un *Mémoire* précisant les points sur lesquels les réponses paraissaient insuffisantes, et indiquant en même temps les dernières concessions que les Réformés pouvaient faire. La rédaction de ce *Mémoire* fut confiée à MM. Duplessis et de La Motte. Duplessis écrira plus tard qu'on y avait fait preuve du plus grand esprit de conciliation :

« Tellement que, pour l'exercice de la relligion, on s'accommodoit par restrictions à tout ce qui se pouvoit à la paix publicque ; et moderoit-on l'entretenement du ministère [des pasteurs] à une somme qui n'eust pas fourni au quart. Et pour la justice, au lieu d'une chambre mi-partie en chacung parlement, on se contentoit

1. Extrait d'un mémoire adressé par l'Assemblée de Saumur (la suivante) aux provinces, en mars 1597, et où les choses sont reprises de loin. Cf. Bibl. Mazarine, ms. 2607, p. 189 et sq.
2. *Actes de l'Assemblée*, Bibl. Mazarine, ms. 2605, à la date du 4 fév. 1597.
3. Sur ces incidents voir *Actes de l'Assemblée*, Bib. Mazarine, Ms. 2605 aux dates indiquées.

d'une seule pour quattre ; et, pour les garnisons, chacung pour sa province avoit regardé en conscience et en honneur ce qui estoit purement nécessaire sans y espargner personne [1]. »

Évidemment c'était un progrès de ne réclamer qu'une chambre mi-partie pour quatre Parlements — les quatre Parlements du Nord : Paris, Rouen, Rennes, Dijon. Mais c'était à Poitiers, qui faisait partie du ressort de Paris, qu'on voulait installer cette juridiction spéciale, et il était à craindre qu'elle ne fît bientôt l'office d'un Parlement au petit pied pour l'Ouest protestant, et qu'elle ne s'affranchît peu à peu de toute attache avec le Parlement de Paris. Ce serait autant de perdu pour le prestige et les revenus de celui-ci, car le Poitou était sa meilleure province en matière de procès. Il n'y avait donc pas à penser qu'il consentirait à cette *deminutio capitis* et enregistrerait un Édit la préparant. Du reste, les Instructions avec lesquelles MM. de Vic et de Calignon étaient revenus de Rouen [2] nous montrent que le Roi n'était pas prêt à accepter cette solution de la question judiciaire. Il ne voulait absolument pas de chambre mi-partie dans le Nord, où l'opinion publique y était hostile, et y aurait vu le symbole et comme la consécration de la division nationale ; il n'en offrait de nouvelles que dans le Midi, en Guyenne et en Dauphiné, s'ajoutant à celle qui existait déjà dans le Languedoc.

Pour les garnisons, afin de contraindre les Réformés à opérer eux-mêmes des réductions, il proposait de leur allouer une somme forfaitaire de 150.000 écus par an, qui eût compris en même temps le fonds d'entretien des pasteurs.

Les observations de l'Assemblée sur ces diverses propositions, consignées dans le *Mémoire* qu'avait rédigé Duplessis, partirent pour Paris le 7 février, accompagnées d'une lettre des deux commissaires royaux [3]. Ils annonçaient qu'en attendant les décisions de S. M. et pendant que les pourparlers chômeraient, ils iraient conférer à Tours avec *MM. le président de Thou* [4] et *Schomberg* — qui s'y trouvaient pour le traité de Bretagne (avec Mercœur, le chef ligueur) ; et ils expri-

---

1. *Mémoires de Duplessis-Mornay*, t. VII, p. 292-293 dans le *Brief Discours* apologétique de la Réforme française, publié en mars 1597, et que j'ai déjà signalé.
2. Elles sont datées de Rouen 18 janvier 1597 et se trouvent au t. ms. 2607 de la Bibl. Mazarine, p. 111 et sq.
3. Cf. *Actes de l'Assemblée* dans le vol. ms. 2607 (celui des pièces annexes), p. 125 et sq. Bibl. Mazarine.
4. L'Historien.

maient l'avis que les deux négociations étaient liées en fait et dépendaient l'une de l'autre, Ligueurs et Protestants cherchant également à profiter des embarras du Roi, et réglant, sans se concerter, leur intransigeance sur celle du partenaire voisin ; si bien qu'il y aurait intérêt pour les deux députations royales à agir de concert et à se fondre en une seule. Et, avec une abnégation méritoire, ils offraient de s'effacer devant MM. de Thou et de Schomberg et de leur servir d'assistants.

Aussitôt après leur visite à Tours, Schomberg fit part à Henri IV de ses impressions (13 février) et lui suggéra divers moyens et compromis pour parvenir à une entente avec les Huguenots, qui lui paraissait indispensable : « Il est très grand besoin de finir bientost ceste assemblée, et tâcher d'envoyer ces esprits malades chez eux avec quelque contentement. »

Il était convaincu qu'avec quelque habileté il était possible de venir à bout des difficultés qui restaient à résoudre, car si la noblesse avait surtout à cœur le maintien des garnisons, la bourgeoisie protestante recherchait avant tout l'accès aux offices publics, et son hostilité contre les Parlements venait moins de la façon dont ils rendaient la justice — ou l'injustice — aux Religionnaires, que de leur refus de les admettre aux charges dont ils étaient régulièrement pourvus. Il y avait donc là des intérêts en éveil qu'on pouvait adroitement ménager [1].

Le procès-verbal de l'Assemblée de Vendôme est clos le 7 février. On devait se transporter le 17 à Saumur, pour les commodités de MM. de Thou et de Schomberg. *On voit donc que d'Aubigné a fait un très court séjour à cette Assemblée*, il est vrai au moment décisif des résolutions importantes.

Il ne parut même pas à Saumur où la session fut d'ailleurs brève (5 mars 2 mai 1597) et où les négociations ne firent aucun progrès, à cause d'un événement malheureux qui absorba complètement l'esprit du Roi pendant quelque temps, et lui rendit plus importunes les réclamations d'une portion de ses sujets au moment où il avait à faire face à un péril extérieur. La ville d'*Amiens* fut en effet *surprise par les Espagnols*, le 11 mars 1597, à 8 heures du matin, avec tous

---

1. La lettre de Schomberg du 13 février, accompagnée d'un Mémoire spécial sur les chambres de Justice, est à la suite de la lettre de MM. de Vic et de Calignon du 7 février, au vol. ms. 2607 des *Pièces annexes* (Bibl. Mazarine), p. 133 à 152. Il proposait, au lieu d'une chambre mi-partie pour les Parlements du Nord, comme le demandaient les Réformés, la création de six offices de conseillers protestants au Grand Conseil, ou bien, au besoin, au sein même du Parlement de Paris.

les approvisionnements qu'on y avait accumulés pour la campagne de printemps. C'était la ligne de la Somme aux mains de l'ennemi, la route de Paris ouverte, un vrai désastre. Cette mauvaise nouvelle éclata à Paris comme un coup de tonnerre, la veille de la mi-carême (12 mars), au milieu des fêtes données pour le baptême d'un fils du connétable de Montmorency. La consternation fut générale. « Ce coup est du ciel, dit le Roi. Ces pauvres gens, pour avoir refusé une petite garnizon que je leur ai voulu bailler, se sont perdus. » La population avait, en effet, prétendu se garder elle-même. Elle s'était bien gardée ! Et maintenant il fallait réparer les conséquences de sa présomption et de sa négligence. « C'est assez fait le Roy de France ; il est temps de faire le Roy de Navarre ! [1] » Et le jour même il monta à cheval avec les siens et se porta vers la Somme, en assurant sur son chemin les places qui couvraient la capitale : Pontoise, Beauvais, Montdidier. Mais, faute d'être assisté suffisamment par le pays divisé contre lui-même, il mettra six mois à reprendre Amiens. Les Protestants en particulier pouvaient faire leur *mea culpa*. D'Aubigné a essayé de les justifier dans un éloquent plaidoyer : nous verrons la valeur de ses arguments.

A son départ (12 mars), Henri IV avait dépêché à Saumur un courrier exprès, M. de Montglas [2], pour informer l'Assemblée de l'accident survenu à Amiens, et lui demander, dans ces graves circonstances, de faire un sacrifice à la concorde nationale, et de se contenter de ce qu'il avait cru pouvoir accorder sans trop heurter l'opinion catholique. Ses dernières conditions étaient formulées dans les Instructions adressées à ses commissaires, le 4 mars — avant la prise d'Amiens. Il s'en tenait en somme à ses propositions antérieures, malgré le peu de succès qu'elles avaient eu à Vendôme, et il ne concédait quelque chose de plus que pour les chambres de justice ; car il envisageait l'établissement à Tours d'une chambre spéciale du Parlement de Paris, réservée aux Protestants du Poitou et de Saintonge [3].

Avant même le retour de son courrier, qui devait lui rapporter la réponse de l'Assemblée, mais sur l'avis qu'il avait reçu des résistances rencontrées par ses

---

1. Cf. L'Estoile, t. VII, p. 83-84.
2. La lettre dont il était porteur est au vol. ms. 2607 (Mazarine), p. 237-241.
3. Ces Instructions se trouvent au même vol. ms. 2607, p. 155 et sq..

commissaires, *Henri IV écrivait* à l'un d'eux, M. de Schomberg, *le 31 mars, une lettre émouvante*, destinée évidemment à être communiquée aux Protestants dans ses passages essentiels :

« J'ay l'esprit si occupé de la guerre, disait-il, et d'ennuy, voyant devant moy ma perte, que je n'ay entendement pour penser ny vaquer à aultre chose. Je vous renvoyeray donc à la cognoissance de ceux de mon dict conseil, et suffira vous dire que si mes bons subjects et serviteurs ne s'unissent pour me venir assister et servir en ceste occasion, je prévoy que je succomberay soubs le faict d'icelle. Car je ne me porte pas bien de ma personne, et suis assailly de tant de nécessitez et de faix que je ne sçay quasy plus à quel sainct me vouer, pour sortir de ce malheureux passage ; et si ceux de la dicte Religion continuent à demander chose que je ne leur puisse accorder sans diviser mes subjects plus que devant, ils augmenteront tellement ma peine et ma douleur, que je m'asseure qu'à la fin ils y auront regret. Car ils m'accableront d'ennuy, et m'osteront tout moyen de remédier au mal qui nous consomme. J'en ay voulu escrire mon advis à mon cousin le s^r de la Trimouille, et aux s^{rs} du Plessis, de la Noue et Parabère, par les lettres que je vous envoye pour leur faire tenir [1]. »

On veut croire que si ces cris de détresse étaient parvenus assez tôt à Saumur, ils auraient touché l'Assemblée, et auraient pu modifier ses dispositions. Mais déjà elle avait coupé les ponts avec les commissaires royaux en déclarant (29 mars) que leurs offres étaient « totalement esloignées des choses absolument nécessaires aux Églises... qu'il n'y a aucune apparence ny moien de s'en contenter [2] », et d'autre part elle avait remis à M. de Montglas (25 mars) sa réponse sur le fait d'Amiens [3]. Cette réponse, il faut l'avouer, a quelque chose de choquant par le contraste entre les beaux sentiments affichés — participation au malheur public, félicitations au Roi pour sa constance, vœux pour le succès de ses armes — et la conclusion où tout cela aboutit, qui est un refus catégorique de rien retrancher des demandes faites. La raison donnée de ce refus, c'est que, pour faire service

---

1. Cf. *Lettres-Missives*, t. IV, p. 726.

2. Cf. *Procès-verbal de l'Assemblée*, dans le vol. 2605 (Mazarine), à la date du 29 mars.

3. Elle est au volume ms. 2607 (des *Pièces annexes*) à la suite de la lettre du Roi du 12 mars à laquelle elle réplique p. 241-255.

au Roi, il faut d'abord que les Protestants subsistent ; or ils ne peuvent subsister s'ils n'obtiennent pas toutes garanties qu'ils réclament. C'est facile à dire, mais la France aussi avait besoin de subsister ; et elle avait même quelque droit de passer avant eux. Au fond il semble bien que, tout en déplorant la perte d'Amiens, ils aient eu — certains d'entre eux au moins — l'arrière-pensée de tirer parti de la situation et, en marchandant leur concours, de se le faire payer par l'octroi de toutes leurs requêtes. On ne peut s'expliquer autrement l'attitude de l'Assemblée pendant toute la durée du siège d'Amiens. Nous verrons que cette attitude ne fut pas approuvée unanimement au sein même du Parti.

Pour éviter la rupture après le rejet de ses propositions par l'Assemblée, la délégation royale avait dépêché M. de Vic à Paris, où il devait conférer avec le Roi et son Conseil. L'Assemblée, de son côté, renvoya dans leurs provinces quelques-uns de ses membres pour les mettre au courant de l'état des négociations, et les prier de lui prêter assistance dans la dernière phase, en la renforçant des principaux seigneurs de la Religion, de représentants des corps de ville et « autres signalez » personnages. Elle les convoquait pour le 5 juin suivant *à Châtellerault* (Délibération du 1er avril) [1]. *D'Aubigné y sera député par le Poitou, et c'est la période où il prendra la part la plus active aux discussions.*

L'Assemblée de Saumur se prolongea jusqu'au 2 mai, attendant le retour de M. de Vic. Le 20 avril elle vit arriver avant lui le sieur de Montglas, qui lui apportait une nouvelle lettre royale, réplique à sa réponse du 25 mars. Cette réplique [2] est un chef-d'œuvre d'habileté, presque d'ironie. Impossible de donner, avec plus de ménagements et de franchise tout à la fois, une leçon de patriotisme à des gens imbus d'intérêts particuliers, et de faire mieux ressortir la contradiction entre les assurances de dévouement qu'ils prodiguent et leurs exigences inacceptables dans un temps où il faudrait d'abord venir au secours de l'État.

Après cela il n'y avait guère à se faire illusion sur ce que rapporterait M. de Vic. Il revint le 30 avril, et l'on jugea ses concessions dérisoires. Il offrait cependant pour les garnisons et l'entretien des pasteurs une somme sensiblement supérieure à celle dont il avait été question jusque-là : 200.000 écus en tout, au lieu de

1. Cf. *Procès-verbal de l'Assemblée* à cette date, ms. 2605 (Mazarine).
2. Elle se trouve au vol. ms. 2607, p. 256-263.

150.000 (soit 160.000 pour les garnisons et 40.000 pour les pasteurs). De plus, il proposait d'une façon ferme une chambre de l'Édit à Tours, pour les ressorts des Parlements de Paris et de Rouen, comme le Roi le suggérait dans ses Instructions du 4 mars précédent. Mais tout cela parut insuffisant. Le siège de l'Assemblée était fait. Elle se retrancha derrière le mandat qu'elle avait des provinces, et qui ne lui permettait pas de diminuer ses demandes ; elle argua de la nécessité de les consulter ; et, ayant pourvu à l'entretien des garnisons par les moyens extraordinaires et illégaux, qui étaient devenus une pratique réguliére, elle résolut de suspendre les pourparlers et de clore sa session en informant le Roi des motifs de sa décision. La lettre datée du 1er mai — c'est Duplessis qui l'avait rédigée [1] — rejetait toute la responsabilité de cette rupture provisoire sur l'intransigeance du Conseil du Roi :

« Estimons néantmoins, disait-on, estre de nostre fidélité et sincérité de dire à vostre majesté que nous ne pouvons imaginer ni en quoi peult consister ceste si grande difficulté qui se trouve en nos demandes, ni en quoi justement nous puissions apporter plus de facilité à son contentement ; quand vostre majesté n'a poinct à contenter en nous aulcunes prétentions particulières, d'avarice ni d'ambition, ruyneuses à vostre estat et périlleuses à vostre personne ; mais ung zèle de relligion qui ne peult procéder que de bonne conscience... ung desir aussi de bonne égale justice. »

La déception, l'irritation de voir échouer l'intervention de MM. de Schomberg et de Thou, en qui les Réformés avaient mis tant d'espoir, se traduisent ici diplomatiquement, avec atténuation, et sous la forme d'un étonnement attristé. Mais d'Aubigné, qui n'est pas tenu aux mêmes ménagements quand il écrit son *Histoire*, ne nous cache pas que cet échec et l'interruption des pourparlers provoquèrent dans ce milieu éminemment excitable d'une assemblée huguenote, surtout aussi longue et où les passions avaient eu le temps de fermenter, de véritables fureurs, et firent

---

1. Elle se trouve au vol. ms. 2607, p. 263-268, et figure dans les *Mémoires de Duplessis-Mornay*, t. VII, p. 189-191. C'est le moment aussi où il fut chargé de « dresser un *Brief Discours* de ce qui s'est passé en la poursuitte de noz affaires générales pour le faire imprimer ». J'ai déjà plusieurs fois mentionné ce *Brief Discours* qui expose « les justes procédures de ceulx de la Relligion Réformée » depuis l'origine de la Réforme. Pièce capitale et du plus haut intérêt, qui se trouve, comme j'ai dit, au t. VII de ses *Mémoires*, p. 257-298.

même naître dans quelques cervelles particulièrement échauffées des projets fous. D'Aubigné d'ailleurs, qui n'est pas coutumier de tant de sagesse, n'hésite pas à les condamner. Ce qui prouve qu'ils n'étaient que le fait d'une minorité. Mais c'était un symptôme.

« Et puis, raconte-t-il, quand Amiems fust pris, il n'y eut pas faute de gens, irritez du refus de la paix [c'est-à-dire de l'Édit tel qu'ils le réclamaient], qui conseillèrent de trier les armes des réformez d'avec ceux qui la refusoyent. Quelques-uns furent d'avis de se loger à Tours et d'y faire avancer trois mille cinq cens hommes de pied qui s'avoüoyent à la Trimouille. Ceux-là alléguoyent qu'une requeste envoyée d'une si bonne ville trouveroit que le daté est efficacieux. Mais le plus de voix et les plus saines réduisirent les autres à la patience, et falut aller poursuivre et achever le traité à Chastelleraut, où le duc de Bouillon se rendit, demeurans les gens de pied que nous avons spécifiez dans le Poictou [1]. »

C'est-à-dire que, s'ils ne tentèrent pas de se saisir de Tours, la première capitale d'Henri IV à son avènement, ce qui eût été le poignarder dans le dos pendant qu'il se battait contre l'Espagnol, ils n'allèrent pas non plus l'assister à Amiens. Il y avait des Réformés qui souffraient dans leur cœur de Français de cette situation, et qui auraient voulu presser les négociations et l'entente, pour aller secourir le Roi et mettre leur conscience en repos. C'est le point de vue de Duplessis, au moment où l'Assemblée rouvre ses séances dans sa *dernière station*, *à Châtellerault*, le 16 juin 1597.

De nouveau Henri IV avait recours à lui, en termes touchants, pour amener ses coreligionnaires à un esprit de conciliation :

« Monsr du Plessis, J'estime qu'en nulle autre saison ny en meilleure occasion, vous ne me sçauries faire paroistre ce que je me suis toujours promis de vous, qu'en celle qui se présente maintenant en l'assemblée de ceux de la Religion. Encor que vous n'ignorés point en quels termes sont mes affaires, sy est-ce que j'ay commandé à mr de Schomberg, que vous cognoissés, de les vous représenter au vray, et vous dire ce que je désire de vous... Souvenés vous que c'est à ce coup qu'il aut mettre une fin à tout cela, affin que je vive en repos, et que je n'aye

---

1. *Histoire universelle*, t. IX, p. 279-280.

plus à songer que aux anciens ennemys de cest estat[1]. » (Lettre du 23 juin.)

Duplessis arriva à l'Assemblée le 27 juin, en même temps que le maréchal de Bouillon. D'Aubigné devait y être déjà, car les gouverneurs de l'Ouest, et parmi eux ses voisins, Parabère, Constant, etc., s'y présentèrent sous la conduite de La Trémoille, le 22 juin. On se rappelle que l'Assemblée avait invité les provinces à déléguer à sa dernière session, qu'elle prévoyait devoir être la plus importante, des députés extraordinaires de la noblesse et des villes.

C'est le gouverneur de Marans, Constant, qui fut envoyé au Roi, le 19 juillet[2], pour lui faire part des appréhensions que causaient aux Protestants les nouvelles concernant une paix prochaine avec l'Espagne. C'était un peu trop découvrir le bout de l'oreille, et montrer qu'on spéculait sur l'état de guerre pour obtenir des conditions meilleures.

Le calcul sembla se vérifier lorsque *M. de Schomberg, le premier commissaire, vint faire des propositions nouvelles.* L'Assemblée avait nommé (24 juillet), pour entrer en conférence avec lui, les ducs de Bouillon et de La Trémoille, MM. de Parabère, de La Noue et d'*Aubigné*. On voit que notre personnage était là en bonne compagnie, et cela prouve l'estime dans laquelle il était tenu dans le Parti et le rang honorable qu'il y occupait. Les conditions offertes par Schomberg étaient libérales ; elles dépassaient même sur certains points les instructions du Roi[3]. Des facilités étaient accordées pour l'exercice du culte aux villes qui ne devaient pas avoir de temple local. Il n'était plus question d'une chambre de justice spéciale établie à Tours, mais des conseillers protestants seraient nommés à la chambre de l'Édit du Parlement de Paris : on ne discutait plus que sur la proportion. Le fonds d'entretien des pasteurs était augmenté, celui des garnisons aussi (porté à 180.000), et Schomberg s'avançait jusqu'à promettre — c'est là qu'il parait être allé plus loin qu'il n'y était autorisé — que le Parti pourrait conserver toutes ses places pendant huit ans, et proposer au Roi le choix des gouverneurs en cas de vacances. S'il faisait

---

1. Cf. *Lettres-Missives*, t. IV, p. 790. Rapportée aussi dans les *Mémoires de Duplessis-Mornay*, t. VII. p. 219.

2. Il emportait une lettre datée du 17 qui se trouve avec ses Instructions au tome ms. 2607, p. 274-282. La réponse du Roi est à la suite p. 285-289, datée du camp d'Amiens, 4 août et rapportée par Constant à Châtellerault le 12.

3. Ces Instructions datées du 19 juillet sont au vol. ms. 2607, p. 295-301.

tant de concessions, c'est qu'il était convaincu de la nécessité de mettre fin au plus tôt, pour éviter le pire, à cette scission des Protestants en pleine guerre étrangère. C'est ce qui ressort nettement de sa lettre pressante — et assez alarmiste — du 28 juillet, qu'il expédiait à Amiens par M. de Montmartin :

« Et d'autant que le dict sieur de Montmartin a assisté à toutes les communications et conférences que j'ay eues avec les depputez de l'Assemblée, et en particulier avec MM. de Bouillon, de la Trimouille, de Clermont, de Mongommery, Duplessis, de Parabère, de la Noue, d'*Aubigny*, de la Mothe, et que sans doute il représentera le tout fort fidellement à V. M., je ne veux l'importuner par un long discours de redite. J'adjousteray seullement ce mot, Sire, vous suppliant très humblement de m'en excuser, qu'il faut vuider cest affaire, rompre l'Assemblée, tirer MM. de Bouillon et de la Trimouille près de vous promptement et à quelque prix que ce puisse estre, car la moindre longueur ou accroche fera un mouvement en vostre Estat, que tous vos bons serviteurs, qui aiment vostre personne et vostre service, en auront regret toute leur vie [1]... »

Mais malgré ces avertissements et ces vives instances, le Roi ne confirma pas toutes les concessions de Schomberg, et la discussion reprit à l'arrivée des autres commissaires, de Thou, de Vic et Calignon (15 août). Ce ne fut pas la même délégation qui entra en rapports avec eux : on désigna cette fois Duplessis, de La Caze, de Robar et Desfontaines. Mais la première, dont faisait partie d'Aubigné, fut encore appelée à intervenir à cause de contestations qui s'élevèrent sur la teneur même des articles convenus avec Schomberg. A l'Assemblée, les esprits étaient assez montés, en voyant remis en question des points qu'on croyait fixés. C'est à ce moment que se place *un incident relaté par d'Aubigné dans ses Mémoires*, et qui le mit aux prises avec un futur renégat, le président de la chambre mi-partie du Languedoc (à Castres) Mr de Fresne-Canaye, lequel se rendant à Paris s'arrêta quelques jours à Châtellerault. D'après le procès-verbal de l'Assemblée il y prêta serment le 25 août, et repartit le 9 septembre [2]. C'est donc dans l'intervalle qu'il eut cette altercation avec d'Aubigné ; et même, comme il s'agissait des places de

---

1. Cf. le texte complet de la lettre, ms. 2607, p. 219-223.
2. Bibliothèque Mazarine, ms 2605, *Actes de l'Assemblée.*

sûreté, ce dut être avant le 30 août, jour où le débat fut clos sur ce sujet [1] par la constatation du désaccord subsistant avec les commissaires royaux. Voici comment d'Aubigné raconte la dispute :

« Le Président Canaye, autrement le Fresne, en passant pour s'aller révolter, et estant admis par le Duc de Bouillon, autres fois Viconte de Turaine, en la place des grands, cestui-ci voulant emporter plus de gloire que les grands hommes d'Estat qui traictoyent à Chastelleraut, fit des grandes propositions à l'exaltation de la puissance souveraine et au rabais du Parti ; sur quoy Aubigné voyant que six, qui oppinoyent avant luy, avoyent grandement rabaissé leur ton, il prit le sien plus haut que de coustume. Le Fresne-Canaye se leva au milieu de son discours, s'escriant : *Est-ce ainsi qu'on traicte le service du Roy ?* Celuy qui parloit repart, disant : *Qui estes-vous, qui nous voulez enseigner que c'est du service du Roy, lequel nous avons eu en main avant que vous fussiez escolier ? Espérez-vous parvenir pour faire chocquer le service du Roy et de Dieu l'un contre l'autre ? Apprenez à ne rompre point les voix, et à vous taire quand il faut.* Ils vinrent à de grandes aigreurs ; et comme le Fresne s'écria : *Où sommes-nous ?* L'autre respondit : *Ubi mures ferrum rodunt.* — Cela releva les advis de l'Assemblée bien à propos, estant lors question des seuretés [2]. »

Et voici la morale de l'incident :

« Ce Président mal respecté fit mal les affaires d'Aubigné près du Roy ; et comme le Duc de Bouillon voulut remonstrer qu'il falloit révérer un tel magistrat : *Ouy,* dit Aubigné, *qui s'en va révolter ;* ce que l'autre fit dans trois mois [3]. » Révolter, c'est-à-dire abjurer le protestantisme. Mais en fait, ce ne fut pas si rapide que cela, et pour s'attribuer le mérite d'avoir été trop bon prophète, d'Aubigné donne là — sans faire attention aux dates — une précision qui eût été une erreur. C'est seulement en effet le 10 avril 1601 que le président Le Fresne-Canaye, pour obtenir l'ambassade de Venise, abjura le protestantisme dans l'Église des Capucins de Paris [4]. — Mais je ne dis pas que sa foi n'était pas déjà chancelante au moment de

1. Bibliothèque Mazarine, ms. 2605.
2. *Mémoires* (Réaume, t. 1, p. 70-71).
3. *Ibidem*, p. 71.
4. Cf. L'ESTOILE, t. VII, p. 287-288. On trouve des détails sur sa conversion dans les *Éphémérides* de son ami Casaubon (cf. HAUSER, *Sources de l'Histoire de France*, t. IV, p. 37, art. 2588).

l'Assemblée de Châtellerault et que d'Aubigné n'avait pas raison de la soupçonner. Il est vrai qu'on lui était facilement suspect et il voyait des traîtres un peu partout. Qui se montrait disposé aux accommodements devait être, ou pouvait bien être acheté. Compromis, pour lui, signifiait compromission. Il prétend que le Roi en « quittant sa part du parti, ne l'avoit pas quitté des intelligences qu'il s'estoit réservées dedans [1] », et que par ses agents il y accomplissait habilement une œuvre de démoralisation contagieuse [2].

C'est bien possible, mais il n'y paraissait guère encore à l'attitude de l'Assemblée, qui demeurait aussi ferme dans ses revendications sans se laisser influencer par la considération de la situation militaire. Et c'est ce qu'on pouvait lui reprocher. Henri IV, par politique, usait de ménagements dans sa correspondance avec elle, afin de ne pas la heurter; mais quand il s'adressait à des tiers, il s'exprimait avec amertume sur son compte : « Si je ne tenois les ligueurs et huguenots en bride par ma conduicte et la crainte de mes armes, écrivait-il le 11 août à son ambassadeur à Rome, le duc de Piney-Luxembourg, ils éclateroient et feroient plus de mal que devant, fomentez de dehors à diverses fins, et tous deux sous prétexte de religion... *Ils sont encore assemblez à Chastellerault, et n'en reçois aulcune assistance en ce siège d'Amiens, au grand retardement d'iceluy et à mon très grand regret* [3]. »

On n'entrevoyait guère, en effet, la fin de ce débat interminable qui se traînait comme si les événements n'eussent pas été pressants. De nouveau les négociations étaient suspendues avec les commissaires royaux, dont les propositions, inférieures à celles de Schomberg, furent jugées inacceptables (9 septembre) et l'Assemblée en référa directement au Roi, à qui elle députa MM. de Clairville, et de La Motte (16 septembre), en même temps qu'elle faisait appel à l'intervention diplomatique de l'Angleterre et de la Hollande [4]. M. de Clairville était chargé de traiter spécialement la question des places de sûreté, qui devaient faire l'objet d'un brevet secret, à part de l'Édit officiel.

---

1. *Histoire,* t. IX, p. 293.
2. *Ibid.* et au-dessus, p. 281-282.
3. *Lettres-Missives,* t. IV, p, 825-826.
4. Mission de Saint-Germain en Angleterre, et de La Forest aux Pays-Bas (départ le 20 août, retour en octobre). Les pièces relatives à ces Ambassades sont au vol. ms 2607, p. 310-341.

Les demandes qu'il venait soumettre à ce sujet [1] ne tendaient à rien de moins qu'à obtenir du Roi une véritable délégation de souveraineté sur ces places au profit des Protestants, car il n'eût plus été le maître de désigner les gouverneurs, ni de changer quoi que ce soit à la répartition des garnisons, arrêtée au début. Il n'aurait plus guère conservé que le droit de payer, c'est-à-dire l'obligation, et avec sanction en cas de manquement : il était prié, en effet, de souscrire par avance à la saisie des deniers dans les caisses des receveurs, s'ils mettaient de la mauvaise volonté à les délivrer. Au bout de huit ans les places feraient retour au Roi, mais il y laisserait les mêmes gouverneurs protestants, en vertu du principe d'égalité dans l'admission aux charges, qui avait été maintes fois proclamé et que devait sanctionner l'Édit. L'Assemblée oubliait un peu trop un autre principe de droit public, c'est que donner (ou rendre) et retenir ne vaut. En somme, elle proposait de restituer les places à l'échéance... tout en les gardant.

Malheureusement pour elle, ces prétentions exorbitantes se produisaient à un mauvais moment. Quand M. de Clairville arriva auprès du Roi, c'était devant un vainqueur qu'il se présentait. *Amiens était repris.* La garnison espagnole avait capitulé le 19 septembre et remis la ville le 25.

Dès lors Henri IV n'ayant plus besoin des forces huguenotes, qui l'avaient boudé pendant le siège, n'aura plus les mêmes raisons de presser l'accord, ni de se montrer si accommodant. Les rôles, désormais, sont renversés. C'est lui maintenant qui tient le bon bout. Les Protestants avaient eu le tort de laisser passer l'heure favorable pour traiter. Ils auront beau s'opiniâtrer encore dans leurs exigences, ils n'obtiendront plus grand'chose, et le peu qui s'ajoutera aux concessions déjà faites ne compensera pas le dommage moral qui résultera pour eux de leur abstention au siège d'Amiens.

J'ai dit que d'Aubigné avait écrit pour leur défense un éloquent plaidoyer. Voyons ses arguments pendant que l'Assemblée chôme — ou presque — en attendant le retour de ses délégués en Cour et des commissaires royaux. Durant cet intermède les gouverneurs de places, comme d'Aubigné, étaient retournés chez eux. Ils ne furent rappelés qu'à la fin de décembre, au moment où les négociations allaient reprendre.

1. Ses Instructions sont au vol. ms. 2607. p. 341-358.

Le chapitre de l'Histoire où il a justifié ses coreligionnaires des reproches qu'on leur adressait pour Amiens est intitulé : « Invectives contre les Réformez et leurs responses[1]. » En réalité d'Aubigné y élargit le débat, mais aussi il le déplace, car c'est de toute leur conduite passée qu'il prétend les justifier en même temps, depuis l'époque où ils ont commencé à se défendre contre les persécutions et les massacres[2]. Cette apologie est belle, et l'ardente conviction qui l'anime fait impression autant que la valeur des arguments. On croit entendre la voix, l'accent même de l'avocat de la Cause, dont la passion, d'ailleurs contenue, palpite encore dans ces paroles qui ne sont pas mortes. Prestige admirable de l'éloquence au service d'une foi ! Mais ce n'est pas le lieu d'examiner ici, ni de discuter le plaidoyer dans son ensemble, et nous nous bornerons à la question posée, c'est-à-dire à ce qui concerne la participation ou l'abstention des Réformés au siège d'Amiens.

Reconnaissons que d'Aubigné n'atténue pas au moins le grief qu'on leur faisait :

« Il y avoit moins de réformez au siège d'Amiens qu'aux autres armées du passé. Sur quoi on leur reprochait la désertion de leur roi en une occasion pressante comme celle-là, et on disoit que, si le salut commun de la France ne les esmouvoit à prester leurs mains pour chasser l'estranger, que la personne du roi, leur bon et heureux chef d'autrefois, qui les avoit relevez d'un ruineux estat, leur devoit faire jetter en arrière tous empeschements pour le secourir à son besoin, et qu'il n'estoit pas temps de remuer les partialitez du royaume quand il estoit attaqué par le dehors[3]. »

C'est alors que pour expliquer ces «partialitez » il remonte loin dans le passé, et montre par quelle suite d'iniquités, de cruautés et de violations des engagements pris on a obligé les Protestants à constituer un Parti armé et à traiter avec la Royauté comme avec une puissance étrangère, en exigeant des garanties de plus en plus rigoureuses.

---

1. C'est le chapitre II du dernier livre (livre XV dans l'édition Ruble, t. IX, p. 283 et sq.).

2. Comme dans le « *Brief Discours* » de Duplessis, — pas si bref que cela ! — (t. VII des *Mémoires de Duplessis-Mornay*, p. 257 à 298). Mais d'Aubigné n'entre pas dans le détail historique des événements, comme le fait Duplessis.

3. *Histoire universelle*, t. IX, p. 283.

Fort bien, dira-t-on, à l'égard des princes persécuteurs et déloyaux. Mais tout n'était-il pas changé avec l'avènement de leur Protecteur au trône de France ? Sans doute, répond-il, et ils ont commencé par lui faire confiance comme ils devaient, et par détruire leur organisation de parti.

« Le Roi Henri quatriesme, parvenu à la couronne, fit voir aux réformez qu'estant leur roi et de leur profession, il ne faloit avec lui traité ni composition, mais confondre toutes les distinctions passées en l'Estat de la royauté, ce qui fut incontinent accepté, les chambres de justice cassées et l'ordre ancien partout restabli[1]. »

Mais après l'abjuration du Roi « mené par force à son changement » il n'était plus possible de s'en remettre à lui seul du soin de protéger ses anciens coreligionnaires. Car qui les assurait que ceux qui avaient triomphé de sa conscience n'essayeraient pas de pousser leur victoire et de l'entraîner à la persécution ou à la guerre contre les « Hérétiques » ? Il leur fallut donc « se remettre en leur distinction à leur grand regret », c'est-à-dire se reformer en parti et demander une nouvelle loi d'État.

La thèse, jusque-là, reste forte ; mais le principe une fois admis d'un nouvel Édit, il ne s'ensuit pas que toutes les exigences formulées étaient légitimes, ni que pour les faire prévaloir, les Huguenots avaient le droit d'exercer une pression sur le gouvernement royal en marchandant ou refusant leur service militaire contre l'ennemi du dehors. D'Aubigné le sent bien, aussi conteste-t-il qu'ils n'aient pas contribué pour une part suffisante aux forces qui assiégeaient Amiens :

« Et encor, objecte-t-il, ceux qui les accusent de n'avoir pas fourni au siège d'Amiens selon leur proportion sont mauvais arithméticiens ou ne se souviennent pas de s'estre vantez tant de fois qu'il y a mille catholiques en France contre un réformé. A ce compte, il n'eust falu que quinze des réformez en l'armée de quinze mille qui y estoyent ; mais il y en avoit plus de quinze cents des plus grands seigneurs du parti, et la besongne la plus difficile fut faite par le régiment de Navarre, duquel moururent plus de trois cents de ceux qu'on accuse et celui qui les commandoit[2]. »

---

1. *Histoire*, t. IX, p. 288.
2. *Histoire universelle*, t. IX, p. 289.

Admettons ces chiffres et ces assurances honorables. Il n'en est pas moins vrai que des contingents protestants du Poitou et du Limousin demeurèrent inutilisés, et que leurs chefs La Trémoille et Bouillon se dispensèrent, sur l'ordre de l'Assemblée, de rejoindre le Roi à qui ils eussent apporté un précieux renfort. De combien le siège en eût-il été abrégé ?

Mais les Réformés tenaient-ils vraiment à l'abréger, et à hâter ainsi la défaite de l'Espagne et la fin de la guerre ? Il est permis, sans les calomnier, de se poser la question, et même d'y répondre par la négative, puisque l'on a l'aveu de d'Aubigné :

« Ceux qui traittoyent cette paix, déclare-t-il, [il s'agit de l'Édit qu'on négociait], ne pouvoyent travailler à haster celle d'Espagne et celle de tous leurs ennemis mortels, et poursuivre, comme ils avoyent fait, l'union de leurs esgorgeurs aux despens de leur gorge, refusez d'avoir part à la tranquillité, sans trahir les biens et les vies que tant de familles affligées avoyent commises entre leurs mains[1]. »

Le mobile auquel obéissaient ses coreligionnaires, et le calcul que faisait l'Assemblée, s'étalent ici un peu ingénument. Au fond ils avaient peur du rétablissement de la paix extérieure et intérieure, tant qu'ils n'avaient pas conclu leur Édit, parce qu'ils craignaient qu'elle se fît à leurs dépens, et que le Roi, redevenu puissant, ne fût moins libéral avec eux. Et cela est humain, et sans doute n'avaient-ils pas tout à fait tort. Mais alors ils jouaient un jeu dangereux en s'obstinant à vouloir trop obtenir au risque de se laisser devancer par cette paix d'Espagne qu'ils redoutaient.

Ceci était leur affaire après tout — affaire de tactique — mais ce qui nous importe, c'est l'aveu de d'Aubigné qui subsiste. Décidément il a beau les défendre éloquemment, il plaide coupables en fin de compte. Leur intérêt était à ce moment contraire à celui du pays : voilà ce qui ressort de ses justifications pour le fait particulier d'Amiens.

M. de Clairville revint à Châtellerault le 20 décembre, précédant d'un mois les commissaires royaux. Lui, rapportait les réponses relatives aux places de sûreté, eux, celles qui concernaient les autres parties du Cahier de requêtes. L'Assemblée s'était recomplétée pour recevoir ces communications.

1. *Histoire universelle.*

Le Roi lui écrivait, par l'intermédiaire de Clairville (6 décembre) : « Nous nous sommes efforcez de vous donner tout le contentement qui nous a esté possible [1]. » Il visait là spécialement les places de sûreté, et quand on prend connaissance de ses décisions sur ce sujet capital [2], on juge qu'il dit vrai et qu'il avait accordé tout ce qui était compatible avec ses droits souverains, et même peut-être un peu plus. Il ratifiait l'offre de Schomberg de laisser en garde à ses sujets réformés pendant huit ans *toutes* les villes qu'ils occupaient effectivement, sauf celles qui appartenaient au domaine royal ou à des particuliers — un petit nombre. Il consentait à prendre l'avis de quelques personnages notables du Parti pour dresser l'état des garnisons. Quant à la nomination des gouverneurs, s'il entendait se la réserver, il admettait qu'elle ne deviendrait définitive qu'après une sorte de ratification des Églises. C'était reconnaitre qu'elles avaient là leur mot à dire, puisqu'il s'agissait de leur sécurité. Ceux qu'il désignerait devraient, avant de prendre possession de leur poste, rapporter une attestation du colloque local certifiant « qu'ils étaient de la Religion et hommes de bien ». Le premier point était une question de fait, mais le second était une affaire d'appréciation, et la formule était assez vague — ou large — pour permettre d'écarter des gouverneurs qui n'auraient pas inspiré confiance. Enfin, au terme des huit ans, il ne voulait pas s'engager à conserver tous les gouverneurs protestants en charge — ce qui eût été une sorte de prolongation de l'occupation — mais il promettait de ne pas les changer dans les villes où il maintiendrait des garnisons.

Toutes ces concessions, qui allaient loin, parurent encore insuffisantes, et avant même l'arrivée des commissaires royaux l'Assemblée avait déjà fait repartir pour Paris deux autres de ses membres MM. de Courtomer et de Cazes pour réitérer intégralement les demandes de Clairville (Délibération du 14 janvier 1598) [3].

Ce n'était pas le moyen d'avancer les choses. Le Roi n'était pas seul à s'irriter de ces longueurs et de ces difficultés. *Des protestations s'élevaient dans certaines provinces contre l'intransigeance de l'Assemblée.* Le Bas-Languedoc se signalait

1. Cf. ms. 2607, p. 290-291.
2. On peut les lire dans le vol. ms. 2607, en marge des Instructions qu'avait emportées Clairville, p. 361-370.
3. Les Instructions remises à MM. de Courtomer et de Cazes sont au vol. ms. 2607, p. 370 et sq.

par ses critiques. Il fallut lui envoyer M. de Saint-Germain (24 janvier) pour lui donner des explications [1]. Il fut assez mal reçu, et l'Assemblée s'en plaindra amèrement au Synode national de Montpellier, où elle dépêchera le pasteur Chamier avec un Mémoire justificatif qui est un véritable *plaidoyer pro domo* [2].

Jusque dans son sein, il y avait une opposition, des gens modérés qui appréciaient les intentions conciliantes du Roi, et trouvaient qu'on y répondait mal. Ils étaient en correspondance secrète avec ses commissaires restés à Saumur [3]. C'est de leur groupe également qu'émanait *un Mémoire confidentiel* qui lui fut adressé au début de janvier pour lui suggérer divers compromis sur les points où le désaccord subsistait [4]. Ainsi il savait que l'esprit d'entente faisait des progrès, et il put prescrire à ses commissaires un langage ferme à leur arrivée à Châtellerault (fin janvier) pour venir à bout des récalcitrants.

D'Aubigné évidemment était du nombre. On s'en douterait sans qu'il le dise, mais il a pris soin de nous le faire savoir d'une façon certaine, en rapportant, à la gloire d'un intransigeant comme lui, *un incident* qu'il situe assez vaguement ou inexactement dans le temps [5], mais qui ne peut se placer qu'au moment précis où nous sommes, car toutes les circonstances qu'il indique concordent avec l'état des affaires, tel que nous venons de l'exposer. L'anecdote met en scène son ami La Trémoille en posture d'incorruptible devant des propositions tentatrices des commissaires royaux. Que d'Aubigné ait un peu arrangé les choses, ou non, il se dégage de l'ensemble du récit une impression de beauté et de grandeur morale, vraiment admirables :

« *Je veux laisser à la mémoire une marque de fidèle partisan en la personne du duc de Thouars autrement de la Trimouille*, choisi avec le Plessis, le ministre

---

1. Voir au vol. ms. 2607, p. 400 à 442, les pièces relatives à la mission de Saint-Germain.

2. Les Instructions de Chamier datées du 22 avril sont au même vol. p. 460 à 481.

3. Voir une lettre de MM. de Thou et Calignon au secrétaire d'État de Fresnes, datée du 11 janvier au vol. ms 2607, p. 551 et sq., en particulier la p. 553 et la réponse du secrétaire le 19 janvier (qui par une inadvertance du copiste est reproduite avant).

4. Ce mémoire se trouve dans le même volume ms. 2607, p. 516-523. Le Roi répond aux suggestions qu'il contient dans une lettre du 17 janvier, p. 528-535, et, en la transmettant le 19, M. de Fresnes déclare que le Roi n'ira pas plus loin dans ses concessions.

5. Il a l'air de dire que la chose se passa à la session de Saumur qui précéda celle de Châtellerault. Mais d'autre part, dans le morceau que nous allons citer, le président de Thou spécifie qu'*on négocie depuis 2 ans*, ce qui nous met bien à la fin du débat et de la grande Assemblée.

Chamier et moi, pour contester sur le tapis les matières qui n'eussent peu, sans trop de confusion, estre digérées par le corps de l'assemblée, qui estoit lors de soixante-dix testes et quelques fois de quatre-vingts. Le comte de Chomberg et le président de Thou, estans arrivez les premiers, en attendant les autres deux, prièrent La Trimouille de faire un tour d'allée avec eux et le président prenant la parole, dit ainsi :

« Vous avez trop de jugement pour ne connoistre bien que, au point où les affaires sont et aux choses que nous vous avons concédées, que ce que vous pouvez désirer ne soit à son plus haut degré, et, si on ne recule plustost de vos demandes que d'avancer à vostre faveur, tenez-nous pour gens sans honneur. Donnez quelque foi aux personnes qui vous affirment cela. M. de Chomberg est luthérien et pas trop esloigné d'un bon huguenot. Pour moi vous connoissez mon âme, et vous pouvez avoir seu comment il y a deux cents ans que les pupiles de la Trimouille ont eu ceux de Thou pour curateurs. Ne recevez point ce que nous voulons jetter en vostre sein comme d'ennemis. Le roi a seu que vous aviez envoyé quérir vostre cousin, le duc de Bouillon, pour la confection de la paix, et que, par déférence et bon naturel, vous lui quittiez le fruict de vostre labeur de deux ans. Nous ne voulons point vous céler que le roi ne soit irrité contre l'un et l'autre ; mais il y met quelque différence, pour laquelle il choisit de vous savoir le gré de ce qui se passe ; et encor souvenez-vous que vos concessions diminueront sous la gestion de ceux que vous cerchez. Arrestons les affaires en l'assiette où elles sont, et voici l'offre que nous avons à vous faire : c'est que vous choisissiez, entre vos confidens, dix mestres de camp et deux mareschaux de camp. Le roi donnera aux premiers mille escus à chacun, aux autres trois mille escus de pension, payables par vos mains, et à vous le reste de cent mille francs, à quoi se monte l'impost de Charante, qui se paye sous vostre chasteau de Taillebourg. Et afin que vous n'ayez à courtiser personne, on vous donnera un acquit patent de l'impost pour trente ans. En voyant la grandeur de l'offre, voyez-en la facilité et la seureté, et dites qu'outre ce qui vous touche, ce coup est plus avantageux pour vostre parti que dix bonnes places de seureté.

« La responce fut :

« Messieurs, je vous excuse, qui venez de travailler pour esteindre la Ligue, et, ayans trouvé un parti enflé d'intérêt particuliers, ne l'avez plustost piqué au lieu plus sensible que vous l'avez réduit à néant. Pour vous monstrer qu'il n'y a rien de tel parmi nous, quand vous me donneriez la moitié du royaume, refusans à ces pauvres gens, qui sont à la salle, ce qui leur est nécessaire pour servir Dieu librement et seurement, vous n'auriez rien avancé ; mais donnez-leur ces choses justes et nécessaires, et que le roi me face pendre à la porte de l'assemblée, vous aurez achevé et nul ne s'esmouvra.

« Le président, comme nous allions à la séance, me fit ce conte, en demandant si nous avions beaucoup de tels huguenots.

« Telle estoit lors l'affection partisane[1]. »

D'Aubigné dit le mot juste « affection partisane », c'est-à-dire conviction sincère, mais passion étroite qui fermait les yeux aux considérations d'intérêt général et d'ordre public. Voilà ce qui explique aussi bien l'attitude de l'Assemblée pendant le siège d'Amiens que son entêtement final à vouloir obtenir du gouvernement royal des abandons impossibles. Mais il allait bien falloir céder. *Le Roi approchait en armes. Il allait réduire les Ligueurs de Bretagne.* On ne saurait croire, nous apprend d'Aubigné, l'appréhension qui s'empara alors des Réformés, dans la crainte que « par un caprice, il ne portast à l'improviste sa personne à Chastelleraut[2] ». C'est la preuve qu'on n'y avait pas la conscience très tranquille. On dut regretter de ne pas avoir conclu plus tôt, quand on pouvait le faire depuis assez longtemps déjà à des conditions garantissant pleinement la vie des Églises.

Le 20 février, MM. de Cazes et de Courtomer étaient de retour à l'Assemblée. Ils ne rapportaient qu'un grain de mil, la prolongation du délai précédemment prévu[3] pour le maintien d'une assemblée réduite après l'Édit, afin d'en surveiller l'exécution. Au lieu de durer seulement jusqu'à la vérification par le Parlement de Paris, elle pourrait subsister jusqu'à l'établissement de la chambre mi-partie de Guyenne[4].

1. *Histoire universelle*, t. IX, p. 277-279.
2. *Ibid.*, t. IX, p. 280.
3. Par les réponses de Clairville.
4. Henri IV en informait Duplessis dès le 9 février, mais confidentiellement. La promesse serait tenue secrète, cf. ms. 2607, p. 558-560 (Bibliothèque Mazarine).

Et ce fut tout. Le 22 février, d'Arthenay près Orléans, Henri IV écrivait à ses commissaires, non pas de rompre formellement si l'Assemblée faisait encore des difficultés, mais de revenir le trouver, après l'avoir invitée à lui envoyer des plénipotentiaires munis de pleins pouvoirs :

« Car je commence à reconnoistre que plus je m'esforce de les contenter pour leur faire paroistre que je les affectionne et ay soing d'eux, il y en a qui les desgoutent de moy, et leur font trouver mauvais ce que je fais pour eux, abusant de ma bonté et facilité contre leur debvoir et le bien général de ceux de ladicte relligion. Lesquels je m'asseure le leur reprocheront un jour [1]... »

L'Assemblée s'inclina. Duplessis, Bouillon et La Trémoille, mandés par le Roi, se rendirent au-devant de lui à Tours pour rompre la glace (début de mars). Il leur fit bon visage, même aux deux ducs, malgré leur absence au siège d'Amiens. Plus bas, à Saumur, il trouva les plénipotentiaires de l'Assemblée, Constant, La Motte, de Cazes et Chamier. Il les entraîna « derrière son char triomphant » d'abord à Angers, où Mercœur vint faire sa soumission (18-30 mars), puis *à Nantes, où fut signé l'Édit* (en plusieurs parties, les unes publiques, les autres secrètes, avril 1598).

D'Aubigné prétend qu'au dernier moment « les choses concédées et arrestées furent repassées et diminuées par l'autorité du roi... lors se voyant sans ennemis [2] » — car la paix avec l'Espagne aussi était toute proche [3]. Il fait beaucoup de bruit, semble-t-il, pour rien ou pour peu de chose. S'il y eut des modifications aux conventions, ce fut plus tard pour faire agréer l'Édit par le Parlement de Paris. Au reste, sa partialité éclate dans la raison qu'il donne de son acceptation par les Catholiques :

« La paix [religieuse] fut mieux receuë des peuples qu'on n'eust estimé ; mais sur tout pour l'opinion que les plus avisez tenoyent qu'elle estoit avantageuse aux catholiques et ruineuse aux réformez [4]... »

Impossible d'être plus injuste et de travestir davantage la réalité. Tous les

---

1. Lettre à MM. de Thou et de Calignon, conseillers du Roy en son Conseil d'État, ms. 2607, p. 561-564.
2. *Histoire universelle*, t. IX, p. 280-281.
3. Paix de Vervins, 2 mai 1598.
4. *Histoire universelle*, t. IX, p. 294.

Huguenots, heureusement, n'étaient pas du même avis. L'Assemblé elle-même, malgré ses déceptions finales, appréciait tout autrement le résultat dans le *Mémoire* dont j'ai déjà parlé *pour le Synode national de Montpellier*, où elle déléguait le ministre Chamier : « *Ce traicté a été terminé par la conclusion finale d'un Édit par lequel, encor qu'il ne soit pourveu entièrement à toutes les nécessitez des Églises, tant y a qu'il semble suffisant pour les mettre en quelque seureté* » (22 avril).

Et le 5 juin, avant de se séparer (le 11), *elle désignait deux de ses membres MM. de Cazes et du Coudray pour aller porter au Roi l'expression de sa reconnaissance*, et poursuivre auprès de lui et de son Conseil l'exécution de toutes les choses promises. Je ne retiens que le préambule des Instructions qui leur furent remises :

« Ils [les députés] reçoivent de sa seule bonté et bonne affection envers eulx avec très humbles remerciemens la loy qu'il a pleu leur donner en temps sy opportun, sous laquelle ils puissent servir à Dieu en toute liberté, asseurer leurs vies et rendre à S. M. le très humble service qu'ils luy doibvent. Ils ont toujours compté sur la bonté et piété du Roi comme le meilleur refuge après Dieu. *Et lui savent d'autant plus de gré de l'affection qu'il leur a montrée qu'il estoit plus absorbé et pressé par les grandes affaires de l'Estat* [1]... »

Ils auraient peut-être pu y songer un peu plus tôt. Mieux vaut tard que jamais. J'en dirai autant des excuses qu'ils présentaient pour l'importunité et les procédés dont ils avaient usé envers le Roi, mettant tout cela sur le compte de « la malice du temps » et des résistances de leurs adversaires qu'ils avaient dû faire fléchir par ces moyens.

Même après les quelques retranchements que l'Édit dut subir sur certains points pour passer au Parlement de Paris (25 février 1599) — d'Aubigné lui-même reconnaît l'énergie et la loyauté que le Roi déploya dans cette lutte pour l'enregistrement[2] — *tout l'essentiel était maintenu, et c'est ce que Duplessis fait valoir* dans une lettre du 9 mars 1599, adressée à la représentation réduite (1 dé

1. Cf. vol. ms 2607, *in fine*, p. 578 et sq.
2. Cf. *Histoire universelle*, t. IX, p. 293-294.

puté par province) qui avait été autorisée à subsister pour veiller à l'exécution des clauses de l'Édit [1] :

« Messieurs, j'ai différé de vous escrire pendant les contentions qui ont esté sur la vérification de nostre edict... Vous y remarquerés du changement en quelques articles, peu toutesfois en nombre, et eust ésté grandement à désirer qu'il n'y eust poinct esté touché... mais vous jugerés, Messieurs, s'il a pas esté plus expédient de l'avoir tel, que de ne l'avoir poinct, mesmes puisqu'il y a pareu de la bonne affection du roy, et qu'on ne pourra dire désormais que cest edict n'ait passé avec meure délibération, et grande cognoissance de cause, pour tenir, d'ici en avant, lieu de loi juste et nécessaire, et non plus de transaction violente pour terminer ung trouble d'estat [2]. »

Voilà le langage de la raison.

En fait, les Assemblées postérieures se plaindront plutôt d'infractions à l'Édit vérifié [3] que des quelques suppressions ou modifications d'articles qui y avaient été opérées. Ce sont là des ombres au tableau, qui ne doivent pas cacher la perspective d'ensemble, ni la grandeur de l'œuvre accomplie. Désormais le Protestantisme acquérait vraiment droit de cité, et, en attendant que la tolérance fût passée dans les

1. Cette assemblée réduite séjourna à Châtellerault jusqu'au 25 octobre 1599, et fut remplacée par une autre, également restreinte, qui siégea à Saumur du 24 novembre 1599 au 31 mai 1601. Toutes deux réclamèrent le rétablissement intégral de l'Édit, comme c'était leur rôle, mais en vain.

2. Cf. *Mémoires de Mornay*, t. IX, p. 246-247.

La seule modification qui diminuât vraiment les garanties accordées aux Protestants par l'Édit primitif portait sur la constitution de la chambre spéciale de justice établie pour eux au Parlement de Paris. Alors qu'elle devait comprendre 6 conseillers protestants (contre 10 catholiques, plus le président), on nomma bien 6 conseillers protestants, mais ils furent répartis dans toutes les chambres du Parlement, et ne siégèrent dans la chambre de l'Édit qu'à leur tour de roulement. Leur influence était ainsi diluée au lieu d'être globale. Cela était d'autant plus regrettable que cette chambre avait une juridiction très étendue et embrassait les ressorts de trois Parlements, Paris, Rouen, Rennes. Le Midi était mieux partagé et avait des chambres *mi-parties* pour les Parlements de Bordeaux, Toulouse et Grenoble. Les Réformés de Provence relevaient de Grenoble, les ressortissants du Parlement de Dijon avaient le choix entre Grenoble et Paris.

Un autre point fut *sensible* aux Réformés parmi les changements apportés au texte primitif — mais ici c'était plus une affaire d'amour-propre ou de commodité qu'autre chose. Ce fut le *privilège accordé aux villes d'évêchés et d'archevêchés d'être dispensées du second lieu d'exercice officiel*, qui devait être institué dans chaque bailliage, en dehors et en plus des endroits où il y avait possession de fait (par la célébration habituelle du culte au moment de l'Édit de Poitiers de 1577).

3. Chicheté dans la collation des charges et offices à des Réformés, chicheté encore — mais peut-être était-ce faute de pécune — et irrégularité dans le paiement de l'indemnité octroyée aux pasteurs, ou du fonds des garnisons.

mœurs, il jouissait d'une protection assurée et de garanties stables [1]. On peut déplorer, au point de vue de l'unité nationale, qu'il ait fallu accorder un régime spécial à une portion de la collectivité française. Mais c'était une nécessité, au moins provisoire, au sortir des guerres civiles, et tant que les passions religieuses garderaient encore leur acuité.

D'Aubigné se serait honoré en applaudissant, comme beaucoup de ses coreligionnaires — comme la plupart sans doute — à ce changement de leur condition. Mais parce qu'on n'avait pas obtenu tout ce qu'on demandait, il ne veut voir que le manque à gagner. Est-ce équitable? Passe encore qu'à la fin d'âpres débats il ait fait comme les plaideurs malheureux, qui ont vingt-quatre heures pour maudire leurs juges. Mais que plusieurs années après, quand il rédigea son *Histoire*, il n'ait pas été capable de s'élever à une impartialité relative, voilà ce qui est inadmissible.

Il a une excuse, c'est tout son passé. Soldat de la Cause depuis sa jeunesse, il avait combattu pour son Dieu, le Dieu des Huguenots, avec une ferveur biblique. Dans les épreuves il n'avait jamais désespéré; quand le Parti était abattu, il contribua à son relèvement. Il s'attribuait le mérite de lui avoir donné un chef en arrachant le Roi de Navarre aux délices de la Cour des Valois ; et, depuis lors, il s'était consacré à son service, malgré les différends passagers, avec un dévouement absolu où le cœur avait sa part, mais où l'intérêt de la Religion dominait. Ensemble ils avaient lutté pour le salut et l'affermissement des Églises. Et voici que, tout à coup, les desseins de la Providence s'éclairant avaient porté ce prince au trône de France sur les épaules de ses Huguenots. Comment n'aurait-il pas cru que l'avènement d'Henri IV, c'était l'avènement et le triomphe du Protestantisme en France ?

Plus ses espoirs et ses rêves étaient montés haut, plus sa déception avait été cruelle en voyant l'abjuration du Roi. Par sa faute, la victoire escomptée, la vic-

---

1. Voir dans le *Bulletin de la Société d'Histoire du Protestantisme français*, tome XLVII (1898) « *Quelques jugements sur l'Édit de Nantes*, rassemblés par H. Dannreuther ». Ce sont des opinions de Catholiques et de Protestants, depuis le lendemain de l'Édit jusqu'aux temps modernes. Les plus intéressantes sont celles de Saint-Simon, dans son *Parallèle des Trois Rois*, Henri IV, Louis XIII et Louis XIV (Paris, Hachette, 1880, p. 121-123) — de Poirson, dans son *Histoire du Règne de Henri IV* — et de Desclozeaux, dans son ouvrage sur *Gabrielle d'Estrées* (Paris, Champion, 1889) : il y retrace, dans un raccourci très net, toute la genèse historique de l'Édit, en remontant à l'origine des guerres de Religion.

toire à laquelle on touchait, échappait. Au lieu d'être à l'honneur, après tant
d'épreuves, les Églises ne seraient encore que tolérées ; au lieu des récompenses
méritées par les serviteurs de la veille, ils n'auraient que les miettes du festin royal,
et verraient les profits réels passer aux ralliés de la douzième heure. Tout cela le
révoltait. Avec cet état d'esprit, il ne pouvait pas être juste pour l'Édit octroyé aux
Huguenots. Il attendait tout pour eux ; on leur donnait quelque chose, c'était peu.
Désormais, quelque bienveillance que le Roi pût témoigner à ses anciens coreligionnaires, d'Aubigné ne considérerait que ce qu'il leur avait fait perdre par son reniement [1].

C'est donc en mécontent qu'il rentra dans sa forteresse de Maillezais, pour y
ronger son frein et remâcher ses griefs contre le Roi, contre les modérés du Parti
aussi, qui, par faiblesse ou pour faire leur cour, avaient prêché la conciliation et
poussé aux concessions. Il y rentrait affublé de l'épithète de « *Bouc du désert* »
qu'ils lui avaient donnée, et dont il se faisait gloire. L'heure de la retraite avait sonné
pour lui. Il avait quarante-six ans. Selon toute probabilité humaine, cette retraite
était définitive, je veux dire celle du soldat de la Cause. Car on ne pouvait prévoir
la fin prématurée d'Henri IV, et, tant qu'il vivrait, la paix intérieure semblait
désormais assurée. Ne plus se battre ! D'Aubigné devait s'y résigner difficile-
ment, et cette perspective pouvait bien être pour quelque chose aussi dans sa mauvaise humeur. Mais il n'était pas homme à se consumer dans les regrets et dans
l'inaction. A une activité politique et militaire va succéder une activité littéraire.
Ne pouvant plus batailler par l'épée il va batailler par la plume. Une seconde
période de sa vie commence, qui sera aussi féconde en œuvres de l'esprit que la première est riche en actions d'éclat.

1. C'est dans la *Confession de Sancy* que s'expriment le plus crûment ses sentiments sur l'Édit de
Nantes. Cf. mon chap. xi, § 4.

CHAPITRE XI

LE FOYER ET LE CABINET DE TRAVAIL D'AGRIPPA D'AUBIGNÉ

§ 1. — Le Foyer et le veuvage d'Agrippa d'Aubigné.

Il nous faut revenir un peu en arrière pour considérer Agrippa d'Aubigné chez lui.

Maillezais était sa résidence officielle, puisqu'il avait été nommé gouverneur de la place dont il s'était emparé le 1er janvier 1589. Mais la maison familiale était à Mursay, dans la propriété de sa femme. Quant aux domaines qu'il possédait personnellement, son petit héritage maternel des Landes-Guinemer dans le Blaisois et les terres nobles du Chaillou et de la Petite-Faye dans le Poitou, qu'il avait acquises au moment de son mariage [1] pour faire meilleure figure auprès de la famille de sa riche fiancée, il se bornait sans doute à les affermer et à en toucher les revenus, car nous ne voyons pas qu'il y ait jamais séjourné après son mariage. Il semble qu'il passait de préférence l'été à Mursay et l'hiver à Maillezais, à en juger du moins par les suscriptions des lettres conservées, assez rares pour la période française [2].

Le séjour du château de Mursay, situé à 8 kilomètres au nord de Niort [3], dans une boucle de la Sèvre et dans un fond, devait être en effet surtout agréable pendant la belle saison, avec la fraîcheur de son parc que bordait la rivière. Quand d'Aubigné s'y installa avec sa femme, en 1583, l'habitation était assez délabrée

---

1. Cf. mon chapitre vi, § 2, t. I, p. 296 et note 4.
2. Voir édition Réaume, t. I, recueil des *Lettres de sources diverses, passim.*
3. Dans la commune d'Échiré (Deux-Sèvres)

et le domaine écorné. Il fallait réparer et reconstituer, car la conquête de Maillezais était encore assez éloignée, et, pour le moment, c'était un établissement fixe, et pour toute l'année, qu'il faisait là.

Les Vivonne, ancêtres maternels de Suzanne de Lezay, étaient propriétaires de Mursay depuis près d'un siècle (le contrat d'acquisition est du 1er mars 1494). D'où vient qu'ils avaient ainsi laissé péricliter la maison ? D'Aubigné nous l'apprend par un passage d'une jolie lettre à un frère d'armes, le sieur de Constant, gouverneur de Marans, à qui il adressait avec une vive franchise — *qui bene amat bene castigat* — d'amicales remontrances sur son train vraiment trop seigneurial pour un simple gentilhomme. Il lui reprochait en particulier ses dispendieux équipages de chasse, et c'est à ce propos qu'il lui rappelait l'exemple des maisons nobles de Mursay et de Surimeau à demi-ruinées par un pareil luxe. Surimeau était l'autre propriété de Suzanne, qu'elle tenait de son père [1]. Le même défaut avait donc existé des deux côtés ; cela prouve qu'il était assez répandu :

« Souvien toy, dit d'Aubigné, en quel estat je les eus, et comme il m'a fallu acheter ce qui venoit de succession. Hors cette vanité d'oiseaux, les Seigneurs de là estoient estimez et braves apointeurs de querelles, mays enfin ils se sont trovez oyseaux nyays, et leurs maisons de passage [2]. »

C'est-à-dire qu'elles ont passé à d'autres — du moins une partie du fonds. Son ami veut-il s'exposer à la même mésaventure ?

Quant à lui, il avait des goûts plus modestes. Semblable au seigneur Enay, qu'il a mis en scène dans son *Faeneste* pour donner la réplique et faire la leçon au vaniteux baron, il cherchait moins à *paraître* qu'à s'assurer un bien-être réel et une solide situation de fortune. Comme lui il appelait son château une maison, son écurie une étable, son parc un enclos — à l'ancienne mode. Il n'avait pas d'équipage de chasse, ni de fauconnerie, seulement quelques chiens qui couchaient dans les « paillers » (granges). Et tout son train était à l'avenant [3]. Mais aussi,

---

1. Cf. mon chapitre vi, § 2, t. I: p. 196. Surimeau était sur la paroisse de Sainte-Pezenne, entre Niort et Mursay.

2. Cf. édition Réaume, t. I, p. 480. Toute la lettre est un document fort précieux sur les « caractères et mœurs de ce siècle », dans la noblesse au moins. M. Paul Marchegay en a fait une étude particulière dans les *Mémoires de la Société d'Émulation de la Vendée* (cf. 1re série, t. X, p. 177 et 2e série, t. VI, p. 3).

3. Cf. au début des *Aventures du Baron de Faeneste*, les chapitres i et v du Ier livre, où d'Aubigné en fait décrit sa demeure.

grâce à cette simplicité et à sa science de l'économie rurale, il réussit en quelques années à réparer les fautes de ses devanciers ; il rebâtit sa demeure, et récupéra les terres aliénées.

Nous constatons les résultats de sa bonne administration dans un inventaire qui sera établi lors des pourparlers de mariage de sa fille aînée Marie avec le sieur de Caumont d'Ade : « *C'est la déclaration de tout le bien que possèdent le sieur d'Aubigny et ses enfants, avec les conditions* (pièce originale 1613, 4 pages in-folio[1].) »

D'Aubigné pourra y faire valoir avec une juste fierté les améliorations qu'il avait apportées aux propriétés de sa femme, et les « acquets » par lesquels il les avait reconstituées dans leur intégrité :

« Le bien antien de ses enfans est confus en la seigneurie de Surimeau de valeur de 800 livres de rente ; et pourtant ne fait qu'un article avec Surimeau acquesté au nom desdits enfans, lequel vaut 3.000 livres de rente ; la maison du seigneur ruinée[2] ; et pourtant à cause d'un boys de haute futaye, lequel vaudroit 7 à 8.000 escuz vendu, cette maison vaut 90 mil livres.

« Murseay acquis au même nom vaut 1.500 livres de ferme, basty fortement et commodément tout à neuf, à bon marché vaut 45 mil livres.

. . . .

« *Nota* que les maisons de Surimeau et de Murseay avec leur antien domaine sont acquises au nom des enfans, tellement que le père n'y peut prétendre que les payements, acquets nouveaux et améliorations, ce qui se monte à 84 mil livres. [3] »

Le château de Mursay restauré avait bon air [4] avec ses trente mètres de façade orientée au nord, ses quatre tourelles d'angle, son pavillon transversal au comble aigu surmontant le toit, et ses fossés pleins d'eau dont le quadrilatère était marqué aux coins par des tours répondant aux tourelles. Celles-ci étaient reliées sur les

---

1. C'est le titre sous lequel elle figure dans l'Inventaire de la collection B. Fillon vendue à Paris de 1877 à 1883, au 2ᵉ vol., nᵒ 2588, 2ᵉ (Bibliothèque de la ville de Poitiers, nᵒ du catalogue B. P., 130).

2. Le château de Surimeau a été complètement reconstruit au début du xviiiᵉ siècle. Il est habité aujourd'hui par M. C. Gouet, maire de Ste-Pezenne.

3. Je n'extrais du document que ce qui concerne Surimeau et Mursay. La pièce entière a été publiée par Ludovic Lalanne en appendice à la fin de son édition des *Mémoires de d'Aubigné* (1854), p. 436. Mais il a négligé la date (1613) qui se trouve sur l'original.

4. Voir la description qu'en fait H. Gelin dans sa brochure sur *Françoise d'Aubigné,* § 5 (Niort, 1899). Mursay appartient aujourd'hui à M. Bluysen, sénateur de l'Inde Française.

côtés du bâtiment (à l'ouest et à l'est) par une galerie ouverte avec balustrade formant balcon. Mais ces galeries servaient surtout de greniers à blé [1]. Ainsi l'utilité passait avant l'agrément. Cela était visible encore aux baies (portes et fenêtres) sans ornement architectural, aux palissades du jardin faites uniquement d'arbres fruitiers et non de buis taillés [2]. D'Aubigné avait voulu pour lui et les siens une demeure confortable, comme nous dirions aujourd'hui, mais sans faste. Il affirmait ainsi son bon sens pratique, qui s'alliait fort bien chez lui aux vanités un peu gasconnes de sa bravoure.

C'est là que s'écoulèrent les premières années de son ménage, dans la joie d'un bonheur sans nuages, qu'interrompaient souvent — trop souvent — les absences forcées du seigneur du logis, pour le service du Roi de Navarre ou pour faire campagne après la reprise des hostilités en 1585. Cinq enfants étaient venus peupler et égayer encore cet intérieur huguenot tout ensoleillé d'amour et de ferveur religieuse : Agrippa, Constant, Henri, Marie et Louise. Deux des fils moururent jeunes, mais ils existaient encore à la mort de leur mère, comme en témoigne un acte de la terre de Surimeau, mentionné dans le *Dictionnaire des familles du Poitou*, de Beauchet-Filleau [3].

A partir de 1589, la famille, comme je l'ai dit, partagea l'année entre Mursay et Maillezais.

A Maillezais, c'est le marais aux prairies inondées une partie de l'année, où l'on circulait autant en bateau que par les levées de terre. L'asséchement n'avait commencé qu'en 1540 par le drainage de canaux convergeant vers l'embouchure de la Sèvre, et la construction de digues. Région lacustre, paysage mélancolique piqué de hauts peupliers, de trembles aux feuilles blanches, d'obiers chauves réduits aux troncs. La place de d'Aubigné était protégée autant par les eaux que par ses fortications ; enlacée entre la Sèvre et les deux bras de l'Autize, elle formait une ile véritable, et, en effet, il avait le titre de « gouverneur de l'Isle et du château de Maillezais [4] ». Il disposait d'une petite garnison de cinquante arquebusiers à pied.

---

1. Cf. *Faeneste*, édition Réaume, t. II, p. 402-403.
2. *Ibid.*, p. 421.
3. Voir 2ᵉ édition 1891, t. I, à l'article sur les d'Aubigné-Maintenon.
4. Cf. *Carrés d'Hozier*, vol. XL, Bibliothèque Nationale, fonds français n° 30.269, fᵒ 94, 95, 96 et 98, série de pièces.

commandés par un lieutenant et un enseigne. Elle émargeait au budget royal pour une somme de 269 écus 2/3 par mois, dont 66 écus 2/3 allaient au gouverneur, 16 écus 2/3 au lieutenant, 12 à l'enseigne. La solde du sergent était de 6 écus, celle des trois caporaux de 5. Enfin, le tambour et les quarante-cinq soldats touchaient chacun 3 écus 1/3 [1].

La garnison occupait le château, où d'Aubigné lui-même était logé, au siège de l'évêché, fortifié de longue date, car la puissante abbaye bénédictine de Maillezais, avant d'être érigée en évêché (en 1317), dominait déjà toute la région. On se souvient qu'Henri IV estima le lieu assez sûr pour y confier à d'Aubigné, pendant quelques semaines, la garde du roi de la Ligue, Charles X [2]. L'évêque titulaire était alors Escoubleau de Sourdis. D'Aubigné installé dans sa maison, sinon dans ses meubles — et encore je n'en jurerais pas — lui portait en outre préjudice d'une façon encore plus sensible en confisquant les droits fiscaux qui devaient lui revenir. Mais celui-ci, malgré ses protestations, était sans doute trop grand seigneur pour être beaucoup touché de cette perte, car il ne semble pas avoir gardé rancune à l'usurpateur. Il ne se vengera qu'en lui envoyant, pour son édification, des ouvrages de controverse religieuse du Jésuite Richeome. Ce sera l'occasion d'une correspondance courtoise entre eux, où la dispute théologique use bien de quelques pointes malicieuses, mais sans méchanceté [3].

1. Cf. Bibliothèque Mazarine, ms. 2096, procès-verbal de l'Assemblée protestante de la Rochelle (en nov.-déc. 1588) et pièces annexes, au f° 31 « État de la garnison ordonnée par le Roy de Navarre, premier Prince du sang, premier pair et protecteur des Églises réformées de France, gouverneur et lieutenant général pour le roy en Guienne, — au fort et Isle de Maillezais. »

2. Voir mon chapitre IX, § 1, t. II, p. 39 à 47.

3. Voir au t. I de l'édition Réaume dans le recueil des *Lettres de piété et de théologie* trois réponses de d'Aubigné à l'évêque de Maillezais, Lettres XIV, XV et XVI, p. 405 à 417. Il dit dans la première, au sujet d'arguments faibles de Richeome, qui les avait cependant comparés pour leur solidité à des bataillons armés : « Vous plaist-il, Monseigneur, que d'un coup de canon je vous mette en fuitte tout cette canaille de culs blancs ? » (p. 406). On trouve dans la *Confession de Sancy* (cf. édition Réaume, t. II, p. 341) une dérision des mêmes comparaisons gentilles de Richeome. Et on y voit que les deux ouvrages visés étaient la *Vérité défendue* (1595), et les *Trois Discours sur les Miracles, les Saints et les Images* (1597).

Notons que, quand d'Aubigné se démettra de ses places en faveur de Rohan, avant de s'exiler en Suisse, il réservera les droits fiscaux de l'Evêque, dont il fera ainsi une reconnaissance tardive, et Rohan s'obligera à les acquitter « doresnavant ». (Cf. l'acte de cession du Dognon du 25 mai 1619 reproduit dans mon chap. XIII, § 3, p. 66-67 du 3° vol. d'après la collection de Benjamin Fillon. Au même chap. §, 1, même vol. p. 27-28, nous verrons ce qu'était ce fort du Dognon, édifié à une lieue de Maillezais, et dans quelles circonstances d'Aubigné l'avait construit.)

Outre ces divers avantages, d'Aubigné jouissait encore de pensions que lui avaient bien méritées ses services, et qui finiront par monter à « 4.000 livres sur l'ordinaire et 3.000 sur le petit estat [1] ».

Il y avait donc, réunis à ce foyer, tous les éléments du bonheur et de l'aisance. D'Aubigné, après sa vie aventureuse et dont les agitations n'étaient pas terminées, avait du moins maintenant un refuge et un reposoir où, entre deux missions, entre deux campagnes, il était assuré de trouver des cœurs aimants et des visages souriants qui lui faisaient fête. Suzanne fut la digne compagne du héros huguenot [2]. Elle ne lui avait pas apporté seulement la richesse des biens, mais celle de l'âme qui vaut mieux : une communauté parfaite de sentiments et de foi, une tendresse où il entrait de l'admiration, un dévouement qui n'allait pas seulement au mari, mais au défenseur de la bonne cause. Plus calme d'ailleurs, malgré la même ardeur de convictions, elle savait au besoin, comme un bon génie domestique, tempérer ses violences et le préserver d'imprudences, ainsi qu'il l'avouera lui-même dans les lamentations désespérées que lui arrachera sa mort. C'est là qu'éclatera toute la force de son amour brisé. Tant que dura son bonheur, il en parle peu. Cependant il soulève deux ou trois fois le voile sur cette intimité conjugale dans ses *Mémoires* ou dans ses *Poésies*.

C'est ainsi qu'il la montre discrète « contre l'ordinaire de son sexe », et capable de garder tous les secrets, quand il lui confie l'original de la commission que lui avait donnée le Roi de Navarre pour aller demander à Henri III réparation de l'affront fait en Cour à la Reine Marguerite [3].

Deux ans après, la guerre recommençait entre Catholiques et Protestants, imposée à la faiblesse d'Henri III par la pression des Ligueurs. Et désormais les absences du mari devenaient plus fréquentes et plus inquiétantes. Suzanne les acceptait

1. Cf. le « Mémoire de ses pensions » établi en 1618 pour le conseiller d'État Pontchartrain, au moment où il en demandait le rétablissement après une interruption. Édition Réaume, t. II, p. 697-698. Elles lui avaient été « ordonnées à diverses fois », comme il le dit dans ce Mémoire, tant par le Roi de Navarre que par Henri IV. Il n'avait donc pas à se plaindre de son ingratitude. On trouve dans les *Carrés d'Hozier* (vol. XL, f⁰⁸ 89 et 93) la mention d'un brevet de pension de 800 livres du 6 mars 1580, et un autre de 400 écus du 17 janvier 1592. L'écu valait 3 livres.

2. M. S. Rocheblave a écrit de jolies pages, délicates et pénétrantes, sur le ménage d'Agrippa d'Aubigné. Cf. *Vie d'un héros*, p. 156 à 162.

3. Cf. *Mémoires* (Réaume, t. I, p. 49) et mes articles de la *Revue du XVI siècle* en 1913 sous ce titre : *Un scandale princier au XVI° siècle.*

avec courage pour le service de Dieu ; mais si elle s'efforçait de ne pas paraître triste à ces séparations, que d'anxiétés pendant qu'elles se prolongeaient, et comme elle devait chercher sur les petites têtes de ses enfants l'image du père chéri pour lequel elle tremblait ! Nous avons la révélation de ces alarmes dans l'épisode touchant que d'Aubigné rapporte au moment de la déroute d'Angers (oct. 1585), où il avait été impliqué par les fautes du Prince de Condé. On se rappelle que son régiment avait suivi La Boulaye et réussi à repasser la Loire pour se rendre en Poitou, pendant que lui-même restait au nord du fleuve avec l'armée et essayait de la sauver après le départ de Condé. D'où la fatale méprise de sa femme qui, voyant arriver son train chez lui, dans la cour du château de Mursay, le croit mort et tombe évanouie. Quand il revint lui-même de cette malheureuse expédition, averti à temps de ce qui s'était passé, il lui ménagea la joie de son retour par deux billets précurseurs, de peur que l'émotion ne la tuàt si elle n'était préparée à son apparition [1].

Voilà des faits qui en disent long sur le fond des cœurs. On ne s'étonne donc pas que Suzanne ait ressenti un peu de jalousie rétrospective à l'égard de celle qui avait inspiré à son mari son premier grand amour. Diane était morte et ne pouvait plus lui porter sérieusement ombrage. Mais son souvenir vivait encore ou se réveillait parfois dans la mémoire d'Agrippa, surtout à ces heures de rêve nocturne où l'on n'exerce plus de contrôle sur les suggestions de l'inconscient. Alors il lui arrivait de prononcer son nom et de soupirer. D'où reproches et protestations de Suzanne. En souffrait-elle réellement ? Je ne crois pas qu'il faille prendre au tragique le sonnet plutôt malicieux que d'Aubigné écrit à ce sujet [2] :

> Susanne m'escoutoit souspirer pour Diane
> Et troubla de sanglots ma paisible minuict,
> Mes souspirs s'augmentoyent, faisoient un tel bruit
> Que fait parmi les pins la rude tramontane.
> Mais quoy ! Diane est morte et comment, dit Susanne,
> Peut-elle du tombeau plus que moy dans ton lit,
> Peut bien son œil esteint plus que le mien qui luit ?
> Aimer encore les morts n'est-ce chose profane ?

1. Cf. *Mémoires* (Réaume, t. I, p. 53-54) et mon chapitre VII, § 1, t. I, p. 344.
2. *Poésies diverses, Sonnet* XI (éd. Réaume, t. III, p. 251).

> Tire-tu de l'Enfer quelque chose de sainct ?
> Peut son astre esclairer alors qu'il est esteint.
> Et faire du repos guerre à la fantaisie ?
> Ouy, Susanne, la nuit de Diane est ung jour :
> Pourquoy ne peut sa mort me donner de l'amour
> Puisque morte elle peut te donner jalousie ?

Si ce souvenir avait été vraiment gênant entre eux, il est probable que d'Aubigné n'en parlerait pas sur ce ton léger. Et le seul fait qu'il avait raconté à sa femme les détails de ce roman de jeunesse prouve assez qu'il ne craignait pas de l'inquiéter, et qu'elle pouvait se reposer sur sa fidèle tendresse, comme il était assuré de la sienne. Les liens vivants de leurs enfants n'avaient fait que la renforcer. Les aînés commençaient déjà à grandir et à laisser voir leur caractère, leurs tendances ; il fallait rectifier, corriger au besoin, orienter cette croissance dans le bon sens comme de jeunes plants qui poussent. A cette tâche commune ils apportaient la même sollicitude, la même attention perspicace, la mère par une présence continue, le père lors de ses séjours ou apparitions chez lui, quand les événements publics lui laissaient quelque répit et loisir. L'instruction marchait de pair avec l'éducation. D'Aubigné avait été un petit savant de bonne heure : on peut penser qu'il était exigeant pour ses enfants. Mais il était trop vivant aussi pour ne pas aimer leur gaieté et tous les ébats de leur âge.

Ainsi passèrent douze années de bien-être familial, bien-être moral et matériel. Et puis brusquement un coup du sort, une calamité terrible frappa ce foyer et y laissa la désolation : l'épouse, la mère disparut prématurément, en 1595, on ignore dans quelles circonstances et par quelle maladie imprévue. Sans doute avait-elle été affaiblie par ses maternités successives. D'Aubigné fut atterré et longtemps inconsolable, malgré le secours de la foi : « Il fut trois ans ne passant guère nuit sans pleurer[1]. » Il dévorait ses larmes dans la journée pour ne pas attrister ses enfants. Le chagrin le consuma au point de le rendre malade. On se souvient que c'est pour chercher une diversion à sa peine qu'il se rendit au siège de la Fère, quelques mois après la mort de Suzanne, dit-il dans ses *Mémoires*[2]. J'ai remarqué[3]

1. Cf. *Mémoires* (Réaume, t. I, p. 68).
2. *Ibid.*
3. Cf. mon chapitre x, § 1, t. II, p. 112. note 2.

que le siège de la Fère dura six mois (de novembre 1595 au 22 mai 1596) et qu'on
ne pouvait préciser avec certitude le moment où il y vint, ni le temps qu'il y resta.
C'est ce qui fait qu'il est permis d'hésiter entre l'année 1595 et la suivante pour
dater la mort de sa femme. Mais je crois qu'il arriva au commencement du siège,
et que la mort se place en 1595. Cela paraît s'accorder mieux avec le texte des
Mémoires : « Aubigné arriva *pour* le siège de la Fère à Chauny », et aussi avec une
indication chronologique qu'on trouve dans une des impressions connues de la
Lettre à Madame sur la Douceur des afflictions, lettre dont je parlerai au chapitre suivant. A la fin de cet exemplaire, qui appartenait au duc d'Aumale, est
ajoutée une paraphrase du psaume 88, en vers mesurés, que d'Aubigné dédie à la
Princesse, ayant éprouvé sur lui-même la résonnance de ce psaume dans un cœur
douloureux, et son effet apaisant, car il s'en exhale « une tristesse violente, et telle
qu'il la sent lui-même, gémissant *depuis sept ans* sa moitié perdue[1] ». Or, cette
impression est datée de 1601. Si donc le compte des années est exact et non approximatif, cela fait bien remonter la mort de Suzanne à 1595[2].

Quoi qu'il en soit de ce point de détail, il souffrit un dur martyre, et c'est pour
lui d'abord qu'il avait écrit cette paraphrase saphique, comme il le dit dans l'argument de la *Méditation* en prose, qu'il composa sur le même psaume :

« L'autheur accablé d'un deuil desmesuré pour l'amour de Susanne de Lezai sa
femme, prit le Pseaume 88 pour en tirer les vers Sapphiques mesurés qui sont dans
ce livret, et depuis la présente méditation[3]. »

Il nous apprend d'autre part dans la *Préface aux vers mesurés*[4], et par une lettre
à M. Certon[5], dont la matière est la même, seulement plus développée, si bien qu'il
apparaît évident que la Préface en a été extraite, il nous apprend, dis-je, que c'est
à la suite de discussions sur les vers mesurés avec MM. de La Noue et Rapin[6] que,

---

1. Cf. *Bulletin de la Soc. d'Hist. du Protestantisme*, t. XXIV (1875), communication de Ch. Read, et
mon chapitre xii, § 1, t. II, p. 292.

2. Les enfants étant mineurs à la mort de leur mère, il fut dressé un inventaire, et d'Hozier l'a eu
entre les mains, mais il note que « cet acte est déchiré en son commencement et sa fin, de sorte qu'on
n'a pu voir la date. » (*Cabinet d'Hozier*, vol. XVII dans le dossier d'Aubigné, n° 383, *Bibliothèque Nationale,*
fonds français 30.398).

3. Cf. Réaume, t. II, p. 190.

4. Cf. Réaume, t. III, p. 271.

5. La X° des *Lettres de poincts de Science* (Réaume, t. I, p. 453).

6. Rapin était le voisin de d'Aubigné à Maillezais. Il était de Fontenay-le-Comte, où il s'était retiré

piqué par leur défi, il se résolut à s'y essayer sur le psaume 88, puis sur le psaume troisième. Le premier des deux fut même chanté, avec musique de Claudin le Jeune, dans une soirée donnée en son honneur par le sieur Payot, et « où il mena M. de la Noue, arrivant de Hollande ». Il s'agit d'Odet de La Noue ; son père, le célèbre *Bras-de-Fer*, était mort en 1592, trois ans avant Suzanne de Lezay. Odet était poète et musicien à ses heures [1]. Sa tante (du côté maternel) Louise de Coligny était la veuve de Guillaume le Taciturne : c'est elle sans doute qu'il était allé voir en Hollande.

A quel moment situer son retour et le concert chez le sieur Payot? Très vraisemblablement lors d'un des voyages que d'Aubigné fit à Paris en 1600 [2]. C'est ce qui explique la dédicace et l'envoi de cette poésie métrique à Madame. D'Aubigné ne lui en ferait pas hommage si ce n'était pas une nouveauté assez récente. Entre les deux séjours, l'un au début de l'année, en hiver, pendant la visite du duc de Savoie à Henri IV, l'autre en mai, peu après la fameuse conférence théologique de Fontainebleau, j'opterais pour le premier car il y avait du feu chez le sieur Payot :

« Il me souvient qu'estant ouillez [3] de la grande quantité de pièces et de la longueur du consert, nous nous retirasmes *auprez du feu*. Le Président Lescalopier, et quelques Conseillers qui estoient venus passer l'aprez-soupée, pensants à leur retraitte oüyrent commencer une pièce de nos Saphiques, ils recoururent a la table comme à une nouvelle douceur [4]. »

Ainsi donc en 1600, et même après, car la *Méditation* en prose est postérieure à la paraphrase métrique, le chagrin de d'Aubigné était encore si profond qu'il se représentait sous la figure du malheureux qui, dans le psaume 88, clame son désespoir et invoque la pitié du Seigneur.

Il y a quelques strophes touchantes dans la version poétique :

en 1599 dans son joli châtel de Terre-Neuve, après s'être démis au profit de son fils de sa charge de Grand Prévot de la Connétablie de France.

1. Et pas plus d'accord avec d'Aubigné sur la musique que sur les vers mesurés. Il lui reprochait d'aimer le gros bruit. Voir une plaisante lettre que d'Aubigné lui écrit sur ce sujet, au lendemain d'une visite qu'il était allé lui faire à sa propriété de Montreuil-Bonnin, près Poitiers (Réaume, t. I, p. 165).

2. Cf. mon chapitre XII, § 1, t. II, p. 269 et sq.

3. Comblés, saturés (se dit des tonneaux remplis jusqu'à l'œil, jusqu'à la bonde).

4. A M. Certon (Réaume, t. I, p. 455).

> Sauveur éternel, nuict et jour devant toi,
> Mes soupirs s'en vont relevés de leur foi.
> Sus, soupirs, montez de ce creux et bas lieu
> Jusques à mon Dieu.
>
> . . . .
>
> Quand le jour s'enfuit, le serain brunissant,
> Quand la nuict s'en va, le matin renaissant,
> Au silence obscur, à l'esclair des hauts jours
> J'invoque toujours.
>
> . . . .
>
> Pour jamais as-tu ravi d'entre mes bras
> Ma moitié, mon tout, et ma compaigne ? hélas !
> Las ! Ce dur penser de regrets va tranchant
> Mon cœur et mon chant [1].

Mais c'est dans la *Méditation* en prose que l'époux désolé s'est fait une application vraiment dramatique de la plainte biblique :

« Tu sçais, Seigneur, quels orages ont passé sur ma teste dès mon enfance... [2]. »

Et il rappelle ses épreuves, ses luttes, ses périls pour la Religion, stations d'un chemin de croix qui aboutit à ce calvaire, la mise au tombeau de Suzanne ; et c'est alors qu'éclate le cri déchirant, qui fait encore frissonner le lecteur si longtemps après :

« Tu as descoché sur moi de tes punitions la plus destruisante et irréparable à jamais. Tu ne m'as point blessé aux extrémités et membres qui retranchés laissent le reste traîner quelque misérable vie, mais tu m'as scié par la moitié de moimesme ; tu as fendu mon cœur en deux, et dissipé mes entrailles en arrachant de mon sein ma fidèle, très aimée, et très chère moitié, laquelle, comme génie de mon âme, me tenoit fidèle compagnie à tes loüanges, m'exhortoit au bien, me retiroit du mal, arrestoit mes violences, consoloit mes afflictions, tenoit la bride à mes pensées desréglées, et donnoit l'esperon aux désirs de m'employer à la cause de la vérité.

« Nous allions unis à ta maison, et de la nostre, voire de la chambre et du lict faisions un temple à ton honneur.

1. Réaume, t. III, p. 276-278.
2. Réaume, t. II, p. 199.

« Depuis je marche exanimé comme un phantosme, ou un spectre parmi les vivans[1]. »

Dans le recueil des *Œuvres meslées* (de prose et de vers)[2], où d'Aubigné rapprochera plus tard ces deux traductions libres du psaume 88, il y adjoindra une poésie en vers ordinaires, intitulée *Larmes pour Susanne de Lezai*[3], où il compare sa blessure à celle d'un arbre auquel on a coupé une branche au printemps, lors de la montée de la sève, et ainsi elle s'écoule par cette plaie jusqu'à ce qu'il en meure. Ou encore son cœur, consumé par le chagrin, est semblable à une souche où le feu brûle intérieurement : quand on le voit paraître au dehors

C'est lors qu'elle est demi en cendre.

De même il s'efforce de renfermer en lui son affliction, mais il a des moments de défaillance où elle lui échappe sous les regards de ses enfants.

Ils étaient maintenant sa seule consolation, et seul aussi il en avait la charge morale. Il lui fallait joindre à la ferme autorité du père la tendresse vigilante de la mère absente. Il sut concilier ces devoirs et se faire adorer tout en imposant le respect[4]. On n'avait pas encore une fausse sentimentalité, et l'on savait que l'enfance a parfois besoin de sentir et de subir une force supérieure qui la soumette au bien. D'Aubigné aimait mieux faire appel à l'affection qu'à la contrainte, au raisonnement qu'à la démonstration manuelle, mais il ne reculait pas devant cette extrémité quand cela était nécessaire. Et alors les bosquets de Mursay lui prêtaient leur concours, et lui fournissaient les baguettes pour la correction. Mais les enfants se vengèrent d'amusante façon. C'est à Madame, dans la *Lettre sur la Douceur des afflictions*, que d'Aubigné raconte en souriant ce trait :

« Il faut donc oster du sein de Dieu les causes de son yre, non les moyens de punir, et ne faire *comme je voyais ces jours* mes petits enfans bien empeschez à depeupler ma basse court de verveines, incurieux d'aracher les ofances, mais cuidants en vain faire périr les moyens de chastimens[5]. »

1. Réaume, t. II, p. 201-202.
2. Voir sur ce recueil et sa composition mon chapitre XIV, § 3, p. 161 et sq. du 3ᵉ vol. et mon *Appendice bibliographique*, 2ᵉ section, B, article X, p. 197 à 199 du même vol. III.
3. Cf. Réaume, t. III, p. 278.
4. Comme en témoignent les « brouillons enfantins » de Bessinges, cf. S. ROCHEBLAVE, *Agrippa d'Aubigné*, dans la petite collection des Grands Écrivains français, chez Hachette, p. 35-36.
5. Cf. Réaume, t. I, p. 548.

Avouons que ce père, même dans ses justes colères, n'était pas bien terrible, puisque ses enfants avaient l'audace de dévaster un parterre pour le priver de verges. Et sans doute n'en usait-il que pour les plus jeunes — il dit lui-même « mes petits enfans ». Or en 1600, au moment de cet incident (la *Lettre à Madame* a été écrite en 1600, comme nous le verrons [1], et publiée seulement l'année suivante), les aînés devaient déjà être adolescents ; mais les plus jeunes étaient.... les fillettes ! Fi ! la cruelle pénitence pour des demoiselles ! Heureusement qu'il leur fera réparation, en leur dédiant — plus tard — un *Abrégé de Logique*, montrant ainsi qu'il estimait leur raison autant que celle des garçons ; et, en le leur envoyant, il leur écrira :

« Je ne blasme pas vostre désir d'apprendre avec *vos* frères [2]. »

Il ne pouvait les admettre à cette science un peu épineuse qu'à l'âge où leur esprit était déjà formé. Retenons donc qu'à cette époque leurs frères, et non pas seulement Constant, le seul qui survécut finalement, étaient encore de ce monde ; ce qui prolonge leur existence sensiblement au delà du terme provisoire que nous avons marqué plus haut, d'après l'indication d'un aveu de la terre de Surimeau, daté de 1597.

En fait, d'Aubigné éleva ses cinq enfants, et c'est une petite école qui se tint chez lui pendant des années. Il se procura à prix d'or, au besoin en les enlevant aux meilleures maisons par l'appât de gages doublés (*hamis auctis*) [3], les précepteurs les plus réputés ; et c'est à l'un d'eux, M. Tompson [4], qu'il écrivit une lettre bien intéressante [5], après la visite d'une Académie protestante — probablement celle de

---

1. Voir mon chapitre xii, § 1, t. II, p. 291-292.

2. Cf. Réaume, t. I, p. 446.

3. Cf. *Mémoires* (Réaume, t. I, p. 109) et lettre ultérieure de reproches à Constant, qui ne s'est pas montré digne de cette « nourriture exquise », t. I, p. 297.

4. Est-ce le même que le George Thompson — un prédicant écossais — qui fut le précepteur du fils de La Boulaye à Fontenay-le-Comte (cf. Fillon et Rochebrune, *Poitou et Vendée*, publié à Niort, Clouzeau, 1877) et par la suite pasteur à la Châtaigneraie ? Si oui, c'était un ardent protagoniste de la Réforme, un personnage combattif — qu'on ne s'étonnerait pas que d'Aubigné eût choisi — car ce George Thompson livra des combats homériques aux Jésuites et autres ordres religieux, qui tentaient de reconquérir Fontenay après l'Édit de Nantes, et il écrivit, pour soutenir que le Pape était l'Antéchrist, un pamphlet intitulé, *la Chasse de la Beste romaine*, la Rochelle, 1611 (Cf Benjamin Fillon, *Recherches sur Fontenay*, publié à Fontenay, chez Nairière-Fontaine, en 1846).

5. Cf. Réaume, t. I, p. 420 à 422, la 2ᵉ des *Lettres de Poincts de Science*.

Saumur [1], pour lui faire part de ses impressions et en tirer quelques avertissements et conseils dont celui-ci pourra faire son profit dans l'instruction de ses élèves.

L'enseignement qui est donné dans cette Académie, observe d'Aubigné, a des parties excellentes, mais aussi des lacunes et des insuffisances. Pour la grammaire, la physique, « les Morales », la théologie, c'est parfait. Les jeunes pasteurs qui sortiront de là sauront interpréter les Écritures, et veiller aux bonnes mœurs. Mais ils ne seront pas assez armés pour la discussion, et en ce temps de controverses religieuses, c'est un point capital. Chaque fidèle doit être capable de défendre sa foi contre les attaques et les argumentations spécieuses des adversaires, à plus forte raison les pasteurs qui ont charge d'âmes. La dialectique est trop négligée ou dédaignée dans cette Académie. On n'y apprend pas à démêler les sophismes, à se dégager des habiles *distinguos* et à asséner l'argument décisif. On n'y apprend pas en un mot « l'art de la dispute », qui est l'escrime du croyant :

« Je vous prie que nostre jeunesse soit instruitte à se deffendre plus qu'à enseigner les autres en un siècle où nos adversaires ne pechent point faulte de cognoissances, mais deffendent leur gloire et leurs richesses par l'acier de la suptilité [2]. »

La dialectique doit donc être avant tout la servante de la vérité, c'est-à-dire de la vérité huguenote qui, comme telle, ne peut être démontrée fausse, et doit toujours triompher si l'on sait employer les facultés de raisonnement que Dieu nous a données. Cette intrépidité de conviction, comme cette subordination de l'instruction à la religion ne sont pas faites pour étonner de la part de d'Aubigné. Ce qui surprend davantage c'est sa confiance absolue dans les règles et les exercices de la *Logique formelle* pour mettre la raison en état de remplir son office. Le syllogisme avec ses diverses figures répond à tous les besoins ; et hors de lui pas de salut, c'est-à-dire pas de démonstration ou de réfutation possibles. Il y a évidemment un reste d'esprit scolastique dans cette superstition de la méthode syllogistique.

---

1. Fondée le 12 octobre 1606, cf. *Mémoires de Duplessis-Mornay*, t. X, p. 186 [dans une lettre à M. de Bouillon). Voir aussi les détails qu'il donne sur son organisation au synode national de la Rochelle en lui demandant des fonds (même tome, p. 200 et 201, lettres du 22 février et du 25 mars 1607).

2. *Loc. cit.* (Réaume, t. I, p. 422).

La logique qui nous fournit des armes pour la dialectique, et par suite pour la bonne cause, est donc la science des sciences. C'est pourquoi d'Aubigné s'inquiète quand il voit ses fils broncher dans le maniement des *propositions*, et la place du terme moyen. Il y rêve à cheval et leur fabrique un vers latin supplémentaire [1] à ajouter aux huit autres où la Renaissance avait condensé les règles du syllogisme. C'est pourquoi encore il veut dresser ses filles, comme leurs frères, à cet art de raisonner mis en formules, car les femmes ont besoin elles aussi d'avoir la tête solide pour être les gardiennes de la foi domestique. Mais il prend soin dans son « *Abrégé de Logique en François* » que M. de Bouillon a nommé « la Logique des filles [2] », de ne pas les effrayer par des termes d'École, et il leur présente cette science un peu rébarbative, devenue plus revêche encore sous l'accoutrement du Moyen Age, d'une façon plus plaisante et plus familière, en ne se servant que des mots du langage courant.

En leur adressant son petit traité, il leur donne son avis sur l'instruction et la culture des femmes, à propos d'une question qu'elles lui avaient posée sur *les Femmes doctes de ce siècle*. La lettre [3] est charmante, pleine de renseignements précis, d'idées et de bon sens. C'est d'abord un répertoire de toutes les femmes supérieures de son époque, non seulement en France, mais à l'étranger, car son enquête s'étend loin, et il paraît notamment très au courant des choses d'Italie. On sait qu'il lisait l'italien comme les langues anciennes, comme l'hébreu. Il fait un éloge hyperbolique de la reine Élisabeth d'Angleterre, pour qui il professait un véritable culte, en reconnaissance de la protection accordée partout au Protestantisme. Pour montrer combien elle était savante, il rapporte « qu'elle respondit en un jour à huict Ambassadeurs aux langues qui leurs estoyent les plus propres ». Si elle parlait toutes ces langues comme le français, ce n'était pas si merveilleux, notons-le en passant, car ses lettres à Henri IV sont écrites dans un style amphigourique et prétentieux, qui approche souvent du galimatias.

Mais ce qui nous intéresse davantage dans son catalogue des *Femmes Doctes* de son temps, c'est ce qui concerne la France. Princesses, comme la première

---

1. Cf. Réaume, t. 1, p. 419, la 1re des *Lettres de Poincts de Science*.
2. Réaume, t. 1, p. 445.
3. Cf. Réaume, t. 1, p. 445 à 450.

Marguerite de Navarre, sœur de François Ier, la « Marguerite des Marguerites »,
car ce fut la plus remarquable des trois princesses de Valois qui portèrent ce prénom
au xvie siècle ; — grandes dames comme la duchesse de Rohan, un « miroir de
vertu », et sa fille Anne, ou la maréchale de Retz, parente de Suzanne de Lezay [1],
et qui faisait l'admiration de l'Académie d'Henri III en disputant avec Madame de
Lignerolles ; — bourgeoises de Paris, comme la « dame de Gournay, célébrée
par Michel Montagne », ou les sœurs Morelles ; — illustrations provinciales, comme
« Loyse Labbé, Lyonnoise, la Sapho de son temps » ou les dames des Roches à
Poitiers, etc., etc., il les passe toutes en revue, et par un souvenir, un trait ou un
mot, caractérise leur mérite, pour terminer par deux personnes qui lui furent plus
chères : *Loyse Sarrasin*, qu'il connut tout enfant à Genève et à qui il dut de faire
des progrès en grec, « la merveille de sa maison » dans une famille très cultivée ;
et enfin sa mère, *Catherine de l'Estang* « vostre grand'mère, laquelle son fils qui
en escrit n'a jamais veuë (et c'est ce qui m'a donné le nom d'Agrippa), mais ouy
bien ses livres dans lesquels j'ay estudié, ayant gardé prétieusement un Sainct-
Bazile grec commenté de sa main [2] ».

Quelle leçon peuvent tirer ses filles de ces exemples illustres ? C'est ici que sa
sagesse et son expérience de la vie se montrent sous un jour tout à fait aimable.
C'est bien le grand-père de Madame de Maintenon que l'on entend ; elle a hérité
de son bon sens et s'est inspirée de ses idées dans son Institut de Saint-Cyr :

« Je viens à vous dire mon advis de l'utilité que peuvent recevoir les femmes
par l'excellence d'un tel savoir : c'est que je l'ay veu presque toujours inutile aux Damoiselles de moyenne condition, comme vous, car les moins heureuses
en ont plustot abusé qu'usé ; les autres ont trouvé ce labeur inutile, essayants ce
que l'on dit communément, que quand le rossignol a des petits qu'il ne chante plus.
Je dirai encor qu'eune eslévation d'esprit desmesurée hausse le cœur aussy, de
quoy j'ay veu arriver deux maux, le mespris du ménage et de la pauvreté, celuy
d'un mary qui n'en sait pas tant, et de la dissension. Je conclus ainsy, que je ne
voudrois aucunement inciter au labeur des lettres autres que les Princesses qui sont

---

1. « L'honneur de vostre parenté », dit d'Aubigné à ses filles, t. I, p. 447. A rapprocher des
Mémoires, t. I, p. 48.

2. Cf. t. I, p. 449.

par leur condition obligées au soin, à la cognoissance, à la suffisance, aux gestions et auctoritez des hommes, et c'est là où le savoir peut réussir comme à la Royne Élizabet. Voilà ce que vostre curiosité à voulu exiger de vostre père [1]. »

D'Aubigné ne refuse donc pas la culture aux femmes : « je ne blasme pas votre désir d'apprendre avec vos frères [2] », mais il craint l'orgueil et le pédantisme des « Femmes savantes », et, sauf pour les personnes de très haut rang, il estime qu'une instruction modeste s'accommode mieux avec les devoirs d'une bonne mère de famille. Molière pensera de même.

Mais n'exagérons rien. S'il aurait eu horreur de faire de ses filles des aïeules d'Armande, il leur laissa goûter le fruit de la science à la même table que leurs frères, et son rigorisme huguenot, tout de même assez libéral, leur permit de s'abreuver avec eux aux sources du Parnasse païen. Les uns et les autres firent donc leurs humanités.

Nous voyons par exemple qu'on leur « a leu la Theogenie d'Hésiode [3] » — on ne doutait pas encore de son authenticité — dans une traduction, semble-t-il, mais même ainsi ce n'en est pas moins une étude sévère et qui suppose une instruction classique assez poussée. L'œuvre d'ailleurs, commentée par le maître, avait de quoi parler à leur imagination, en déroulant devant elle de belles histoires sur l'origine des choses, toute une cosmogonie dramatique, dans laquelle les forces de la Nature divinisées se livraient des combats tumultueux, d'où devait sortir pourtant peu à peu notre monde civilisé.

Mais ici le père, le croyant, intervient au milieu de la leçon pour la compléter. Il leur rappelle que la vérité est dans les récits de la Genèse, et non dans les inventions de la « délicieuse ignorance des Anciens [4] ». Et, pour les défendre contre le charme de ces fictions et les rendre inoffensives, voire même utiles, il leur montre un sens caché sous ces légendes, et leur apprend à les interpréter par des symboles :

« Mes enfans, leur écrit-il, il m'est souvenu de l'attention que vous me pres-

---

1. Réaume, t. I, p. 449-450.
2. *Ibid.*, p. 446.
3. Cf. Réaume, t. II, p. 226, *l'Hercule chrestien.*
4. *Ibid.*

tastes la dernière fois que je vous ai veus, et elle me tesmoigna le plaisir que vous preniez aux explications mystiques de la Mythologie ancienne [1]. »

Aussi a-t-il songé à leur renouveler ce plaisir — et le profit qu'il en attend — et il a composé pour eux un opuscule intitulé *l'Hercule chrestien* [2], où ils verront une fois de plus, sur un exemple approprié, comment on peut tirer un suc bienfaisant des fables païennes. Il s'ingénie, en effet, avec beaucoup de subtilité, à faire apparaître dans les douze travaux d'Hercule de simples illustrations de préceptes moraux. Je veux croire que les enfants ont accepté comme paroles d'Évangile toutes les interprétations paternelles ; mais s'il en est d'assez admissibles, d'autres nous paraissent bien arbitraires ou embarrassées. Le Mythe ne se prête pas toujours aisément à ces travestissements, et l'on aperçoit trop la main du transformateur. Si c'est là un jeu innocent, il faut avouer qu'il est assez vain. Il y a quelque chose d'un peu puéril dans cette conversion systématique des légendes antiques en contes édifiants pour petits ou grands enfants.

Mais on sait assez que d'Aubigné n'est pas l'inventeur du procédé, et que le Moyen Age, avec son goût pour l'allégorie et la « Moralité », a largement pratiqué cette exégèse sur les fables et les œuvres de l'Antiquité. Si la chose surprend un peu plus au xvie siècle, c'est que l'Humanisme a passé par là, qui a renoncé à christianiser rétrospectivement la pensée de la Grèce et de Rome, et a essayé au contraire de se faire une âme antique pour les comprendre. La Réforme a résisté à ce courant, redoutant pour la foi la séduction de l'art, et ne voulant pas tomber dans l'erreur qu'elle reprochait à ce sujet au Catholicisme romain. D'Aubigné, quoique humaniste lui-même à sa façon, et poète par surcroît, demeure fidèle, là comme en tout, à l'esprit de la Réforme.

Et nous voyons que toute sa pédagogie en est profondément imprégnée. Qu'il s'agisse de Logique ou d'Humanités, deux ordres d'études bien différents, nous constatons chez lui les mêmes préoccupations confessionnelles et la même orientation religieuse donnée à l'enseignement. C'est évidemment un point de vue particulier, et celui de Rabelais et Montaigne éducateurs est plus large — encore que Montaigne ait un souci presque exclusif de la leçon morale, ce qui n'est pas une

1. Réaume, t. II, p. 226.
2. Cf. Réaume, t. II, p. 226 à 231.

tendance très différente — mais reconnaissons en tout cas que d'Aubigné avec ses idées ne pouvait pas concevoir l'éducation autrement que comme une auxiliaire de la Foi. Et, tout compte fait, telle qu'elle fut donnée à ses enfants, elle apparaît peut-être un peu étroite, mais substantielle et susceptible de former des esprits, sinon très ouverts, du moins solides, droits, et richement ornés pour leur agrément et celui des autres.

Du moins il le semble, quoiqu'elle n'ait pas eu ce résultat sur son aîné Constant[1], qui en laissa précisément échapper tout l'essentiel, ce qui en faisait l'âme, l'inspiration religieuse, pour n'en retenir que l'accessoire, l'ornement. Mais à qui la faute ? Le bon grain ne peut germer sur une terre ingrate. D'Aubigné avait le droit de se rendre cette justice qu'il avait tout mis en œuvre pour le marquer profondément comme les autres du sceau de Dieu.

§ II. — Le Cabinet de travail et l'élaboration des principales œuvres. — « Le pesant chariot » de l'Histoire.

S'il avait composé pour l'éducation de ses enfants quelques petits traités, ce n'étaient à vrai dire que des hors-d'œuvre, des divertissements au milieu de son labeur d'écrivain qui était énorme. Car sa retraite fut singulièrement féconde, et j'imagine que la majeure partie de son temps se passait dans son cabinet de travail. Produire était maintenant sa façon d'agir.

La grande œuvre qui l'occupa principalement pendant des années fut son *Histoire universelle*, titre un peu ambitieux, qui annonce la prétention de ne pas borner sa vue à l'horizon de la France, mais de l'étendre à tous les pays avec lesquels nos affaires avaient été plus ou moins liées. Il a traîné, comme il dit, le « pezant chariot de l'Histoire[2] » à travers toute l'Europe, et même au delà. « L'universalité » était d'ailleurs une tendance assez commune aux historiens de cette époque, et la preuve de la conception élevée qu'ils se faisaient de leurs devoirs. C'était aussi le point de vue auquel se plaçait de Thou, qui écrivait l'His-

---

1. Il n'était pas d'abord l'aîné, mais il le devint par la disparition du frère qui le précédait.
2. Cf. *Appendice* ajouté après la mort d'Henri IV, au t. IX de l'édition Ruble, p. 456.

toire générale de son temps. Ainsi encore Palma Cayet dans ses *Chronologies novenaire* (1589 à 1598) *et septenaire* (1598 à 1604), rédigées sous forme annalistique à la gloire d'Henri IV, ne se limitait pas aux actes de ce Prince, ni même aux répercussions lointaines de sa politique, mais élargissait son cadre jusqu'aux confins du monde.

L'*Histoire* de d'Aubigné embrasse la période de 1553 à 1602, un demi-siècle, si troublé, si rempli d'événements et de bouleversements, « temps calamiteux, dit-il lui-même, plein d'ambitieux desseins, de fidélitez et infidélitez remarquables, de prudences et téméritez, de succez heureux ou malheureux, de vertus relevées et d'infâmes laschetez; de mutations tant inespérées qu'aisément vous tirerez de ces narrations le vrai fruict de toute l'histoire, qui est de connoistre en la folie et foiblesse des hommes le jugement et la force de Dieu [1] ».

Ne croirait-on pas entendre du Bossuet? C'est sa pensée, sinon son style; c'est la même philosophie de l'histoire : elle met en lumière la puissance de Dieu, dont les hommes, avec leurs agitations et leurs passions, ne sont que les instruments. Mais pour Bossuet le dessein providentiel a été l'avènement et le triomphe du Christianisme catholique ; pour d'Aubigné, le Catholicisme n'a été qu'une déviation. La vraie Église est l'Église protestante, c'est elle qui se relie au Christianisme primitif, et la main de Dieu est visible dans le salut presque miraculeux du Protestantisme, contre lequel ont conspiré tant de forces hostiles. C'est la conclusion qui devra ressortir de son œuvre, encore qu'il se défende d'intervenir pour solliciter le jugement du lecteur. Les faits parleront assez d'eux-mêmes. Il suffit qu'ils soient connus dans leur vérité, et que les Réformés ne commettent pas la faute des premiers chrétiens, qui se sont laissé calomnier par leurs adversaires :

« Il est bien besoin que la postérité sache de nos nouvelles par nous-mesmes, et qu'elle ne sente pas les deffauls, desquels nous pouvons accuser en cette partie l'Église primitive... Enfin on saura de nos nouvelles par un enfant de la maison, tesmoin par les yeux de toutes les choses plus notables, et admis au Conseil des plus secrettes [2]. »

<hr>

1. *Préface de l'Histoire universelle,* éd. Ruble, t. I, p. 10.
2. Lettre (de l'an 1616) à M. Goulart, ministre à Genève, en le mettant au courant de ses travaux littéraires, passés et présents. Lettre précieuse à tous égards. Cf. Réaume, t. I, p. 472 et sq.

Voilà le langage qu'il tient à un coreligionnaire quand il approche du terme de son travail, et voilà quelle avait été dès le début sa préoccupation capitale. C'est une déposition sous serment qu'il vient faire auprès de la Postérité. Il avait fait, vu, connu assez de choses pour avoir le droit d'apporter son témoignage en faveur de la vérité.

Rappelons-nous sa carrière héroïque. Depuis la 3ᵉ guerre il a dépensé sans compter son courage, sa peine et son sang. Il s'est battu partout, il s'est signalé partout, dans les attaques comme dans la défense des places, dans les petites comme dans les grandes batailles. Il a l'auréole de Casteljaloux (1577) et de Montaigu (1580), deux noms, deux places qu'il a rendues redoutables à tous les voisins. Il était à Jarnac (13 mars 1569) et à la Roche-Abeille (25 juin), il peut revendiquer un peu de la victoire de Coutras (20 octobre 1587), car il avait assisté le Roi de Navarre dans le placement des corps et les dispositions prises le matin même. Quand Henri III, tyrannisé par la Ligue, a appelé à son secours son beau-frère de Navarre, d'Aubigné l'a accompagné à Tours pour barrer la route aux troupes de Mayenne. Il a pris part à la marche sur Paris, qui se serait terminée par un triomphe et par l'entrée dans la capitale, sans le drame de Saint-Cloud et l'assassinat d'Henri III. Et, après l'avènement d'Henri IV, si le soin de veiller sur le cardinal de Bourbon, le faux roi de la Ligue, confié à sa garde, l'a empêché de se trouver à Arques, s'il n'est pas certain qu'il ait paru à Ivry (14 mars 1590), il est venu au siège de Paris (depuis juillet 1590), comme l'année suivante il a rallié la cornette blanche de la cavalerie royale au siège de Rouen (novembre 1591 à mai 1592) et l'a suivie dans toutes les opérations contre le duc de Parme.

Ce sont là des états de services qui comptent. Après l'abjuration sans doute, il y a un malentendu, presque un fossé entre le maître et lui, et il se tient plus à l'écart, mais il a tout de même franchi ce fossé pour venir le rejoindre au siège de la Fère (novembre 1595 à mai 1596).

Qui donc aurait plus d'autorité, plus de compétence que lui pour écrire l'histoire militaire de toutes ces guerres ?

Et il n'est pas qu'un soldat ; il a mis la main aux affaires ; il dit vrai, il a été « admis au conseil des plus secrettes ». Il a joué un rôle, le premier peut-être, dans l'évasion de son maître de la Cour des Valois (4 février 1576), ce lieu de perdition où s'endormait, où sommeillait au moins la conscience huguenote du Béarnais. Il a rempli ensuite pour lui bien des missions délicates ou périlleuses : dans les provinces au nord de la Loire après la paix de Beaulieu (6 mai 1576) pour observer les préparatifs ligueurs ; aux États de Blois (décembre 1576) ; en Languedoc (avril-mai 1577), pour démasquer Montmorency-Damville, le chef du Tiers-Parti, en train de traiter avec la Cour et de trahir ses alliés protestants. Plus tard, lors de l'affaire de la Reine Marguerite, c'est la démarche comminatoire auprès de Henri III (19 octobre 1583). Puis lorsque la faiblesse de ce souverain est près de ployer sous l'impérieuse volonté des Guises et de renier ses Édits de tolérance, c'est l'importante délibération de Guitres (fin mai 1585) pour décider si l'on doit devancer l'attaque et prendre l'offensive, tout au moins s'y préparer. Dans toutes les circonstances graves, on le voit ainsi aux côtés de son maître, donnant des avis résolus et précieux. A la mort de Henri III, dans ce moment critique de la transmission des pouvoirs où se jouait la destinée du Roi de Navarre — et de la France — il ne le quitte pas d'une heure ni d'un pas, et il fortifie sa résistance aux sommations des catholiques-ultra. S'il n'a pu l'empêcher dans la suite de faire le « saut périlleux », et si sa démarche *in extremis* à Dreux (juin 1593), à la veille de l'abjuration, s'est heurtée à une résolution arrêtée — et d'ailleurs sage — il pouvait du moins se rendre cette justice qu'il avait rempli son devoir jusqu'au bout envers la Cause et envers son Roi.

Dès lors il a estimé que les Églises ne devaient plus chercher leur protection qu'en elles-mêmes, au besoin contre leur ancien Protecteur, et il s'est consacré tout entier au redressement du Parti qui s'était laissé aller depuis l'avènement d'Henri IV à une fausse sécurité. Nous avons constaté ses initiatives, son activité, sa fermeté dans les diverses Assemblées protestantes qui ont travaillé à cette reconstitution, et dont les efforts successifs ont abouti à l'Édit de Nantes.

Aussi peut-on dire qu'il a, autant que quiconque, contribué à faire l'histoire du Parti avant de l'écrire. Comment, sachant manier aussi bien la plume que l'épée, ne serait-il pas tenté maintenant de la raconter ? D'autant qu'il avait encore cet avantage d'avoir pu observer de près à la Cour des Valois (d'août 1573 à février 1576) les principaux personnages du parti adverse, d'y avoir démêlé les intrigues et sondé les caractères. Il a même été mené deux fois à la guerre, malgré lui, dans les rangs catholiques : en Normandie contre Mongommery (printemps de 1574), en Champagne contre l'avant-garde des reitres de Condé (bataille de Dormans, 10 octobre 1575). Il a été témoin de la mort de Charles IX (30 mai 1574), de l'exécution de Mongommery (26 juin 1574); il était du voyage de la Cour dans le Midi au-devant d'Henri III à son retour de Pologne, il y a connu l'effroi de Catherine de Médicis à la mort du cardinal de Lorraine (26 décembre 1574).

Que de souvenirs, et je ne rappelle que l'essentiel, que d'événements auxquels il a été mêlé, comme acteur ou comme spectateur, et dont le récit pourra prendre place avec la valeur de Mémoires au milieu de son *Histoire universelle !*

Il semble que le projet de cette *Histoire* remontait assez loin. Peut-être est-ce Henri IV, et bien avant son avènement, qui en avait eu la première idée. Car il jugeait honorable d'avoir son historiographe. D'Aubigné nous rapporte à ce sujet une anecdote piquante :

« Je demande à mon lecteur la patience d'un petit conte, avec promesse que, hors la préface, il n'aura plus de moi ces privautez. C'est qu'en l'an 1577 le Roi, ayant pris entre la forest de Thouvoye et le Parc[1] un grand cerf qui, au lieu d'une des branches de sa teste, avoit son endoiller[2] retroussé en la meulle[3] en forme d'un vase, à l'autre ramure on pouvoit dire qu'il portoit dix-huict mal semé[4], il s'eschauffa longtemps à louer cette teste, à la considérer bien brunie, bien perlée, et à délibérer de l'envoyer jusques en Gascogne. Et puis, en retournant au Parc pour faire la curée, il me disoit que cette rencontre devoit estre en son histoire ; et, me conviant à l'écrire, je lui respondis trop fièrement (comme non content des actions passées) : Sire, commencez de faire et je commencerai d'escrire[5]. »

Il est certain qu'en 1577 le Roi de Navarre, échappé depuis un an seulement de la Cour des Valois, commençait à peine de « faire » à la tête du Parti protestant, et d'Aubigné avait le droit de lui demander de fournir plus ample matière à son *Histoire*, s'il désirait la lui voir entreprendre.

1. La forêt de Touvois (Loire-Inférieure) au sud du département entre Touvois et Légé. Le Parc désigne sans doute le Parc-Soubise, propriété des Rohans (commune de Mouchamps, canton des Herbiers, Vendée).
2. Andouiller, petite corne qui tient au bois du cerf.
3. C'est la racine dure et raboteuse du bois.
4. Dix-huit andouillers répartis en nombre inégal de chaque côté de la ramure.
5. Préface au 1er t., éd. Ruble, t. I, p. 9 et 10.

Au reste, les propos échangés ce jour-là n'étaient sans doute que paroles en l'air — autant en emporte le vent — car d'Aubigné ne paraît plus y avoir songé pendant longtemps. Ne dit-il pas, à la fin de sa relation de la bataille d'Arques, à laquelle il n'avait pu assister :

« L'effect d'Arques peut avoir esté déduict autrement, mais je n'ai peu rien changer au rapport de ce grand roi, lequel, quelques jours après mon arrivée en son armée, me conduisit par la main en tous les endroits remarquables pour les combats, *bien que lors il n'y eust aucune délibération d'escrire ceste histoire*[1]. »

Ce n'est pas, je pense, qu'il estimât que le Roi n'avait pas encore assez fait, mais tant que la paix n'était pas rétablie, où aurait-il trouvé le calme et les loisirs nécessaires pour un ouvrage d'aussi longue haleine ? Après l'Édit de Nantes le moment lui sembla venu. La guerre était terminée au dedans comme au dehors contre la Ligue et contre l'Espagne, la question religieuse était réglée tant bien que mal — plutôt mal que bien à ses yeux — mais enfin les Églises, si elles n'avaient plus leur Protecteur, avaient leur statut légal. Le nouveau régime avait les chances de durer longtemps. On pouvait donc regarder en arrière et considérer le chemin parcouru pour arriver à ce terme. Il se mit courageusement à la tâche avec l'approbation du Roi, que certains adversaires, redoutant sans doute son esprit de parti, avaient essayé de lui faire refuser. Mais il eut l'appui d'un prince de l'Église, qui montra en cette circonstance son libéralisme, et l'estime dans dans laquelle il tenait le caractère et les mérites d'Aubigné. On lit, en effet, ceci dans l'*Avis de l'Imprimeur au Lecteur*, écrit en 1616 :

« *Il y a quinze ans* que le roi Henri le Grand fut induit par un jésuite de defendre à M. d'Aubigné le travail de l'histoire. M. le cardinal du Perron au conraire poussa sa Majesté à permettre et puis à commander expressément la pouruitte de ce labeur, en usant de ces termes : qu'il ne connaissoit aucun autre qui eust fournir aux parties nécessaires pour un tel ouvrage, si bien que le roi en veint à promettre une somme raisonnable pour faire un voyage aux lieux esloignez, voir les places desquelles le sit a contribué aux succez des sièges et combats, afin de

---

1. Éd. Ruble, t. VIII, p, 165. Je m'étonne donc que M. Rocheblave fasse remonter à 1589 la première ébauche du plan. Voir son *Agrippa d'Aubigné* dans la petite collection des Grands Écrivains français, chez Hachette, p. 112.

mettre le plan au lieu des descriptions faites inutilement, et qui ne représentent point comme l'optique [1]. »

Quinze ans auparavant, cela nous reporte à 1601, et je pense établir au chapitre suivant [2] que d'Aubigné vint à Paris cette année-là. Il est donc bien probable que cette discussion sur son *Histoire* eut lieu en sa présence dans le cabinet du Roi.

C'est dommage — pas seulement pour lui — qu'il n'ait pas pu emporter de suite une première gratification, comme gage de la promesse faite. Car après, Henri l'oublia. Il n'était jamais très pressé de s'exécuter quand il s'agissait de financer. Et cependant c'était une heureuse idée de vouloir éclairer le récit des opérations de guerre par des plans du terrain et des places. On en regrette bien souvent l'absence en lisant d'Aubigné. En tout cas cette velléité du Roi montre que c'était surtout en militaire qu'il regardait l'œuvre de son vieux compagnon d'armes. Il savait que personne n'était mieux capable d'expliquer et de retracer toute cette suite de combats des deux partis. C'est le soldat, bien plus que l'ancien protestant, qui donna son assentiment à l'*Histoire universelle*.

Peut-être aussi espérait-il, en accordant à cette œuvre sa haute protection, garder sur elle un contrôle. En quoi il se faisait des illusions ; mais ce qui peut le faire supposer, c'est qu'il avait offert à d'Aubigné, pour sa gouverne, communication des *Mémoires* de Villeroy, encore manuscrits [3]. La proposition n'eut pas de suite, et cette fois ce ne fut pas la faute du Roi, c'est d'Aubigné qui se déroba, pour un motif d'ailleurs louable, pour ne pas aliéner son indépendance :

« Je ne puis vous celer que le roi Henri le Grand m'avoit promis les excellents et laborieux escripts de Monsieur de Villeroi, à la charge de prendre loi de ses corrections, lesquelles je voulus essayer sur quelques pièces où j'avoi le moins usé de mes libertez. Mais, ayant trouvé que cet esprit n'approuvoit rien, qui n'eust pour

---

1. Cf. éd. Ruble, t. I, p. 18. Le premier volume de l'*Histoire universelle* (l'édition Princeps en comprenait trois) ne fut achevé d'imprimer que le 31 mars 1618, ainsi qu'il en est fait mention à la fin, mais il porte en titre la date de 1616 qui est celle du début de l'impression, et c'est bien à cette date que l'*Avis de l'Imprimeur* avait été rédigé, comme en témoigne une addition insérée dans la 2ᵉ édition (de 1626) au passage où se trouve le décompte des services militaires de d'Aubigné « soldat 54 ans, capitaine 50, mestre de camp 44 et mareschal de camp 32 années». L'édition de 1626 ajoute et précise entre parenthèses : « à compter de l'an MDCXVI, date de la première impression. » Cf. édition Ruble, t. I, p. 19.

2. Voir mon chapitre XII, § I, t. II, p. 298 à 301.

3. Nicolas de Neufville, seigneur de Villeroy, longtemps secrétaire d'État sous plusieurs règnes. Ses *Mémoires*, qui vont de 1567 à 1604, ont paru pour la première fois à Paris en 1622

but les louanges de la cour, le blasme de ceux qui n'en dépendoyent et faisoit crime de l'æquanimité, je quittai le profit pour la charge, lequel, pour le service des hommes, eût destruit celui de la vérité, aimant mieux estre manque en quelques poincts qu'à estre esclave en tous [1]. »

A défaut des *Mémoires de Villeroy*, il disposait d'autres secours, la période qu'il allait traiter ayant déjà donné lieu à de nombreuses publications historiques, de source protestante ou catholique, auxquelles de nouvelles vinrent s'ajouter au cours de son travail. Sans parler des relations de faits particuliers ou des biographies individuelles, je citerai seulement, du côté catholique : les ouvrages de deux historiographes royaux, DU HAILLAN (*Estat et succès des affaires de France*, Paris, 1570) et PIERRE MATTHIEU (*Histoire des derniers troubles de France sous Henri III et Henri IV*, [en fait, de la paix de Beaulieu de 1576 au 16 janvier 1589] parue à Lyon en 1594; *Histoire de France et des choses mémorables advenues aux provinces étrangères durant sept années de paix du règne de Henri IV*, [c'est-à-dire de 1598 à 1605], éditée à Paris en 1605; *Histoire des guerres entre les deux maisons de France et d'Autriche*, de 1515 à 1598, publiée en 1599) ; — puis les *Mémoires de* MONLUC (guerres civiles de 1561 à 1576) dont la première édition fut donnée à Bordeaux en 1592 ; — les *Chronologies de* PALMA CAYET que j'ai déjà mentionnées (*Septenaire*, Paris, 1607, du début de 1598 à la fin de 1604 ; *Novenaire*, Paris, 1608, de 1589 à 1598), glorifications de la politique d'Henri IV, mais très informées. Elles suscitèrent d'autres panégyriques de ce Prince : les *Décades de Henry le Grand*, par LEGRAIN, Paris, 1614 ; l'*Histoire des faicts et de la vie de Henry le Grand*, par PELEUS, Paris, 1613-1614. — La Ligue aussi avait son apologiste, la Ligue française, non espagnolisante : c'est Boterieus Rodolphus, c'est-à-dire RAOUL BOUTRAY ou Botrays, avocat au Grand Conseil, qui se fait son défenseur et la représente comme royaliste dans ses 16 livres *De Rebus in Gallia et pene toto orbe gestis* (de 1594 à février 1610), édités en 1610. — Je n'oublie pas la grande *Histoire* de DE THOU, qui commença à paraître en 1604, et dont nous reparlerons tout à l'heure.

Du côté protestant, il y avait, outre le *Martyrologe* de CRESPIN (5 éditions du vivant de l'auteur, entre 1554 et 1570) et l'*Histoire ecclésiastique des Églises*

____

1. Addition à l'édition de 1626 dans l'*Attache aux deux premiers tomes*. Cf., éd. Ruble, t. VI, p. 373-374.

réformées au Royaume de France, par TH. DE BÈZE (1521 à 1563, publiée en 1580)
qui ont un caractère religieux, — en fait d'œuvres proprement historiques : le *Petit
Traité des Guerres civiles* advenues en France sous les Roys François II et Charles IX (1564) ; — les *Commentaires* de LA PLACE (de l'Estat de la religion et république soubs les Rois Henry et François seconds et Charles neufviesme, 1565) ; —
l'*Estat de l'Église* de JEAN HAYNAULT, qui remonte aux apôtres, mais contient un
recueil des troubles advenus en France sous François II et Charles IX (édition de
1564, celle de 1582 pousse le récit jusqu'en 1581) ; — l'*Histoire de l'Estat de France
sous le règne de François II*, par RÉGNIER DE LA PLANCHE, secrétaire et avocat des
Montmorency (1576) ; — les *Commentaires latins* de JEAN DE SERRES, le frère d'Olivier : « De statu religionis et reipublicae in regno Galliae » (de 1557 à mai 1576,
paix de Beaulieu), parus par tranches, entre 1571 et 1580. Les 4 premières parties
(jusqu'à la mort de Charles IX) furent rassemblées dans l'édition de 1577. Celle
de Leyde, en 1580, donna l'ensemble (avec la 5ᵉ partie). Toute la publication avait
été anonyme, mais l'auteur était connu, et Henri IV le nomma historiographe de
France, en 1596. Il écrivit aussi un *Inventaire général de l'Histoire de France*,
qu'il laissa inachevé et arrêté à 1422, mais qui fut continué après sa mort et d'après
ses notes, d'abord jusqu'en 1598 (Paris, 1600), puis jusqu'en 1606 (Paris, 1608). Considéré par ses coreligionnaires comme trop libéral, malgré sa foi fervente, et parce
qu'il s'était efforcé de rapprocher les communions chrétiennes, il avait dû se ré-
tracter au colloque de Saint-Paul-trois-Châteaux (1594) et il fut frappé d'une excommunication posthume par le Synode de Montpellier de 1598. — Une mésaventure analogue arriva à LA POPELINIÈRE, non pour sa *Vraie et entière histoire des
derniers troubles* (Cologne, 1571), mais pour son *Histoire de France depuis l'an
1550* (éditée à la Rochelle en 1581) où il eut le tort de faire profession d'impartialité. Mal lui en prit, car un pasteur de la Rochelle, Odet de Nort, le poursuivit de
sa haine, et le fit condamner par un synode réuni dans cette ville le 9 juillet 1581.
En dépit de ses protestations et de l'offre de se soumettre à un autre tribunal, La
Popelinière ne put faire rapporter la sentence, et finalement se soumit à la censure
(12 février 1585) par respect de la discipline des Églises [1]. — CHAPPUYS a uti-

1. Sur toute cette affaire, voir une note circonstanciée à l'appendice du t. I de l'*Histoire universelle*,
de D'AUBIGNÉ, éd. Ruble, p. 371 à 376.

lisé la Popelinière dans son *Histoire des règnes de Henri III et Henri IV* (jusqu'à la paix de Vervins), Paris, 1600. — Anonyme, l'*Histoire des Cinq Rois* (de Henri II à Henri IV)[1] n'est pas un simple extrait de de Serres, comme on l'a dit, mais un amalgame de de Serres, La Noue, Montluc, etc... 1re édition 1595 (jusqu'en 1589), 2e édition 1598 (jusqu'en 1597). — *Les Discours politiques et militaires de* LA NOUE, en effet, s'ils offrent surtout un tableau de l'état politique, des mœurs publiques (en particulier dans la noblesse) et de l'armée, avec un programme de réformes, doivent cependant figurer dans notre liste, au moins pour le xxvie et dernier Discours, le seul qui présente un récit suivi d'histoire (de l'Édit de janvier 1562 à la paix de Saint-Germain de 1570). Ils avaient été édités à Bâle en 1587 et à la Rochelle en 1590. — Quant à l'*Éphéméride de l'Expédition des Allemands en France en 1587* par MICHEL DE LA HUGUERYE, ancien secrétaire de Condé, qui rejetait l'insuccès sur le Roi de Navarre, il n'avait pas été publié, mais, remis au Palatin Casimir dont c'était la justification, il avait été divulgué à la foire de Francfort en 1588, et d'Aubigné pouvait donc le connaître.

Ajoutons enfin des collections de documents, qui avaient vu le jour isolément mais qui étaient rassemblés pour la propagande protestante : les *Mémoires* dits *de Condé* (beaucoup de pièces n'émanant pas de lui et n'ont pas même de rapport avec sa vie ; elles s'échelonnent de 1560 à 1565, et les recueils avaient achevé de paraître en 1567). — Puis les deux précieuses compilations de Simon Goulart, le célèbre pasteur genevois : *Mémoires de l'Estat de France sous Charles IX* (éd. de 1576 en deux tirages, dont l'un renferme les *Mémoires* anonymes de la 3e *guerre civile* parus à Genève en 1576 et attribués à tort à Jean de Serres) ; et *Mémoires de la Ligue* (période de 1576 à 1598), six volumes édités en plusieurs fois, entre 1587 et 1599.

On voit — et je ne cite pas tout[2] — que les moyens d'information ne manquaient pas à d'Aubigné, de valeur inégale et d'esprit différent. Mais cette diversité même lui permettait d'entendre tous les sons de cloche, s'il voulait les écouter. Comment, dans quelle mesure a-t-il utilisé les récits des autres pour composer les

1. Titre exact : *Recueil des choses mémorables avenues en France sous les règnes de...* contenant infinies merveilles de nostre siècle.

2. Pour plus amples renseignements sur cette bibliographie, voir les volumes si documentés de M. HAUSER dans le recueil des *Sources de l'Histoire de France*, chez Picard (t. III et IV de la deuxième partie, xvie siècle).

siens ? Les a-t-il tous lus ? En a-t-il négligé ou dédaigné un bon nombre ? C'est poser la question des sources de son *Histoire universelle.* Elle est trop importante pour être traitée ici superficiellement. Elle demanderait une étude spéciale et poussée dans le détail [1].

Dans sa *Préface*, où il apprécie les historiens de son temps [2], il semble jeter par dessus bord la plupart d'entre eux, ou « pour n'avoir rien veu en soldats » ou pour leur partialité et servilité ; ou enfin parce qu'ils se perdent dans les menus faits et ne font pas ressortir les choses essentielles. Quelques noms cependant surnagent qu'il excepte de cette condamnation en bloc, du Haillan, La Popelinière, de Thou, Jean de Serres. Encore ne parle-t-il de ce dernier que par prétérition, pour son *Inventaire général*, qui n'allait pas, en effet, ou qu'il n'a pas conduit lui-même jusqu'aux guerres de Religion. Mais d'Aubigné a-t-il ignoré ses *Commentaires*, ou respecte-t-il leur anonymat ? On s'étonne qu'il ne nomme pas au moins Monluc, ni La Noue dont il s'est beaucoup servi, ni Palma Cayet. Il est vrai que celui-là était un transfuge, qui, après avoir été pasteur et ministre de Catherine de Bourbon (Madame, sœur d'Henri IV) avait passé au Catholicisme et s'était même fait ordonner prêtre. Sans doute il ne veut plus le connaître [3].

Il n'y a vraiment que deux historiens à qui il rende hommage, La Popelinière et de Thou, l'un catholique l'autre protestant. Il met le second très au-dessus du premier, car s'il estime le talent et le zèle de La Popelinière, il n'estime pas son caractère et l'accuse formellement de concussion, tout en trouvant injuste la plupart des critiques qui ont été faites à son livre au Synode de la Rochelle. Quant à de Thou il en a tracé un portrait admirable. On lui a cherché des défauts, dit-il, réels sans doute, mais qui donc est parfait ? Ce sont « petits poreaux peu apparens en une face digne de tant d'amour et d'honneur », respectable pour l'immen-

---

1. Cf. ce qu'en dit sommairement M. Hauser dans l'ouvrage cité, t. III, art. 1480 et t. IV, art. 2013. On trouve dans les notes de l'éd. Ruble les éléments de cette étude, des renvois aux sources, mais insuffisants. Je signale que dans l'Inventaire de la bibliothèque de d'Aubigné fait après son décès figurent avec l'*Histoire* de DE THOU, « les Histoires de DU HAILLAN » et « l'Histoire générale des troubles sous Henry III, Henry IV et Louis XIII » (sans doute l'Histoire de PIERRE MATTHIEU). Il a utilisé *les Décades* de LEGRAIN, dont il rapporte les appréciations sur l'Édit de Nantes, (cf. t. IX de l'éd. Ruble, p. 289 à 292). Au même endroit (p. 293) il renvoie à une pièce des *Mémoires de la Ligue*, qu'il a beaucoup pratiqués, ainsi que les *Mémoires de l'Estat de France* sous Charles IX.

2. Édition Ruble, t. I, p. 1 à 8.

3. Voir dans l'*Histoire* ce qu'il dit de son parjure et de sa conversion. (Éd. Ruble, t. IX, p. 79.)

sité du labeur accompli, pour la solidité et la majesté de l'œuvre, pour la sereine impartialité enfin.

Il avait eu occasion de le défendre dans le cabinet du Roi contre les attaques des Jésuites — prodromes de la condamnation à Rome — probablement lors de son passage à Paris en 1607 ; j'ai raconté cet incident dans mon chapitre XII [1]. Plus tard, en écrivant au pasteur Goulart pour lui rendre compte de ses travaux, dans la lettre de 1616 dont j'ai déjà cité des fragments, il ne cachait pas qu'il avait grandement profité de l'histoire de de Thou : « Nous n'avions rien, dit-il, qui sentist d'universel que l'ouvrage de de Thou, puissant bastion de nostre justice en ce qui est du faict... De cet auteur excellent, bien que j'eusse achevé avant luy j'ay tiré beaucoup de choses, comme estant plus tardif à l'impression [2]. »

Tout ce qui a paru de l'*Histoire de de Thou* de son vivant, c'est-à-dire les 80 premiers livres, comprenant quarante années (de 1544 à 1584) avait été publié de 1604 à 1609. Le reste est posthume (1620) et n'a pu être utilisé par d'Aubigné que pour la seconde édition (Genève, 1626). L'aide que de Thou lui a fournie pour la première (Maillé, 1616-1620) ne s'est donc appliquée qu'aux deux premiers volumes (sur trois), le second étant clos par l'Edit de juillet de 1585, qui marque le début de la dernière guerre de Religion. Si l'on prend à la lettre ce que d'Aubigné dit à M. Goulart, il avait achevé ses deux premiers volumes avant la publication de de Thou, et c'est seulement le retard qu'il mit à les imprimer qui lui a permis de tirer parti de celle-ci pour des remaniements et des additions.

Assertion un peu osée peut-être, quoiqu'elle ne soit pas positivement en contradiction avec une indication qu'on trouve dans une lettre ultérieure à un secrétaire d'État, M. de Seaux. Là il n'est plus question des deux premiers volumes, mais de l'ensemble de l'œuvre. Il faut donc compter le temps consacré au 3ᵉ tome. Le tout aurait été terminé en 1612. La lettre est écrite pendant l'impression du 3ᵉ tome ; d'Aubigné se dit arrêté par l'insuffisance de renseignements sur l'Orient (pour la période de 1575 à 1590), et il demande à M. de Seaux le secours de Mémoires officiels pour refondre les chapitres qui en traitent : « *Ce n'est pas*, ajoute-t-il, *que mon Histoire ne soit achevée il y a six ans*, et desjà à demi imprimée [3]. »

1. Au § 4, t. II, p. 317 à 319.
2. Cf. éd. Réaume, t. I, p. 474.
3. Éd. Réaume, t. I, p. 471. Cette lettre (la XVI des *Lettres de p... de Seaux*) n'est pas datée.

Nous verrons, dans un chapitre suivant[1], les circonstances de la publication, et les raisons qui avaient empêché pendant si longtemps d'Aubigné de se mettre à imprimer. L'une d'elles était certainement ce scrupule de documentation exacte que nous constatons ici, et qui lui fit rechercher des informations de tous les côtés. Il ne se contenta pas, en effet, des livres imprimés. Il voulut de l'inédit, il frappa à toutes les portes pour l'obtenir. La lettre à M. Goulart contient une requête à ce sujet pour la Seigneurie de Genève. Mais c'est surtout à ses coreligionnaires de France qu'il fit appel. C'était une heureuse coutume des Églises protestantes, encouragée et même prescrite par les synodes[2], de constituer dans chaque province quelque fonds d'archives sur les événements importants qui s'étaient passés dans la région. *Une décision du Synode de Gap* (octobre 1603) les invita à « *rechercher les mémoires des actes plus mémorables advenus depuis cinquante ans, et les faire tenir à M. d'Aubigny en Poictou, lequel escrit l'histoire de nostre temps*[3] ».

Cette assistance officielle et le libellé même de cette ordonnance attestent l'importance qu'on attachait à son travail. Il faut croire cependant que l'intervention du synode ne fut pas suffisante pour faire affluer sur sa table une abondante moisson de documents[4], car il se décida à dépêcher des collecteurs à ses frais dans toutes les directions. « Il n'y a province en France où nous n'ayons fait voiager », dit-il, et souvent, il l'avoue, sans résultat[5]. C'est que ses messagers n'étaient pas toujours les bienvenus. Maintenant que le Roi était retourné au catholicisme et favorisait les conversions, les familles protestantes dont les pères ou les membres s'étaient signalés dans les guerres de Religion, ne tenaient pas toujours à ce qu'on rappelât

mais elle est certainement contemporaine d'une autre lettre à un autre secrétaire d'État, M. de Loménie, qui, elle, est datée de 1618, et qui a même objet et même matière. (Cf. la XIV⁰ des *Lettres de poincts de Science*, éd. Réaume, II, p. 466.)

1. Dans mon chapitre XIII, § 4.

2. Cf. *Bulletin de la Société d'Histoire du Protestantisme français*, t. I (1852), p. 323-324, *l'Œuvre historique prescrite par les disciplines et les synodes nationaux*.

3. Registre manuscrit du 17ᵉ Synode. Bibliothèque Nationale, Fonds français, n° 10616, f° 163, sous le n° 31 des Faits particuliers.

4. On retrouve de ces mémoires dans les papiers de Bessinges d'après le *Bulletin du Protestantisme*, t. II, p. 88. Encore faudrait-il pouvoir faire le départ de ce qui provenait de la première collecte, et de ce qui lui fut adressé seulement lors de la révision de son *Histoire* pour la 2ᵉ édition.

5. *Histoire*, éd. Ruble, t. VI, p. 373-374, dans *l'Attache aux 2 premiers tomes*; le passage est aussi dans l'édition Princeps, avec quelques variantes.

ce passé, ni à attirer sur elles l'attention, et peut-être la défaveur du nouveau régime. Et d'Aubigné, pris de colère contre ces prudences timides, où il ne voyait que lâcheté, ramassait, pour le leur lancer, le trait vengeur de Juvénal[1] contre les nobles décadents de son époque :

« Vous diriez, en ce siècle dégénéré, que la brillante vertu de nos devanciers nous donne mauvais lustre, que la gloire du père rend le fils honteux, et que, de peur d'estre obligez aux excellents traicts et parfaictes beautez de nos ayeuls, nous en voulons supprimer la mémoire et jetter au feu les tableaux[2]. »

Mais, malgré ses instances et ses remontrances réitérées[3], il resta jusqu'au bout des négligeants et des récalcitrants qui firent la sourde oreille.

§ III. — Les étapes de la composition des « Tragiques ».

Les *Tragiques* tardaient à paraître comme l'*Histoire*, bien qu'ils fussent antérieurs. Le manuscrit gisait au fond d'un coffre ou d'une armoire, même dessous, en « paperasses crotées » nous confie l'Imprimeur dans l'*Avis aux lecteurs*, sans doute en exagérant un peu.

Le poème commencé dès 1577, dans l'immobilisation imposée par la blessure de Casteljaloux (en juin), avait été continué pendant les années suivantes, surtout, avons nous dit — ou supposé, dans la solitude des Landes-Guinemer, durant la brouille avec le Roi de Navarre qui suivit la paix de Bergerac (octobre 1577 à octobre 1579). Hypothèse non seulement vraisemblable, mais confirmée, et même suggérée par un décompte de temps qui se trouve dans l'*Avis de l'Imprimeur*[4].

---

1. Dans la *Satire VIII* :

> Incipit ipsorum contra stare parentum pudendis
> Nobilitas, claramque facem praeferre.

2. *Attache aux 2 premiers tomes*, édit. Ruble, t. VI, p. 374 (même texte en 1618 dans la 1re édition, avec une légère variante).

3. Elles sont renouvelées, après l'*Attache aux 2 premiers tomes*, dans la *Préface* du t. III et dans l'*Appendice* ajouté après la mort d'Henri IV — cela en vue d'une seconde édition. Et quand cette édition parut (1626) elles furent maintenues en prévision d'éditions ultérieures : « Donnez à mon entreprise, qui sera la vostre, la recherche de ce qui aura manqué en mes premiers discours, et les éditions qui se feront est fait : en vostre faveur avec plus de soin et de commodité.... etc. » (Cf. éd. Ruble, t. VI, p. 375.)

4. Voir mon chapitre v ci-dessus, § 2, t. I, p. 226. Il compte 56 ans en 1616 depuis que le poème est fait : cela reporte à 1580.

Évidemment, il ne s'agit pas, ni dans ce passage, ni dans notre intention, de fixer un terme rigoureux à la durée de la composition, ni même à la première période de la composition, c'est-à-dire à la première rédaction. Il y a seulement une limite extrème, indiquée dans un autre endroit de l'*Avis*, en deçà de laquelle, plus près ou plus loin, se placerait ce terme. C'est l'avènement d'Henri IV. Cela résulte d'une anecdote curieuse, que rapporte l'Imprimeur :

« La liberté de ses autres escrits, dit-il de d'Aubigné, a faict dire à ses ennemis qu'il affectoit plus le gouvernement aristocratique que monarchique, de quoy il fut accusé envers le Roy Henry quatriesme, estant lors Roi de Navarre. *Ce Prince qui avait desjà leu tous les Tragicques plusieurs fois*, les voulut faire lire encore pour justifier ces accusations, et n'y aiant rien trouvé que supportable, pourtant pour en estre plus satisfaict, appella un jour nostre autheur en présence des sieurs du Fay et du Pin, lesquels discourroient avec luy sur les diversitez des Estats…, etc. [1]. »

Ainsi, en 1589, peut-être longtemps avant, les *Tragiques* auraient été achevés, au moins dans leur forme première. L'*Histoire universelle* nous apprend d'autre part qu'ils furent divulgués au moment des États généraux de la Ligue (janvier à octobre 1593) et qu'ils contribuèrent avec d'autres écrits protestants ou « politiques » (ceux du Parti moyen) à retourner l'opinion publique [2].

Tous ces renseignements fournis par d'Aubigné — son imprimeur et lui, c'est tout un — sont en somme, on le voit, concordants, et placent la composition de son poème dans la décade qui s'étend entre la vingt-cinquième et la trente-cinquième année de son âge. Au reste, il a toujours donné les *Tragiques* comme une œuvre de jeunesse, et quand il sollicitera un privilège pour l'impression de son *Histoire*, il écrira à un secrétaire d'État : « On a voulu penser que j'ignorasse le devoir de l'Histoire, et que je ne me peusse chastier des violences et libertez, où les jeunes ans et la fureur des vers m'ont emporté autrefois… [3]. »

Voilà qui est net, et en présence de toutes ces déclarations, on n'a le droit de s'inscrire en faux contre elles, ou de les rectifier, que dans la mesure où cela paraît commandé par la matière même du poème. Je ne m'arrête pas à la considération

---

1. Cf. édition Réaume. t. IV, p. 10.
2. Cf. *Histoire universelle*, éd. Ruble, t. VIII, p. 327.
3. Cf. édition Réaume, t. I, p. 467. Lettre à M. de Loménie en 1618, la XIV· des *Lettres de poincts de science*.

de la valeur littéraire respective des différents chants. C'est affaire de goût et d'appréciation individuelle. Il n'y a rien à tirer de cette comparaison pour le sujet qui nous occupe. Lenient et des Francs jugent les derniers chants très inférieurs aux premiers, et, pour cette raison, estiment qu'ils n'appartiennent pas à la même époque. Ce ne serait plus guère que rhétorique déclamatoire pour suppléer à une inspiration refroidie. Lenient condamne ainsi les livres 5, 6, 7 (*Fers, Vengeances, Jugement*). Des Francs, plus sévère encore, met dans le même sac au rebut le 4ᵉ (*Feux*)[1]. On peut différer d'avis avec eux.

Plus sérieuse est l'opinion des éditeurs modernes des *Tragiques*, qui se fondent sur le contenu même des chants pour contester les dires de d'Aubigné. Ludovic Lalanne écrit dans la notice de son édition de 1857[2], pages v et vi.

« J'admets très bien que les deux premiers livres, *Misères* et *les Princes*, et même une partie du troisième, la *Chambre dorée*, c'est-à-dire plus de trois mille vers, aient pu être écrits en peu d'années et au milieu des camps ; mais il en est tout autrement des livres suivants (les *Feux*, les *Fers, Vengeances*), où sont rapportées une foule de particularités historiques qui ont nécessité d'assez grandes recherches et de nombreuses lectures : ils n'ont pu être composés que dans le silence du cabinet et durant les loisirs que laissa au poète la pacification générale du royaume après le traité de Vervins, en 1598.

« Ce qui me confirme dans cette opinion, c'est que vers cette époque il commença l'*Histoire universelle*, qu'il suit souvent pas à pas dans son poème, où l'on trouve du reste d'assez fréquentes allusions à des événements bien postérieurs à l'assassinat de Henri III, comme la mort du maréchal de Raiz (1601) et d'Élisabeth d'Angleterre (1603), l'Escalade de Genève (1602), etc., etc... »

Read, l'éditeur de 1872, pense de même. Tout ce qu'aurait pu lire Henri IV quand il était encore Roi de Navarre se bornerait aux deux ou trois premiers livres, et c'est aussi ce qui aurait couru en manuscrit à Paris pendant les États généraux de la Ligue. Le reste aurait été fait ou terminé seulement sous le règne de

---

1. Cf. Lenient, *la Satire en France au XVIᵉ siècle*, 1866, Paris, Hachette, p. 345-346 et L.-B. des Francs, *Études sur Agrippa d'Aubigné*, conférence donnée à Tarbes, le 19 mai 1863, Tarbes, Th. Telmon, 1868, 8°.

2. Chez P. Jannet, Bibliothèque Elzévirienne, in-16.

Henri IV, ou même plus tard, comme le prouvent les allusions à des faits contemporains [1].

Cette opinion des éditeurs, surtout les arguments de Lalanne, ont été repris par M. Ch. Bost dans ses intéressantes *Notes sur Agrippa d'Aubigné* [2] :

« Si les vers héroïques d'Agrippa d'Aubigné, dit-il, ont été pour la plupart *avortés au milieu des armées*, le nombre est certainement considérable de ceux qui datent de sa retraite à Maillé. Deux livres, *les Feux* et *les Fers*, dans leur presque totalité, ont été, nous en sommes persuadé, écrits dans un cabinet d'études où le *Martyrologe de Crespin* et le manuscrit de l'*Histoire universelle* étaient grands ouverts [3]. »

Les trois premiers livres étant donc mis à part comme primitifs, on peut encore se demander s'ils ont été faits dans cet ordre. Poirson, l'historien de Henri IV, ne le croit pas [4]. Le premier... ne serait pas le premier chronologiquement. Il n'aurait été écrit qu'en 1590 ou 1591, car il y est question du coup de force ligueur contre le Parlement de Paris (le 16 janvier 1589) en représailles de l'assassinat des Guises à Blois [5], — de la mort de Henri III (août 1589) [6], — puis du siège de Paris de 1590, dont l'épouvantable famine (août) est évoquée dans l'épisode dramatique de la mère dévorant son enfant. C'est ce qui aurait produit le plus d'effet lors de la publication de 1593, car il y aurait eu une véritable publication à cette date, un tirage imprimé : sans quoi l'action sur le public n'aurait pas été aussi forte... que Poirson la suppose.

Mais cette hypothèse, ou cette affirmation, est formellement contredite par l'*Avis de l'Imprimeur*, qui témoigne assez clairement que jamais il n'y avait eu d'édition avant 1616, et que d'Aubigné avait résisté jusque-là à toutes les instances de ses coreligionnaires pour le décider à publier son poème.

Quant aux chants II et III, ils seraient, d'après Poirson, antérieurs au pre-

1. Cf. Ch. Read, *les Tragiques*, t. I, p. 187 (aux notes) dans la réimpression de Flammarion (2 vol. in-18).
2. Parues dans le *Bulletin de la Société d'Histoire du Protestantisme français* de sept.-oct. 1910, puis en tirage à part, à l'Agence générale de la Société, 54, rue des Saints-Pères, 1910.
3. Page 19 du tirage à part.
4. Cf. Son *Histoire du règne de Henri IV*, Louis Colas, 1856, au t. II (en 2 vol.), p. 612 et sq. (en particulier 612 à 615).
5. En fait, c'est dans le livre III (*Chambre dorée*), cf. ci-dessous, p. 199.
6. C'est dans le second livre (*Princes*), cf. Réaume, t. IV, p. 100.

mier : leurs violentes diatribes contre les Valois (*Princes*) et le Parlement de Paris (*Chambre dorée*) ne s'expliqueraient pas après la réconciliation des deux Rois à Tours (en 1589) — où siégeait, ce que l'on ne doit pas oublier, la portion fidèle du Parlement parisien. Autre argument : il est bien probable, ou même certain, que ce sont les attaques du livre II contre la royauté des Valois qui firent accuser d'Aubigné de républicanisme, et l'obligèrent à soutenir ses convictions monarchiques devant le Roi de Navarre (anecdote rapportée ci-dessus).

Admettons-le ; mais la vraisemblance de ces inductions concernant les deuxième et troisième livres n'implique pas la vérité de la contre-partie, c'est-à-dire de la conséquence que Poirson en tire sur l'antériorité de ces deux livres par rapport au premier. S'il suffisait de rencontrer dans un chant un écho d'événements postérieurs à 1589 pour en rejeter la composition entière après cette date, on pourrait sans doute appliquer ce raisonnement à tous. N'y a-t-il pas des allusions tardives aussi dans le 2ᵉ et le 3ᵉ ? C'est à voir. Et dans les suivants ? Lalanne et Read nous en avertissent. Mais le tout est de savoir dans quelles proportions.

Il apparaît donc utile pour vérifier l'exactitude relative des affirmations de d'Aubigné, et la valeur des contestations qu'on y a opposées, de regarder les choses d'un peu près. Ce procès, comme tous les procès, ne peut être jugé que sur pièces. Ouvrons le dossier, et parcourons sommairement le contenu des différents livres.

La matière du premier (**Misères**), quoi qu'en dise Poirson, ne me semble pas du tout révéler une composition postérieure aux chants 2 et 3. Je remarque d'abord trois vers qui la datent. D'Aubigné vient de fulminer contre Catherine de Médicis et le cardinal de Lorraine, son acolyte, tous deux boute-feux du pays, tous deux responsables de ses calamités, des massacres et des ruines, et il conclut :

> Par eux est perpétré le monstrueux carnage,
> Qui *de quinze ans entiers* aiant faict les moissons
> De François, glene encor le reste en cent façons[1].

Quinze ans de guerres civiles et d'exterminations : or elles ont commencé en 1562. Ceci est donc écrit en 1577 ou à peu près, puisqu'il dit que cela continue. Et voilà qui est pleinement d'accord avec la déclaration de l'*Avis*.

Qu'y a-t-il, en effet, dans l'ensemble du chant ? Une peinture *générale* des

1. Edition Réaume, t. IV, p. 60.

misères de la France déchirée, meurtrie par ces luttes fratricides, et presque ago-
nisante — par la faute des Rois, qui n'ont pas su faire leur devoir de Rois et qui ont
traité en ennemis une partie de leurs sujets ; par la faute de la nouvelle Jézabel surtout, de Catherine et de son inspirateur le Cardinal ; enfin, si l'on veut remonter
aux responsabilités suprêmes, par la faute de la Papauté et de ses agents ténébreux
et criminels, les Jésuites.

Or la plupart de ces développements, en particulier ceux qui nous dépeignent
la grande pitié des campagnes de France et les souffrances des pauvres paysans
(au milieu desquels, remarquons-le, d'Aubigné vivait aux Landes), ces paysans si
maltraités par les deux partis, peuvent parfaitement avoir été écrits après les
premières guerres, où il s'était passé assez d'horreurs, surtout dans la troisième
(1568 à 1570). Et, en effet, d'Aubigné y fait des allusions précises, et en rappelle
des épisodes tragiques : l'extermination des paysans périgourdins par les reîtres
protestants, dont il fut témoin en repassant peu après par là, à son retour du Fron-
sadois[1], le carnage de la bataille de Moncontour[2].

Quant aux invectives contre Catherine et le Cardinal[3], elles ne contiennent à
peu près rien qui ne puisse appartenir à la rédaction primitive. La mort du Cardinal à Avignon, qui aurait été marquée par certains prodiges confirmant son
essence diabolique[4], remontait au 26 décembre 1574 ; et, pour Catherine, le ton et
la nature des accusations (en particulier de sorcellerie criminelle) supposent simplement que le morceau a été écrit après — et d'après — *le Discours merveilleux
de la vie, actions et déportements de Catherine de Médicis*, pamphlet anonyme[5]
publié en 1575 — date qui cadre parfaitement avec notre hypothèse. Seul le passage
sur la mort de Catherine (5 janvier 1589) a été ajouté après coup[6], mais encore
il a pu l'être avant l'avènement d'Henri IV.

1. Cf. édition Réaume, t. IV, p. 40-42. A rapprocher du récit de l'*Histoire universelle*, t. III, p. 80
(juillet ou août 1569). Coligny renouvela d'ailleurs ces tueries en traversant le Périgord dans sa retraite
après la bataille de Moncontour, en octobre (cf. *Histoire universelle*. t. III, p. 131 et note 3 — et *Journal du
chanoine Syrueilh*, publié dans le tome XIII des *Archives de la Gironde*, p. 267-268).
2. Cf. Réaume, t. IV, p. 43.
3. Cf. Réaume, t. IV, p. 50 à 60.
4. Cf. *Histoire universelle*, t. IV, p. 298 à 301.
5. L'attribution à Henri Estienne n'est pas certaine, cf. HAUSER, *les Sources de l'Histoire de France*,
t. III, art. 2240.
6. Cf. Réaume, t. IV, p. 53. A rapprocher de l'*Histoire universelle*, t. VII, p. 395 à 397.

Il y a d'autre part, à la charge de Henri III, une assez longue déclamation contre la manie du duel, qu'il aurait encouragée, et qui, complétant le mal de la guerre meurtrière, décimait la noblesse française[1]. L'exemple, en effet, venait de haut, des querelles des mignons du Roi avec les gentilshommes de Monsieur (son frère François) ou des Guises, en 1578[2]. Et voilà donc encore un développement que la chronologie rapporte aux premiers temps de la composition.

Somme toute, ce qui est addition postérieure à l'avènement d'Henri IV, pour prendre le point extrème que fixe l'*Avis aux Lecteurs*, se réduit à peu de chose : l'épisode de la mère affamée dévorant son enfant pendant le siège de Paris (juillet ou août 1590)[3] ; — l'invocation prémonitoire à Henri de Navarre, futur Roi de France :

> Quand le sceptre des lis joindra le Navarrois,
> Souvien toy de quel œil, de quelle vigilance
> Tu cours remedier aux malheurs de la France[4].

Encore les expressions employées paraissent-elles annoncer, non l'avènement d'Henri IV, mais la réconcilitation des deux Rois à Tours (avril 1589), prélude de la marche sur Paris où Henri III allait trouver la mort; — la diatribe contre la Papauté foulant aux pieds la dignité royale :

> Ainsy l'orgueil de Rome est à ce poinct levé
> Que d'un prestre, tout Roi, tout Empereur bravé
> Est marchepied fangeux : on void, sans qu'on s'estonne,
> La pantoufle crotter les lis de la couronne[5].

Ce qui n'a guère pu être écrit qu'après les cérémonies de l'absolution d'Henri IV par Clément VIII, à Rome (17 septembre 1595), qui avaient été jugées humiliantes

---

1. Cf. Réaume, t. IV, p. 60 à 64.

2. Cf. *Journal de L'Estoile*, éd. Brunet-Champollion, t. I, p. 231-232 (1er février 1578), p. 243-244 (27 avril) p. 259-260 (1er juillet).

3. Cf. Réaume, t. IV, p. 44-46. Dans l'*Histoire universelle* (t. VIII, p. 197), d'Aubigné parle seulement de la chasse donnée aux enfants dans les rues. L'Estoile rapporte le fait et l'attribue aux Lansquenets (t. V, p. 52). Dans le Supplément (t. V, p. 281), il cite le cas d'une grand-mère qui aurait salé deux petits-enfants morts et s'en serait nourrie avec sa servante.

4. Ed. Réaume, t. IV, p. 47.

5. T. IV, p. 65.

par les Protestants [1]. — Enfin l'apostrophe aux Jésuites et le réquisitoire contre leurs menées et crimes politiques, dans toute l'Europe, font allusion à une série de faits qui s'échelonnent sur une assez longue période (de 1578 à 1594.) Il est probable que d'Aubigné a composé ce morceau seulement après l'attentat de Châtel (27 décembre 1594) qui amena le bannissement de l'ordre [2].

Le second livre (**Princes**) est surtout dirigé contre les Valois. Il n'y a que peu de passages qui visent Henri IV, comme nous allons le constater.

S'il date des premiers temps de la composition, nous devons y retrouver l'écho de la colère de d'Aubigné contre *François de Valois*, le triste héros de la guerre de 1577, où il s'était retourné contre les Huguenots, ses alliés de l'année précédente. Et, en effet, le passage qui le concerne [3] est un des plus âpres de cette satire virulente qui remplit tout le second livre. On y voit se dérouler en quelques vers tous les épisodes de ses palinodies successives : les querelles de ses gentilshommes avec les mignons d'Henri III, sa fuite de la Cour (15 septembre 1575), son amitié feinte pour les Protestants avec qui il fait la campagne de 1576, et quand il a obtenu au traité de Beaulieu tout ce qu'il voulait, il jette le masque, se fait

> Valet de ses haineux, bourreau de ses amis.

C'est la guerre cruelle de 1577, la prise de la Charité (30 avril), le sac d'Issoire (12 juin et jours suivants) et, entre les deux, les orgies de Plessis-lès-Tours et de Chenonceaux que lui offre la Cour pour fêter sa victoire, et où, d'une voix enrouée, dans les hoquets de l'ivresse, il avoue qu'il n'a hanté les Huguenots que pour les mieux tromper.

Le portrait se complète par la peinture de ses perfidies nouvelles à l'égard des Flamands, qui l'avaient appelé pour être leur chef et seigneur dans leur révolte contre l'Espagne. Mais cette liaison qui dure, avec des intermittences, de 1578 à

---

1. Peut-être même fut-ce écrit plus tard encore. On retrouve la même image de la pantoufle pontificale crottant les fleurs de lis dans le *Discours par stances avec l'esprit du feu Roi Henri IV*, comme avertissement et remontrance à son fils (Réaume, t. IV, p. 313) et dans le *Traité des Debvoirs des Roys et des subjects*, également à l'adresse de Louis XIII (t. II, p. 68).

2. Cf. Réaume, t IV, p. 66 et les notes de notre petite édition du livre Ier : *Misères* (par H. Bourgin, L. Foulet, A. Garnier, Cl. E. Maître et A. Vacher) chez Colin, aux p. 119 et 120.

3. Cf. Réaume, t. IV, p 96-98.

1583, aboutit à la Furie d'Anvers (17 janvier 1583) où le Prince félon essaya sans
succès de noyer dans le sang et d'étouffer leurs libertés naissantes :

> Le trahy fut vainceur et le traistre pervers
> Demeure fugitif, banni de son Anvers.

Il n'est guère douteux que ce second morceau sur les expéditions de François
aux Pays-Bas[1] ait été composé plus tardivement que le précédent, et peut-être seulement après la mort du duc d'Anjou à Château-Thierry (10 juin 1584) où il alla
cacher sa honte et mourir de consomption et de désespoir[2].

Henri III tient, comme il convient, la première place dans ce chant, où toute
la lignée des Valois est stigmatisée ; il y est dépeint tout le long de son règne —
même dès son éphèmère royauté de Pologne :

> Ha ! Sarmatez rasez... etc[3]

mais surtout dans la période où il scandalisa le plus les honnêtes gens par sa
mollesse efféminée et un équivoque mélange de voluptés raffinées et de dévotions
théâtrales — c'est-à-dire dans le temps de paix relative (coupée seulement par la
courte guerre de 1580) qui va du traité de Bergerac (septembre 1577) à la reprise
des hostilités contre les Protestants sur les injonctions de la Ligue (juillet 1585).
Henri III profita pour ses plaisirs de cette longue accalmie, comme d'Aubigné
l'employa — mieux — à écrire le grand Poème, commencé d'abord dans la solitude
des Landes-Guinemer, puis poursuivi dans le Poitou, avant et après son mariage.

Le Journal de L'Estoile peut servir de commentaire presque continu aux allusions et tableaux que d'Aubigné accumule pour représenter les deux faces du caractère bizarre et malsain d'Henri III[4]. C'est après la paix de Beaulieu (du 6 mai
1576) que L'Estoile note l'avènement des mignons (en juillet) :

---

1. Cf. Réaume, t. IV, p. 98.
2. Voir un sonnet sur sa mort dans les *Sonnets épigrammatiques*, Réaume, t. IV, p. 337 (Sonnet xvi).
3. Cf. Réaume, t. IV, p. 92-93.
4. On pourrait consulter aussi l'*Isle des Hermaphrodites nouvellement descouverte*, satire des mœurs et
de la politique des mignons qui fut écrite sous Henri IV (entre 1598 et 1605, publiée sans lieu ni date,
vers 1605). Il y eut une réponse par Petit de Bertigny, l'*Anti-Hermaphrodite*, Paris, 1606 (cf. HAUSER, *les
Sources de l'Histoire de France*, xvi° siècle, t. III, art. 1452, et t. IV, art. 2646).

« Le nom de *Mignons* commença en ce temps à trotter par la bouche du peuple, auquel ils estoient fort odieux, tant pour leurs façons de faire qui estoient badines et hautaines, que pour leurs fards et accoutrements efféminés et impudiques, mais surtout pour les dons immenses et libéralités que leur faisoit le Roy, que le peuple avoit opinion estre la cause de leur ruine, encores que la vérité fust que telles libéralités ne pouvans subsister en leur espargne un seul moment, estoient aussitost transmises au peuple qu'est l'eau par un conduict[1]. »

Et il décrit de façon amusante leur mise et leurs manieres :

« Ces beaux Mignons portoient leurs cheveux longuets, frisés et refrisés par artifices, remontans par-dessus leurs petis bonnets de velours, comme font les putains du bordeau, et leurs fraises de chemises de toiles d'atour empezées et longues de demipied, de façon qu'à voir leur teste dessus leur fraize, il sembloit que ce fust le chef Saint-Jean dans un plat. Le reste de leurs abhillemens faits de mesme : leurs exercices estoient de jouer, blasphémer, sauter, danser, volter, quereller et paillarder, et suivre le Roy partout et en toutes compagnies ; ne faire, ne dire rieu que pour lui plaire ; peu soucieux, en effect, de Dieu et de la vertu, se contentans d'estre en la bonne grâce de leur maistre, qu'ils craingnoient et honnoroient plus que Dieu[2]. »

D'Aubigné, dans son *Histoire*, signale un peu plus tard le changement de mœurs du Roi, vers le temps du traité de Bergerac qui termine la guerre suivante :

« Entre les occasions qui pressèrent le roi et son conseil de parfaire la paix, il y en eut deux principales ; la première fut un changement notable qui paroissoit en la personne du roi comme se dépouillant tout à coup de toutes affections de desseins martiaux pour se plonger en une vie tranquille ; ce qui étoit attribué par quelquesuns au désir des voluptez, par les autres à un grand excès de dévotions[3]. »

Et voilà aussi les deux thèmes — « exquises » voluptés, dévotions hypocrites — qui se mêlent ou alternent dans les invectives des *Tragiques* contre Henri III.

1. L'Estoile, éd. Brunet-Champollion, t. I, p. 112.
2. L'Estoile, t. I, p. 143. Ailleurs il les représente encore « fraisés et frizés aveq les crestes levées, les ratepennades en leurs testes, un maintien fardé, avec l'ostentation de mesmes, pignés, diaprés et pulvérizés de pouldres violettes et senteurs odoriférantes, qui aromatizoient les rues, places et maisons où ils fréquentoient » (t. I, p. 219-220 à la date du 20 octobre 1577).
3. *Histoire universelle*, t. V, p. 341. Voir tout le chapitre, p. 341 à 350.

Voici son portrait en « Sardanapale » accoutré et fardé comme une femme [1].

Voici ses amours étranges [2] et les mystères d'Ollainville, la propriété de campagne (près d'Arpajon) qu'il avait achetée en juillet 1576 pour échapper de temps à autres au cérémonial et au contrôle de la Cour [3]. Puis ce sont ses « aigres plaintes », son désespoir excessif à la mort de ses beaux favoris, Maugiron, Caylus, Saint-Mesgrin, victimes des querelles de Cour, tués en duel ou par guet-apens en 1578 [4].

Et en regard, nous voyons le contraste de ses bigoteries affectées, par lesquelles il essayait de calmer les alarmes de sa conscience :

> Si [5], depuis quelque temps, les plus subtils esprits
> A desguiser le mal ont finement appris
> A noz Princes fardez la trompeuse manière
> De revestir le Diable en Ange de lumière [6]...

Et plus loin .

> Quand j'oy qu'un Roy transy, effraié du tonnerre [7].
>
> . . . .

Un rien lui fait peur, en effet : pour un songe, où il a rêvé que les bêtes de sa ménagerie s'échappaient de leur cage et le mettaient en pièces, il les a toutes fait tuer le lendemain [8].

Et alors ce sont les meâ culpâ ostentatoires :

> Les ordres inventez [9], les chants, les hurlements
> Des fols capuchonnez, les nouveaux régiments

1. Cf. Réaume, t. IV, p. 94.

2. *Ibidem*, p. 95-96.

3. Cf. L'Estoile, t. I, p. 141. En fait il l'avait acquise pour la Reine sa femme, qui y faisait aussi des séjours. Mais il y allait parfois seul avec ses mignons (cf. L'Estoile, t. I, p. 219, 20 oct. 1577; t. II, p. 4, 21 mars 1581) et l'on en jasait (*Ibid.*, t. II, p. 53 dans un pasquil de décembre 1581).

4. Cf. L'Estoile, t. I, p. 243-244. Le duel est du 27 avril. Maugiron fut tué sur le terrain. Quélus (ou Caylus), blessé de 19 coups d'épée languit pendant 33 jours et expira le 29 mai 1578. Le Roi coupa des boucles de leurs blonds cheveux, leur retira lui-même les pendants d'oreille qu'il leur avait donnés, et baisa les deux cadavres. Voir dans *Sancy* (éd. Réaume, t. II, p. 283) comment la malignité de d'Aubigné travestit ces baisers mortuaires. Saint-Mesgrin fut assassiné au sortir du Louvre le 21 juillet suivant. Tous trois furent inhumés dans un mausolée de l'église Saint-Paul (cf. L'Estoile, t. I, p. 259-260).

5. Si (*sic*) = ainsi.

6. Cf. Réaume, t. IV, p. 99-100.

7. *Ibid.*, p. 102.

8. Cf. Réaume, t. IV, p. 80. Voir L'Estoile, t. II, p. 9 à la date du 21 janvier 1583.

9. Fondation des Pénitents blancs de l'Association Notre-Dame et procession inaugurale en mars 1583 (cf. L'Estoile, t. II, p. 109 à 113), des Hiéronymites en août (*ibid.*, p. 116) chez qui le Roi va souvent faire retraite, des Feuillants du faubourg Saint-Honoré en juillet 1587 (cf. L'Estoile, t. III, p. 55-56).

> Qui, en processions sottement desguisées
> Aux villes et aux champs vont semer de risées
> L'austérité des vœux et des fraternitez [1].

Ce sont les fameuses processions des Pénitents blancs, où le Roi et ses favoris paraissaient au premier rang, pour la mortification de leurs péchés, sous l'œil amusé des badauds.

Mais il y a pires raffinements, tout un accessoire de précautions bénites pour accompagner et sanctifier les voluptés damnables : chapelets, eau lustrale, cierges, messes réparatrices, reliques de saint François [2]. Ici nous n'avons plus la confirmation de L'Estoile, mais celle de la *Confession de Sancy* — qui a moins d'autorité — et l'analogie de ce dernier couplet avec le chapitre de *Sancy* (le 7e de la 1re partie intitulé : *Des Reliques et dévotions du feu Roy*)[3], dont il semble être un résumé, peut faire croire qu'ils ont été écrits en même temps, c'est-à-dire comme nous verrons, après l'Édit de Nantes.

Sans doute est-elle aussi assez tardive la prétendue prédiction du meurtre d'Henri III par la main d'un cafard comme lui :

> Aigle né dans le haut des plus superbes aires [4].
> . . . . etc.

que d'Aubigné déclare, dans l'*Avis de l'Imprimeur* [5] être une véritable prophétie. Mais elle n'est vraisemblablement qu'une « apophétie » comme il appelle lui-même spirituellement les fausses [6], introduites après coup dans son poème.

Après les princes, les princesses, et leur lubricité de Messalines, leurs prostitutions éhontées, leurs avortements [7]. Ici une allusion à un fait précis [8], l'accouchement clandestin de la *Reine Marguerite*, qui aurait eu lieu à la fin de son séjour en Cour (du 28 avril 1582 au 8 août 1583) et qui serait à l'origine du *Scandale*

1. Réaume, t. IV, p. 99.
2. Cf. Réaume, t. IV, p. 102.
3. Cf. Réaume, t. II, p. 278 à 287.
4. Cf. Réaume, t. IV, p. 100.
5. Cf. Réaume, t. IV, p. 9.
6. *Ibid.*
7. D'Aubigné exagère sans doute: cependant sur les débauches des dames de la Cour, L'Estoile, s'il ne se porte pas garant, rapporte des pasquils populaires édifiants : (cf. t. II, p. 38 à 53, fin 1581 et t. III, p. 95 à 100, fin 1587); et, même dans son *Journal*, des faits notoires (t. I, p. 221-225, octobre 1577).
8. Cf. Réaume, t. IV, p. 101.

princier dont j'ai conté les péripéties [1]. C'est un des griefs qu'Henri III aurait invoqués contre elle dans la scène qu'il lui fit au bal de la Cour du 7 août 1583.

D'*Henri IV* il est peu question, je l'ai dit, dans ce chant qui attaque surtout la Royauté des Valois. Au reste aurait-il donné son approbation ou son absolution aux *Tragiques*, comme le rapporte l'*Avis de l'Imprimeur* [2] quand il les relut « estant lors [encore] roi de Navarre » pour mieux juger des convictions politiques de l'auteur, s'il avait senti que le livre des *Princes* faisait le procès de toute espèce de monarchie, même de la sienne, actuelle ou éventuelle ? Cependant certains traits peuvent l'atteindre plus ou moins directement, qui se trouvaient dans la première rédaction ou qui auraient été ajoutés plus tard.

Et d'abord songeons que lui-même a séjourné à la Cour des Valois pendant plusieurs années après son mariage avec Marguerite (du 18 août 1572 au 3 février 1576). Réchappé de la Saint-Barthélemy, il s'est adonné à la joie de vivre. Il était jeune, il aimait le plaisir, il a pris sa part des désordres et des folies dont il voyait le spectacle. Il me paraît y avoir dans un passage du second chant une allusion claire à un scandale auquel il fut mêlé, et qui fit du bruit au moment de la venue des ambassadeurs polonais. C'était encore sous Charles IX.

Notons en passant que ce Roi n'a pas les honneurs de longs développements dans ce chant, mais il y est flagellé en quelques vers à l'emporte-pièce. D'abord au début, dans la longue déclamation contre les flatteurs des princes — que d'Aubigné ne veut pas imiter — lieu commun qui est ponctué de quelques particularités propres au temps. C'est ainsi qu'est cloué au pilori le prédicateur qui a eu le front de faire en chaire le panégyrique funèbre de Charles IX et l'éloge de la Saint-Barthélemy (Arnaud Sorbin de Sainte-Foy, à Notre-Dame, le 12 juillet 1574 et à Saint-Denis le lendemain) [3]. Ailleurs [4] d'Aubigné trace lui-même le portrait de ce

1. Dans la *Revue du XVIe siècle*, t. I, 1913.

2. Cf. Réaume, t. IV, p. 10.

3. Cf. Réaume, t. IV, p. 75. (Voir aussi *Sancy*, Réaume, t. II, p. 360-361.) Ce panégyrique fut aussitôt publié, accompagné d'une élégie en vers, sous le titre : *Oraison funèbre du très hault Charles IX propugnateur de la foy... à Notre-Dame en Paris, 12 juillet*, Paris, 1574, 8°. Riposte dans les *Mémoires de Charles IX*, éd. de 1578, t. III, f° 370. Sorbin développa peu après son oraison dans une *Histoire contenant un abrégé de la vie, mœurs et vertus du débonnaire Charles IX, vrayment pieux propugnateur de la foy catholique... Règne à bon droit dit le règne des merveilles*, Paris, 1574, 8° cf. HAUSER, *Sources de l'Histoire de France*, t. III, art. 1438 et 2234).

4. Cf. Réaume, t. IV, p. 93-94. A rapprocher de l'*Histoire*, éd. Ruble, t. III, p. 298.

prince, et il en fait un brutal qui n'aimait que les exercices violents, le carnage de la chasse, signe et prodrome de la cruauté qu'il montra ensuite à l'égard des hommes.

Donc, à la fin de son règne, les ambassadeurs de Pologne étaient venus offrir la couronne à Henri de Valois. Ce fut l'occasion de fêtes magnifiques qui durèrent du 19 août au 12 septembre 1573, et auxquelles d'Aubigné assista [1]. Il n'en rappelle qu'un détail et un souvenir, ici, dans l'invocation aux « Sarmates razez [2]. » Mais il les a décrites dans son *Histoire* [3]. Or il y raconte aussi une soirée dont l'écho revint aux Polonais et leur fit une triste impression. Car leur futur roi, avec le Roi de France en personne, celui de Navarre et autres seigneurs de la Cour, étaient allés collationner chez le prévot de Paris, Nantouillet; et, pour le punir de n'avoir pas accepté la honte d'épouser la maitresse du Roi de Pologne, Renée des Rieux, la belle Châteauneuf, que celui-ci laissait en France, ils s'étaient conduits chez lui comme des goujats, cassant tout, pillant la vaisselle et les coffres d'argent. Encore n'étaient-ce là que jeux innocents comparativement à la scène de maison close, par où avait débuté cette soirée de débauche, scène impossible à décrire décemment à moins de parler latin et que d'Aubigné a écartée de l'*Histoire* [4]. Observons que les deux Henri revenaient du siège de la Rochelle, consécutif à la Saint-Barthélemy, où la paix avait été hâtée (juin 1573) par la nécessité d'aller recevoir les Polonais. Et dès lors il semble que tous ces rapprochements éclairent — d'une sinistre lueur — les turpitudes reprochées « aux Roys » dans la page 91 du chant II. et qu'en particulier le contraste souligné à la fin, entre la guerre qu'on vient de faire à des sujets et la crapule où l'on se plonge, précise l'allusion :

> En autant de malheurs qu'un peuple misérable
> Traine une triste vie en un temps lamentable,
> En autant de plaisirs les Roys voluptueux,
> Yvres d'ire et de sang, nagent luxurieux
> Sur le sein des putains...

1. Voir mon chapitre iv, § I, t. 1, p. 142 à 145.
2. Cf. Réaume, t. IV, p. 92-93.
3. Au t. IV de l'édition Ruble, p. 176 et sq.
4. *Le Journal de L'Estoile* (supplément, t. XII, p. 384-385), la raconte en français, mais aussi cela ne peut-il être reproduit.

Si le Roi de Navarre a laissé passer ces vers, c'est sans doute que ces souvenirs ne le gênaient pas beaucoup. Il n'était pas farouche sur le chapitre des mœurs, et puis, il devait se dire qu'après tout il n'était pas responsable de celles d'une Cour où on le contraignait à vivre, et où il cherchait à s'étourdir pour oublier sa situation.

Mais je doute qu'il aurait aussi bien supporté l'ardent réquisitoire contre l'ingratitude des Rois envers leurs bons serviteurs, qui tombait si à plein sur lui, s'il avait pu le lire le jour de l'épreuve à laquelle il soumit d'Aubigné sur sa foi monarchique. Ce passage[1] ne devait pas être écrit. Certes, il a une portée générale et peut s'appliquer aussi à Henri III qui subissait si facilement la pression du plus fort, et se laissait arracher des avantages par les Guises, payant ainsi ses adversaires pour les désarmer, comme Henri IV le fera plus tard pour les Ligueurs. Mais Henri III n'abandonnait pas pour cela ses favoris. Aussi je ne vois qu'un alibi prudent dans ces deux vers, qui ne conviennent évidemment qu'à lui :

> Noz Princes ignorants tournent leurs lousches vuës
> Courants à leurs plaisirs eshontez par les ruës[2].

Mais tout le reste rappelle trop un chapitre — si amer contre Henri IV — de la *Confession de Sancy*, le chapitre v de la première partie *De la Justification des Œuvres et Œuvres de superérogation*[3], pour que l'application ne soit pas la même, et très probablement aussi l'époque de la composition. On retrouve ici, dans *les Tragiques* les invalides de la guerre, « les bras de fer et les jambes de bois », qui viennent attendre dans la basse-cour du Louvre quelque grain de faveur ou de millet, et qui voient tous les dons, toutes les récompenses aller à ceux qui ont su se faire craindre et acheter. Et d'Aubigné fait la leçon au maître ingrat qui a considéré qu'il n'avait pas besoin de se gêner pour les vieux serviteurs — ses fidèles huguenots — que ceux-là étaient acquis une fois pour toutes. Remontrance qu'il adressa bien souvent à Henri IV. Mais comment se méprendre surtout sur la signification et la destination de ces vers ?

1. Cf. Réaume, t. IV, p. 89-90.
2. Réaume, t. IV, p. 89.
3. Cf. Réaume, t. II, p. 260 à 269.

> Quiconque sert un Dieu dont l'amour et la crainte
> Soit bride à la jeunesse, et la tienne contrainte,
>
> . . . .
>
> Se polluant moins libre au plaisir de son maistre,
> Il n'est plus agréable, et tel ne sçauroit estre.
> Nos Rois qui ont appris à machiavelizer,
> Au temps et à l'Estat leurs âmes desguiser,
> Ploient la piété au joug de leur service,
> Gardent religion pour âme [arme ?] de police [1].

On ne pouvait guère dire cela du dévôt Henri III. Mais en revanche, après l'abjuration, la sincérité religieuse d'Henri IV devait paraître suspecte à d'Aubigné. Et peut-être même avant, puisqu'elle ne servit jamais de bride à ses plaisirs. D'où leurs dissentiments de jeunesse [2] qu'il nous rappelle ici, parce qu'il ne voulait pas aider aux amours du Roi de Navarre.

Je ne crois donc pas qu'il y ait à hésiter sur l'application du morceau. Il vise bien, et tout particulièrement Henri IV, et il a dû être composé après l'Edit de Nantes, en même temps que le chapitre correspondant de la *Confession de Sancy*.

La fin du livre, et le conte en forme d'allégorie qui nous montre un jeune noble de province débarquant à la Cour avec son honnêteté et ses illusions, et se voyant en rêve, la première nuit, en proie aux sollicitations opposées de la Fortune et de la Vertu — ce conte édifiant, didactique, a pu être écrit à n'importe quel moment, mais un passage nous indique que ce fut avant l'avènement d'Henri IV. La vertu dit, en effet, au jeune homme en manière de conclusion :

> Puisque ton cœur Royal veut s'asservir aux Roys
> Va suivre les labeurs du *Prince Navarrois* [3].

Et dans la première partie du récit nous avons une confirmation et une précision de plus sur l'époque, je veux dire dans la description de la Cour et du spectacle qui s'offre au jeune héros de l'aventure. Il remarque tout de suite l'affluence des

---

1. Réaume, t. IV, p. 90.
2. Cf. *Mémoires* (Réaume, t. I, p. 28-31).
3. Réaume, t. I, p. 114.

courtisans autour de deux grands personnages, un « Duc » et « un autre [1], » qui ne peuvent être que les deux beaux-frères d'Henri III, d'Epernon et Joyeuse, devenus ducs et pairs depuis leur mariage avec les sœurs de la Reine, et qui, de ce jour, ne cessèrent de recevoir les faveurs les plus considérables. Or ces mariages avaient eu lieu en septembre et novembre 1581, et avaient été l'occasion de réjouissances et de prodigalités indéfinies [2].

Ce morceau appartient donc à la première période de la rédaction, ou au moins aux années suivantes ; mais d'Aubigné y a fait plus tard des additions en mêlant quelques « apophéties » aux exemples que la Fortune donne au jouvenceau [3] pour lui prouver qu'il y a du péril à suivre la Vertu et qu'elle paye mal ses adeptes : elle cite Coligny et les victimes de la Saint-Barthélemy, mais aussi le prince de Parme (mort le 2 décembre 1592), le comte d'Essex, favori d'Élisabeth d'Angleterre, disgrâcié et décapité en 1601, pour complot, mais surtout par dépit amoureux ; et enfin — toujours le même reproche — les serviteurs d'Henri IV, si mal récompensés :

> .... je voy cette monnoye
> En France avoir son cours : je voy lances, escus,
> Cœurs et noms des vainceurs soubs les pieds des vaincus :
> O de trop de mérite impiteuse mémoire [4] !

Ainsi nous pouvons constater que, même dans ce livre, consacré presque exclusivement aux Valois, il y a eu des retouches et des compléments apportés sous Henri IV. Cela suffirait déjà à prouver que le manuscrit des *Tragiques* ne gisait pas aussi abandonné par l'auteur que le prétend l'*Avis* initial, et qu'il le revoyait de temps à autre.

La Chambre dorée est un réquisitoire contre les mauvais juges, cités par d'Aubigné devant le tribunal de Dieu pour répondre des sentences iniques qu'ils ont rendues contre les Protestants. Ce chant vise donc surtout la période de persécution par autorité de justice, avant les guerres civiles. C'est dire qu'il peut avoir été

---

1. Réaume, t. I, p. 105.
2. Cf. L'Estoile, t. II, p. 21 à 27, 32 à 34 et 36.
3. Cf. Réaume, t. IV, p. 107-108.
4. *Ibid.*, p. 108.

composé de bonne heure, au moins dans ses parties essentielles. Le meilleur commentaire historique qu'on en pourrait donner serait de le rapprocher d'un chapitre de l'*Histoire universelle*, le 10ᵉ du second livre (2ᵉ livre du t. I dans les éditions originales), intitulé *De plusieurs martyrs jusques à l'an 1560*[1], auquel il faudrait ajouter divers passages des chapitres suivants[2] sur l'affaire Anne du Bourg et les recherches rigoureuses faites contre les Réformés à l'avènement de François II, qui fut aussi l'avènement des Guises.

La fameuse séance de la Mercuriale (15 juin 1589) où Anne du Bourg et quelques conseillers hardis affrontèrent le courroux d'Henri II en défendant les Protestants pendant que la majorité du Parlement s'inclinait docilement devant les remontrances royales, et se montrait prête à toutes les répressions, cette séance est évoquée dans un couplet cinglant qui soufflette rudement les timorés :

> Mais encor pour mieux voir entière la bouticque
> Où de vie et de bien l'Injustice trafficque,
> L'occasion s'offrit que Henry second Roy
> En la Mercuriale ordonna pour sa loy
> Le feu pour peine deuë aux âmes plus constantes.
> Là parurent en corps et en robbes sanglantes
> Ceux qui furent jadis Juges et Sénateurs,
> Puis du plaisir des Rois lasches exécuteurs :
> De là se peut la Cour, en se faisant esgalle
> A Mercure macqreau, dire Mercurialle.
> Ce jour noz Sénateurs, à leur maistre vendus,
> Luy prestèrent serment en esclaves tondus[3].

C'est la fin du premier développement après l'introduction du chant, dans laquelle la Justice, la Piété et la Paix, maltraitées sur la terre, étaient venues implorer Dieu dans le ciel. Ce premier développement est dirigé contre le Parlement de Paris. De là le titre du livre : *La Chambre dorée*, c'est la grande chambre du Parlement, au Palais de Justice. La description que d'Aubigné fait de ce Palais et de ses hôtes a un caractère oratoire et allégorique. Rien ne date donc particulièrement ce tableau, où paraissent toutes les passions, tous les vices qui agitent l'âme des juges, et qui

---

1. Éd. Ruble, t. I, p. 202 à 228.
2. Les chapitres XII, XIII, XV et XVI du même livre.
3. Réaume, t. IV, p. 132.

sont de tous les temps — disons, si l'on veut, de toutes les époques troublées.

Notons cependant le passage sur la « Formalité [1] » — un des mieux venus — cette chicane procédurière avec laquelle on étrangle le bon droit. Il contient les noms de quelques magistrats, qui font une honorable exception, et ne se laissent pas prendre à ces artifices, les « doctes Harlais, de Thou, Gillot, Thurin », et d'Aubigné pensait poursuivre l'énumération, car, après Thurin, il avait laissé un blanc de trois vers et demi, dans la première édition[2]. N'a-t-il plus trouvé personne d'autre à mettre sur ce palmarès ? En tout cas, même ces quatre noms ont dû venir assez tardivement se placer là, sans doute seulement après l'attentat commis sur le Parlement par les Seize, le 16 janvier 1589, en représailles de l'assassinat des Guises à Blois. Ce jour-là le Premier Président Achille de Harlay, successeur dans cette charge de son beau-père Christophe de Thou, fut emprisonné à la Bastille avec quelques conseillers qui voulurent courageusement partager son sort[3]. Gillot fut de ceux-là. Cette épreuve les avait rendus populaires dans le camp royaliste. Quant à Thurin, il fut un des conseillers de la chambre de l'Édit (pour les causes protestantes) au Parlement de Paris, après l'Édit de Nantes. Son catholicisme était donc modéré, à ce point même qu'il finit par abjurer et par se convertir au protestantisme quand il eut pris sa retraite (décembre 1608)[4]. C'étaient là des titres à la sympathie de d'Aubigné. Je ne prétends pas conclure de ces remarques que le morceau entier sur la Formalité constitue une pièce rapportée après coup, mais il devait s'arrêter primitivement avant cette citation de magistrats intègres. Ce qui suit est amené par elle, et oppose à leur droiture la faiblesse de certains collègues, qui contresignent, à contre cœur sans doute, les pièces de la procédure, mais s'y résignent tout de même.

Après ces invectives contre le Parlement de Paris, changement de tableau et de pays. D'Aubigné nous transporte brusquement en Espagne. C'est qu'il n'y a

1. Cf. Réaume, t. IV, p. 131.
2. Cf. Read, *Tragiques*, t. I, de la réimpression de Flammarion, p. 198, note sur le vers 164.
3. Cf. *Journal de L'Estoile*, t. III, p. 235-237, et d'Aubigné, *Hist.*, t. VIII, p. 35 et 143.
4. Sur Thurin, voir également L'Estoile, t. VII, p. 259, t. VIII, p. 28 (il fit partie de la commission d'enquête dans le procès Biron lors de la conspiration du Maréchal en 1602), t. VIII, p. 115, t. IX, p. 188.

pas de distance pour Dieu, que la plainte des opprimés a fait lever de son trône de gloire pour aller se rendre compte de ce qui se passait sur la terre :

> Le Tout-Puissant plana sur le haut de la nuë
> Longtemps, jettant le feu et l'ire de sa veuë
> Sur la terre, et voicy....... [1]

Le premier objet qui s'est offert à lui, le premier monument d'iniquité, ce fut le Palais dit de Justice de Paris. De là, il porta ses regards ailleurs, et son attention fut attirée par le spectacle d'un autodafé à Madrid. Ce sont les méfaits de l'Inquisition espagnole sous Philippe II qui occupent donc la scène maintenant [2]. Cette peinture dramatique est-elle primitive comme la précédente, ou a-t-elle été ajoutée ultérieurement ? Je le croirais plutôt, car, observons-le, elle vient s'introduire d'une façon assez inattendue entre deux parties du chant consacrées toutes deux au Parlement de Paris, et qui en formaient sans doute au début la matière principale ou même unique, comme semble l'indiquer le titre. Du reste il y a dans l'introduction du chant une allusion claire à la mort de Philippe II, qui prouve que d'Aubigné a fait des retouches et des additions à ce livre jusqu'à ce moment, et même plus tard encore, comme nous le verrons. Il parle des légions d'anges qui entourent le Seigneur, prêts à partir au moindre signe pour remplir des missions soit de charité, soit de châtiment, et il en détaille quelques-unes :

> Quelqu'autre va trouver un Monarque en haut lieu,
> Bardé de mille fers, et au nom du grand Dieu,
> Asseuré, l'espouvante : eslevé, l'extermine,
> Le faict vif dévorer à la salle vermine [3].

Ce sont les poux qui seraient sortis des abcès du Roi en sa dernière maladie (été de 1598) [4]. D'Aubigné et les Protestants y virent le signe de la malédiction céleste.

1. Réaume, t. IV, p. 122.
2. Cf. Réaume, t. IV, p. 133-136.
3. Cf. Réaume, t. IV, p. 118.
4. Cf. *Histoire universelle*, t. IX, p. 414 et 419. Le fait est également rappelé dans la Lettre au Roi Louis XIII écrite par trois gentilshommes. Cf. éd. Réaume t. I, p. 509-510. Philippe II mourut le 13 septembre 1598.

Il est bien possible — même probable — que cet événement l'ait incité à représenter par une addition au chant III les crimes que Philippe II commençait ainsi à payer, ayant mis le bras séculier au service de la sombre justice du prétendu Saint-Office.

Nous sommes ensuite ramenés au Palais de Justice de Paris, dans la Grand' Chambre, pour y contempler la fresque décorative de la voûte, mais une fresque imaginaire ou fantastiquement agrandie et complétée par l'imagination de l'auteur, car les traits se sont effacés et

> Ne se descouvrent plus qu'aux esprits advisez [1].

Si les conseillers du Parlement avaient su les apercevoir et les déchiffrer, ils y auraient vu leur condamnation et la revanche de leurs victimes. Cette peinture était l'œuvre d'un prophète ancien qui leur avait proposé cette leçon figurée comme un avertissement perpétuel. Le sujet était le triomphe de Thémis, qui s'avançait sur un char symbolique, escortée par tous les justes de l'ancien Testament, de la Grèce, de Rome, du moyen âge et des temps modernes. Quant aux mauvais juges, ils étaient traînés comme des captifs dans ce cortège, et obligés de rendre hommage et de faire toutes les réparations aux innocents qu'ils avaient persécutés. D'Aubigné ne signale nominativement parmi les martyrs protestants que Cavagnes et Briquemaut, gentilshommes ignominieusement suppliciés à Paris, le 29 octobre 1572, peu après la Saint-Barthélemy [2], Mongommery, le meurtrier involontaire d'Henri II pour lequel on connaît ses sentiments d'admiration et à l'exécution de qui il avait assisté. le 26 juin 1574 [3], enfin

> Le très vaillant Montbrun, puni de sa vaillance [4].

et de la terreur qu'il avait inspirée aux catholiques du Dauphiné (mis à mort le 12 août 1575) [5]. Toutes dates qui confirment l'impression donnée par le début du

---

1. Réaume, t. IV, p. 137.
2. Cf. *Histoire universelle*, t. III, p. 367 et de Thou, t. VI, p. 459-461.
3. Cf. *Histoire universelle*, t. IV, p. 263-265 et mon chapitre IV, § 1, t. I, p. 159-160. Voir aussi sur son exécution L'Astrologe, t. I, p. 10-12.
4. Réaume, t. IV, p. 112.
5. Cf. *Histoire universelle*, t. IV, p. 282 et de Thou, t. VII, p. 270-271.

chant que la satire du Parlement de Paris, c'est-à-dire le corps principal du livre, appartient à la période primitive de la composition, celle de la retraite aux Landes-Guinemer. Sans doute d'Aubigné met encore dans la suite de Thémis le Premier Président Brisson et les conseillers Larcher et Tardif, pendus par les Seize le 15 novembre 1591, en haine de leur modération [1]. Maintenant c'est eux qui tiennent en laisse les curés ligueurs, excitateurs et véritables responsables de leurs meurtres. Mais ce quatrain [2] a bien pu être ajouté postérieurement dans un développement rédigé.

Ce qui est venu en tous cas le couronner plus tard, c'est un magnifique éloge de la Reine Élisabeth, écrit après sa mort (1603) et rattaché à ce qui précède par un lien et une transition assez artificielle. Le char de Thémis écrase sur son chemin les monstres de la chicane et les survivants s'enfuient épouvantés. Ils ne pourront pas, dit d'Aubigné, se réfugier dans des pays de justice, comme la Suisse ou l'Angleterre. Et c'est le prétexte de ce panégyrique, ou de cette oraison funèbre de la Reine, qui avait été la protectrice — assez peu libérale, avouons-le — des Réformés français. Mais ils ne lui en gardaient pas moins une profonde reconnaissance. D'Aubigné lui prête toutes les vertus, tous les mérites de l'esprit, chante sa victoire sur l'Armada (1588), l'empire qu'elle sut prendre sur les mers par les expéditions hardies de ses grands marins (Drake, Hawkins, Frobisher, Davis, Gilbert, W. Raleigh), et enfin annonce la fin de son règne glorieux par une formule un peu sibylline, mais qui ne prétend pas être prophétique, puisqu'il parle de son successeur, qui occupait alors le trône :

> Puis il faut qu'en splendeur neuf lustres te maintiennent,
> Et qu'après septante ans (à quoy noz jours reviennent)
> Debora d'Israel, Cherub sur les pervers,
> Fléau des Tyrans, flambeau luisant sur l'Univers

1. Cf. L'Estoile, t. V, p. 118 et sq.
2.
> Puis un nœud entre deux, d'un pas triste et tardif,
> Suivaient Brisson le docte. et Larcher et Tardif.
> Ils tirent leurs meurtriers bein fraisez d'un chevaistre
> Boucher et Pragenat, et le sanglant lucestre.

(Réaume, t. IV, p. 143).

> Pour régner bien plus haut, tout achevé, tu quitte
> Dans les sçavantes mains d'un successeur d'eslitte
> Ton éstat, au dehors et dedans appuié,
> Le cœur soullé de vivre, et non pas ennuyé[1].

La fin du livre est une dernière apostrophe en style biblique, en quatrains isolés comme des versets, et comme les coups de fouet d'une malédiction répétée, à l'adresse des « conseillers des grandes compagnies » qui ne veulent pas entendre la voix de leur conscience, ni de Dieu.

Souvenons-nous qu'en 1577, quand d'Aubigné commença ses *Tragiques*, dans l'irritation de la paix de Bergerac, qui avait diminué les avantages obtenus l'année précédente à Beaulieu, un des griefs principaux des Protestants contre le nouveau traité était précisément qu'il avait retiré la concession des *chambres mi-parties*, introduites dans les divers Parlements pour juger les affaires protestantes, et qu'il les avait remplacées presque partout par des *chambres dites de l'Édit*, où la proportion des conseillers protestants n'était plus déterminée. Il est donc assez vraisemblable qu'un des objectifs de d'Aubigné, en écrivant le chant III, était de justifier la réclamation de ses coreligionnaires et de montrer la nécessité de juridictions spéciales leur offrant les garanties qu'ils ne pouvaient trouver dans les Parlements.

Les Feux. — Je disais que le meilleur commentaire de la *Chambre dorée*, devait être cherché dans un chapitre de l'*Histoire universelle*, celui qui fait l'inventaire, d'après le *Martyrologe de Crespin* (lu d'ailleurs très hâtivement et résumé un peu à la diable), des victimes protestantes de la Justice catholique — non seulement en France, mais dans toute l'Europe — jusqu'en 1560, le chapitre x du second livre (2e livre du t. I dans les éditions originales)[2], complété par les pages sur Anne du Bourg dans les chapitres suivants. Mais, à vrai dire, on trouve ce commentaire dans les *Tragiques* mêmes, dans le livre des *Feux*, qui fait suite à *la Chambre dorée* et où sont décrits les supplices des malheureux — des bien-

---

1. Réaume, t. IV, p. 146. Debora prophétesse qui gouverna les Juifs pendant 40 ans au xiv* siècle av. J.-C. Elle fut victorieuse des Chananéens. (Cf. le cantique de victoire de Debora dans *les Juges*, ch. v.) Cherub ou chérubin, mot hébreu signifiant ange. Élisabeth a régné 45 ans (9 lustres) et vécu « septante ans ».

2. T. I, de l'édition Ruble, p. 202 à 228.

heureux, dirait d'Aubigné — morts pour leur foi. Ils ne paraissent pas tous, comme dans l'interminable défilé de l'*Histoire*, d'ailleurs si impressionnant, car, dans un poème, il était bien obligé de faire un choix. Son quatrième chant est un catalogue de martyres, un catalogue illustré, où sont représentées seulement les stations les plus émouvantes du chemin de croix protestant :

> Je ne fay qu'un indice à un plus gros ouvrage [1].

C'est la mise en œuvre poétique du répertoire que fournit l'*Histoire univer- selle* dans le chapitre mentionné, du moins pour la première partie du chant jusqu'à l'endroit :

> Tels furent de ce siècle en Syon les agneaux
> Armez de la prière, et non point des couteaux [2].

La seconde partie apporte du nouveau, des martyres postérieurs à 1560. Quand je dis mise en œuvre, je ne veux pas dire extrait, ce qui laisserait supposer que le quatrième livre des *Tragiques* a été composé après le chapitre correspondant de l'*Histoire*. En réalité il a été fait avant, bien avant, et d'Aubigné le déclare formellement, en spécifiant qu'il était jeune alors :

> .... ma jeune ardeur
> A de ce haut dessein espoinçonné mon cœur,
> Pour au siècle donner les boutons de ces choses
> Et l'envoyer ailleurs en amasser les roses.
> Que si Dieu prend à gré ces prémices, je veux,
> Quand mes fruicts seront meurs, lui payer d'autres vœux
> Me livrer aux travaux de la pesante histoire,
> Et en prose coucher les hauts faicts de sa gloire [3].

En 1577, quand il commença ses *Tragiques*, il n'avait, en effet, que vingt-cinq ans. Notons qu'il disposait dès ce moment du *Martyrologe de Crespin*, dont la 1re édition est de 1554, et la dernière, imprimée du vivant de l'auteur, de 1570. Un 12e chapitre sera ajouté dans l'édition posthume de 1598 par le pasteur Simon

1. Réaume, t. IV, p. 167.
2. Réaume, t. IV, p. 170.
3. Ed. Réaume, t. IV, p. 150.

Goulart, de Genève, pour l'époque postérieure à la Saint-Barthélemy. L'objection de MM. Lalanne et Bost, que les livres des *Feux* et des *Fers* (Lalanne ajoute *Vengeances*) nécessitaient une documentation que d'Aubigné ne pouvait acquérir dans le temps des guerres civiles, ne porte donc pas ici.

Toutes les morts exemplaires de la première partie sont, en effet, relevées dans Crespin, sauf quelques épisodes populaires français que d'Aubigné insère au milieu de ce martyrologe officiel : ainsi le tourment du pauvre laboureur, enfermé treize mois dans un cachot si bas qu'il était obligé de rester assis et de courber la tête jusqu'aux genoux[1]; ou celui du paumier d'Avignon, suspendu dans une cage au haut d'une tour de la ville et exposé à toutes les intempéries[2]. Ceux-là conservent l'anonymat des humbles, mais ils participent aux mérites de tous leurs compagnons qui brillent dans ce livre d'or, où nous voyons successivement en scène et à l'honneur : les Hussites, les Vaudois, les victimes de la Réforme en Angleterre, l'héroïque Anne Askève (1546), l'infortunée Jeanne Grey (1554), un autre Anglais encore, Gardiner, qui alla chercher la palme au Portugal, en 1552; puis c'est le cortège glorieux des Français, Venot, dont le supplice sert de spectacle à l'entrée du Roi Henri II à Paris en 1549, les quatorze de Meaux (1546), les cinq Écoliers de Lyon (1552), l'admirable et plus qu'humaine demoiselle de Graveron (1558), des femmes enterrées vives, le célèbre Anne du Bourg, dont la défaillance momentanée disparaît « à la voix d'une caille », comme dit singulièrement d'Aubigné, c'est-à-dire sous les remontrances d'une dame de la Caille (1559). Enfin un Italien ferme la marche, Montalchine, dont le Pape voulait étouffer la voix par une exécution secrète et qui trouva le moyen, sous prétexte de faire une confession de ses erreurs, d'être produit en public et d'adresser un discours au peuple, où se balançaient les raisons des deux Doctrines, jusqu'à la conclusion nettement protestante (1553).

Voilà, en résumé, la matière de la première partie du livre. Toutes les dates, on le voit, sont antérieures à 1560. Il est si bien donné comme la suite, et donc l'illustration du précédent, que la même fiction s'y poursuit : le lien de tous ces

1. Cf. Réaume, t. IV, p. 159.
2. Cf. Réaume, t. IV, p. 161.

tableaux, c'est qu'ils passent les uns après les autres sous les yeux de Dieu, qui continue à contempler les épreuves de son Église :

> Dieu vid en mesme temps (car le prompt changement
> De cent ans, de cent lieux, ne luy est qu'un moment)
> Deux rares cruautés, deux constances nouvelles
> .... etc. [1].

Après une échappée ouverte sur l'Amérique, où la colonie calviniste installée par Villegagnon à l'embouchure de Rio-de-Janeiro (en 1555) avait été détruite, Dieu se retourne à nouveau vers notre vieux continent,

> Mais l'œil du Tout-Puissant fut enfin ramené
> Aux spectacles d'Europe............ [2].

Jusqu'à la fin du chant il en sera de même. D'Aubigné paraîtra oublier par moments ce spectateur céleste, mais ce ne sera qu'une apparence. Il le tient toujours au moins dans la coulisse, et c'est lui qui aura le dernier mot et qui prononcera la conclusion du livre-anathème jeté aux malfaisants.

La seconde partie nous offre quelques scènes du calvaire huguenot, entre 1560 et 1600. Elles sont en petit nombre, mais largement traitées. D'Aubigné s'y attarde avec complaisance, car il juge plus méritoire encore le sacrifice de ces derniers martyrs, quand leurs coreligionnaires se défendaient les armes à la main, et que la résistance était le mot d'ordre général :

> On ne veut plus mourir pour les saincts tesmoignages [3].

Ce n'est pas que moins de Protestants aient été tués pour leur religion pendant cette période, au contraire : il y a eu la Saint-Barthélemy, il y a eu les guerres. Mais, selon la doctrine constante, d'Aubigné réserve le titre de martyrs à ceux qui meurent « purement pour la foi » et qui, jusqu'au bout, ont eu « le choix de la vie ou de la mort[4] ».

Il en est, parmi ce groupe final qui lui tenaient au cœur par des liens ou des

---

1. Réaume, t. IV, p. 153.
2. *Ibid.*, p. 159.
3. Réaume, t. IV, p. 171.
4. *Histoire universelle*, t. I, p. 227.

souvenirs personnels, et il mit à les célébrer une piété particulière. C'est le cas de Richard de Gastines, qui avait été son condisciple chez Béroald à Paris en 1562, et qui devait avoir dix-sept à dix-huit ans quand il donna un si rare exemple de force morale[1]. Il avait été arrêté avec son père, Philippe de Gastines, riche commerçant de la rue Saint-Denis, et son oncle, Nicolas Croquet, pour avoir fait la Cène chez eux pendant la 3e guerre. En prison, où ils avaient retrouvé d'autres captifs, il ne cessa d'édifier tout le monde par ses saints discours et ses exhortations dignes d'un Docteur plus que d'un adolescent. Son courage ne se démentit pas devant la mort (30 juin 1569). Il pleura sur celle de son père, non sur la sienne. On avait érigé une croix commémorative de cette exécution sur l'emplacement de la maison rasée de Philippe de Gastines. Elle donna lieu, après la paix de la 3e guerre, à l'affaire de la Croix de Gastines, les Huguenots en exigeant la disparition, conformément à une clause générale d'abolition contenue dans le traité[2].

Après l'héroïsme d'un jeune homme, celui d'une fillette, dont d'Aubigné cache le nom dans les *Tragiques*, mais il le découvre dans l'*Histoire*[3]. C'était une fille du ministre Sarpon, qui fut victime avec sa sœur, après la Saint-Barthélemy, de la cruauté de ses parents catholiques. Le récit de sa lamentable aventure, et de sa mort à l'hôpital, qu'elle accueillit comme une délivrance, est un des plus touchants du livre[4].

Ces deux morceaux ont pu être composés, comme les précédents, aux Landes-Guinemer (1577 à 1579). Il n'en est pas de même de ce qui suit. L'épisode relatif à Bernard Palissy et à deux sœurs parisiennes qui se trouvaient à la Bastille en même temps que lui[5] nous conduit à l'époque des Barricades (mai 1588).

> Ce fut lors que l'on vid les Lions embrazer
> Et chasser, barriquez, leur Nabucadnezer[6].

Cela se passe, en fait, un peu avant, puisque Henri III est encore à Paris et rend visite aux prisonniers. Il s'excuse auprès du vieux potier d'être contraint de

1. Cf. Réaume, t. IV, p. 170 à 178.
2. Cf. *Histoire*, t. III, p. 277 à 279, et DE THOU, t. VI, p. 272-273 (décembre 1571).
3. Cf. *Histoire universelle*, t. III, p. 336.
4. Cf. Réaume, t. IV, p. 178 à 181.
5. Cf. Réaume, t. IV, p. 185 à 187.
6. Pour Nabuchodonosor, surnom donné à Henri III.

l'abandonner à ses ennemis, s'il ne se résout pas à abjurer. Et celui-ci répond simplement — la simplicité de la grandeur d'âme — qu'il mourra sans regrets dans un temps où un roi peut dire : je suis contraint.

> Or vous et tous ceux-là qui vous ont peu contraindre
> Ne me contraindrez pas, car je ne sçay pas craindre,
> Puis que je sçay mourir.....

Cette entrevue, que d'Aubigné a racontée aussi dans son *Histoire*[1] et dans *Sancy*[2], a été contestée à cause du détail scandaleux dont il l'agrémente — et que seule l'*Histoire* tait, ce qui tend à prouver que peut-être il n'était pas si sûr du bruit qui courait à ce sujet. On disait donc que le Roi avait offert leur grâce aux deux sœurs si elles consentaient à lui accorder chacune une nuit :

> On vous offrit la vie aux despens de l'honneur,
> Mais vostre honneur marcha soubs celuy du Seigneur
> Au triomphe immortel, quand du Tyran la peine
> Plustot que son amour vous fit choisir la haine.

Et la *Confession de Sancy* précise que c'est par le comte de Maulevrier qu'il avait fait porter cette proposition aux prisonnières, la veille de sa visite. Cette histoire a donné lieu à une polémique dans le *Bulletin de la Société du Protestantisme français* entre M. Audiat, qui la contestait dans son livre sur *Bernard Palissy*[3], et le pasteur Th. Coquerel fils, défenseur de la véracité de d'Aubigné[4]. L'un des arguments de M. Audiat, c'est qu'Henri III n'aurait pu voir les deux sœurs en question auprès de Palissy, parce qu'elles ne se trouvaient pas comme lui à la Bastille, mais à la Conciergerie, à la prison du Châtelet. Il ne doute pas, en effet, qu'il ne s'agisse des filles du procureur Foucaud, « les Foucaudes » comme on les appela, qui furent pendues et brûlées en place de Grève peu après les Barricades, le 28 juin 1588, ayant gardé jusqu'au bout une constance admirable. Et elles avaient

1. T. VIII, de l'édition Ruble p. 151,
2. Ed. Réaume, t. II, p. 351.
3. Étude sur sa vie et ses travaux, 1 vol. in-12, 1868, Paris, Didier.
4. Cf. *Bulletin de la Société d'Histoire du Protestantisme français*, t. XVII (1868) p. 434 à 444, p. 495 à 505. p. 614-615 ; et au t. XVIII (1869). p. 40 à 60.

effectivement été détenues au Petit Châtelet[1]. L'objection n'est pas péremptoire, car cette identification des deux sœurs des *Tragiques* avec les Foucaudes n'est qu'une hypothèse. Avant M. Coquerel, M. Fred. Chavannes en avait fait une autre, en communiquant au *Bulletin du Protestantisme* la *Lettre à Madame sur la Douceur des Afflictions*, qui n'était pas encore connue par les manuscrits de Bessinges[2]. S'appuyant sur un passage de la lettre où d'Aubigné citait, avec quelques variantes, les vers des *Tragiques* relatifs aux deux compagnes de Bernard Palissy, il trouvait dans les quelques lignes, par lesquelles cette citation est introduite, la révélation que c'étaient les sœurs cadettes de la demoiselle de Graveron, une des héroïnes de la première partie du chant[3]. D'Aubigné vient de dire à Madame que la beauté de l'âme et son héroïsme transfigurent les visages mêmes, et il en donne comme exemple cette trinité merveilleuse : « Tout Paris en est tesmoin que telles beautez non accoustumées parurent au visage de la Damoiselle de Graveron et de *ses* deux sœurs, qui furent couronnées du martire au temps des Barricades[4]. »

Ce texte serait décisif s'il ne renfermait vraisemblablement une faute de copie. Je crois, avec M. Lalanne[5], qu'il faut lire « *ces* deux sœurs », confusion facile sous la plume d'un scribe, et à la dictée, entre le démonstratif et le possessif, puisque le son est le même. Il n'y a, en effet, dans les *Tragiques*, aucune parenté indiquée entre la demoiselle de Graveron et les deux sœurs des Barricades. Leurs martyres sont séparés par un intervalle de trente ans (1558 à 1588), et vraiment l'écart d'âge serait bien grand pour des sœurs, car les cadettes (ou prétendues telles) devaient être encore jeunes en 1588 : sinon le marché que leur offre Henri III ne s'expliquerait pas, quelque sadisme qu'on suppose à ce prince.

Alors, si ce ne sont pas les sœurs de la demoiselle de Graveron, qui sont-elles ? On croit communément que c'étaient les « Foucaudes », Radegonde et Claude Foucaud, sans s'arrêter à l'objection de M. Audiat. Mais il me semble que le récit de l'*Histoire universelle* résout tous les doutes et écarte, avec les Foucaudes, la

1. Cf. L'Estoile, Éd. Champollion, t. III, p. 120 et 166 ; et dans le *Bulletin du Protestantisme* le récit de leur procès et de leur martyre au t. XXXV (1885) p. 406 à 410.
2. Cf. *Bulletin du Protestantisme*, t. IV (1855), p. 561 et sq.
3. Cf. Réaume, t. IV, p. 163-164.
4. Cf. le passage dans l'édition Réaume, d'après le *ms.* de Bessinges, t. I, p. 549.
5. Voir son édition des *Tragiques*, p. 203, note 3.

difficulté. Là d'Aubigné les nomme les deux sœurs, qui parurent le jour du supplice « *parées d'angélique beauté* ». C'étaient les filles de Sureau [1] :

« Il estoit avenu à la mort de ces deux que le peuple *les trouvant belles* et un vieillard tout blanc ayant monté sur une boutique pour s'écrier : Elles vont devant Dieu ! le peuple, au lieu de sauter au colet de cet homme, respondit quelques gémissemens [2]. »

Certes, il ne dit pas formellement, en rappelant ce souvenir dans une page consacrée à Bernard Palissy, que c'étaient les mêmes qui avaient été ses compagnes de captivité à la Bastille. Mais cela va de soi, pour peu qu'on rapproche ce passage de celui des *Tragiques*.

Ainsi il n'y a plus de contradiction avec des faits établis. Et, au contraire, M. N. Weiss a apporté, sinon la preuve formelle de l'entrevue d'Henri III et de Palissy à la Bastille, au moins une présomption qu'elle a pu avoir lieu à l'époque où d'Aubigné la situe. En effet, la découverte de pièces judiciaires provenant de la Conciergerie du Palais permet d'affirmer que Palissy était bien enfermé à la Bastille au moment des Barricades, pour avoir refusé de se conformer à l'Édit de juillet 1585 et à l'ordonnance d'octobre suivant, en abjurant ou en s'exilant [3]. On a aussi un texte de L'Estoile, demeuré inédit jusqu'en 1900 [4] — et qui ne figure donc pas dans son *Journal* imprimé — rapportant une conversation entre Palissy et son geôlier, le gouverneur de la Bastille Bussy-Leclerc, en juin 1589, et précisant qu'à cette date il était « prisonnier depuis environ un an ». Il le demeura jusqu'à sa mort. On n'osa pas exécuter contre ce vieillard la sentence capitale prononcée par le Bailli de Saint-Germain « et l'aage de quatre vingt dix ans qu'il avoit en fit l'office à la Bastille », nous dit d'Aubigné [5]. L'Estoile ne lui donne que 80 ans quand il y succomba en décembre 1590 « de misère, nécessité et mauvais traitement [6] ».

____

1. Est-ce le pasteur Hugues Sureau, dit du Rosier, qui renia sa religion au moment de la Saint-Barthélemy pour sauver sa vie, et s'employa ensuite à obtenir l'abjuration de Condé ? (Cf. *Histoire universelle*, t. III, p. 358-360.)

2. Cf. *Histoire universelle*, t. VIII, p. 151.

3. Cf. *Bulletin du Protestantisme français*, t. LXI, septembre-octobre 1912, p. 389 et sq.

4. C'est M. Omont qui l'a fait connaître et l'a publié dans les *Mémoires pour la société de l'Histoire de Paris et de l'Ile de France*. Le *Bulletin du Protestantisme* l'avait reproduit en oct. 1901 et M. N. Weiss en fait état dans son article de 1912 (note précédente).

5. *Histoire universelle*, t. III, p. 151.

6. É.-J. Champollion, t. V, p. 67.

On peut penser, avec d'Aubigné, que l'âge y fut aussi pour quelque chose. La constance de ce « bonhomme » et ses épreuves n'en font pas moins un martyr de la Religion, qui méritait de prendre place dans le cortège glorieux du quatrième chant des *Tragiques*.

Il se termine — ce chant et ce cortège — par « les martyrs romains [1] ». Ce sont trois Anglais qui étaient venus provoquer la Papauté jusque sur son siège, puis un vieillard italien, témoin de leur supplice, et dont le courage en fut raffermi; enfin le fameux « petit Capucin », mis à mort pour avoir prêché publiquement contre l'Antéchrist. Toute cette dernière moisson d'héroïsme avait été rapportée à d'Aubigné par un évadé de la Cour pontificale, Gaspard Baronius, le neveu du Cardinal, dont l'histoire, peut-être un peu mêlée de légende, est une des plus curieuses qu'il ait racontées [2]. J'en parlerai plus loin [3], et je crois pouvoir établir que c'est en 1601 qu'il vit Baronius à Paris, dans une assemblée protestante tenue chez le duc de Bouillon, et où le fugitif était venu soulager sa conscience... en trahissant la Cour de Rome. Car il avait été un des juges du « petit Capucin » et il était poursuivi par le remords. Ce ne serait donc pas avant 1601 que d'Aubigné aurait ajouté ce couronnement au martyrologe protestant exalté dans le livre des *Feux*.

Et voici la conclusion : tous ces prodiges d'héroïsme, à tous les âges, dans les deux sexes, dans toutes les conditions, sont les marques certaines de l'élection providentielle. Le miracle des premiers chrétiens persécutés s'est renouvelé. Dieu est avec l'Église souffrante. Le clergé catholique, qui jouit à cette heure de tous les avantages du monde, qui a l'argent, les honneurs, la puissance, et qui s'en sert pour le mal, ne peut pas se dire l'Église triomphante : ses mœurs le condamnent.

D'Aubigné nous montre le Seigneur, avant de se retirer dans le ciel, méditant sur ce contraste, et sur le point, dans son indignation, de bouleverser à nouveau la terre comme au déluge

> Pour faire encor un coup, en une arche reclose,
> L'eslection des siens... [4]

1. Cf. Réaume, t. IV, p. 181 à 185.
2. Dans les *Mémoires*, éd. Réaume, t. I, p. 91, le *Traité sur les guerres civiles*, t. II, p. 113 et sq. et l'*Histoire universelle*, éd. Ruble, t. IX, p. 199-200.
3. Dans mon chapitre xiv, § 1er, p. 113-115 du 3e volume.
4. Cf. éd. Réaume, t. IV, p. 190.

mais il hésite, car il faut bien que les destins s'accomplissent et que la période des *Fers* succède à celle des *Feux*. Il abandonne donc la terre à son sort et rentre dans le calme de son paradis.

Le cinquième livre, **Fers**, est celui des *Tableaux célestes* où sont reproduits, sur la voûte du Ciel, les luttes soutenues ici-bas par les Huguenots. Ils donnèrent lieu à une controverse littéraire, Rapin blâmant le procédé dont il ne voyait pas l'équivalent dans le merveilleux païen ; Sainte-Marthe, au contraire, avec d'autres, approuvant fort « l'invention » :

« Vous vous esgayez dans le Ciel pour les affaires du Ciel mesme ; j'y ai pris tel goust que je crains votre modestie ; au lieu donc de vous descourager, si vous aviez quelque chose de plus haut que le Ciel, vous y devriez loger ce **qui est tout** céleste [1]. »

On ne se douterait évidemment pas, en lisant ce passage de *l'Avis aux Lecteurs*, que cette imagination n'était pas une simple fiction poétique, mais le résultat d'une vision. Nous en avons parlé au moment de la Saint-Barthélemy [2]. Rappelons-nous les circonstances. D'Aubigné, réfugié à Talcy pendant plusieurs mois, est blessé par un inconnu au cours de l'hiver, dans une hôtellerie de la Beauce, et a tout juste le temps de revenir au château pour mourir entre les bras de Diane. Le fait est que sept heures durant il resta sans connaissance ; déjà on avait ramené sur lui le suaire, mais son âme ne s'était pas envolée, elle avait été seulement ravie en extase au céleste séjour, et ce sont tous les souvenirs de ce voyage mystique qu'il aurait rapportés dans le cinquième chant des *Tragiques* [3]. Il y dit, en effet :

> Parmy ces apres temps, l'esprit ayant laissé
> Aux assassins mon corps en divers lieux percé,
> Par l'Ange consolant mes amères blessures,
> Bien qu'impur fut mené dans les régions pures.
> Sept heures lui parut le céleste pourpris
> Pour voir les beaux secrets et tableaux que j'escris.

Il ajoute, il est vrai :

1. Éd. Réaume, t. IV, p. 8.
2. Cf. mon chapitre III, § 3, t. I, p. 134.
3. Cf. Ch. Bost, *Notes sur Agrippa d'Aubigné* dans le *Bulletin de la Société d'Histoire du Protestantisme français* (septembre-octobre 1910), § 3, *La vision d'où sont sortis les Tragiques* (p. 451 et sq. du t. 59).

> Soit qu'un songe au matin m'ait donné ces images,
> Soit qu'en la pasmoison l'esprit fit ces voyages,
> Ne t'enquiers (mon lecteur) comment il vid et fit,
> Mais donne gloire à Dieu en faisant ton profit;
> Et cependant qu'en luy extaticq je me pasme,
> Tourne à bien les chaleurs de mon entousiasme[1].

Faisons-lui donc confiance, comme il le demande, et ne cherchons pas trop à approfondir ces songes étranges que l'*Avis de l'Imprimeur* nous autoriserait à interpréter d'une façon toute naturelle.

Quoi qu'il en soit, la conséquence de cette donnée semblerait être que la période des *Fers*, c'est-à-dire des armes, évoquée dans ce livre, devrait s'arrêter à la Saint-Barthélemy, puisque c'est dans l'hiver suivant que d'Aubigné eut cet accident et cet évanouissement pendant lequel toutes les scènes de la tragédie huguenote ont repassé dans son esprit. Et en effet, ce sont bien les dix premières années des guerres de Religion (de 1562 à 1572 ou 73) qui forment la matière principale du chant, mais il y a ajouté des faits postérieurs et, à vrai dire, la fiction même le comportait. Car, pour l'Éternité divine, tous les temps sont également présents, aussi bien le passé et l'avenir, et ainsi l'histoire entière du Protestantisme, depuis ses origines avec les Albigeois jusqu'à son triomphe hypothétique, pouvait se lire dans le ciel, soit sur les fresques peintes par les anges au fur et à mesure qu'ils revenaient d'assister aux événements sur la terre, soit sur les signes tracés par les constellations et où les initiés seuls déchiffraient l'avenir. L'ange qui guide d'Aubigné lui en révélera une partie. Cela lui permettra des anticipations au delà de la Saint-Barthélemy, d'ailleurs réalisées évidemment au moment où il écrit, sauf quelques prophéties finales plus ou moins obscures.

Il se suppose, lorsqu'il gisait inanimé, tourné vers le midi; et, les cieux étant mobiles suivant la conception astronomique des Anciens, la série des tableaux se déroulait devant lui de gauche à droite, c'est-à-dire de l'est à l'ouest.

> Doncques, le front tourné vers le Midi ardent,
> Paroissoient du Zénith, penchant vers l'Occident

---

1. Éd. Réaume, t. IV, p. 227.

> Les spectacles passez qui tournoyent sur la droicte.
> Ce qui est audevant est cela qui s'exploicte [1].

C'est-à-dire le présent. Et les temps futurs apparaissent à l'Orient, comme il sied, à ceux du moins qui ont des yeux pour voir :

> A la gauche du Ciel, au lieu de ces tableaux,
> Esblouissent les yeux les astres clairs et beaux,
> Infinis millions de brillantes estoilles
> Que les vapeurs d'en bas n'offusquent de leurs voiles.
> En lignes, poincts et ronds, parfaits ou imparfaicts
> Font ce que nous lisons après dans les effects [2].

Le panorama étant ainsi distribué, voyons quelles scènes il a placées dans chaque partie. Je m'en tiens, bien entendu, à celles qui figurent dans la première édition (de 1616). Il y aura pas mal d'additions dans l'édition sans lieu ni date. Ce livre est évidemment un de ceux qui ont été le plus retouchés par l'auteur. Les épisodes nouveaux ne feront d'ailleurs que grossir la partie qui était déjà de beaucoup la plus considérable, celle qui embrasse les trois premières guerres et la Saint-Barthélemy.

Sur le passé ancien, fort peu de chose, et ce n'est même pas mis à part au début, mais mentionné plus tard, comme par parenthèse ou acquit de conscience, pour prouver qu'au ciel on tient et on garde registre de toutes les actions des hommes : ainsi seront rappelées [3] les épreuves des Albigeois (xiiie siècle), des Hussites de Bohême (début du xve), des Vaudois de Mérindol et Cabrières (1546) et de ceux de la vallée d'Angrongne (1550-1561), tous faits dont il a déjà été question plus ou moins dans le livre précédent — et ce peut être une raison de ne pas insister.

Mais voici le passé récent et le présent, voici la lutte des Religionnaires de France depuis 1562. Le tableau de la Conjuration d'Amboise [4] ne sera ajouté que dans l'édition de 1623 — mais nous voyons défiler sur l'écran céleste la bataille de

---

1. Cf. éd. Réaume, t. IV, p. 227-228.
2. Éd. Réaume, t. IV, p. 228-229.
3. Cf. éd. Réaume, t. IV, p. 212-213.
4. Cf. *Ibid.*, t. IV, p. 202.

Dreux (19 décembre 1562) et ses vicissitudes indécises[1], l'assassinat de François de Guise (18 février 1563), qui met fin à la première guerre[2]; ensuite les péripéties de la seconde, l'alerte donnée à Paris par le camp de Condé à ses portes, la bataille incertaine de Saint-Denis (10 novembre 1567) où périt le chef de l'armée catholique, le connétable de Montmorency[3]. La troisième nous offre Jarnac (13 mars 1569) et la glorieuse mort de Condé, dont d'Aubigné fut témoin, puis le désastre de Moncontour[4],

Du sanglant Moncontour la sanglante bataille[5]

D'Aubigné constate que, dans les grandes rencontres, la fortune des armes ne fut pas au début favorable aux Huguenots, sans doute parce que Dieu voulait leur montrer que toute force vient de lui et non des hommes. Au contraire, dans des occasions où leur infériorité numérique était marquée, ils eurent des succès inespérés, gages de sa protection[6]. Ainsi, en Béarn, avec Mongommery (délivrance de Navarrens et d'Orthez, août 1569)[7], au combat de Luçon, si inégal (14 juin 1570) :

> Lusson, tu y es peint avec la troupe heureuse
> Qui dès le point du jour chante victorieuse :
> Tes cinq cent renfermez dans l'estroit de ce lieu
> Paroissent à genoux, levans les mains à Dieu.
> Ils en rompent cinq mil choisis par excellence
> Soubs les deux drapeaux blancs de Piedmont et de France[8].

Ainsi encore dans la fameuse victoire remportée par Montbrun sur les Suisses, à Châtillon-en-Diois (Drôme), le 13 juin 1575,

1. Cf. Réaume, t. IV, p. 203 et *Histoire universelle*, éd. Ruble, t. II, p. 108-121.
2. Cf. Réaume, t. IV, p. 203 et *Histoire universelle*, t. II, p. 111-118.
3. Cf. Réaume, t. IV, p. 204 et *Histoire*, t. II, p. 229 à 252.
4. Entre les deux l'édition de 1623 insérera la revanche momentanée de Coligny à Saint-Yriex (ou la Rocheabeille, 25 juin), où d'Aubigné se trouva comme à Jarnac, mais il n'assista pas à Moncontour.
5. Cf. éd. Réaume, t. IV, p. 204 et *Histoire universelle*, t. III, p. 119 et sq.
6. Le 1er exemple donné dans l'édition sans lieu ni date sera celui des réfugiés de *** à Montargis, que la bonne duchesse Renée de France dut, sur l'ordre formel de Charles IX, renvoyer en récompense, et qui, au moment d'être massacrés, furent sauvés par une intervention inattendue (septembre ***); éd. Réaume, t. IV, p. 205-207 et *Histoire universelle*, t. III, p. 86 à 90. Mais l'épisode ne se trouve pas dans l'édition de 1616.
7. Cf. éd. Réaume, t. IV, p. 207 et *Histoire*, t. III, p. 92 à 98.
8. Éd. Réaume, t. IV, p. 207. Cf. *Histoire universelle*, t. III, p. 107 à 116.

> Montbrun, qui n'a reçeu du temps et de l'histoire
> Que Caesar et François, compagnons de victoire[1].

Bel éloge et « mot historique ». C'est un souvenir personnel que d'Aubigné nous rapporte, l'hommage qu'il entendit dans la bouche d'un des capitaines battus, rencontré par lui deux jours après :

« Nous venons de la bataille de M. de Montbrun. Jules Caesar, le roi François et lui ont deffaict nostre nation[2]. »

Ce dernier exemple sort, non pas du sujet, mais de l'époque où d'Aubigné nous avait situés tout d'abord. Il dépasse sensiblement la troisième guerre. Après quoi, retour en arrière jusqu'à la première : le combat de Saint-Gilles (22 septembre 1562) est signalé, comme les précédents, à cause de la disproportion des forces :

> La fleur de l'Italie ayant quitté Sainct Gille,
> Là trois cents et les eaux en font périr six mille[3].

Désordre voulu ou non, ces zigzags ont du moins ici l'avantage, en nous ramenant au point de départ, de fournir une transition à un nouveau développement, qui reprend les choses au commencement et nous montre une seconde suite de tableaux : après la série des combats, c'est la succession des massacres, depuis Vassy jusqu'à la Saint-Barthélemy :

> Nous avons employé jusques ici noz carmes
> Pour donner gloire à Dieu pour le succez des armes
>
> . . . .
>
> D'un autre part, au Ciel, en spectacles nouveaux
> Luisoient les cruautez, vives en leurs tableaux[4].

Vassy (1er mars 1562) donne le signal[5] — ou presque — de ces cruautés catholiques, et c'est une contagion de fureurs qui se répand partout, avant que

---

1. Réaume, t. IV, p. 207.
2. *Histoire universelle*, t. IV, p. 280. — Voir plus haut mon chap. IV, § 2, t. I, p. 170-171.
3. Réaume, t. IV, p. 207 et *Histoire universelle*, t. II, p. 68.
4. Réaume, t. IV, p. 208.
5. Cf. Réaume, t. IV, p. 208 et *Histoire*, t. II, p. 6-7.

n'éclate la guerre, ou pendant les hostilités. Nous voyons dépeints [1] les crimes de
Sens (12 avril 1562), d'Agen, de Cahors (avant Vassy celui-là, 16 novembre 1561),
de Tours (15 juillet 1562) et autres lieux. Ce sont les mêmes détails, les mêmes
scènes, les mêmes horreurs qui sont retracés dans l'*Histoire universelle* [2] d'une
façon plus brève. D'Aubigné n'y donne que le sommaire de ce qu'il développe ici
dans les *Tragiques*.

Puis nous passons à la troisième guerre, la plus cruelle, et, des deux parts,
ce qu'il se dispense naturellement de remarquer. C'est la tuerie des Protestants
d'Orléans, réfugiés à la tour de Martinville et à la « maison des quatre coins »
où l'on mit le feu : les mères jetant les enfants par-dessus les créneaux pour les
sauver des flammes, et les soldats catholiques les recevant au bout de leurs
piques (21 août 1569) [3]; à Fréjus, c'est l'assassinat du comte de Cypierre, fils
cadet du comte de Tende et des trente gentilshommes qui l'accompagnaient
(30 juin 1568) [4].

Dès lors, comme à la fin du premier développement, l'ordre des temps se
brouille et nous revenons en arrière à la première guerre avec les sauteries de
Mâcon, où un gouverneur sadique, Saint-Point, divertissait ses convives en faisant
précipiter des Huguenots dans la Saône [5] — au delà même, à l'assassinat du seigneur
de Mouvans par la populace de Draguignan (fin 1559) [6], et, toujours plus haut, nous
remontons au passé ancien : c'est la courte digression que j'ai déjà détachée au
début de cette analyse. Cette page (édition Réaume, t. IV, p. 212) est donc un peu
pêle-mêle, comme les tableaux décrochés d'une galerie de musée. Mais l'amiral de
Coligny qui, au moment où d'Aubigné fait son ascension mystique, est dans le
ciel, au nombre des élus, intervient fort opportunément pour ramener ses compagnons, et nous avec eux, dans le bon chemin de la chronologie, devant les peintures
de la Saint-Barthélemy.

1. Cf. Réaume, t. IV, p. 209-211.
2. Cf. *Histoire universelle*, t. II, p. 7-8 et 24.
3. Cf. Réaume, t. IV, p. 211 et *Histoire*, t. III, p. 85-86.
4. Cf. Réaume, t. IV, p. 212 et *Histoire universelle*, t. III, p. 3-4.
5. Cf. Réaume. t. IV, p. 212 et *Histoire*, t. II, p. 49 et 73. C'est une des excuses — ou justifications —
que le baron des Adrets — protestant — donnait pour ses propres cruautés : représailles légitimes (*Histoire*, t. II, p. 73).
6. Cf. Réaume, t. IV, p. 212 et *Histoire*, t. I, p. 288.

Lui-même les commente, en commençant par un *meâ culpâ* pour l'excès de confiance qu'il eut envers Charles IX[1]. Ce n'est pas exprimé aussi nettement, mais le rapprochement avec l'*Histoire* précise l'intention[2].

Le premier tableau représenté, c'est l'arrivée des deux Princes de Navarre et de Condé à Paris, en deuil de la Reine Jeanne d'Albret, morte le 9 juin précédent — empoisonnée disaient les Protestants[3] — et tout aussitôt les fêtes de leurs mariages, simplement esquissées ici[4], amplement décrites dans l'*Histoire*[5].

Il en est de même de toutes les scènes qui suivent, et qui nous font voir les épisodes dramatiques de la Saint-Barthélemy, à Paris et en province. Elles ont toutes l'air — je ne parle pas des morceaux d'ensemble, des descriptions d'un caractère général — elles ont l'air d'être extraites des récits de l'*Histoire*. Il y manque le prologue, l'attentat du 18 août contre Coligny[6], et même son assassinat[7] à la première sonnerie du tocsin le 24. Mais voici le peuple mutilant son cadavre, la tête coupée pour être envoyée à Rome[8] — légende d'ailleurs — voici le meurtre dans le Louvre même, et jusque dans les chambres des princesses[9]. Et bientôt, la Seine souillée de sang, charriant les corps qu'on poussait par la Vallée de Misère sur le pont aux Meuniers pour les jeter dans l'eau[10]. L'un d'eux, une femme, reste accrochée par les cheveux à une des chevilles du pont, et c'est son mari, précipité deux jours plus tard, qui l'entraîne enfin[11].

Quelques victimes de marque: la demoiselle d'Yverni, « docte et aumosnière », qui essayait de se sauver déguisée en religieuse, et qui est trahie par ses mules de velours cramoisi[12]; trois têtes chenues qui rougissent « leur perruque si blanche »,

---

1.

> Venez voir comme Dieu chastia son Église
> Quand sur nous, non sur luy, la force fut assise.. etc.,

Réaume, t. IV, p, 213.

2. Cf. *Histoire universelle*, t. III, p. 290 et 296 à 300.

3. Cf. *Histoire*, t. III, p. 290-291.

4. Cf. Réaume, t. IV, p. 214.

5. Cf. *Histoire*, t. III, p. 300-303.

6. *Ibid.*, p. 305-313.

7. *Ibid.*, p. 315 318.

8. Cf. éd. Réaume, t. IV, p. 216 et *Histoire universelle*, t. III, p. 318.

9. *Ibid.*, p. 217 et *Histoire universelle*, t. III, p. 325.

10. *Ibid.*, p. 218 et *Histoire universelle*, t. III, p 325·

11. *Ibid.*, p. 219 et *Histoire universelle*, t. III, p. 337.

12. *Ibid.*, p. 213 et *Histoire universelle*, t. III, p. 329-330.

Pierre Ramus excellent docteur, Chappes avocat au Parlement, et Brion le précepteur du petit prince de Conti, que l'enfant essayait vainement de protéger[1].

Au Louvre, après le premier émoi, les dames en toilette de nuit, « micoëffées », vont regarder le spectacle aux fenêtres et sur les terrasses, plaisantant sur les infirmités que révèlent les nudités découvertes : un gentilhomme surtout les intéresse, contre qui sa femme, la dame de Soubise, plaidait en nullité de mariage pour impuissance[2].

Et, au milieu de ces bacchantes et de leurs mignons, on aperçoit Charles IX, nouveau Néron,

> Giboyant aux passans trop tardifs à noyer[3].

Il menace le Roi de Navarre et Condé s'ils ne veulent pas se convertir[4], mais, sa fureur tombée, viennent les épouvantes nocturnes et les agitations du remords. Il réveille tous les siens pour leur faire entendre des bruits imaginaires dans l'air, des éclats de voix « criantes, gémissantes et hurlantes[5] ». C'est par le Roi de Navarre lui-même que d'Aubigné a connu ces détails :

> Toy, Prince prisonnier, tesmoing de ces merveilles,
> Tu as de tels discours enseigné noz oreilles;
> On a veu à la table, en public, tes cheveux
> Hérisser en contant tels accidents affreux.
> Si un jour oublieux tu en perds la mémoire,
> Dieu s'en souviendra bien à ta honte, à sa gloire[6].

Ces vers ont dû être écrits, non seulement après l'abjuration (juillet 1593), mais après la mort de Henri IV, qui, selon le point de vue de d'Aubigné, en aurait été le châtiment. Il est vrai que, dans l'*Avis aux lecteurs*, il laisse entendre le contraire, et que « les endroits qui dénotent la mort d'Henry quatriesme » seraient

---

1. Cf. Réaume, t. IV, p. 219 et *Histoire universelle*, t. III, p. 323, 329 et 330.
2. *Ibid.*, p. 219-220 et *Histoire universelle*, t. III, p. 322. (Voir aussi L'Estoile, éd. Brunet-Champollion, *Appendice* au t. XII, p. 378). C'était Catherine de Parthenay, qui épousa en secondes noces René de Rohan et fut la mère du fameux duc Henri de Rohan.
3. Cf. Réaume, t. IV, p. 220 et *Histoire*, t. III, p. 333.
4. Cf. Réaume, t. IV, p. 221 et *Histoire*, t. III, p. 325-326.
5. Cf. Réaume, t. IV, p. 222 et *Histoire universelle*, t. III, p. 356-357.
6. Réaume t. IV, p. 222.

de vraies prédictions[1]. Du même ordre, par conséquent, que son mot fameux après l'attentat de Châtel (27 décembre 1594), quand il vit le Roi au siège de la Fère : « Sire, vous n'avez encore renoncé Dieu que des lèvres, il s'est contenté de les percer ; mais quand vous le renoncerez de cœur, il vous percera le cœur[2]. »

Tournons maintenant les yeux vers la province. Elle aussi apporte les feuillets d'un album sanglant, où paraissent toutes les cités qui ont rivalisé de barbarie avec la capitale : Meaux, Orléans et les villes de la Loire, Lyon qui empoisonne par les cadavres le cours du Rhône et condamne au supplice de la soif les villes en aval ; Toulouse, « la Royne des cruelles » ; Bordeaux, qui résista d'abord, puis se laissa entraîner, ce que ne fit pas Bayonne, éternellement anoblie par la belle réponse du vicomte d'Orthe à l'ordre de Charles IX. La Seine ne fut pas épargnée : « Troyes d'un bout, Rouen de l'autre » la déshonorèrent. Là, comme partout, on attira les Protestants dans les prisons sous prétexte de les mettre à l'abri, en fait pour les avoir sous la main et les assommer plus facilement. Toutes ces illustrations des cruautés de la province qui emplissent deux pages des *Tragiques*[3] sont un résumé d'un chapitre de l'*Histoire*, où d'Aubigné entre dans des détails beaucoup plus circonstanciés[4]. Ici, il se contente presque d'indiquer le sujet du tableau et de l'expliquer par une courte légende.

Enfin il a groupé à part, ce qu'il ne faisait pas dans l'*Histoire*, les « rescapés », ceux qui échappèrent miraculeusement à la mort : à Bourges, un vieillard, qui s'était caché et n'avait pas répondu à l'appel de son nom, au sortir de la prison, et cependant le compte s'y trouva, un catholique lui ayant été substitué sans qu'on sût comment, c'était un prêtre condamné pour dettes[5] ; à Paris, le jeune Caumont la Force, laissé pour mort sous les cadavres de son père et de son frère[6] ; Merlin, le ministre de l'Amiral, qui, par les toits, avait gagné un grenier à foin où il resta

1. Cf. Réaume, t. IV, p. 9.
2. Cf. *Mémoires*, éd. Réaume, t. I, p. 68-69. Le mot est encore rapporté dans la *Confession de Sancy*, t. II. p. 352, dans la *Préface des Tragiques*, t. IV, p. 24, dans le *Discours par Stances avec l'esprit du feu Roy Henry Quatriesme*, t. IV, p. 314, enfin à deux reprises dans l'*Histoire universelle*, t. IX, p. 104 et 464.
3. Cf. Réaume, t. IV, p. 223-225. Il revient en outre sur Lyon, p. 228, et sur le refus du bourreau de la garnison d'exécuter les tueries ordonnées, si bien que ce sont des bourgeois qui s'en chargent.
4. C'est le chapitre v du livre VI dans l'édition Ruble, t. III, p. 342 à 355.
5. Cf. éd. Réaume, t. IV, p. 225-226 et *Histoire universelle*, t. III, p. 345-346.
6. *Ibid.*, p. 226, et *Histoire universelle*, t. III, p. 323-324.

blotti plusieurs jours et serait mort de faim sans la ponte d'une poule[1]; Resnier (Jean de la Tour, s^r de Regniès), sauvé par son propre ennemi qui le fit sortir de Paris[2].

C'est à ce point du développement que d'Aubigné se cite lui-même en exemple pour sa guérison inespérée après l'affaire de la Beauce, qui lui valut, pendant sa pâmoison, toutes ces contemplations extraordinaires : à la fois revue du passé, spectacle du présent, et revelation de l'avenir. L'ange, en effet, lui découvre un peu le futur avant de se séparer de lui :

> Vois-tu ce rang si beau de luisants caractères,
> C'est le cours merveilleux des succez de tes frères[3].

Et il lui explique le sens de quelques-uns. Cela va constituer la 3e partie. Ici les sièges de la Rochelle et de Sancerre, et leur heureuse issue, malgré la famine de Sancerre, providentiellement délivrée par l'arrivée des « Sarmates razés » (des ambassadeurs polonais), qui hâte la paix (19 août 1573)[4]; là, la comète annonciatrice de la mort de Charles IX (nov. 1572)[5]. Puis à grands traits, l'histoire des années suivantes : le rassemblement des forces du Parti, dans le Midi, et la résistance à Henri III à son retour de Pologne, l'union des *Mécontents* catholiques et des Huguenots sous l'égide d'un prince bientôt félon, François de Valois, qui trahira, en 1577, ses alliés protestants, comme il ira trahir peu après les Flamands (la Furie d'Anvers, 17 juin 1583). Sa sœur Marguerite, aussi perfide que lui, est allée exercer ses maléfices auprès du Roi de Navarre, son mari :

> Le venin de la Cour préparé s'achemine
> Pour mener à Sanson Dalila Philistine[6].

Allusion au voyage de la Reine-mère dans le Midi (1578-1579) pour

---

1. Cf. Réaume, t. IV, p. 227 et *Histoire universelle*, t. III, p. 337-338.

2. *Ibid.*, p. 227 et *Histoire universelle*, t. III, p. 338-339.

3. Éd. Réaume, t. IV, p. 229.

4. La Rochelle aussi eut son prodige : une invasion inaccoutumée de coquillages dans le port pour la ravitailler. Mais cette « petite merveille » était omise dans l'édition de 1616 et n'a été exaltée que dans la 2e. Cf. Réaume, t. IV, p. 230.) Elle est racontée dans l'*Histoire*. Voir pour les sièges de la Rochelle et Sancerre, le t. IV de l'édition Ruble, p. 1 à 35 et p. 175 (la Rochelle); p. 36 à 46 et 180-181 (Sancerre).

5. Cf. Réaume, t. IV, p 230. (Voir aussi L'Estoile, *Appendice* au t. XII. p. 383.)

6. Réaume, t. IV, p. 231. Tous les faits qui précèdent sont aussi dans cette page.

ramener sa fille à son gendre, et régler les difficultés de la dernière paix[1].

Ailleurs ce sont des événements d'Espagne, de Portugal et même d'Afrique : la bataille des Trois Rois au Maroc (4 août 1578), où périt le Roi de Portugal, don Sébastien, laissant ainsi son royaume à la merci de Philippe II, qui réunit sous son sceptre toute la péninsule ibérique (1580)[2]. Mais la révolte de ses sujets des Pays-Bas vengera les opprimés, et ce prince mourra dévoré par les poux (été de 1598)[3].

En attendant, il continue à faire le mal et suscite en France la huitième guerre de Religion, la plus longue. L'ange interprétant toujours les figures des astres, annonce : Coutras, grande victoire protestante (20 octobre 1587)

> Voy deux camps, dont l'un prie et soupire en s'armant,
> L'autre présomptueux menace en blasphemant[4],

la journée des Barricades (12 mai 1588), où l'hypocrite renard est chassé de sa tannière, mais les chasseurs payent bientôt à leur tour (assassinat des Guises à Blois, 23 et 24 décembre 1588). Saint-Cloud répond à Blois : Henri III est frappé par un moine (1er août 1589)

> Au mois, jour et logis, à la chambre et au lieu
> Où à mort il jugea la famille de Dieu[5].

L'aurore du nouveau règne est chargée de nuages, mais les éclairs des victoires d'Arques et d'Ivry l'illuminent. Paris est assiégé, souffre de la faim (mai à septembre 1590).

Mais Henri IV ne sait pas reconnaître ces bénédictions du ciel, et c'est l'ingrate abjuration (25 juillet 1593) et l'absolution pontificale (17 septembre 1595).

> Ce qu'on debvoit à Dieu fut pour le Dieu de Rome[6].

---

1. Voir mon chapitre v, § 2, t. I, p. 227 à 238.

2. Cf. Réaume, t. IV p. 231, et *Histoire* (Ruble), livre VIII, ch. xxiii et xxiv, livre IX, ch. ix et xx (aux t. V et VI).

3. Cf. Réaume, t. IV, p. 231-232 et *Histoire*, t. IX, p. 414 et 419.

4. Réaume, t. IV, p. 232; cf. *Histoire*, t. VII, p. 147-148.

5. Réaume, *Ibid.* ; cf. *Histoire*, t. IX, p. 78. Cette prétendue coïncidence n'est d'ailleurs qu'une légende. Voir le t. VIII de l'*Histoire universelle* à la p. 78 la note 2 de Ruble.

6. Éd. Réaume, t. IV, p. 232.

A partir de là, les allusions deviennent plus rapides et plus décousues. L'ange est sans doute pressé de finir et d'Aubigné aussi. On entrevoit : les menées ténébreuses des Jésuites troublant tous les pays d'Europe, Suède, Russie, Pologne, Autriche — il en a été déjà question au premier livre [1] — puis la campagne d'Henri IV en Savoie (1600), qui aboutit aux acquisitions du traité de Lyon (17 janvier 1601), la fameuse nuit de l'*Escalade* où Genève repoussa l'assaut du Savoyard (nuit du 11 au 12 décembre 1602)[2], les espérances ou les illusions que le Protestantisme fonda sur Venise pendant plusieurs années à cause des différends de la République avec Rome et de l'interdit lancé sur elle par le pape Paul V en 1606 :

> Venise voit du jour une aube sans soleil [3].

Enfin, dans le lointain, la pompe funèbre de Henri IV, dont l'ange détourne les regards de d'Aubigné [4].

Les dernières prédictions ont une allure un peu apocalyptique, qui est une convenance du genre. Il ne faut pas que des prophéties soient trop claires : *Deus absconditus*, et l'avenir aussi. Même les allusions à des faits réels sont ici enveloppées ; et, d'autre part, le fantastique, l'imaginaire s'y mêlent. Le passage a d'ailleurs été remanié plusieurs fois de manière à adapter les apophéties, comme disait d'Aubigné, c'est-à-dire les prédictions faites après coup, aux événements nouveaux qui étaient survenus. Nous avons ainsi trois étapes du texte, celle de 1616, celle de l'édition sans lieu ni date, et celle du manuscrit de Bessinges, qui semble bien offrir une rédaction postérieure [5] à celle de l'édition sans lieu ni date (1623).

1. Cf. Réaume t. IV, p. 66.
2. Cf. *Histoire universelle*, t. IX, p. 372 et sq.
3. Éd. Réaume, t. IV, p. 243. On trouve d'abondants détails sur cette affaire dans les *Mémoires de du Plessis-Mornay*, qui tint quelques-uns des fils de l'intrigue ourdie pour essayer de détacher Venise du Catholicisme en profitant de ses querelles avec la Papauté dans la défense de ses droits souverains contre les empiétements ecclésiastiques. Les tomes X et XI (de l'édition de 1824) sont remplis de documents à ce sujet. L'ambassadeur d'Angleterre à Venise s'employait à cette œuvre pie. Duplessis essayait de son côté de ménager une alliance entre Venise, les Provinces-Unies et les Princes protestants d'Allemagne. Sur le rôle de l'ambassadeur de France à Venise, le Fresne-Canaye (ambassadeur de 1601 à 1607), voir le récit de ses ambassades publié en 1645 (cf. HAUSER, *les Sources de l'Histoire de France*, t. IV, art. 2707).
4. Cf. éd. Réaume, t. IV, p. 233.
5. Cf. éd. Réaume, t. IV, p. 233, et Read., t. II (Flammarion), p. 107.

Voici la première forme du morceau, celle de l'édition princeps, la seule que nous ayons à considérer pour le moment :

> Tu verrois bien encor après un tour de sphère
> Un double deuil forcé, le filz de l'adultère,
> Berceau, tombeau captifs, gouster tout et vomir,
> Albion désireux, non puissant de dormir,
> Révolte en Occident, au plus loin de la terre,
> Les François impuissans et de paix et de guerre,
> Les Battaves pipez, Ottoman combattu,
> Les Allemans par eux contraincts à la vertu.
> Voy de Jérusalem la nation remize,
> L'Antechrist abatu, en triomphe l'Églize.
> Hola ! car le grand Juge en son throsne est assis
> Sitost que l'Aère joinct à nos mille trois six [1]

Le fils de l'adultère, c'est le fils de Marie Stuart, qui devint Roi d'Angleterre sous le nom de Jacques Ier, à la mort d'Élisabeth, en 1603. Les ennemis de Marie Stuart, les Protestants, l'accusèrent après le meurtre de Rizzio dans lequel avait trempé son mari Darnley, d'avoir été la maîtresse de cet Italien. Darnley, à son tour, fut assassiné un an après (février 1567) et Marie Stuart, tombée bientôt aux mains d'Élisabeth, montera sur l'échafaud à Fotheringeay, le 8 février 1587. Voilà le « double deuil forcé » de Jacques, celui de ses parents ; son berceau a été « captif » comme le « tombeau » de sa mère. Il a donc « goûté », dans son enfance et son adolescence, l'amertume de toutes ces épreuves. Mais que signifie la fin du vers : « gouster tout et vomir » ? Vomir quoi ? Je suppose que d'Aubigné veut faire entendre par là le reniement de ses parents — qu'il ne songe pas du reste à lui reprocher, au contraire. Pour Darnley passe encore ! sa paternité était contestée ; mais la mère ? C'est un fait, en tout cas, que Jacques se désintéressa de son sort, quand il eut l'âge de comprendre et désolidarisa sa cause de celle de la prisonnière. Les catholiques anglais n'avaient pas la même indifférence : d'où des complots pour sa libération. C'est ce que nous rappelle le vers :

> Albion désireux, non puissant de dormir.

---

1. **Ed.** Princeps « Au Dézert, par le B. D. D. » MDCXVI, 4°, page 216 (un exemplaire à la réserve à la Bibliothèque Nationale sous la cote Ye 625).

A moins qu'il ne s'agisse des conspirations contre Jacques Ier lui-même (Conspiration des Poudres, 1605).

Qu'est-ce que cette révolte en Occident, au plus loin de la terre ? Est-ce cela aussi qui empêcherait Albion de dormir ? Ce « plus loin de la terre » paraît être l'Amérique. Mais la colonie anglaise y commençait à peine sur la côte nord de l'Atlantique (fondation des compagnies de Londres et de Plymouth en 1606). L'installation française au Canada était encore plus embryonnaire. Seuls les Espagnols possédaient vraiment un empire en Amérique (centre et sud) et, loin de péricliter sous le règne de Philippe II, il s'était agrandi (après 1580), de tous les domaines du Portugal (Brésil). Le vers de d'Aubigné ne répond donc à aucune réalité, prochaine au moins. C'est un de ces pronostics hasardeux, un de ces vers mystérieux qu'il a risqués dans ce paragraphe — il en insérera davantage dans les remaniements ultérieurs — pour lui donner un caractère sibyllin.

Y a-t-il quelque chose d'analogue dans le vague des vers suivants : « Les François impuissans et de paix et de guerre ? » Quand ? Dans quelles circonstances ? Ce n'est pas précisé. Mais, comme il nous a déjà fait envisager la triste mort de Henri IV, je pense qu'il vise maintenant les troubles de la Régence qui lui ont toujours semblé de simples « farces ».

« Les Bataves pipez », ce n'est pas non plus très lumineux. Par qui ? Comment ? Sans doute par la Trève de douze ans (9 avril 1609), négociée entre la Hollande et l'Espagne sous l'égide de Henri IV, et qu'il condamne, parce qu'il condamne toujours par principe tout accommodement protestant avec des puissances catholiques, n'y voyant jamais que duperie, et, de la part de coreligionnaires, désertion de la Cause commune, c'est-à-dire des intérêts généraux du Protestantisme européen.

Quant à l' « Ottoman combattu » et contraignant par cette lutte les Allemands à la vertu, c'est-à-dire à faire un effort de vaillance et de constance, c'est l'empire turc en guerre avec l'Autriche pendant treize ans (de 1593 au 11 novembre 1606). La bataille la plus mémorable est celle de Keresztes, sur la Theiss, qui dura trois jours (octobre 1596) et qui, d'abord gagnée par les Allemands et les Hongrois, fut ensuite regagnée par les Turcs.

Et l'Ange termine sur la bonne nouvelle de l'Évangile huguenot, l'annonce de la fin prochaine du règne de l'Antéchrist, c'est-à-dire du Pontife romain, par le triomphe général de la vraie Église (réformée). La date fixée pour cette échéance messianique (1666) résultait de la combinaison du chiffre qui désigne l'Antechrist dans l'Apocalypse (666) et de celui de l'an mil auquel on avait attaché une signification fatidique, — puisqu'on avait attendu à ce moment la fin du monde. L'Estoile enregistre dans son *Journal*, à la date du 23 juin 1609, l'acquisition d'un petit livre, « une bagatelle » comme il l'appelle, qui était un « Advertissement à tous Chrestiens sur le grand et espouvantable advènement de l'Antechrist et fin du monde, en l'an 1666 [1] ». C'est peut-être ce livret qui a donné l'idée à d'Aubigné de répliquer par la conviction protestante que cette date ne marquerait pas l'avènement de l'Antechrist, apparu depuis longtemps — depuis qu'il y a une Papauté — mais sa disparition, et non pas la fin du monde, mais celle du monde romain, du monde de Satan.

On le voit, tous les événements visés dans ce morceau, ceux du moins qui se réfèrent à des faits réels et qu'on peut déterminer, appartiennent à une époque assez tardive. Il porte donc sa date et il n'a pas dû être écrit beaucoup d'années avant la publication de la première édition des *Tragiques*. Peut-être en est-il de même des deux pages qui le précèdent (éd. Réaume, t. IV, p. 231-232) et qui déroulent hâtivement les événements entre la mort de Charles IX et celle de Henri IV : sorte de post-scriptum ajouté au corps principal du développement sur les trois premières guerres et la Saint-Barthélemy.

Mais, ce corps principal lui-même, à quelle époque supposer sa composition, et faut-il la rejeter, comme MM. Lalanne et Bost, dans la période de retraite définitive — ou presque — après l'Édit de Nantes ?

Les faits historiques qui y servent de thèmes au poète sont cependant antérieurs à la première retraite — toute provisoire celle-là — qu'il fit dans sa maison maternelle, aux Landes-Guinemer, après la sixième guerre (de 1577 à 1579). Il n'y aurait donc pas d'impossibilité théorique à ce que ce chant, dans sa majeure partie, ait été composé aussi à ce moment. Mais, reconnaissons-le, il y a quelques raisons d'en douter, et la correspondance presque constante qui existe, et que nous avons

---

1. *Mémoires-Journaux de Pierre de L'Estoile*, Éd. Brunet-Champollion, t. IX, p. 274.

relevée, entre les tableaux des *Fers* et les récits de l'*Histoire universelle*, soit que le poème abrège, soit qu'il amplifie, semble bien justifier l'opinion de M. Labau..., reprise par M. Bost dans ses *Notes sur Agrippa d'Aubigné*, que ce livre a été écrit à côté des manuscrits de l'*Histoire*, grands ouverts sur la table.

On pourrait supposer, il est vrai, que d'Aubigné a simplement puisé dans les deux cas, et à des époques différentes, aux mêmes sources d'information, d'où viendraient les ressemblances, sans qu'il y ait simultanéité dans la rédaction. Reportons-nous aux listes que nous avons données des ouvrages ou recueils historiques, qui étaient à sa disposition quand il entreprit son *Histoire universelle*, et nous constaterons qu'un bon nombre étaient déjà parus, en 1577, de ceux qui auraient pu lui servir aux Landes-Guinemer pour peindre « la grande galerie » du cinquième chant, c'est-à-dire les tableaux de la première guerre, et la Saint-Barthélemy avec ses suites (la Rochelle et Sancerre).

Ce sont : le *Petit Traité* (anonyme) *des guerres civiles advenues en France sous François II et Charles IX* (1564), — les *Commentaires*, de la Place (1565), — l'*Estat de l'Église*, de Jean Haynault, avec les troubles advenus en France sous François II et Charles IX (1564), — *le François II*, de Régnier de la Planche (1576), — les *Mémoires de Condé* (publiés de 1562 à 1567). Voilà pour le début des troubles. La 3ᵉ guerre il l'a surtout racontée, dans son *Histoire* (Vᵉ livre), — j'entends pour ce qu'il n'avait pas vu ou fait par lui-même — d'après les *Mémoires* (anonymes) *de la 3ᵉ guerre civile et des derniers troubles de France*. Or ils avaient été édités à Genève en 1571. La même année avait paru la *Vraie et entière histoire des derniers troubles*. de la Popelinière. Quant aux massacres de la Saint-Barthélemy, il en a lu les descriptions, et c'est de là principalement qu'il les tire (aussi bien pour son *Histoire* que pour les *Tragiques*) dans la compilation de Simon Goulart, les *Mémoires de l'Estat de France sous Charles IX* (1576). Tous les détails qu'il donne sur la province notamment viennent de là. Ce recueil lui a servi aussi pour ses récits des sièges de la Rochelle et de Sancerre. — N'oublions pas, enfin, les *Commentaires latins*, de Jean de Serres qui embrassent, précisément, toute la période constituant la matière principale des *Fers* : d'Aubigné pouvait avoir sur sa table, aux Landes. l'édition de 1577, où étaient rassemblées les 4 premières parties, publiées d'abord séparément, et qui allaient de 1557 à mai 1574 (mort de Charles IX).

A ces histoires (continues ou fragmentaires, personnelles ou composites) de périodes plus ou moins étendues, il faudrait ajouter les relations plus circonscrites qui paraissaient au fur et à mesure des événements marquants (massacres de Vassy ou d'autres lieux, bataille de Dreux, meurtre de François de Guise, entrevue de Bayonne, bataille de Saint-Denis et mort du connétable, Jarnac, Moncontour, Saint-Barthélemy, etc.); ou les écrits polémiques que ces événements suscitaient, véritable journalisme historique, dont d'Aubigné s'est naturellement plus inspiré dans *les Tragiques* que dans l'*Histoire universelle*. La Saint-Barthélemy à elle seule, et on ne s'en étonnera pas, a donné lieu à une vraie bibliothèque contemporaine des faits. Je ne puis me dispenser de citer le *De furoribus Gallicis* (1573) et *le Réveille-matin des Français* (1573-1574), pamphlets huguenots dont le retentissement fut énorme, et qui ont consacré la version protestante de la Saint-Barthélemy. Il y eut une réponse au *Réveille-matin* par Sorbin de Sainte-Foy, le panégyriste funèbre de Charles IX [1].

Ce ne sont donc pas les moyens d'information — plus ou moins sûrs — qui auraient manqué à d'Aubigné pour peindre la sombre saison des *Fers*, s'il avait voulu le faire dès les premiers temps de la composition des *Tragiques*. Et comme on retrouverait à la base la même documentation dans l'*Histoire* (seulement accrue par les publications nouvelles), les analogies des deux versions, la poétique et l'historique, résultant de cette communauté d'origine, n'impliqueraient pas qu'elles sont contemporaines. Il se serait passé pour ce chant la même chose que pour le précédent (*les Feux*) avec le *Martyrologe de Crespin*, qui l'a inspiré, et dont l'*Histoire* offre aussi un extrait. Nous n'avons pas cru pour cela, avec MM. Lalanne et Bost, qu'il a été fait en même temps que le chapitre de l'*Histoire* où Crespin est mis si largement à contribution.

On ne peut cependant point raisonner tout à fait de la même façon pour les *Fers* que pour *les Feux*. Le catalogue des Martyrs dans l'*Histoire* n'est guère qu'un registre de décès; çà et là une inscription, comme sur une pierre tombale, précise les circonstances de la mort héroïque. Pour faire son quatrième chant, *Feux*, d'Au-

---

1. Pour toute cette production au jour le jour, qui est comme la monnaie de l'Histoire, fausse monnaie quand il s'agit de pamphlets voir HAUSER, *les Sources de l'Histoire de France*, XVIe siècle, t. III, 2e section (détails), p. 165 et sq.

bigné a choisi dans ce cimetière protestant ; il a cueilli quelques fleurs funèbres
seulement, et les a entourées des ornements de la poésie, afin de nous donner à
respirer une bonne odeur de sainteté- Il y a là un travail de sélection et de vraie
création poétique qui n'avait pas besoin d'attendre l'*Histoire*. Au contraire dans les
Fers nous n'avons souvent que des passages versifiés de l'*Histoire*. Non seulement
les épisodes, mais leurs détails, leur présentation sont identiques. Il est donc assez
naturel de penser que les deux œuvres ont été en cet endroit menées de front.

Avec cette réserve néanmoins que certaines parties du chant doivent être primi-
tives. Car il serait étrange que d'Aubigné, entreprenant son poème en pleine lutte,
en pleine période de guerre, laissât précisément ces guerres de côté dans ses indi-
gnations lyriques contre le parti adverse. Et la Saint-Barthélemy, si récente encore,
comment n'aurait-elle pas été, si je puis dire, dès le début, un des pôles de son inspiration ? Je crois donc que tout de suite il aura au moins esquissé la peinture qu'il
en fait dans *les Fers*. Il s'y rencontre précisément quelques développements de caractère plus général, où je serais tenté de voir cette première esquisse : ainsi le
tableau initial, tableau d'ensemble des matines parisiennes, le premier auquel Coligny
convie l'assemblée céleste :

> Venez voir comme Dieu chastia son Église
> Quand sur nous, non sur luy, la force fut assize.

Cela va jusqu'aux noyades en Seine, c'est-à-dire de la page 213 à la page 217
(Ed. Réaume, t. IV). Ainsi encore tout le couplet d'invectives contre Charles IX,
comparé à Sardanapale et à Néron, pour le plaisir qu'il prend à jouir des horreurs
dont il est l'auteur (p. 220 et 221).

Même si tout le détail des faits, toutes les circonstances précises de la Saint-
Barthélemy, ou des guerres et massacres antérieurs, n'avaient été peints que plus
tard, quand d'Aubigné rédigea l'*Histoire* — ce qui n'est rien moins que certain —
il resterait encore avec les passages que nous venons de mettre à part, avec le récit
de sa vision (p. 227 à 229) d'où serait sorti le dessein de ce livre, sinon de tout le
poème comme on le prétend avec quelque exagération, enfin avec le prologue et
l'épilogue, — le prologue qui justifie l'épreuve des guerres, imposée aux huguenots
par le défi que Satan lance à la durée de leur constance, l'épilogue, sorte de mixture

de merveilleux chrétien et païen, où l'Océan ensanglanté accueille dans son ample sein les reliques des suppliciés — il resterait, dis-je, de quoi constituer l'ébauche de ce chant, celle qui daterait de la première époque.

Vengeances, c'est un cri de vengeance contre les ennemis de la Religion réformée. C'est du moins un avertissement solennel qui leur est donné, en leur rappelant que le Seigneur n'est pas manchot, et qu'il a toujours frappé ceux qui se sont levés contre sa loi, ou qui ont persécuté son Église. Ainsi ce chant résonne encore comme un chant de guerre. Il est construit en trois parties. Le plan est indiqué dès le début :

> Ainsy les visions qui seront icy peintes
> Seront exemples vrais de noz histoires sainctes,
> Le roole des Tyrans de l'Ancien Testament,
> Leur cruauté sans fin, leur infini tourment.
> Nous verrons déchirer d'une couleur plus vive
> Ceux qui ont déchiré l'Église primitive.
> Nous donnerons à Dieu la gloire de noz ans
> Où il n'a pas encore espargné les Tyrans [1].

Donc trois périodes, où nous voyons se déployer les châtiments célestes contre les puissants malfaisants : le temps de l'Ancien Testament avec les vengeances du Jehovah biblique — et Dieu sait s'il en a exercé !

> Voicy l'Église encore en son enfance tendre [2].
> . . . . etc.

Cela comprend 9 pages du livre dans l'édition Réaume (de la page 243 à la page 252).

Puis viennent les premiers siècles de l'Église chrétienne et les persécutions des empereurs romains avec leurs punitions :

> Mon vol impétueux d'un chaud désir s'eslongne
> A la seconde Église, et l'outrageuse main
> Que dès lors fit sortir le grand siège Romain.
> Sortez, persécuteurs de l'Église première,
> Et marchez, enchaînez au pied de la bannière
> De l'Agneau triomphant.......[3].   etc.

1. Éd. Réaume, t. IV, p. 242.
2. Éd. Réaume, t. IV, p. 243.
3. Ibid., p. 252.

Leur défilé dure pendant 7 pages (p. 252 à 259).

Enfin, d'un bond, d'Aubigné passe à son époque, « au siècle qui court » comme il dit :

> Nous verrons cy après les effects moins sanglants,
> Mais des coups bien plus lourds et bien plus violents,
> En ce troisiesme rang d'ennemis de l'Églize[1].

Moins sanglants, parce que les morts des coupables seront surtout signalées ici par des maladies étranges, ou des égarements de l'esprit en proie aux remords et aux démons, et, d'une façon générale, par une convenance qui ne peut être fortuite, à force d'être répétée, entre le genre de mort et la faute commise[2]. La Réforme a eu ses martyrs, comme l'Église primitive, marque claire de son élection, et Dieu a renouvelé pour elle le gage de son alliance par les expiations des bourreaux.

Voilà le dessein d'ensemble du sixième chant.

Pour composer la première partie, il suffisait d'avoir une Bible sous la main. Tout protestant était d'ailleurs tout imprégné du livre sacré, d'Aubigné plus que quiconque. Il s'en était nourri tout jeune à l'école de son père. Et les souvenirs, les exemples, affluaient d'eux-mêmes sous sa plume ; du reste il déclare expressément, au début du chant, qu'il est jeune, et il s'excuse de remplir, malgré son âge, une mission analogue à celle de Jonas, et de venir lancer sur les Ninives modernes les malédictions de l'Éternel. Aussi lui demande-t-il de réparer son insuffisance par une assistance spéciale :

> Or je suis un enfant sans aage et sans raison,
> Où ma raison se sent de la neufve prison :
> Le mal bourgeonne en moi, en moi fleurit le vice,
> Un printemps de péché, espineux de malice :
> Change moy, refay moy, exerce ta pitié,
> Rend moy mort en ce monde, oste la mauvaistié
> Qui possède à son gré ma jeunesse première
> Lors je songeray songe et verray la lumière[3].

1. Éd. Réaume, t. IV, p. 259.
2. Cf. *Ibid.*, t. IV, p. 271, le commentaire que d'Aubigné fait de ces étranges coïncidences.
3. Éd. Réaume, t. IV, p. 240.

Et la confession de ses erreurs reprend un peu plus loin [1], dans un passage qui rappelle beaucoup, du moins pour le sentiment qui l'anime, l'*Élégie autobiographique* (la Ve des *Poésies diverses*)[2] écrite en 1577, au moment de sa retraite aux Landes, et que nous avons commentée en son lieu[3]. Dans les deux endroits il avoue ses péchés de jeunesse, l'oubli de Dieu au milieu des camps, ses repentirs vite étouffés et la résurrection tardive de sa conscience dans l'épreuve d'une grande maladie. Mais maintenant il enveloppe ses confidences dans le mythe de Jonas, jeté au fond de l'abîme des mers et sauvé par la baleine légendaire ; et ce vêtement biblique le préserve des franchises parfois un peu crues de l'élégie[4].

Mais le fond, la matière est la même, sinon le moule où elle est coulée. Aussi suis-je convaincu que les deux morceaux datent de la même époque; ce rapprochement suffit, je pense, à confirmer et à préciser l'âge que d'Aubigné se donne en commençant ce chant.

Quant à la deuxième et à la troisième partie, on en trouve le sommaire dans un chapitre de l'*Histoire universelle*, qui est fait d'une courte analyse d'un ouvrage contemporain. Ce chapitre débute ainsi :

« Il courut un livre qui s'appeloit *Dan*, c'est-à-dire jugement, dans lequel, après une grande liste de Néron, Domitian. Adrian, Sévère, Herminian, Valerian, Aurélian, Dioclétian, Maximin, Julian, Commode, Valentinian, Zénon l'Isaurique, Honorique, Constant, Arrius et autres, desquels il remarquoit les inhumanitez et les morts horribles, avec une analogie notable de leur vie et de leur mort, après, dis-je, ceste liste, il en produisoit une de ceux qui, en ce temps, s'estoient monstrez plus ardents à l'extinction des réformés, observants la mesme proportion de leur façon de vivre et de leur manière de mourir. Là marchoit Arondel, évesque de Cantorbie[5]... »

1.
> Encore faut-il, Seigneur, ô Seigneur qui donnas
> Un courage sans peur à la peur de Jonas.
> etc.   .   .   .   .

t. IV, p. 242, jusqu'à la fin du §, p. 243 :
> Pour changer le grand Dieu qui n'a de changement.

2. Cf. éd. Réaume, t. III, p. 219 et sq.
3. Voir mon chapitre v, § 2, t. I, p. 222-224.
4. Comparer notamment avec la page 221 du tome III.
5. Cf. *Histoire universelle*, éd. Ruble, t. I, p. 228-229.

C'est le premier du cortège des modernes, qui ne dépasse pas ici l'année 1560 ; il s'allongera dans *les Tragiques* de plusieurs témoins postérieurs, qui viendront attester à leurs dépens les rigueurs de la vengeance divine.

Mais pour la seconde période, celle du Nouveau Testament et du martyrologe chrétien sous les empereurs romains, d'Aubigné s'est borné à reprendre la liste de ces empereurs dans l'ordre même où elle est ici dressée, en les faisant seulement précéder de trois rois Juifs, les trois Hérodes, et pour tous il apporte les motifs de la sentence de condamnation, et la preuve de l'appropriation de leur mort à leur vie. Je ne pense pas, du reste, que l'Histoire tout court (je ne parle pas de son *Histoire universelle*) ratifierait tous ses jugements, qui me paraissent fondés parfois sur des connaissances ou des traditions douteuses. S'il y a, en effet, parmi les empereurs qu'il met ici au pilori, des tyrans authentiques et des persécuteurs avérés des chrétiens, il y a aussi de grands hommes, qu'on s'étonne de voir réprouver sans réserve ni merci. Passe encore pour Dioclétien, qui inaugura l'ère dite des martyrs, une tache sur sa gloire. Mais Adrien, Septime-Sévère, Aurélien, méritent-ils ces violentes fulminations ?

Laissons cela. Il est probable que d'Aubigné reproduit simplement en vers les jugements — et leurs considérants — qui lui étaient dictés par le mystérieux livre de *Dan*. Quel est-il ? M. Lalanne dit ne l'avoir pas retrouvé sous ce titre et propose[1] deux identifications possibles : *la Sentence redoutable et arrêt rigoureux du jugement de Dieu à l'encontre de l'impiété des Tyrans*. Lyon, 1564 — anonyme — et un traité de Chassanion, *Histoires mémorables des grands et merveilleux jugements de Dieu*, 1586, in-8. Ces recueils apologétiques étaient donc à la mode, chaque parti tirant à lui et interprétant à sa façon les leçons de l'Histoire.

Remarquons que, si la première identification était la bonne, d'Aubigné aurait été muni d'un choix d'exemples dès son séjour aux Landes (de 1577 à 1579) pour continuer l'illustration des vengeances célestes après l'Ancien Testament. S'en est-il servi à ce moment ou seulement plus tard, quand il a rédigé le chapitre de l'*Histoire* correspondant ? On ne peut évidemment rien affirmer. La question se

----

1. Cf. son édition des *Tragiques* de 1857 (chez P. Jannet), p. 278, note 3.

pose comme pour le *Martyrologe de Crespin* à propos du livre des *Feux*. Ce qui inclinerait à y répondre de la même façon, c'est-à-dire par l'hypothèse de l'emploi d'une source commune à deux époques différentes. Ne nous fait-il pas entendre, à la fin du chant comme au début, qu'il écrit pendant les troubles des guerres et non pas après le rétablissement de la paix? Il vient de peindre la mort du chancelier Olivier († 1560), à qui le cardinal de Lorraine rendit visite *in extremis*[1] et qui aurait été saisi en le voyant d'une horreur frénétique : « O Cardinal maudit, tu nous fais tous damner[2]. » Et son corps, en ce disant, était secoué de convulsions extraordinaires. C'est une première édition des prodiges qui accompagnèrent la mort du Cardinal lui-même, quatorze ans après (à Avignon, le 26 décembre 1574). D'Aubigné leur a donné accès dans son *Histoire*[3], en racontant le voyage de la Cour dans le Midi, et il les a déjà décrits au premier chant des *Tragiques*[4]; il va en reprendre ici la description plus dramatique encore — ou plus dramatisée — et il l'introduit par ces vers de transition entre les deux complices, le Chancelier et le Cardinal. Après avoir montré les sursauts convulsifs du Chancelier, cette force, dit-il,

> Cette force inconnuë et ces bonds violents
> Eurent mesme moteur que *ces grands mouvements*
> *Que sent encore la France*, ou que ceux qui parurent
> Quand dans ce Cardinal tous les Diables moururent[5].

Représenterait-il la France ainsi agitée après la pacification de l'Édit de Nantes et du traité de Vervins ? La formule manquerait de justesse et de justice.

Je ne veux pas prétendre pour cela qu'aucune partie du chant n'a pu être composée après cette date. J'en aurais le démenti par certains des cas de morts expiatoires qu'il met en lumière et qui sont postérieurs. Ainsi il évoque à deux reprises[6] les poux de Philippe II, « petits soldats de Dieu », comme il les appelle plaisam-

---

1. Cf. DE THOU, *Histoire*, t. III, p. 497. Il dit simplement que le chancelier se retourna en gémissant pour ne pas le regarder.

2. Cf. éd. Réaume, t. IV, p. 269. Dans le chapitre de l'*Histoire*, c'est le dernier exemple donné. (Éd. Ruble, t. I, p. 230.)

3. Éd. Ruble, t. IV, p. 298-301.

4. Éd. Réaume, t. IV, p. 59.

5. Éd. Réaume, t. IV, p. 269.

6. Aux p. 254 et 264.

ment, émules des légions de vers qui assaillirent Hérode Agrippa, le petit-fils de
l'auteur du massacre des Innocents[1]. Philippe II disparut, assez misérablement il
est vrai, de la scène du monde, le 13 septembre 1598. — Voici encore un autre agent
de la colère divine, exécuteur de ses hautes œuvres, c'est le cancer dévorateur du
maréchal de Retz, un des cinq conseillers responsables de la Saint-Barthélemy. Or
il n'était mort qu'en 1602. D'Aubigné avait été particulièrement renseigné sur son
affreuse maladie par la maréchale, une parente de Suzanne de Lezay, et il s'excuse
de publier des secrets de famille pour rendre gloire à Dieu :

> Excellente Duchesse, icy la vérité
> A forcé les liens de la proximité[2].

Observons que sa thèse devait recevoir de la Saint-Barthélemy — ou plutôt de
ses suites — des confirmations éclatantes. Sinon elle en aurait été singulièrement
affaiblie. Aussi, c'est sur ce point surtout qu'il a complété les listes du *Dan*.
Outre les exemples du cardinal de Lorraine et du maréchal de Retz, nous avons
celui de Tavannes (le maréchal Gaspard de Saulx-Tavannes), un des cinq comme
Retz, rongé par le remords comme l'autre par son cancer[3]. Nous voyons Cosseins,
un des meurtriers de Coligny, tué peu après au siège de la Rochelle, et faisant
avant de mourir son *mea culpa*[4] (18 avril 1573). Charles IX périt étouffé par le
sang qu'il a versé (✝ 30 mai 1574)[5]. Son frère François, le duc d'Anjou, paiera de
la même façon la Furie d'Anvers (✝ 10 juin 1584)[6].

Toute cette lignée des Valois est du reste maudite depuis Henri II. Lui a été
atteint à l'œil (1559); son fils aîné, François II, à l'oreille (1560), et il y a des

1. **Cf.** éd. Réaume, t. IV, p. 253-254.
2. **Cf.** Réaume, t. IV, p. 268. Il ajoute dans l'édition de 1623 :
> Dans mon sein allié tu as versé tes plaintes
> Du malheur domestique, qui ne seront esteintes
> Non plus que la clameur qui donna gloire à Dieu,
> Lorsque le condamné publia par adveu
> Qu'en luy, cinquiesme autheur de l'inique journée
> La vengeance de Dieu s'en alloit terminée.

Il était, en effet, le dernier survivant des « cinq ».
3. **Cf.** éd. Réaume, t. IV, p. 267-268.
4. *Ibid.*, p. 267 et *Histoire*, éd. Ruble, t, IV, p. 21.
5. *Ibid.*, p. 263.
6. *Ibid.*

raisons, comme pour la blessure d'Antoine de Navarre (le père d'Henri IV) à l'épaule, au siège de Rouen (octobre 1563). Ce ne sont certes pas ces « vers rapportés » qui les éclaircissent, ils ont plutôt l'air d'un rébus :

Je suis importuné de dire comme Dieu
Aux Rois, aux Ducs, aux chefs de leur camp au millieu
Rendit, exerça, fit droict, vengeance et merveille,
Crevant, poussant, frappant l'œil, l'espaule et l'oreille [1].

On a l'explication, dans une Lettre de remontrances au Roi Louis XIII, composée en 1621, et dont nous aurons occasion de parler plus tard [2]. Sous le couvert de « trois gentilshommes vieillis au service du Roi Henri le Grand », d'Aubigné lui fait la leçon et il le menace des pires conséquences, s'il ne suit pas au moins les traditions de tolérance religieuse de son père. Le plus grand péril viendra du ciel, et c'est le thème des *Vengeances* qui est repris ici en raccourci. Dieu frappe les princes qui tyrannisent les consciences. Pour le prouver, il remonte jusqu'à François Ier :

« François mourut dans le préparatif d'une grande persécution. Henri, son fils, fut tué par les yeux qu'il préparoit à voir les embrasements; Antoyne de Navarre, qui avoit presté l'espaule au support des fidèles, fut tué par elle, si tost qu'il l'eut soubstraitte à un si honorable fardeau; François second, pour avoir presté l'oreille aux sanglants conseils et l'avoir fermée aux gémissements des affligez [3]... »

Ainsi se vérifie l'adage que l'on est toujours puni par où l'on a péché. Mais il faut avouer que d'Aubigné dépense bien de l'ingéniosité à découvrir ces coïncidences, et demande à son lecteur beaucoup de complaisance pour les accepter. Elles tournent presque ici au jeu de mots.

En revanche on est surpris que, ni dans cette lettre, ni dans *Vengeances*, il ne cite le cas de Henri III, cependant plus probant. Sans doute est-ce pour ne pas répéter les vers des *Fers* qui nous montrent Henri III assassiné :

1. Cf. Réaume, t. IV, p. 266.
2. Au chapitre xiv, § 1, p. 96 à 100 du 3e volume.
3. Éd. Réaume, t. I, p. 509.

> Au mois, jour et logis, à la chambre et au lieu
> Où à mort il jugea la famille de Dieu [1]

c'est-à-dire où, dans le conseil secret, il emporta les décisions de la Saint-Barthélemy.

On voit que cette idée du châtiment céleste, intervenant dès ce monde-ci, tenait à cœur à d'Aubigné, et qu'il l'a soutenue bien des fois. C'est pourquoi, de ce que l'on retrouve, dans un chapitre de l'*Histoire*, une esquisse d'ailleurs réduite et tronquée (pour les exemples modernes) du livre de *Vengeances*, il ne parait pas s'en suivre que les deux ont été écrits en même temps.

Le Dernier chant (**Jugement**) parait, dans l'ensemble, assez tardif. Le début est une imprécation virulente contre les Protestants défaillants [2] qui ont pris prétexte ou exemple de l'abjuration du Roi pour lâcher à leur tour la bonne cause. Ils se sont laissés séduire par les faux biens du monde, par l'appât de l'or et des honneurs, ou simplement intimider par la crainte d'une disgrâce. Mais ils ont fait un mauvais calcul : pour un profit temporaire, ils ont renoncé au salut éternel. Dieu saura trier le bon grain de l'ivraie. Il a suffi à Gédéon de trois cents braves pour délivrer Israël du joug des Madianites [3]. La force de l'Église ne se mesure pas au nombre, mais à la qualité.

On retrouve les mêmes idées, le même réconfort apporté aux fidèles qui faisaient à leur religion le sacrifice d'avantages certains, dans une *Méditation en prose sur le psaume 73*, que d'Aubigné dédia à ses compagnons d'armes. L'argument qui la précède précise l'intention et les circonstances :

« Quelques Seigneurs de Gascogne, après de grands services faits au Roy Henri IV, se voyans appauvris et privés des honneurs qu'ils estimoyent (non à tort) avoir esté mérités par les vertus; entre ceux-là le Vicomte de Gourdon, que l'Histoire nous fait cognoistre, ayant pris un regret, qui lui dura jusques à la

---

1. Cf. éd. Réaume, t. IV, p. 232.
2. De la page 273 dans l'édition Réaume (tome IV) à la page 279 jusqu'à :
> Or cependant voicy que promet seurement
> Comme petits pourtraicts du futur Jugement
> L'Eternel aux meschants . . . .

Mais il y a dans ce texte des additions de 1623 (2ᵉ édition) même un long développement de 58 vers.
3. Cf. *Juges*, chap. vi, vii et viii.

mort, de ne pouvoir estre honoré d'un collier [1], nostre autheur fit présent à ses amis de cette pièce, qu'il estima propre à leur consolation [2]. »

Cet état d'esprit se comprend : amertume des dévouements mal reconnus, jalousie à l'égard des Ligueurs de la veille, qui étaient les bénéficiaires du jour et qui récoltaient ce que les autres avaient semé, en un mot sentiment d'une injustice. D'Aubigné l'éprouvait comme eux, lui qui s'est tant plaint de l'ingratitude royale. Mais ce n'était pas une raison pour qu'il excusât les hommes de peu de foi qui préféraient abandonner le vrai Dieu plutôt que de porter un peu de sa croix. Les convertis lui inspirent colère et mépris. Il les raillera avec sarcasme dans la *Confession de Sancy*. Ici il s'indigne.

Et il s'en prend tout particulièrement aux fils des grandes familles protestantes — une petite minorité je veux croire — qui, en reniant leur religion, semblaient renier leurs pères :

> Je vous en veux à vous, apostats dégénérés
> Qui léchez le sang frais tout fumant de vos pères
> Sur les pieds des tueurs ...., etc. [3].

Un Charles de Coligny, par exemple, fils cadet de l'Amiral, qui ne voulait sans doute pas mourir de mélancolie comme son frère aîné [4], faute de jouir des faveurs du Roi; d'Aubigné ne le nomme pas, mais il est de ceux qui sont visés. Il ne désigne expressément que le petit-fils du héros de Jarnac, ce Louis Iᵉʳ de Bourbon, qui y avait fait si belle charge et si belle mort [5], et qui eût mérité déjà le qualificatif de Grand Condé. Il est vrai que l'enfant n'était qu'à demi responsable de son apostasie, ayant été élevé par une mère suspecte, Charlotte de La Trémoille, qui fut même accusée d'avoir empoisonné son mari [6], et ayant été appelé

---

1. De l'ordre militaire de Saint-Michel. Celui du Saint-Esprit fondé par Henri III était beaucoup plus fermé.

2. Cf. éd. Réaume, t. II, p. 153.

3 Éd. Réaume, t. IV, p. 276.

4. Cf. *Journal de L'Estoile*, éd. Brunet-Champollion, t. V, p. 143-119 (année 1591).

5. Cf. *Histoire universelle*, t. III, p. 51-52.

6. La légitimité de l'enfant avait été contestée, une instruction judiciaire ouverte. Pendant sept ans Charlotte fut détenue; finalement, l'affaire fut étouffée pour raison d'État. On ne saura jamais si le Grand Condé était de la lignée des Bourbons : Cf. J. LOISELEUR, *la Mort du second Prince de Condé* (5 mars 1588). *Revue historique*, t. I (1876), p. 410 à 437.

tout jeune à la Cour par Henri IV (vers le moment de l'édit de Nantes [1]) pour être
instruit dans le catholicisme. D'Aubigné reconnaît cette circonstance atténuante :

> Vray est que les Tyrans avec inicque soing
> Vous mirent à leurs pieds, en rejettant au loing
> La véritable voix de tous clients fidelles.
> Avec art vous privant de leurs seures nouvelles.
> Ils vous ont empesché d'apprendre que Louys
> Et comment il mourut pour Christ et son païs ;
> Ils vous ont desrobé de voz ayeuls la gloire,
> Imbu vostre berceau de fables pour histoire,
> Choisi, pour vous former en moines et cagots
> Ou des galands sans Dieu, ou des pédans bigots [2].

Sans doute, mais ce n'est pas une excuse suffisante; la voix du sang aurait
dû parler plus haut que ces cafards, et réveiller, l'heure venue, la conscience huguenote qu'ils avaient ensorcelée. Scanderbeg (1414-1467) avait été prisonnier des
Turcs pendant sa jeunesse, et nourri de leur religion et de leurs enseignements.
Cela ne l'empêcha pas, une fois libéré, de redevenir le chevalier du Christianisme
et de faire à l'Islam une guerre sans merci :

> Le Ciel n'est plus si riche à noz nativitez,
> Il ne nous départ plus de générositez,
> Ou bien nous trouverions de ces engeances hautes,
> Si les maistres du siècle y faisoient moins de fautes [3].

Hélas ! d'Aubigné ne se doutait pas, en montrant tant de sévérité à l'égard des
enfants renégats du Protestantisme, que sa rigueur impitoyable retomberait un
jour sur son propre fils.

Après avoir exécuté comme il convenait dans ce prélude — peut-être un
morceau rapporté ? — les nouveaux convertis, il ne profère plus de menaces, dans
la suite du chant, que contre les Catholiques. C'est eux qui doivent trembler dans
l'attente du Jugement dernier. C'est pour eux qu'il essayera d'en faire un tableau

1. Cf. *Histoire universelle*, t. IX, p. 295.
2. Éd. Réaume, t. IV, p. 278.
3. Éd. Réaume, t. IV, p. 279.

effrayant. Certaines parties du développement semblent animées de haines encore si fraîches, qu'elles ont sans doute été écrites au milieu même de la lutte. Mais il faut tenir compte aussi des nécessités du genre, et du caractère apocalyptique que devait prendre l'annonce de ces châtiments et de ces cataclysmes. Même avant que sonne l'heure fatidique, il y aura des expiations terrestres et proches. Ainsi, à l'évocation des massacres sur tous les points de la France, dans toutes les « cités sanglantes » imitatrices de la capitale (p. 280 de Réaume), répond, sous forme d'apophétie et comme un événement non encore réalisé (p. 281), la vision du siège de Paris (de 1590) mêlée de souvenirs bibliques du siège de Jérusalem (par Titus, en 70 après Jésus-Christ) pour en rehausser l'horreur. Puis c'est une prophétie moins certaine, parce qu'elle prétend vraiment prédire l'avenir, ce qui est toujours risqué. D'Aubigné aperçoit donc (p. 282) une horde sauvage, sorte d'invasion des Huns, submergeant la France ; et les villes, comme des îlots de la Méduse, décimées par la famine, jusqu'à ce qu'elles tombent aux mains des Barbares et que les survivants, réduits en esclavage, soient vendus sur les marchés. On dirait qu'il se repaît avec satisfaction de ces abominations imaginées. Pense-t-il donc que les Protestants y auraient échappé ? Mais l'idée de la vengeance a pour lui des délices : son Dieu est bien Jéhovah.

C'est pourquoi il attache tant d'importance au dogme de la résurrection des morts. Il faut que les hommes, au jour du jugement, souffrent dans leur chair, instrument du péché. Cette conviction est une pièce essentielle dans sa théologie, et toute la partie centrale du septième livre (de la page 283 à la page 292) est consacrée à cette question de la résurrection des corps. Pour la prouver il fait appel à des arguments pris un peu partout, au paganisme comme au christianisme, aux croyances populaires comme à la philosophie, aux légendes comme aux faits. C'est un fait que certains terrains conservent les corps (p. 289), mais c'est une légende que tous les ans (le 25 mars) auprès du Caire on verrait s'agiter, dans les sables du désert, les membres grouillants des enterrés. Cette légende était rapportée dans le *Thrésor d'histoires admirables* de Simon Goulart, au chapitre des apparitions merveilleuses [1].

Le fonds de l'argumentation de d'Aubigné, c'est une conception mystico-

1. T. I. f° 42.

physique de la Nature, un système du monde qui, par la combinaison des mêmes causes créatrices, reproduirait les mêmes existences. Mais seul l'homme aurait le privilège de renaitre, pas l'animal. Ces théories paraissent surtout s'inspirer du fameux *Hermès trismégiste*, si célèbre au XVIe siècle sous le titre de *Divinus Poemander* ou *Pimander*.

> Vous appellez divins les deux où je veux prendre
> Ces axiomes vrais : oyez chanter Pymandre,
> Apprenez dessoubs luy les secrets qu'il apprend
> De Mercure, par vous nommez trois fois très grand [1].

Ce traité « hermétique » avait été traduit du grec en latin par Marcile Ficin en 1491, et bientôt après en français (éditions de 1557 et 1574).

Les idées et les raisonnements que d'Aubigné développe en vers sur la résurrection des corps, il les a résumés et clarifiés dans une *Méditation en prose sur le psaume 16* (dans un passage de cette méditation [2]) qu'il fit à l'occasion d'un deuil :

« L'autheur s'estant trouvé à la mort d'un ami, homme de grand mérite et probité, et ayant pris les fleurs du Pseaume 16 pour matière de sa consolation, la mit depuis en ordre pour en faire présent à ses amis [3]. »

Quel est cet ami dont la disparition l'avait tant troublé, qu'il avait besoin de se redire les raisons de croire qu'il le reverrait un jour ? Ne serait-ce pas Claude de La Trémoille, décédé prématurément, le 25 octobre 1604, à trente-huit ans, qu'il aimait, admirait, et à qui il fut fidèle dans la vie et dans la mort en dépit d'Henri IV [4] ? Si oui, comme je le crois, cela fixerait le moment où il dut écrire à la fois sa méditation et sa traduction, ou plutôt son amplification en vers.

Le tableau final [5], qui représente la Résurrection et le Jugement dernier, n'est

1. Réaume, t. IV, p. 287.
2. Cf. éd. Réaume, t. II, p. 218 depuis « Mais le plus utile apprentissage du corps, c'est celui que le sépulchre n'est pas la fin... » jusqu'au bas de la page 220.
3. Cf. éd. Réaume, t. II, p. 204.
4. Voir mon chapitre XII, § 3, t. II, p. 315 à 320.
5. Depuis la page 292 dans Réaume :
> Mais quoy ! c'est trop chanté, il faut tourner les yeux,
> Esblouis de rayons dans le chemin des Cieux.
> . . . .

jusqu'à la fin du livre.

pas daté. C'est une scène d'Apocalypse que d'Aubigné a pu composer à n'importe quelle époque. Cependant, parmi les réprouvés qui se tiennent à la gauche du tribunal de Dieu, et qui sont destinés à l'Enfer, le personnage le plus en vue a une physionomie et des attributs assez caractérisés pour qu'on reconnaisse son temps : c'est l'Antechrist, c'est-à-dire, pour les Protestants, le Pontife romain. Le portrait que d'Aubigné trace de lui, et le réquisitoire dont il est l'objet, rappellent de trop près, parfois presque mot pour mot, la déclaration votée par le Synode de Gap (en octobre 1603) pour qu'il y ait là une simple coïncidence. Je relève en particulier ces vers :

> L'aisné fils de Satan se souviendra, maudit,
> De son throsne eslevé d'avoir autrefois dit :
> « La gent qui ne me sert, ains contre moy conteste,
> Pourrira de famine et de guerre et de peste.
> Roys et Roynes viendront au siège où je me sieds,
> Le front en bas, lescher la poudre soubs mes pieds.
> Mon règne est à jamais, ma puissance éternelle ;
> Pour monarcque me sert l'Église universelle ;
> Je maintiens le Papat tout puissant en ce lieu,
> Où, si Dieu je ne suis, pour le moins Vice-Dieu [1].

Ne font-ils pas écho à la déclaration que voici :

« Et puisque l'Évêque de Rome, s'étant dressé une monarchie dans la chrétienté en s'attribuant une domination sur toutes les Eglises et les Pasteurs, s'est élevé jusqu'à se faire comme Dieu, à vouloir être adoré, à se vanter d'avoir toute puissance au ciel et en terre, à disposer de toutes choses ecclésiastiques, à décider des articles de foi, à autoriser et interpréter à son plaisir les Écritures, à faire trafic des âmes, à dispenser des vœux et des sermens, à ordonner de nouveaux services à Dieu, et, pour le regard de la Police, à fouler aux pieds l'autorité légitime des magistrats, en ôtant, donnant et changeant les royaumes, nous croyons et maintenons que c'est proprement l'Antéchrist et le fils de perdition prédit dans la parole de Dieu sous l'emblème de la paillarde vêtue d'écarlate, assise sur les sept montagnes de la grande cité, qui avoit son règne sur les rois de la terre, et nous nous

---

1. Éd. Réaume, t. IV, p. 297.

attendons que le Seigneur, le déconfisant par l'esprit de sa bouche, le détruise finalement par la clarté de son avènement, comme il a promis et déjà commencé de faire. »

D'Aubigné a insisté sur cette assimilation de la Papauté à la Grande Paillarde de l'Apocalypse [1], et il a ramassé en une gerbe vénéneuse toutes les calomnies qui traînaient contre le siège romain, notamment cette légende que Sixte-Quint (Pape de 1585 à 1590) aurait autorisé par une bulle expresse la pratique de la sodomie en été. Duplessis-Mornay lui-même a accueilli cette absurdité dans son *Mystère d'Iniquité* (ou Histoire de la Papauté), paru en 1607. A cette date la question de l'Antéchrist était toujours ouverte, et était reprise au Synode la Rochelle (de mars 1607), Henri IV s'étant opposé à l'insertion de la déclaration de Gap dans la profession de foi officielle des Églises réformées [2].

C'est très vraisemblablement au cours de cette polémique théologique que d'Aubigné a buriné ce passage sur l'Antéchrist. Sans doute il a pu l'introduire dans une description déjà ébauchée ou achevée du Jugement dernier. Cependant, comme elle est très inspirée de l'Apocalypse, et que dès lors la « Bête romaine » devait y tenir une place capitale, il est aussi raisonnable de supposer que toutes les parties de ce tableau final, qui s'équilibrent et s'harmonisent, ont été construites en même temps.

En résumé, et comme conclusion de cette enquête, nous dirons :

Le livre des *Misères* peint les souffrances de la France durant les troubles des premières guerres civiles (de 1561 à 1577) et il s'attaque surtout à la tyrannie de Catherine de Médicis sous les règnes des deux premiers Valois. Presque tout entier il peut avoir été composé dans le séjour aux Landes, qui suit la 5e guerre. En tout cas il ne contient, en fait d'épisodes ou d'allusions tardives, que les passages sur : la mort de Catherine (Réaume, t. IV, p. 53), la réconciliation des deux Henri au Plessis-lès-Tours (p. 47), la famine pendant le siège de Paris de 1590 (p. 44 à 46), l'absolution d'Henri IV à Rome (17 septembre 1595) et les menées politiques des Jésuites, sur lesquelles l'attentat de Châtel (27 décembre 1594) venait d'attirer l'attention (p. 65-66).

---

1. Cf. le chapitre xvii de l'Apocalypse.
2. Voir mon chapitre xii, § 4, t. II, p. 335.

Le second livre : *Princes*, a pour centre la Cour de Henri III et particulièrement les années de paix entre le traité de Bergerac (septembre 1577) et la rupture des Édits de tolérance (juillet 1585), années où les vices des Valois (Henri, François, Marguerite) purent se donner librement carrière. Les deux guerres de 1576 et de 1577 ne sont rappelées que pour stigmatiser la conduite qu'y tint François. Seul semble avoir été inséré ou remanié plus tard le passage sur l'ingratitude des Rois (t. IV, p. 89-90), qui atteint Henri IV autant qu'Henri III. Quant à l'allégorie finale (le jeune noble provincial débarquant à Paris et hésitant, comme Hercule, entre la Fortune et la Vertu) elle est de la première époque ; mais quelques traits y ont été ajoutés dans la suite.

La Chambre dorée aussi, dans sa plus grande partie, est primitive. Cette satire du Parlement de Paris rassemble les griefs que les Protestants avaient contre la Justice catholique, et qui, aux traités de Beaulieu (mai 1576) et de Bergerac (septembre 1577), leur avaient fait réclamer des juridictions spéciales. Mais le second traité, précisément, les avait moins bien partagés à cet égard — comme à beaucoup d'autres — que le premier. Le tableau a été complété plus tard par l'hommage rendu aux magistrats intègres et impartiaux, victimes pour cela même des colères ligueuses (emprisonnement du Président Harlay et de plusieurs conseillers le 16 janvier 1589, Réaume, t. IV, p. 131 ; meurtre du Président Brisson et des conseillers Larcher et Tardif le 15 novembre 1591, t. IV, p. 143). Enfin des développements nouveaux ont été introduits après la mort de Philippe II (septembre 1598), contre le tribunal de l'Inquisition espagnole (t. IV, p. 133-136) et, après la mort d'Élisabeth (1603), pour opposer au tyran « très catholique » une grande reine protestante (t. IV, p. 145-146).

Les Feux, consacrés aux martyrs protestants, aux « purs martyrs » qui sont comme l'or de la conscience huguenote, sont un chant de jeunesse, quoi qu'on en ait dit, et comme d'Aubigné le déclare formellement dans un passage. Les seules additions postérieures sont celles qui concernent la détention de Bernard Palissy à la Bastille dans le temps des Barricades (t. IV, p. 185-187) et les martyrs anglais de Rome, dont d'Aubigné n'eut connaissance qu'en 1601, à Paris (p. 181-185).

Quant aux *Fers*, tableaux de batailles et de massacres, bien que la plus grande part des sujets soit prise dans les trois premières guerres et la Saint-Barthélemy, nous avons dit les raisons pour lesquelles, à notre sens, ils avaient dû être composés en même temps que les récits de l'*Histoire* correspondants, nous ralliant ainsi à l'opinion de MM. Lalanne et Bost. Et comme la fin du chant conduit les événements jusqu'à la mort de Henri IV, il est très possible que tout le livre ait été écrit seulement après cette date.

Au contraire, *Vengeances* est de la première époque. D'Aubigné le dit expressément, et rien, dans la matière du chant, ne s'oppose à cette déclaration. Le temps a simplement apporté quelques confirmations nouvelles à sa thèse, et qu'il a donc ajoutées, le cas de Philippe II († 1598) et celui du maréchal de Retz († 1602).

Enfin *Jugement* n'est pas seulement le dernier chant du poème, mais très vraisemblablement le dernier qu'il ait composé. Il semble avoir été fait presque tout entier après 1600, et plutôt même dans les dernières années du règne de Henri IV.

D'Aubigné exagère donc en disant qu'Henri IV avait déjà lu *tous* les *Tragiques* plusieurs fois, quand il n'était encore que Roi de Navarre, mais il est bien vrai que la majeure partie du poème était antérieure à son avènement. Il n'empêche que le manuscrit ne gisait pas abandonné autant que l'Imprimeur le prétend, et que d'Aubigné le reprenait souvent, même au milieu de ses travaux historiques, pour le remanier, l'enrichir et le compléter.

§ IV. — La question du Sancy.

Quand il passait de l'*Histoire* aux *Tragiques*, c'était à peine une diversion, pas une détente en tout cas, car il y fallait prendre un ton et des sentiments plus violents. Mais il avait dans son cabinet de travail même des heures de délassement véritable avec le *Sancy* et le *Faeneste*. Le joyeux Baron, il est vrai, n'y fit sonner qu'assez tard les grelots de sa marotte. D'Aubigné ne lui donna accueil et ne raconta ses aventures qu'après l'apparition des *Tragiques* et pendant l'impression de l'*Histoire*. Mais *Sancy* lui tint plus tôt compagnie.

La Confession de Sancy n'a pas été publiée du vivant de l'auteur, par crainte du scandale sans doute. Elle n'a vu le jour qu'au xviiie siècle. L'érudit Le Duchat qui l'annota alors, fait cette remarque à propos d'un passage où il est spécifié que dix-huit ans se sont écoulés depuis qu'a paru le traité de Duplessis-Mornay sur *l'Institution de l'Eucharistie* (en juillet 1598).

« Il est bien sûr que *La Confession de Sancy*, qu'on peut dire avoir été commencée aussitôt après que cet homme se fût fait catholique, sçavoir vers le printemps 1597, fut augmentée et poursuivie par l'auteur pendant plus de vingt ans : cela parait non seulement de cet endroit-ci[1], mais aussi de ce qu'ailleurs on y cite le quatrième livre du *Baron de Faeneste*, qui constamment n'a paru qu'après l'année 1619. »

Il n'a même paru qu'en 1630.

M. Samuel Rocheblave va plus loin que Le Duchat, et croit que *La Confession de Sancy* a surtout été écrite à Genève : l'air de la cité de Calvin l'imprégnerait visiblement[2].

Contre cette opinion extrême qui recule la composition du *Sancy* jusqu'aux dernières années de la vie de d'Aubigné, aussi bien que contre l'opinion plus atténuée de Le Duchat, M. Pierre Villey s'est inscrit en faux, et, dans un brillant article de la *Revue d'Histoire littéraire de la France*[3], il a soutenu une thèse tout opposée. Selon lui, le célèbre pamphlet aurait jailli de la verve de d'Aubigné dans un temps très circonscrit, et qu'on peut déterminer au moyen des indications chronologiques tirées des propos de Sancy ou de ses interlocuteurs, au moyen aussi des allusions continuelles aux événements, aux hommes, aux publications contemporaines. Il s'est donc attaché à préciser ce moment, ou cette courte période de la composition ; et il s'efforce de démontrer, par une argumentation savante et habile, qu'elle doit se placer au début de l'année 1599, voire même exactement au mois de mars, du moins pour la majeure partie de l'œuvre. Seuls deux chapitres feraient exception : le premier du 2ᵉ livre relatif à la conversion d'un gentilhomme normand, *Sainte-Marie-du-Mont*, que L'Estoile mentionne à la date du 31 mars 1600[4] ; et le huitième

1. C'est au chapitre vi de la 2ᵉ partie : *Examen de quelques livres de ce temps*. Sancy déclare : « J'ay veu les responses que l'on a faictes au livre du Plessis. C'est grand dommage que Monsieur le Convertisseur, [du Perron] n'a eu loisir d'y travailler, comme il commança, *il y a environ dix huict ans.* » Ed. Réaume, t. II, p. 340.

2. Voir son étude sur *Agrippa d'Aubigné* dans la petite collection des Grands Écrivains français chez Hachette (1910; p. 167 et sq. Il est moins affirmatif dans la *Vie d'un héros* (Hachette, 1912). A Genève, dit-il, d'Aubigné « écrivait ou *retouchait* la venimeuse *Confession de Sancy* », p. 231.

3. Numéro de janvier juin 1915, p. 160 et sq.

4. P. 215 du t. VII dans l'édition Brunet-Champollion.

du même livre sur les *Martyrs à la Romaine*. Ces deux-là, d'après les allusions qui y sont contenues, devraient être rapportés à la fin de 1603 ou au commencement de 1604.

Sans doute, il y a dans le reste du *Sancy* aussi des allusions à des choses postérieures à mars 1599, mais ce seraient des additions ultérieures. Sans doute encore, il y a entre le *Sancy* et le *Faeneste*, où tout le monde s'accorde à voir l'époque de la Régence de Marie de Médicis, un échange fréquent d'anecdotes et de plaisanteries ; mais cela ne prouve pas qu'ils aient été faits simultanément. D'Aubigné puisait dans le même fonds de bonnes histoires pour alimenter ses deux pamphlets, voilà tout. Il est même telle de ces histoires, comme celle de Marthe Brossier, la démoniaque, qui est racontée dans *Sancy* avec des erreurs qu'on ne retrouve pas dans le *Faeneste*[1]. C'est donc que, dans l'intervalle, d'Aubigné avait été mieux renseigné.

Mais voici une objection plus sérieuse. Il y a dans *Sancy* des renvois directs au *Faeneste*, ce qui semble indiquer que celui-ci était déjà écrit. Ainsi au chapitre v de la 1re partie, où le Vert-Galant est assez mal accommodé — ou trop bien : on ne prête qu'aux riches — de toute une collection d'aventures amoureuses et de scandales de jeunesse, rassemblés dans le testament d'un serviteur désabusé : « Il contoit aussi, dit Sancy, l'histoire de Marroquin, et l'aventure de Brillebault, telle qu'elle est décrite au second livre de *Faeneste*[2]. » Ailleurs, dans le dialogue de Mathu-

---

1. Comparer le récit de *Sancy*, 1re partie, chap. vi, *Des Miracles et voyages*, éd. Réaume, t. II, p. 271-273, avec celui beaucoup plus court du *Faeneste*, liv. II, chap. v : *De Marthe la démoniaque et autres miracles*, Réaume, t. II, p. 437. — On constate que dans *Sancy* d'Aubigné divise l'affaire de Marthe Brossier en deux, et rapporte à une autre démoniaque l'examen qui fut fait d'elle par l'évêque d'Angers, Charles Miron (fils du médecin de Henri III, Marc Miron). C'est une bévue qu'il aurait pu éviter même dès 1599, car cette année-là avait paru le *Discours véritable sur le fait de Marthe Brossier de Romorantin, prétendue démoniaque*, d'après lequel ont été écrits les comptes rendus de P. Matthieu (*Histoire de 7 années de paix du règne de Henri IV*, Paris, 1605), de Palma Cayet (*Chronologie septénaire*, de 1598 à 1604, Paris, 1607), et de de Thou dans son livre CXIII (qui n'a paru que dans l'édition de Genève de 1620, et que d'Aubigné n'avait donc pu lire avant la publication du 2e livre de *Faeneste* 1617, contrairement à ce que croit M. Villey). Quant aux fantaisies du *Sancy* sur les diables qui possédaient Marthe, Belzébuth et Astarot, et où il voit des « traces évidentes » de versions orales inexactes, à défaut de relations écrites non encore connues de d'Aubigné, j'y verrais tout simplement pour mon compte des inventions de son imagination comique. A la fin de mars 1599, après les expériences d'Angers, Marthe Brossier vint à Paris, où sa présence fit beaucoup de bruit, passionna l'opinion publique, et mit en brûle les Facultés de Médecine et de Théologie, le Parlement, la Police et le Gouvernement (cf. L'Estoile, t. VII, p. 182-184).

2. Réaume, t. II, p. 266. Rapprocher du *Faeneste*, liv. II, chap. xiii, *Aventure sur Brilbant et sur le mot : où est l'honneur ?* (Réaume, t. II, p. 473).

rine (folle de Cour) et de du Perron le jeune (frère de l'Évêque), qui se disputent le mérite d'avoir, par des procédés différents, converti Sainte-Marie-du-Mont, celle-ci se vante de lui avoir appris la science du monde, et notamment à « parler des couleurs selon la nouveauté et comme elles sont déduites dans ce meschant *Faeneste* [1] ». Enfin, parmi les « Martyrs à la Romaine » — les faux martyrs — il y en a un sur lequel Sancy ne s'attarde pas parce que cela ferait double emploi : « Vous avez un notable martyr en M. Saint-Baumier, duquel ce meschant *Faeneste* nous a desrobé l'histoire [2]. »

Comment s'expliquent ces références au *Faeneste*, si le *Sancy* est antérieur ? Par des remaniements opérés dans et sur la rédaction primitive, et M. Villey présente cette hypothèse ingénieuse :

« Il suffit que le manuscrit du *Sancy* [tel que nous l'avons, s'entend, mais il n'est peut-être pas inutile de l'ajouter] ait été établi postérieurement à la publication du *Faeneste* pour que ces trois renvois s'expliquent, quelle que soit d'ailleurs la date de composition de l'œuvre. Il se pourrait fort bien que, dans une première rédaction du *Sancy*, l'histoire de Baumier ait été racontée tout au long, tout aussi bien que celle de Marocain ; que, plus tard, écrivant le *Faeneste*, d'Aubigné y ait transporté ces histoires, comme il y a transporté les histoires de Marthe Brossier et du philosophe Gervais [3] ; que, revenant ensuite au *Sancy* pour établir un manuscrit destiné à l'impression, il y ait supprimé les contes qui, ayant pris place ailleurs, n'avaient plus lieu d'être conservés. Ainsi s'expliquerait l'expression, en toute autre hypothèse, assez surprenante : « duquel ce meschant Faeneste nous a *desrobé* l'histoire. » Elle dit le regret de l'auteur de biffer un bon conte. »

Tout l'article est déduit et conduit avec cette subtile maîtrise. J'admire trop l'érudition et la dialectique de M. Villey pour ne pas être impressionné par elles. Et cependant, oserai-je l'avouer ? Elles ne m'ont pas cette fois tout à fait convaincu. Bien que je me rapproche beaucoup plus de son opinion que de celle de M. Roche-

---

1. 1er chap. de la 2e partie, Réaume, t. II, p. 310. Voir *Faeneste*, liv. I, chap. II, « *Moyens de paresire...* etc. » Réaume, t. II, p. 390-391.

2. Éd. Réaume, t. II, p 365, chap. VIII de la 2e partie. Voir *Faeneste*, liv. III, chap. VII : *la Procession de Baumier*. Réaume, t. II, p. 397.

3. Qui ramenait tous les débats de religion à des questions de mots, donc de grammaire. Voir Reaume, t. II, p. 324 (*Sancy*) et p. 548-549 (*Faeneste*).

blave, qui n'est pas défendable, je ne crois pas que l'on puisse limiter aussi étroitement qu'il le fait le temps de la composition du *Sancy*. Certes, ce pamphlet représente l'état d'esprit de d'Aubigné après l'Édit de Nantes, qui ne lui plaisait pas, nous le savons, et dans lequel il voyait le résultat de trahisons ou de défaillances. Mais tout ne se réduit pas à cette actualité. Même en laissant de côté pour l'instant les deux chapitres que M. Villey met à part, le reste ne forme pas un bloc compact d'une seule venue. A la lumière, ou sous le scalpel de l'Histoire, il est possible de désagréger ce bloc et d'y faire apparaître les couches successives dont il est constitué.

Je distingue d'abord *un premier ordre de faits, qui a excité la colère de d'Aubigné*, et qui tient une grande place dans le *Sancy*, ce sont les intrigues ourdies autour de la conversion du Roi en vue d'un « appointement » des deux Religions. Des Protestants infidèles y avaient trempé, et même six ministres. Il s'agissait d'organiser des conférences théologiques contradictoires, où les pasteurs auraient mis de la complaisance à se faire battre par les docteurs catholiques. D'Aubigné est revenu sur ce sujet dans trois chapitres de son *Histoire universelle*[1]. Il y cite, pour les clouer au pilori, les noms des pasteurs qui avaient accepté de jouer un rôle dans cette comédie : Morlas, Rotan, de Serres, Cayet et de Vaux. Ils avaient des complices laïcs parmi leurs coreligionnaires : Salettes, « gentil et subtil esprit, plus privé au cabinet qu'eux[2] », le baron de Salignac (Jean de Gontaut-Biron, marié à la petite-fille du chancelier de l'Hôpital), et le frère de celle-ci, Michel Hurault de l'Hôpital, sieur du Fay ; Jean de Sponde et son frère Henri, qui deviendra évêque de Pamiers. Nous retrouverons tous ces personnages dans *la Confession de Sancy*. Déjà Rotan et Morlas, dans des discussions privées avec du Perron devant le Roi, « donnoyent lieu à cet esprit monstrueux en savoir ; si bien que cette éloquence facile et merveilleusement agréable s'estoit insinuée en la bonne grâce du Roi dès le siège de Rouen[3] ». Notons en passant le cas que d'Aubigné faisait du talent de du Perron. Mais le danger fut bien plus grave l'année

---

1. Chap. xxiv du liv. XIII, dans l'édition Ruble, t. VIII. p. 333-335 ; chap. xi du liv. XIV, t. IX. p. 78 et sq.; et chap. i du livre XV, *in fine*, même tome, p. 289.
2. Éd. Ruble, t. VIII, p. 335.
3. *Ibid.*

suivante, lorsque l'abjuration fut résolue et qu'il était question de la faire précéder d'une controverse religieuse dont elle aurait été le dénouement arrêté d'avance. Ce projet, nous l'avons vu [1], n'eut pas de suite, mais il en subsista tout de même quelque chose. Et quand les Réformés furent autorisés à tenir une assemblée politique à Mantes, après l'abjuration (du 8 novembre 1593 au 23 janvier 1594) [2], il y eut une controverse théologique truquée, la *ruse de Mantes*, comme d'Aubigné l'appelle [3]. C'est Rotan qui devait en cette circonstance servir de compère à du Perron et se faire l'avocat du Diable. Il brigua donc à l'Assemblée l'honneur de soutenir ce débat. Mais le cœur lui manqua au dernier moment : « Or avoit-il promis de faire une prévarication subtile, de laquelle estant sur le poinct, il avint que quelque gloire ou quelque crainte le fit tellement chanceler qu'il aima mieux feindre une maladie. Fut mis en sa place le ministre Béraud, de Montauban [4]. » Celui-là n'était pas du complot et il se défendit bien. C'est pourquoi, après une « dispute aiguë d'une part et d'autre », les ecclésiastiques préférèrent rompre le contact.

Mais d'Aubigné ne pardonna pas aux Protestants qui avaient monté cette mauvaise pièce, et il s'acharne sur eux dans son *Sancy*. M. Villey s'étonne un peu de l'importance qu'il a ainsi donnée à des personnages de second plan, en particulier à des pasteurs dont la notoriété fut si passagère. C'est bien là le fait d'un pamphlet d'actualité, dit-il. Quelques années après, le public ne se serait plus souvenu d'eux. Peut-être, mais ce n'est pas certain. Ce n'étaient pas menus incidents auxquels ils avaient été mêlés. L'enjeu de cette affaire, nous venons de le montrer, était considérable. Il ne s'agissait de rien de moins que d'étouffer en douceur la Religion réformée après avoir étouffé la conscience royale ! Et puis ces ministres n'étaient pas si petites gens. C'étaient « les six plus huppez [5] » du Parti. Quelques-uns d'entre eux ne sont pas encore oubliés, aujourd'hui. Le pasteur Cayet n'est autre que l'historien Palma Cayet, le fameux auteur des *Chronologies novenaire et septenaire* du règne de Henri IV. Il avait été ministre de Madame, Catherine de Bourbon ; mais elle le fit déposer comme suspect, peu après la réunion de Mantes,

1. Ci-dessus, au chap. ix, § 3, t. II, p. 78-79, et au chap. x, § 1, t. II, p. 98-99.
2. Voir mon chap. x, § 1, t. II, p. 100.
3. *Ibidem* et *Histoire universelle*, t. IX, p. 282.
4. *Histoire*, t. IX, p. 84.
5. Cf *Sancy*, éd. Réaume, t. II, p. 332.

et il abjura effectivement, le 9 novembre 1595. Henri IV le nomma professeur de langues orientales au Collège Royal (Collège de France). Mais il avait espéré une abbaye, qui ne lui fut pas donnée, et il dut se contenter d'être pensionnaire à l'abbaye de Saint-Martin. Déchéance de ses rêves, dont d'Aubigné se moquera. Il se fit ordonner prêtre en 1600 [1]. Jean de Serres aussi est connu. C'est le frère d'Olivier, dont le *Théâtre d'agriculture et mesnage des champs* est une des plus jolies œuvres de ce temps. Lui-même fut historien, comme Cayet, et même historiographe de France, à partir de 1596, après le succès de ses *Commentaires* en latin.

Voilà donc les acteurs — avec les laïcs que j'ai nommés — du premier acte que d'Aubigné met en scène dans son *Sancy*, ou plutôt en plusieurs scènes, car ils y reparaissent souvent, pour être abattus derechef, comme dans un jeu de massacre où les figures se relèvent. Dès la dédicace [2] de sa *Confession*, que Sancy adresse par reconnaissance à son convertisseur, ils sont introduits — quelques représentants au moins de la troupe — autour de du Perron, leur chef d'orchestre : Jean de Sponde, qui avait publié en 1593 une justification de sa conversion, *Déclaration des principaux motifs qui induisirent le s^r de Sponde... à s'unir à l'Église C. A. et R.* [3], et qui était mort deux ans après, victime d'un sot mariage ; P. Cayet, Morlas, et un autre dont je n'ai pas parlé, mais qui est assez souvent malmené en leur compagnie, Florimond de Raymond, conseiller au Parlement de Bordeaux, redevenu catholique dès 1566, auteur d'un *Anti-Christ* (1597), où il réplique à la thèse huguenote sur l'Antéchrist romain. Et, à la fin de la dédicace, qui est comme le vestibule de l'œuvre, se dresse, en haut-relief significatif, l'évocation de la conférence de Mantes, avec ce « pauvre ministre de Montauban » (Béraud) que raille Sancy pour avoir été l'adversaire loyal de du Perron.

Pénétrons à l'intérieur : au chapitre ix de la 1re partie, *Des diverses manières de pescher les hommes*, nous voyons le grand Convertisseur effectuant des pêches merveilleuses avec l'aide de Morlas, qui, une fois pris dans le filet, aide à prendre les autres. On les séduit par des promesses illusoires : « Tesmoing le pauvre de

---

1. Sur la conversion de Cayet, et ses « campagnes » d'Apologétique catholique, après cela, cf. J. Pannier, *l'Église réformée de Paris sous Henri IV*, Paris, Champion, 1911, p. 52 à 66.

2. Cf. Réaume, t. II, p. 235-238.

3. Cf. Hauser, *Sources de l'Histoire de France*, xvie siècle, t. IV, art. 3072.

Sponde, duquel l'appast a esté pour un autre, et qui ayant sacrifié son âme pour l'Église, a tellement esté pippé, qu'il a veu avant que mourir ses enfans aux portes, sa femme au bordeau, et sa personne à l'hospital ; tesmoin le pauvre Cahier, qui a abbayé après l'Abbaye promise et n'en void que l'image [1]. » Le baron de Salignac a été encore plus facile à saisir comme un poisson sur le sec, car il était à sec... d'argent. Et le Convertisseur a continué sa « pescherie par prescherie » dans les sermons de Saint-Merry, « là où il prend les grenouilles en dormant », c'est-à-dire en endormant son auditoire. L'Estoile enregistre dans son *Journal* [2] le succès de ces conférences de Saint-Merry qui eurent lieu tous les dimanches après Pâques de l'année 1597.

La 2ᵉ partie du *Sancy* nous présente encore les ministres compromis dans la machination de Mantes, et tous les artisans diaboliques de la conversion du Roi, au chapitre IV (*Apologétique pour ma longue demeure entre les Hérétiques*) et au dernier chapitre (le IXᵉ, *Corollaire*). Les sophismes que les corrompus chuchotaient aux oreilles du Roi, ou dans d'autres favorablement prévenues, et que rapporte l'*Histoire universelle*, se retrouvent identiques au chapitre IV, relevés seulement d'une pointe plus sensible d'ironie. Qu'on en juge :

Dans l'*Histoire :* « Premièrement, que l'Église romaine estoit l'Église, et puis la plus ancienne, et de là l'Église sans queue, et de plus est l'Église de Christ en quelque manière et respect ; que donc on pouvoit bien faire en elle son salut. Ils suivoyent que les premiers avoyent eu tort de faire section au lieu de correction [3]. »

Et dans le *Sancy :* « Il [Rotan] avoit posé pour question parmy les Synodes, si l'Église Romaine n'estoit pas l'Église de Christ ἁπλῶς, pour le moins κατάτι, si l'on ne pouvoit pas y faire son salut. Et voilà la bresche par où le Roy et d'autres se sont rendus [4]. »

Enfin, dans le *Corollaire*, de même qu'à la fin d'une revue tous les acteurs sont rassemblés, ils défilent tous une dernière fois, les faux frères, qui se sont faits, au dire de d'Aubigné, les complices de du Perron. Mais c'est un cortège funèbre, car presque tous sont morts prématurément, payant ainsi de leur vie, après des

1. Réaume, t. II, p. 300.
2. Au t. VII de l'édition Brunet-Champollion, p. 97.
3. Éd. Ruble, t. VIII, p. 334.
4. Éd. Réaume. t. II. p. 332.

infortunes et des remords, la faute commise à la face de l'Éternel : de Vaux, en ren-
trant de Mantes à Milhau sa paroisse, où il annonça lui-même à ses parents et amis
sa mort prochaine, dont le récit est aussi dramatique dans le *Sancy*[1] que dans
l'*Histoire*[2] ; Morlas et de Sponde en 1595 ; Salettes, du Fay, Rotan († 28 avril
1598), Jean de Serres († 31 mai 1598) ; ces deux derniers frappés du châtiment céleste
à la veille du Synode de Montpellier, où ils allaient consommer leur apostasie. Sancy
ne laisse pas d'être troublé par toutes ces disparitions. Mais du Perron le rassure,
et lui fait observer qu'eux d'eux, et Cayet, et le baron de Salignac sont encore de
ce monde : « La raison en est facile : ceux qui sont morts ont voulu laisser vivre
leur conscience et elle les a tuez[3]. » C'est la conclusion et la leçon sérieuse de *la
Confession de Sancy*, où il y a tant de choses qui ne le sont pas.

On a remarqué le titre du chapitre IV du 2e livre, *Apologétique pour ma
longue demeure entre les Hérétiques*. Ce chapitre n'évoque pas seulement la
ruse de Mantes, où Sancy n'eut pas de part. Mais il joua un rôle néfaste dans
d'autres circonstances, et qu'il nous révèle ici. Nous arrivons ainsi au *second
ordre de faits qui sont surtout visés dans ce pamphlet*, c'est à savoir *tout ce qui
concerne l'Édit de Nantes*. D'Aubigné est persuadé que les conditions auraient pu
en être meilleures si les Assemblées avaient tenu bon, et n'avaient pas sacrifié, par
faiblesse ou corruption, les intérêts de la Cause. Certains estimeront, au contraire,
qu'elles les avaient défendus avec obstination et âpreté, parfois même au détriment
de la France, comme lors de l'occupation d'Amiens par les Espagnols, où elles
résistèrent, nous l'avons vu, aux appels les plus pathétiques du Roi pour que le
Parti renonçât à sa sécession et lui apportât une assistance efficace au siège et
dans la reprise de cette ville, qui était la clef de voûte de la ligne de la Somme.
Mais d'Aubigné, plus irréductible que les plus intransigeants, trouvait qu'on n'avait
pas encore assez résisté, et il attribue pour beaucoup cette défaillance à l'or
répandu par Sancy. M. Rocheblave se demande, après bien d'autres, pourquoi,
parmi tant de nouveaux convertis, il l'a choisi comme tête de Turc, et quel grief
personnel il pouvait avoir contre ce bon serviteur de la monarchie, toujours fidèle

1. Réaume, t. II, p. 367.
2. Éd. Rubl., t. IX, p. 282.
3. Réaume, t. II, p. 370.

en dépit de la Ligue, qui était allé sans argent recruter des Suisses à Henri III, qui les avait ralliés au panache d'Henri IV à son avènement, colonel général de ce corps d'élite, plusieurs fois chargé d'ambassades importantes en Angleterre et en Allemagne, finalement contrôleur des finances à la mort de François d'O (octobre 1594)? Et il suppose que c'est peut-être en cette qualité qu'il s'était fait de d'Aubigné un ennemi : « Est-ce lui qui, surintendant aux finances, fit rogner les pensions du huguenot[1] ? » Hypothèse invraisemblable. Il y avait beau temps que Sancy n'avait plus l'administration des finances quand les pensions de d'Aubigné furent suspendues, sous la Régence. Sa conversion ne lui avait pas servi à grand'chose, en effet. Un an après il tombait dans une demi-disgrâce. C'est en mai 1597 que L'Estoile relate dans son *Journal* l'abjuration de Sancy :

« En ce mois, Sanssi abjura la Religion, de laquelle il avoit toujours fait profession; et fust sa conversion publique et solennelle faite en la chapelle des Jésuites, en la rue Saint-Antoine, à Paris, où M. le Légat lui donna l'absolution, après avoir enduré, dudit Légat, pour pénitence de son hérésie, quelques coups de houssine. Et pource qu'il pleuroit fort (ou, selon les autres, en faisoit le semblant), le Légat dit tout haut : Voyez-vous ce pauvre gentilhomme qui pleure son erreur et a le cœur si gros qu'il ne peult parler? — Le Roy, l'aiant entendu, s'en moqua, et dit qu'il ne falloit plus à Sanssi que le turban[2]. »

Et au mois de juin de l'année suivante, il note :

« En ce mois, le Roy mist entre les mains de M. de Rosni, qui estoit de la Religion, l'entière administration et maniement de ses finances, et en osta Sanssi, bien que converti et nouveau Catholique. En quoi, sans nous arrester aux discours de la Cour, qui sont vains pour la pluspart, nous faut regarder à Dieu, qui se rid des grands conseils et desseins des hommes, et les tourne ordinairement tout au contraire de ce qu'ils avoient projetté[3]. »

Malgré ce qu'insinue L'Estoile, Sancy n'avait pas à attendre grand'chose d'un changement de religion : il avait déjà tout. Il veut dire évidemment qu'il comptait

1. Ouvrage cité, *Agrippa d'Aubigné* dans la petite collection des Grands Écrivains, chez Hachette, p. 169.
2. L'ESTOILE, t. VII, p. 95.
3. *Ibidem.*, p. 123.

là-dessus pour conserver son poste. Mettons qu'il ait fait ce calcul. Sa conversion n'avait rien de plus scandaleux que beaucoup d'autres. Pourquoi donc d'Aubigné lui en veut-il tant? La raison est bien simple. C'est qu'il tenait les cordons de la bourse royale au moment des Assemblées qui négocièrent l'édit de Nantes, et qu'il pouvait l'ouvrir à bon escient pour arroser les récalcitrants et les rendre plus ductiles aux volontés d'en haut. C'est pour exercer plus librement, et sans éveiller les défiances des Protestants honnêtes, cette action dissolvante et démoralisante, qu'il aurait prolongé sa « demeure entre les Hérétiques », semant l'argent aux bons endroits, ailleurs les conseils opportunistes que ses agents se chargeaient d'appuyer. Il en entretenait partout, dans les provinces comme à l'Assemblée. C'est ce que d'Aubigné lui fait avouer cyniquement dans le chapitre v de la 2ᵉ partie, qui donne vraiment la clef du *Sancy :* « Tant y a que j'ay fait du pis que j'ay peu[1]. » Et ce ne sont pas là calomnies ni exagérations voulues de pamphlétaire ; la preuve que d'Aubigné y croit, c'est qu'il a répété ces accusations dans son *Histoire*[2]. Il nous y montre Sancy achetant « par les finances » les concours dont il avait besoin, et les émissaires de la Cour opérant dans les provinces pour gagner des adhésions et attirer à Paris les ministres « qui preschoyent et sentoyent le viel huguenot » ; et, une fois là, « peu se sauvoyent sans estre vaincus d'honnestetez et d'utilitez ».

L'effet de toute cette campagne, savamment conduite, ce fut d'amener la grande Assemblée à rabattre de ses exigences les plus nécessaires à la vie des Églises, et à accepter un Édit qui compromettait leur avenir. D'Aubigné nous dit, dans l'*Histoire*, que cette paix religieuse « fut mieux receuë des peuples qu'on n'eust estimé; mais surtout pour l'opinion que les plus avisez tenoyent qu'elle estoit avantageuse aux catholiques et ruineuse aux réformez[3] ». Sancy ne pense pas autrement et, avec ironie, il avertit les Huguenots, avertissement évidemment rétrospectif : « Quand ce sera à vous à obtenir une loy, vous l'aurez si pauvre et avec tant de peines, que vous m'advouërez qu'il la faloit impétrer par œuvres, non par foy et fidélité[4]. » C'est dans le chapitre *De la Justification des œuvres et œu*

<hr>

1. Réaume, t. II, p. 334, voir toute la page.
2. Éd. Ruble, t. VIII, p. 335 et t. IX, p. 281.
3. *Histoire universelle*, éd. Ruble, t. IX, p. 294.
4. Éd. Réaume, t. II, p. 262.

vres de supérérogation, le ve de la 1re partie, où est comparé le sort des Huguenots dévoués depuis toujours avec celui des Ligueurs ralliés de la onzième heure. C'est un des plus mordants de l'opuscule. Toute l'amertume des services mal récompensés, tout le fiel de la jalousie contre les rivaux qui se font acheter leur soumission (très cher, comme en témoigne le compte établi pour l'Assemblée des Notables de Rouen, 5 novembre 1596-19 janvier 1597) et qui sont les heureux bénéficiaires de l'avènement d'Henri IV, se déverse ici. L'ingratitude de ce prince y est mise à nu avec une rigueur qui devient pénible pour le lecteur à force de sarcasmes : ingratitude envers ses soldats, ingratitude envers ses maîtresses [1]. Là se trouvent rappelées toutes ses fredaines soi-disant galantes, et l'envers, les dessous de ces fredaines qui finissent par donner la nausée. L'une d'elles, l'histoire de Marroquin, est mentionnée, nous l'avons déjà signalé, avec un renvoi au *Faeneste* pour les détails. M. Villey suppose qu'elle était d'abord racontée tout au long dans le *Sancy*, mais que d'Aubigné, l'ayant utilisée plus tard dans le *Faeneste*, l'a supprimée en faisant la révision de son premier manuscrit. Je crois plutôt qu'elle n'y avait jamais figuré, parce qu'elle y eût détonné. Elle est comique, et le tour du chapitre de Sancy ne l'est pas.

Pas plus que celui du ve de la 2e partie qui fait pendant au ve de la 1re. Il est intitulé : *Des misères des Huguenots*. Le sujet est donc le même, mais cette fois ce n'est pas seulement le procès d'Henri IV qu'institue d'Aubigné, c'est celui du Parti qui, par faiblesse, par aveuglement, divisions, s'est laissé désarmer, amoindrir, jouer. C'est dans la bouche de Sancy qu'il met ce réquisitoire, par lequel cet apostat se justifie de l'abandon d'une cause qui savait si mal se défendre. Tous les ressentiments de d'Aubigné contre le Roi, contre les Grands du Parti et contre les Assemblées qui auraient manqué d'énergie, éclatent ici. Et toute son injustice à l'égard de l'édit de Nantes, dont il ne veut pas voir les avantages, mais seulement le manque à gagner :

« Jugeant bien, dit Sancy, que celui qui a les mains liées de la crainte de

---

1. Notons que cette ingratitude, cette dureté de cœur sont formellement démenties par les preuves nombreuses et irréfutables que M. de Lagrèze a tirées des Archives de la Chambre des Comptes de Navarre, et qui témoignent, au contraire, de la bonté, de la générosité d'Henri IV envers ses serviteurs et ses soldats, ou leurs familles (*Henri IV, Vie privée*, Paris, Didot, p. 289 à 293).

Dieu, et le front bas du respect de son Prince, sa paix ne sera jamais paix, *sed pactio servitutis*, mais accord de servitude [1]. »

Telle est la sentence que d'Aubigné rend contre l'Édit. C'est bien le fond de sa pensée. Il l'exprime dans son *Histoire* avec un peu plus de réserve, mais elle apparaît assez clairement, non seulement dans le passage que nous avons cité, mais dans les pages qui précèdent, où il rapporte et tire à lui les appréciations simplement impartiales d'un catholique modéré, Legrain (dans ses *Décades du Roy Henry le Grand*, Paris, 1614) [2].

A plus forte raison condamne-t-il l'*Édit vérifié*, qui n'était pas tout à fait identique à celui signé à Nantes, l'opposition du Clergé et des Parlementaires ayant imposé certains retranchements [3]. Sancy dit, dans le même chapitre : « Quant à l'honneur, ceux qui auront à se faire recevoir en la Cour [du Parlement] après l'Édit receu, m'en diront des nouvelles. Et cela soit secret entre nous [4]. »

Donc, au moment où il parle, l'Édit n'est pas encore vérifié au Parlement de Paris (25 février 1599), ou il vient seulement de l'être. Mais Sancy, qui est dans le secret des Dieux et des coulisses, sait ou prétend savoir que les droits théoriques, reconnus aux Protestants, d'accession à toutes les charges publiques, et même à des postes de conseillers au Parlement de Paris (six répartis dans toutes les Chambres, au lieu d'être réunis dans la Chambre spéciale de l'Édit comme le portait le texte primitif de Nantes), se heurteront dans la pratique à la mauvaise volonté du Parlement.

Les Huguenots sont donc assurés d'être réduits à la portion congrue, et, pendant que Sancy, converti par intérêt, chante un *alleluia* au Soleil levant, c'est-à-dire à la grandeur d'Henri IV, à laquelle semble conspirer toute la situation européenne (livre II, chapitre III : *Des causes qui me poussèrent à ma seconde réformation qui fut la troisiesme conversion*), eux, qui n'ont pas voulu fouler aux pieds leur conscience, qui ne savent pas flatter (livre II, chapitre VII, *De l'Impudence des Huguenots*), qui n'encensent pas la « Saincte qui règne » (livre I,

---

1. Éd. Réaume, t. II, p. 339.
2. Cf. *Histoire universelle*, éd. Ruble, t. IX, p. 289 à 294.
3. Voir mon chapitre x, §. 2, t. II, p. 146 et 147 (avec la note 2).
4. Éd. Réaume, t. II, p. 337.

chapitre III : *De l'Intercession des Saincts et des Sainctes*), qui ne caressent pas
« les petites images de la Cour » (*Ibidem*, c'est-à-dire les enfants de Gabrielle
d'Estrées), se morfondront loin de la faveur, et apprendront avec colère peut-être,
mais non sans ironie, les ascensions rapides des courtisans, les changements de
fortune extraordinaires :

« La Varenne n'a commencé que cet hyver à apprendre à lire , et à mesme
temps a fait la paix d'Espagne[1]. » (2 mai 1598.)

C'était un ancien cuisinier de Madame. Comment ne pas croire après cela à *la
Transubstantiation* ? (livre I, chapitre x). Dieu a-t-il moins de puissance que le
Roi pour transformer la nature des choses et des gens ?

Voilà donc deux groupes de chapitres : sur la « ruse de Mantes » d'une part,
sur l'Édit de Nantes d'autre part et la situation faite aux Protestants, qu'on peut
considérer comme du même temps et de la même venue. Car les suites de Mantes
pour les coupables, c'est-à-dire les morts prématurées, s'échelonnent de 1595 à
1598. Et les conséquences de leur trahison continuèrent à se faire sentir, selon
d'Aubigné, à la Grande Assemblée. Ainsi ces chapitres, dans leur ensemble, doivent ou peuvent être à peu près de l'époque que suppose M. Villey, mais rien n'autorise à limiter à un mois, ou à quelques mois, le champ, la durée de leur composition. Parce que le troisième du premier Livre s'en prend à « la Saincte qui règne »
et plaisante « les petites images de la Cour », les enfants naturels du Roi, nous
sera-t-il interdit de dépasser la date du 10 avril 1599, où Gabrielle d'Estrées mourut
subitement? Pour ce chapitre sans doute, mais pour les autres? Rien ne prouve
qu'elle continue à y régner. Elle a certainement disparu au moment où est écrit le
IIIe chapitre de la 2e partie : *Des Causes qui me poussèrent à ma seconde
réformation qui fut la troisiesme conversion.* Celui-là nous conduit jusqu'à
Marie de Médicis, sans parler d'elle d'ailleurs, mais il y est question de la
guerre de Savoie (1600) et de l'acquisition de la Bresse (par le traité de Paris du
17 janvier 1601).

Et si nous sortons de ces deux séries de chapitres pour examiner les autres,
qui feraient aussi partie, selon M. Villey, de la masse primitive, le 1er du Ier livre

1. Réaume, t. II, p. 255.

ne nous apparaitra-t-il pas comme pouvant être antérieur à tout le reste, s'il est infiniment probable que cette dérision *De l'authorité de l'Église et de son chef*, devant laquelle s'inclinent et s'humilient les souverains, a été inspirée à d'Aubigné par les cérémonies de l'absolution d'Henri IV à Rome (17 septembre 1595)? Le IVᵉ de la 1ʳᵉ partie (*Du Purgatoire*) a peut-être suivi d'assez près. Le Purgatoire c'est le *Tiers Parti*, qui nous en offre une image terrestre. Assimilation plaisante. D'Aubigné n'a jamais cru au danger du Tiers-Parti[1]. Les derniers fidèles du comte de Soissons, qui lui composent une petite cour transie à Nogent-le-Rotrou, y sèchent de jalousie dans l'attente et l'éloignement du paradis de la vraie Cour. Le chapitre est très dur pour ce prince que d'Aubigné accuse de lâcheté. Il a « tourné le cul à la mangeoire à Coutras », il « s'est mutiné à toutes les apparences de bataille », allusion à son évasion du siège de Rouen (1592) pour essayer d'aller brusquer son mariage avec Catherine de Bourbon en Béarn, à son lâchage de l'armée à la veille du combat de Fontaine-Française (5 juin 1595). Mais d'Aubigné ne tient pas compte des circonstances atténuantes, de son amour pour la Princesse et de son dépit de se la voir refuser. Et, comme le Comte ne vint pas non plus au siège d'Amiens, malgré l'invitation pressante du Roi, il n'est sans doute pas fâché de montrer, après les attaques dont le Parti protestant a été l'objet pour sa demi-abstention à ce siège[2], qu'un bon catholique comme Soissons n'a pas été moins défaillant, et que chez lui c'était une habitude. Si c'est l'intention du chapitre, il est permis de croire qu'il n'a pas été écrit longtemps après le siège.

En revanche, le IIᵉ du second livre sur *la Réunion des Religions* serait plutôt tardif. Il peut, certes, s'appliquer à la conférence truquée de Mantes, rappelée d'un mot au début; mais il est vraisemblable qu'il vise encore et davantage un projet de réunion qui fut plus sérieux, et qui est très postérieur. Nous aurons occasion d'en reparler, car d'Aubigné, lors d'un séjour à Paris, à la fin de 1607 et au début de 1608 — motivé peut-être par cette affaire même — interviendra au milieu de toutes ces combinaisons louches pour les faire échouer[3]. Ici il ne précise pas les circonstances, et ne traite que le fond de la question — comiquement d'ailleurs —

---

1. Cf. *Histoire universelle*, t. VIII, p. 331 et sq. *Du Tiers-Parti et changement du Roi*.
2. Cf. *Histoire universelle*, t. IX, p. 283 et sq.
3. Voir mon chapitre XII, § 4, t. II, p. 337 à 347.

en exposant d'une façon fantaisiste les bases sur lesquelles aurait pu se faire l'entente : par un compromis, où le souci du bien-être et de l'agrément de tous aurait dicté les concessions réciproques : « C'eust esté une brave religion, qui eust rejetté les incommoditez des deux », les jeûnes et le carême catholiques, comme la nudité du culte protestant, et la médiocrité de vie des pasteurs. On les eût vus désormais se prélasser en carrosse comme des évêques et mener des équipages de chasse. La charité chrétienne ne commande-t-elle pas quelque souplesse et complaisance pour ramener les égarés au bercail ? L'Église catholique n'a pas procédé autrement à l'égard des païens. Toutes ses fêtes ne sont que des fêtes païennes transformées et rebaptisées. Il y a là une part de vérité, mais bientôt noyée dans des fictions plaisantes : les rapports de Saint-Foutin, un joyeux saint, avec le Priape antique, les paradoxes du grammairien-philosophe de Magné, Mᵉ Gervais[1], le libéralisme du curé des Eschillais (bourg de Saintonge) qui célébrait les cérémonies à la mode romaine ou à la mode huguenote, selon les préférences de ses ouailles[2].

Chapitre de *théologie bouffonne*, comme l'on voit. Il fait partie d'une *série nouvelle*, c'est-à-dire que je mettrai à part, où la satire religieuse, quoique souvent mêlée de politique, n'est pas d'une actualité assez déterminée pour qu'on puisse assigner une date à la composition. Je classerais dans cette catégorie, au premier livre d'abord, les chapitres II, VI, VII et VIII. Le second (*Des traditions*) se moque de la légende dorée (des Saints) ajoutée à l'Écriture Sainte. On y trouverait de quoi autoriser ou excuser toutes les faiblesses humaines. D'Aubigné est particulièrement irrévérencieux pour la mémoire de saint François d'Assise. Les couvents franciscains avaient-ils une réputation plus mauvaise que les autres au XVIᵉ siècle ? A l'en croire, ils auraient eu bien besoin de la Bulle d'indulgence — en faveur de la sodomie — que le cardinal de Sourdis avait soi-disant rapportée de Rome à son retour du Grand Jubilé (de 1600). Voilà une allusion qui nous mène plus loin que le terme fixé par M. Villey. — Le sixième (*Des miracles et voyages*) est celui qui contient l'histoire de Marthe Brossier. Fausses démoniaques comme elle, qu'on promène de ville en ville, le surnaturel ambulant, ou lieux de pèlerinage comme

---

1. Cf. ci-dessus, p. 248, note 3.
2. Son histoire est aussi racontée dans *Faeneste*, au livre IV, éd. Réaume, t. II, p. 588.

N.-D.-des Ardilliers [1] (près de Saumur), le surnaturel à domicile fixe, autant de supercheries pour exploiter la crédulité des bonnes gens. Mais moyens très légitimes, selon Sancy, *ad pias fraudes*. Il faut seulement apporter à leur emploi quelque prudence. Il est question, au commencement du chapitre, de Fervacques « de bonne mémoire ». Formule funèbre. Donc il est mort. Or il mourut en 1613. M. Villey estime que c'est là une addition ultérieure ? C'est possible. — Le septième (*Des reliques et dévotion du feu Roi*) étale le scandale des mœurs de Henri III, mélange malsain de bigoterie et de débauche. Toutes ces histoires, vraies ou fausses, sont du rétrospectif au moment où d'Aubigné écrit le *Sancy*. Mais deux indications, que relève M. Villey, permettent de situer approximativement la composition de ce chapitre ; l'une est un pronostic sur la rentrée probable du duc de Joyeuse au couvent, « là où l'on dit qu'il retournera quelque jour [2] ». C'est très vraisemblablement une « apophétie » et cette seconde retraite de Joyeuse, qui fit sensation, doit être alors un fait accompli. Henri de Joyeuse, le frère d'Anne, qui fut tué à Coutras, prit le froc des Capucins à la suite de ce deuil et de la mort de sa femme. Il le quitta en 1592, avec l'autorisation du Pape, pour se mettre à la tête des Ligueurs du Languedoc. Henri IV le nomma gouverneur de cette province quand il fit sa soumission. Mais, le 8 mars 1599, il dit de nouveau adieu au monde et redevint frère Ange [3]. La seconde indication est peut-être un peu plus précise : « On a oüy parler comment le feu du ciel embrasa, *il y a environ vingt ans*, les Cordeliers de Paris [4]. » Le feu sur Sodome ; il se passait, disait-on, d'étranges choses chez les Cordeliers. L'Estoile relate cet incendie à la date du 19 novembre 1580 [5]. Sancy est donc censé parler *environ* vers 1600. Le huitième (*Des vœux*) est de la même inspiration que le précédent. C'est une dérision de la vie monastique et des prétendues mortifications des Religieux. C'est le thème de la conversation et de la discussion entre deux solides convives de Sancy : maître Maurice Poncet, curé de Saint-Pierre-des-Arcis, à Paris, souvent nommé dans le *Journal de L'Estoile* pour

---

1. Voir une pièce épigrammatique sur les miracles des Ardilliers, Réaume, t. IV, p. 372 (la xxxviii*).
2. Réaume, t. II, p 284.
3. Cf. L'Estoile, éd. Brunet-Champollion, t. VII, p. 180.
4. Éd. Réaume, t. II, p. 284-285.
5. Cf. L'Estoile, t. I, p. 373. Voir aussi l'*Histoire universelle*, t. V, p. 350.

ses propos d'une rude franchise, et un autre « diseur de vérités » aux plus grands, huguenot celui-là, Renardière de Bretagne [1]. Leur contestation est semée d'anecdotes et de souvenirs... qui sont parfois posthumes pour maître Poncet. Il était mort, en effet, le 23 novembre 1586 [2], ce qui ne l'empêche pas de parler de la procession que firent les Capucins, de Paris à Chartres, après les Barricades (mai 1588), pour amadouer Henri III. Là, frère Ange « portait une croix qui pesoit comme tous les Diables » et se faisait fouetter par ses compagnons pour simuler la Passion [3]. A la fin du chapitre, quand le curé s'est retiré furieux en claquant la porte, Renardière raconte à Sancy une dernière histoire croustillante sur l'abbesse de Saintes (Françoise de La Rochefoucauld, † 1607), qui s'entendait trop bien avec son évêque (Nicolas Cornu, † 1617). Fervacques lui rend visite et la trouve, en effet, très accueillante. Or, il a été présenté à l'Abbesse sous le titre « Monsieur le nouveau Duc et Pair ». Il ne le devint qu'en décembre 1611 et l'Abbesse était morte en 1607. On voit quelles fantaisies et incohérences chronologiques renferme ce chapitre, qui paraît d'ailleurs écrit longtemps après la discussion rapportée — ce qui expliquerait les confusions de temps. Dans une sorte de parenthèse sur Renardière, Sancy parle, en effet, d'Henri IV comme étant défunt. « Et pour ce que tout le monde n'a pas connu Renardière, c'estoit un diseur de véritez au *feu Roy*, qui, désirant être desfrayé parmi ses Mareschaux de camp, leur dit un jour..., etc. [4] ». Anecdote racontée avec plus et d'autres détails sur Renardière dans *Faeneste* [5], et de façon à ce qu'il ne subsiste pas de doute que c'est bien d'Henri IV qu'il s'agit ici.

Au second livre, nous avons à citer deux chapitres de polémique religieuse générale, le sixième et le huitième. Le VIe (*Examen de quelques livres de ce temps*) est un de ceux qui ont été étudiés le plus minutieusement par M. Villey pour la confirmation de sa thèse. Sancy y exhibe son érudition neuve en matière théologique, et d'Aubigné passe ainsi en revue, pour les critiquer, la plupart des ouvrages d'apologétique catholique qui étaient alors à la mode, entre autres les

---

1. Dont il est parlé aussi dans *Faeneste*. Cf. Réaume, t. II, p. 586-587.
2. Cf. *Journal de L'Estoile*, t. II, p. 360.
3. Cf. *Histoire universelle*, t. VII, p. 218. La procession était partie de Paris le 17 mai. Cf. L'ESTOILE, t. III, p. 152.
4. Cf. Réaume, t. II, p. 291.
5. Cf. Réaume, t. II, p. 586-587.

répliques au traité de Duplessis-Mornay sur l'*Institution de l'Eucharistie* (juillet 1598), et les défenses de l'ordre des Jésuites contre la condamnation et l'arrêté d'expulsion qui les avait frappés (en décembre 1594). Il raille le style fleuri du Père Richeome[1] (dans *la Vérité défendue*, 1595, et dans les *Trois discours sur les miracles, les saints et les images*, 1597) et se moque en particulier de ses comparaisons belliqueuses d'arguments soi-disant invincibles avec des bataillons solidement armés. De loin cela fait peut-être de l'effet, mais de près ce ne sont que des « croquants recouverts de morions dorés ». On retrouve les mêmes plaisanteries sur ce « style jésuite » dans une lettre de d'Aubigné à l'évêque de Maillezais[2]. Les autres livres « examinés » sont également antérieurs à 1599, du moins ceux que j'ai pu contrôler, et nous sommes donc en deçà du terme marqué par M. Villey. Mais il y a le début du chapitre qui est tout de même un peu gênant pour la thèse :

« J'ay veu, dit Sancy, les responses que l'on a faites au livre du Plessis. C'est grand dommage que Monsieur le Convertisseur n'a eu loisir d'y travailler, comme il y commança *il y a environ dix-huict ans ;* mais lors il avoit sur les bras tant d'affaires d'Estat, tant d'authorité à soustenir, une si grande famille à conduire, qu'il n'a encore rien paru de lui[3]. »

Dix-huit ans *environ* depuis l'apparition du traité de l'Eucharistie, cela nous mène à 1616 ou 1617. Or, précisément en 1617, Coeffeteau publiait à Évreux « l'Examen du livre du sieur du Plessis contre la messe, *composé il y a environ dix-huit ans* par Messire J. Davy... maintenant Cardinal du Perron ». Le rapprochement du titre et du texte de Sancy ne permet guère de douter qu'au moment où il écrivait ce passage, d'Aubigné connaissait la publication de Coeffeteau. Passage évidemment ajouté après coup, dit M. Villey. Je le crois volontiers, sans en être tout à fait sûr.

Enfin le huitième et dernier chapitre (*Des Martyrs à la romaine*) est un des deux que M. Villey a séparés de l'ensemble comme appartenant à une autre époque, postérieure. C'est une réplique au *Martyrologe de Crespin*, le martyrologe comique

<hr>

1. Il l'a raillé aussi en vers, cf. Réaume, t. IV, p. 373, la xxxixe des *Pièces épigrammatiques.*
2. Cf. Réaume, t. I, p. 405, la xive des *Lettres de piété ou de théologie.*
3. Réaume, t. II, p. 340.

après le tragique, car il n'y a là que de faux martyrs, morts non pour la religion, mais pour des crimes publics, et que seul le fanatisme a pu transformer en héros : régicides, comme frères Jacques Clément (+ 1589) ou Pierre Châtel (+ 1594); conspirateurs comme Guise (+ 1588), Biron (+ 1602) ou les catholiques anglais ; ou simples assassins, comme les massacreurs de la Saint-Barthélemy et les noyeurs du Pont-aux-Meuniers, qui s'écroula dans la suite avec toutes les maisons qu'il portait, — le doigt de Dieu ! (22 décembre 1596) [1]. N'a-t-on pas eu l'audace de faire de Charles IX une victime des Protestants (Oraison funèbre de Sorbin de Sainte-Foy, 12 juillet 1574), et de décerner la palme aussi à Marie Stuart : « Malheureuse religion, disait un hérétique à Sancy, qui n'a point de Martyre ni plus chaste que celle-là, ni plus pure qu'une parricide [2]. » Il est vrai que Sancy, pour grossir la liste, y ajoute tous ceux qui sont tombés en combattant les Protestants dans les guerres de Religion. Et ce seraient peut-être les plus authentiques. Mais encore ne remplissent-ils pas les conditions du martyre véritable, le sacrifice volontaire pour la foi seule, le libre choix de la vie et de la mort. D'Aubigné exclut également les Catholiques anglais, « les prêtres de séminaire » élevés dans les collèges jésuites de Reims ou de Rome, et qui allèrent soulever l'Irlande contre Élisabeth (1579 à 1582), ou préparer la Conspiration des poudres contre Jacques Ier (septembre 1605). Complots politiques, juge-t-il. Il ne veut pas reconnaître que les Catholiques anglais persécutés étaient dans la même situation que les Réformés en France, et comme eux en état de légitime défense. Il y a là un parti pris trop manifeste.

M. Villey recule la composition de ce chapitre jusqu'à la fin de 1603 ou au début de 1604, parce que plusieurs des morts de ces prétendus martyrs avoisinent cette date. Mais pourquoi s'arrêter à ce terme, alors que le Père Garnet est nommé, qui était le chef secret du clergé papiste en Angleterre au moment de la Conspiration des poudres, et qui fut exécuté en 1606 ?

Tous ces chapitres de controverse religieuse, qui sapent par le ridicule les institutions et les coutumes, les croyances et les superstitions catholiques, sem-

---

1. Cf. *Journal de L'Estoile*, t. VII, p. 77-78.
2. Éd. Réaume, t. II, p. 361. D'Aubigné a dit la même chose en vers d'une façon plus crue, cf. Réaume. t. IV. p. 36.

blent donc s'échelonner pour leur composition sur un espace de temps sensiblement plus long que ne l'admet M. Villey, peut-être sur plusieurs années. La satire y est beaucoup moins âpre que dans les chapitres relatifs à la « ruse de Mantes » ou à l'Édit de Nantes. D'Aubigné plaisante plus qu'il ne s'irrite. Ce sont ses Γελοῖα au même titre que le *Faeneste*, ses divertissements, qu'il composait au fur et à mesure de ses loisirs, et quand il éprouvait le besoin de se détendre de son labeur sérieux [1].

Quant au *chapitre sur la conversion de Sainte-Marie-du-Mont* (le 1er du second livre) il ne tranche pas autant sur le reste que M. Villey veut bien le dire. C'est toujours de la théologie burlesque. La farce est seulement plus chargée. Puis il s'agit d'un cas particulier, et non d'un thème général. Du Perron le jeune, le frère de l'évêque, son assistant dans toutes les conférences religieuses, le porte-in-folios qui fournissait à point nommé les citations, discute avec Mathurine, folle de Cour, sur leur part et leur mérite respectifs dans la conversion de Sainte-Marie, qui est un fait accompli, et dans celle d'un de ses compagnons, Vignolles, qui est en train de s'effectuer. Du Perron rencontre précisément Mathurine à la porte de Vignolles (ou de Mme de Montluc [2] — c'est tout un — qu'il allait bientôt épouser en 1604), et c'est l'occasion d'une prise de becs bien conditionnée entre le compère et la commère, où les injures alternent avec les raisons, sans rancune d'ailleurs, car tous deux rient des sophismes qu'ils servent à leurs prosélytes, « leurs porcs d'élite » comme dit Mathurine.

Or ces prosélytes intéressaient, ou avaient intéressé tout spécialement d'Aubigné. Nous verrons, en effet [3], qu'il tint tête à du Perron (l'évêque) dans un débat public, qui eut lieu quinze jours après la fameuse Conférence de Fontainebleau (4 mai 1600) où Duplessis-Mornay s'était laissé trop facilement vaincre. L'enjeu

---

1. Cf. la *Préface* aux deux premiers livres du *Faeneste* (1617). « Un esprit lassé de discours *graves et tragiques* s'est voulu récréer à la description de ce siècle... » (Réaume, t. II, p. 379). Les discours *graves* ce sont ceux de l'*Histoire* et les *tragiques* ceux du poème. D'autre part, dans la Préface à l'édition complète du *Faeneste* en 1630, l'Imprimeur en présentant le 4e livre (nouveauté) dira qu'il l'avait dérobé à l'auteur, qui l'avait condamné au feu, et il ajoutera : « J'espère mettre la main sur quelques autres livres qu'il nomme τὰ γελοῖα, de plus haut goust que ceux-cy ; si j'eu puis venir à bout, j'en ferai part au public. » (Réaume, t. II, p. 377.) D'Aubigné mourra avant d'avoir laissé échapper le *Sancy*.

2. La veuve de Charles de Monluc, petit-fils du Maréchal.

3. Cf. mon chapitre XII, § 1, t. II, p. 280 à 287.

de ce débat, c'était la conversion de dix jeunes gentilshommes, sur lesquels du Perron avait mis la main, et dont la foi huguenote chancelait. Parmi eux précisément Sainte-Marie-du-Mont et Vignolles. D'Aubigné connaissait ce dernier depuis son enfance. Il l'avait eu sous ses ordres comme page, en qualité de Premier Écuyer[1]. Dans une lettre à un coreligionnaire il prétend les avoir raffermis au moins pour quatre ans « au bout desquelz Saincte-Marie, Vignoles et Loménie se laissèrent aller pour divers interestz[2] ».

Nous sommes donc au moment où ils « se laissent aller ». Et, en effet, M. Villey date ce chapitre environ de l'automne 1603, d'après certaines allusions qu'il contient aux faits et aux personnages du temps[3], ce qui correspond à peu près au délai indiqué par d'Aubigné. Vignolles, dont l'instruction se fait chez Mme de Montluc, est sur le point de céder[4]. Mais Sainte-Marie ? Depuis combien de temps est-il converti ? Nous devons supposer que c'est tout récent. Or c'est de l'histoire ancienne, et le chapitre, en ce qui le concerne, serait d'une actualité un peu… défraîchie. L'Estoile, en effet, relate dans son *Journal* l'abjuration de Sainte-Marie à la date du 31 mars 1600 :

« Le dernier jour dudit mois, qui estoit le Vendredi oré, ung seingneur signalé de Normandie, qu'on appeloit Sainte-Marie-du-Mont, aiant abjuré la Religion prétendue, de laquelle il avoit toujours fait ouverte et signalée profession, et s'estant

---

1. Cf. *Mémoires*, éd. Réaume, t. I, p. 94.

2. Éd. Réaume, t. I, p. 382. Il y a deux lettres à M. de Montaulier sur la controverse avec du Perron, la 2ᵉ étant une réponse à une demande de renseignements complémentaires. *Ibid.*, p. 373 à 386.

3. Procès Biron de 1602, et conflit qui s'en suivit entre Henri IV et le duc de Bouillon. — Nous sommes d'ailleurs sous le règne de la « marquise » (de Verneuil) qui a succédé à Gabrielle d'Estrées, et qui demeure maîtresse en titre malgré le mariage du Roi. Marie de Médicis est mise en scène également avec la marquise de Guercheville, sa dame d'honneur, que L'Estoile nomme parmi celles qui assistèrent aux noces à Lyon (7 décembre 1600, cf. t. VII, p. 218-249). — M. Villey a, en outre, découvert un rapprochement très intéressant entre un passage du chapitre sur le converti Duret (Réaume, t. II, p. 315-316) et le *Pasquil des Comédiens*, qui courut à Paris à la fin de septembre 1603 (cf. L'Estoile, t. VIII, p. 104) et dont Duret, d'après ce passage de *Sancy*, serait l'auteur.

4. Il n'eut d'ailleurs pas à s'en repentir. Ce Bertrand de Vignolles de la Hyre, seigneur de Coulonges, eut une belle fortune militaire. Il devint maréchal dans l'armée du Roi (maréchal de camp, grade équivalent à celui de général de brigade) et il était très en faveur. Nous le retrouverons plus tard. C'est lui qui sera chargé de s'entremettre dans la querelle de d'Épernon et des Rochellois en 1616-1617 (voir mon chapitre xiii, § 2, t. III, p. 11-12). Lui aussi, qui, après ce conflit où d'Aubigné avait été mêlé, viendra inspecter ses places pour faire un rapport à la Cour sur leur force (cf. même chapitre, § 3, p. 55). Vignolles a laissé des *Mémoires* sur la guerre protestante de 1621-1622, qui suivit la réunion du Béarn à la Couronne de France.

fait Catholique, pour ung témoingnage public de sa conversion et pour pénitence et détestation de son hérésie (ainsi que il disoit), s'en alloit se fouettant par toutes les rues et églises de Paris : ce que les uns admiroient, les autres le louoient, et beaucoup s'en moquoient[1]. »

M. Villey s'étonne un peu que d'Aubigné ait attendu si longtemps pour s'en moquer à son tour dans le *Sancy*. Remarquons que si la date de L'Estoile est exacte, Sainte-Marie aurait déserté avant même la conférence de Fontainebleau, et d'Aubigné n'aurait pas eu à disputer cette âme, quinze jours après, au grand Convertisseur, bien loin qu'elle ait tenu bon encore pendant quatre ans. Qui se trompe, de L'Estoile ou de lui ? J'admets qu'à distance — ses deux lettres à de M. de Montausier sur sa dispute avec du Perron paraissent assez tardives — il ait pu commettre une erreur sur la durée de la résistance de Sainte-Marie-du-Mont. Mais que, pour un événement aussi important dans sa vie que cette dispute publique, ses souvenirs se soient brouillés au point d'avoir confondu les personnes, et mis Sainte-Marie sur le banc des néophytes de du Perron, dont la conversion était encore en suspens, si elle était déjà réalisée, voilà ce qui n'est guère vraisemblable. Et c'est peut-être le cas de se rappeler que le *Journal de Henri IV* dans L'Estoile, n'est pas un diaire rédigé au jour le jour, sauf pour les dernières années du règne[2]. Lui aussi peut donc avoir fait une erreur de date, et alors le chapitre de *Sancy* reprendrait sa pleine actualité.

Quel que soit le moment de la conversion de Sainte-Marie, j'aime à croire qu'il s'était laissé convaincre par des arguments plus sérieux que ceux de l'Apologétique de mascarade, dont le dialogue de du Perron et de Mathurine nous offre des spécimens : paradoxes énormes, démonstration par l'absurde ou par simples jeux de mots, c'est le fond de la « Mathéologie » (de μάταιος, vain) du jeune du Perron, si ce n'est pas toute « la Troulogie » de Mathurine, qui ajoute à cette dialectique foraine des artifices propres à son sexe.

Mais il y a un passage d'un ton différent, plus nuancé, et qui semble un morceau rapporté plus tard. Il y est question du maréchal d'Ancre, Concini, qui n'ob-

<hr>

1. *Journal de L'Estoile*, édition Brunet-Champollion, t. VII, p. 215. A la page 224 il donne une autre date, 11 avril. Sainte-Marie mourra en nov. 1607, cf. L'Estoile, t. IX, p. 30.
2. Cf. Hauser, *Sources de l'Histoire de France*, XVIᵉ siècle, t. IV, article 2585.

tint ce titre qu'en 1613. M. Villey a relevé ce détail, mais n'y voit qu'une addition isolée. Pourquoi aurait-elle été placée là, où elle ferait disparate au milieu d'une autre époque? Mais en réalité il n'y a pas disparate. Le nom ou la personne de Concini apparaît à la fin d'un long développement[1] qui nous peint les mœurs de la Régence, et qui, je le répète, est traité plus délicatement que le reste. Du Perron et Mathurine viennent d'échanger des aménités, c'est-à-dire des injures et des obscénités, quand soudain chacun expose sa méthode et ses thèmes d'instruction, plus profane que religieuse. Du Perron apprend à ses disciples la science du monde, de la courtisanerie, de la politique ; Mathurine l'art de suivre la mode dans le costume, « les contenances », le beau langage, qui a déjà les affectations de la préciosité. Et ce qui achève de dater le morceau, c'est un renvoi au *Faeneste*, qui n'est pas non plus une glose ajoutée : « Et là dessus, dit Mathurine, parler des couleurs selon la nouveauté et comme elles sont déduites dans ce meschant *Faeneste*[2]. »

Quant au *Faeneste*, nous ne nous y arrêterons pas pour le moment Il n'a été composé que dans les dernières années du séjour de d'Aubigné en France, de 1617 à 1619 — j'entends les 3 premières parties, la 4ᵉ est de l'époque génevoise. Et la genèse de l'œuvre se rattache à des événements de la région saintongeoise, dont nous aurons à parler. Ce que nous avons à dire sur le *Faeneste* trouvera donc naturellemeut sa place à cet endroit[3].

---

1. Il commence au haut de la page 309 dans l'édition Réaume, t. II : « *Perron*. Penses-tu que je ne lui aye rien appris que cela ?... » et va jusqu'à la reprise de l'altercation (p. 311) : « Allez, morbieu, vous estes une maquerelle pour tout potage... »

2. Ed. Réaume, t. II, p. 310. Voir dans *Faeneste* le chapitre II du premier livre : *Moyens de parestre, deffense des bottes et des roses, pennaches et perruques* » (t. II, p. 386 et sq.) où le beau langage avec ses exclamations et ses exagérations affectées n'est pas non plus oublié.

3. Cf. mon chapitre XIII, § 2, p. 40 à 52 du 3ᵉ volume.

CHAPITRE XII

DE L'ÉDIT DE NANTES A LA MORT D'HENRI IV (1598-1610).

§ 1. — Les voyages de d'Aubigné à Paris, en 1600 et 1601. — La visite du Duc de
Savoie à la Cour de France. — D'Aubigné controversiste : la revanche de la
Conférence de Fontainebleau (mai 1600). — La lettre à Madame sur la douceur
des afflictions.

D'Aubigné est devenu un provincial. Mais si tout le retient maintenant en Poitou,
le gouvernement de sa place et de sa famille, ses intérêts et ses travaux, sans compter
ses griefs contre le Roi et son dépit de le savoir entouré d'une cour nouvelle, il lui
arrivait cependant, par intervalles, de reparaître dans ce milieu parisien, appelé par
quelque affaire ou simplement par le besoin irrésistible de se retrouver auprès du
Prince, qu'il pouvait bien blâmer, mais qu'il ne pouvait pas cesser d'aimer. Et les
souvenirs du passé, bons ou mauvais, étaient remués entre eux comme les tisons
d'un foyer mal éteint ; la flamme de l'affection jaillissait encore, toute leur jeunesse
leur remontait aux lèvres et au cœur, la gaieté revenait, et les anecdotes piquantes,
et les plaisanteries risquées. D'Aubigné avait un moment l'illusion que rien n'était
changé entre le Maître et lui, qu'il avait repris sa charge d'écuyer ordinaire, que
la vie d'autrefois recommençait. Il se mêlait de nouveau aux divertissements de
cour, au commerce agréable des gens du monde, il faisait briller les grâces et les

pointes de son esprit. Griserie passagère... Bientôt une ombre passait sur cette joie et détruisait le charme : un incident de conversation, quelques regards hostiles, un froissement d'amour-propre, une morsure de jalousie devant les favoris du jour, tout cela le ramenait à la réalité. Peu de visages amis maintenant parmi les courtisans ; il sentait chez la plupart plus de curiosité que de sympathie à l'égard de ce revenant qui représentait un état d'esprit démodé, une fidélité désuète à des convictions devenues impolitiques. Les sceptiques auraient volontiers souri de sa constance, si sa valeur trop connue ne leur en avait imposé. Quant aux autres, les catholiques zélés, ils le regardaient un peu comme un suppôt de Satan. Et cette fois c'est lui qui avait envie de sourire... mais mélancoliquement. Car, de ces catholiques, le Roi était le prisonnier, corps et âme. Trop de choses désormais le séparaient de lui, et trop de gens. Après les premières satisfactions et effusions de la rencontre, leurs propos, par une pente inévitable, tombaient précisément sur les sujets qui les divisaient, soit que quelque circonstance les y invitât, soit qu'ils cédassent tous deux à une obsession intérieure : le Prince à une sorte de remords persistant et au désir de se justifier, d'Aubigné à la nécessité de sa nature et à l'obligation de sa conscience, qui lui commandaient également de renouveler des reproches pourtant inutiles. Sur ce terrain les mots pénibles étaient difficiles à éviter, l'un parlait le langage de la raison d'État, l'autre prétendait faire entendre la voix de Dieu ; les sentiments s'opposaient comme les arguments, le désaccord s'affirmait toujours aussi grand, et l'heure venait où, pour ne pas l'aggraver encore, il valait mieux en rester là, se quitter et reprendre chacun sa route différente. D'Aubigné s'en retournait dans le Poitou, se disant qu'il n'avait plus rien à faire auprès du Maître, heureux tout de même de l'avoir revu, et sentant bien au fond de lui-même qu'il reviendrait.

Il a fait, en effet, plusieurs séjours à Paris entre l'Édit de Nantes et la mort d'Henri IV. Ceux qui peuvent être déterminés d'une façon exacte, par ses indications précises ou divers indices, je les raconterai dans ce chapitre ; mais il est possible qu'il y ait fait des voyages plus rapides dont je n'ai pas relevé la trace. C'est même probable.

Nous le trouvons auprès d'Henri IV, à deux reprises au cours de l'année 1600 : lors de la visite du Duc de Savoie, et quelque temps après, au lendemain de la fameuse conférence théologique de Fontainebleau (4 mai 1600), où du Plessis-Mornay avait fait une piètre figure en face de l'évêque d'Évreux, le futur cardinal du Perron [1].

Charles-Emmanuel Ier, Duc de Savoie [2], était en conflit avec la Maison de France, depuis 1588, ayant profité des troubles du royaume pour s'emparer du marquisat de Saluces, terre française au delà des monts. Henri III, mortellement offensé, avait digéré cet affront à cause des divisions religieuses de ses sujets. Le nouveau Roi, en attendant d'être plus solidement établi sur le trône, s'était borné à maintenir la protestation et les droits de la Couronne. A la paix de Vervins (2 mai 1598) on décida de recourir à l'arbitrage du Pape Clément VIII. Mais la Papauté se déroba, ne tenant pas à se mêler au différend. Alors le Duc de Savoie résolut de venir plaider lui-même sa cause à Paris, et surtout y intriguer pour chercher des appuis à ses prétentions. Il arriva à Fontainebleau, où se trouvait la Cour, le 17 décembre 1599, et la suivit à Paris le 21. Son séjour devait se prolonger jusqu'au premier mars 1600 [3].

D'Aubigné en fut le témoin, et il nous en a laissé un récit fort intéressant, non pas seulement des dehors brillants de la réception, sur lesquels nous renseigne L'Estoile [4], mais encore des particularités secrètes, et du jeu mené habilement par les deux adversaires — avec trop peu de scrupules vraiment chez le Duc — pour tâcher de gagner la partie diplomatique engagée.

Les honneurs et divertissements offerts au Prince étaient pour Henri IV des obligations d'hospitalité, mais d'Aubigné y démêle encore avec raison l'arrière-pensée d'éblouir et d'étonner son hôte par le spectacle de sa grandeur, afin de l'amener tout doucement à s'incliner et à rendre sans lutte le marquisat.

« Il fait donc recevoir honorablement le duc... par tous les corps de ville de Paris, le mène à Fontainebleau, le fait festiner par tous les princes, le mène à la chasse, lui donne le plaisir des ballets, du concert de la musique des deux nations, comme ayant esté l'Italie espuisée des plus experts en cest art, lui fait voir l'excellence de son parlement, lui fait ouïr les plus diserts orateurs sur un procez

1. Évêque d'Évreux depuis 1591, cardinal en 1604.
2. De 1580 à 1630.
3. Dates fournies par le *Journal de L'Estoile*, t. VII. p. 198 et 212.
    Cf. L'ESTOILE, t. VII, p. 204-207, janvier 1600.

choisi à propos et dans un siège honorable dressé pour lui en la chambre dorée [1] ».

Mais d'Aubigné ajoute : « Plusieurs ont escrit au long ce plaidoyer. J'ayme mieux dire qu'il lui fit voir son arcenal dès lors en excellent estat par les diligences du grand maistre Rosni, d'ici en avant duc de Suilli, sans oublier ni diminuer les millions d'or, qui dès lors, par l'espargne du mesme, faisoyent un fonds à la Bastille, chose inouïe de longtemps entre les princes françois. [2] »

Le Duc répondait à cet étalage de puissance et de magnificence en faisant « jonchée d'or à la Cour » où il dépensait « quatre cents mille escus en présents, qui eussent fait du mal, remarque d'Aubigné, s'il en eust obligé vingt mestres de camp et cent capitaines françois [3] ».

Rien ne dit qu'il n'y ait pas songé ; car, si l'on en croit L'Estoile, il voulut même gratifier la garde royale d'un mois de paie. Henri IV pressenti à ce sujet lui répondit « qu'il fist ce qu'il lui plairoit, mais qu'il n'y avoit pas ung d'eux, qu'il ne fist pendre en sa présence, s'il lui estoit advenu d'avoir pris ung sol de Son Altesse [4] ».

Le Duc eut même l'audace d'essayer jusque sur le Roi le pouvoir de l'argent. Je ne parle pas des « étrennes précieuses » échangées à l'occasion du nouvel an, Henri IV lui remettant son portrait enrichi de diamants « afin qu'en l'absence il n'oubliast à qui il avoit à faire », et le Savoyard faisant présent au Roi « d'un excellent vaze de cristal, que les courtisans accommodèrent à la fragilité de ses promesses [5] », — c'étaient là amabilités réciproques et naturelles, les « petits cadeaux qui entretiennent l'amitié » ; mais il se permettait de perdre volontairement au jeu pour faire gagner le Roi, et cela sans se cacher de ceux qui suivaient la partie, D'Aubigné nous rapporte à ce sujet une petite scène qui se passa sous ses yeux, et dont il fut scandalisé :

« Un soir, jouant à la prime au cabinet de Fontainebleau, le roi ayant cinquante

1. L'Estoile précise que cette visite au Parlement de Paris eut lieu le 17 janvier, que le procès était celui d'un boulanger accusé d'avoir brûlé dans son four un jeune garçon, pour avoir son argent, et qu'il fut défendu par deux avocats très réputés, M⁰ˢ André-Anne Robert et Antoine Arnaud, l'avocat général Loys Servin requérant contre lui. T. VII, p. 204.
2. *Histoire universelle*, t. IX, p. 309-310.
3. *Ibidem*, p. 310.
4. L'Estoile, t. VII, p. 206.
5. D'Aubigné, *Histoire*, t. IX, p. 311.

cinq, fist sa reste, qui estoit de quatre mille pistoles. Il la tint [le Duc] et ayant veu le jeu du Roi, monstra le sien au duc de Guise *et à moi*, qui estoit un fredon de quatre cinq. Et aussi tost, comme ayant perdu, il les mesla, de quoi nous prismes hardiesse de supplier le roi qu'il ne jouast plus avec lui ; et de fait il s'en abstint[1]. »

Ces prodigalités calculées, où il mettait autant d'ingéniosité que de libéralité, faisant par exemple rechercher partout « des trompes de chasse » et les payant au poids de l'or aux gentilshommes à qui il les demandait[2], et toutes sortes de complaisances qui « passoyent la bienséance, ce que les uns attribuoyent à son naturel, les autres à l'espérance de faire ses affaires par là[3] », tout cela pouvait passer, en effet, pour manières de grand seigneur et paraître assez innocent, puisque c'était fait ouvertement.

Mais derrière cette mise en scène fastueuse, il y avait, au dire de d'Aubigné, toute une machination de corruption, qui aurait étendu ses manœuvres et non sans succès jusqu'au Conseil du Roi. Le Duc était informé par des fuites de tout ce qui s'y traitait, et de mystérieuses complicités y favorisaient ses desseins, si bien que Rosny finit par conseiller au Roi de le reconduire à la frontière avec une forte escorte militaire « pour lui rendre honneur », et là, lui demander « s'il aimoit mieux tenir les choses proposées ou obliger les François à les aller quérir[4] ».

Or, deux jours après, le Duc dit à l'oreille de Sully : « Je vous remercie de votre escorte. »

Sa police, on le voit, était bien faite. Elle avait été recrutée par son agent principal, La Fin le Nocle, un aventurier de basse volée, habitué à toutes les sales besognes. Il s'abouchait avec les indicateurs, et leur « portoit paroles et présens » dans les « églises et autres lieux communs et publics[5] ».

Parmi le gibier pris dans les filets dorés du Savoyard, il y avait une pièce de choix, un Maréchal de France, — du moins d'Aubigné prétend que c'est à ce moment que remonte l'origine de la conspiration de *Biron* et que « c'estoit pour en

---

1. *Histoire*, t. IX, p. 310. Un fredon de 4 cinq était un jeu magnifique, puisqu'il suffit à la prime, pour avoir fredon, de *trois* cartes de couleurs différentes et de même valeur sur les 4 dont on dispose.
2. *Histoire*, t. IX, p. 310.
3. *Ibid.*
4. *Ibid.*, p. 311.
5. *Histoire*, t. IX, p 312-313.

jetter les fondemens par delà toutes autres occasions que le duc avoit fait le voyage[1] ».

C'est La Fin qui fut l'entremetteur, et qui excita l'ambition démesurée de Biron en faisant jouer le ressort essentiel de son caractère, l'orgueil. « Il estoit devenu principal en familiarité avec ce valeureux mareschal, dans l'esprit duquel il versa premièrement des louanges extraordinaires de ses mérites, secondement les ingratitudes du roi, nommant ainsi ce qui manquoit à des désirs et demandes extravagantes[2]. »

Ce jugement de d'Aubigné est à retenir, car il n'était pas porté, on le sait, à excuser la prétendue ingratitude d'Henri IV à l'égard des serviteurs de la première heure. Il faut donc que Biron ait deux fois tort pour qu'il le condamne, malgré la sympathie qu'il éprouve pour sa vaillance. Et, en effet, la baronnie de Biron venait d'être érigée en duché-pairie au mois de juin 1598[3]. Comment donc le Maréchal pouvait-il se plaindre d'être mal récompensé de ses éminents services ?

La Fin fut le démon tentateur qui lui souffla la folie des grandeurs, et, quand le Savoyard lui eut promis sa fille en mariage, s'il se donnait « tout entier à lui », il perdit tout à fait la raison, et se jeta comme un égaré dans la trahison. « Alors tous les mescontens du royaume prestèrent l'oreille à une nouvelle conjuration[4]. »

Voilà quel fut le succès des intrigues criminelles du Duc de Savoie. Le résultat officiel de son voyage, ce fut le *traité de Paris*, du 27 février 1600, qui lui laissait un délai de trois mois pour choisir entre deux solutions : la restitution de Saluces ou la cession de la Bresse et de quelques vallées des Alpes. Il était bien résolu à traîner les choses en longueur et comptait que la révolte de Biron et l'appui éventuel de l'Espagne le dispenseraient de s'exécuter. Il faudra une guerre pour l'y contraindre.

C'est deux mois après le départ du Duc de Savoie qu'eut lieu la *Conférence de Fontainebleau* (4 mai 1600). D'Aubigné, qui était retourné en Poitou, revint à Paris quinze jours après la conférence. On ne parlait que de cela et le Roi se fit un malin plaisir, pensant le vexer, de l'en entretenir dès son arrivée :

1. *Histoire*, IX, p. 312.
2. *Ibid.*, p. 313.
3. *Ibid.*, p. 311, note de Ruble.
4. *Histoire universelle*, t. IX, p. 314.

« Quinze jours [1] aprez la dispute de Fontainebleau, écrit-il à un coreligionnaire,
M. de Montausier, j'arrivay à la cour et vis, avant avoir eu loisir de prendre mon
repas, passer devant la porte de la Biche où j'estois logé, le Roy accompagné de vingt
Seigneurs ou Gentilshommes, qui entroit dans celle de l'Abbaye Sainct-Germain. Je
creus devoir prendre cette occasion pour faire la révérance à S. M. que je trouvay
bien empeschée à faire son accord avec la Princesse de Conty [2] pour des paroles
dites gaillardement. Aucun n'estoit entré dedans la chambre de la Princesse que
Messieurs d'Epernon et le Grand [Bellegarde, le grand écuyer]. Ayant avancé un coin
d'œuil à l'huys qu'ils avoyent laissé ouvert, le Roy ne m'ayant veu que le front, sort
promptement de la ruelle du lict et court à moy, et quant [et aussi] les deus qui le
suivoyent, pour déployer une grande exsultation sur la victoire de l'Evesque... »

A quoi d'Aubigné riposte par un trait piquant :

« Me tournant vers M. le Grand qui chantoit la victoire de la vérité comme
l'on la crioit au Palais, je luy dis : *Vous souvient-il point qu'au premier voyage
de M. de Joyeuse en Poictou* [3], *on crioit en mesme lieu :* ENTIÈRE DÉFAITE DES HUGUE-
NOTS ET LA PRISE DES BASTILLES DE LA ROCHELLE PAR M. DE LAVERDIN! *Je pensois qu'il
n'y eust que les Parisiens qui fissent esclatter de telles joyes. — Comment,* dit
le Grand, *voudriez-vous dire qu'il y a aussy peu de vérité en l'une de ces affaires
qu'en l'autre ? —* Là-dessus, le Duc d'Épernon renchérit : *Voudriez-vous entreprendre la dispute que Duplecis a quittée. —* Je payai tous les deus d'un ouy [4]. »

1. Même intervalle indiqué dans les *Mémoires* (t. I, p. 73) et dans l'*Histoire*, t. IX, p. 319 ; il est donc
sûr de la date.

2. La première princesse de Conti, Jeanne de Bonnétable, dame de Lucé et de Coesmes, veuve de
Louis de Montafier. Elle mourra le 27 décembre 1601 et le prince de Conti se remariera en 1605 avec la
fille d'Henri de Guise, Louise-Marguerite de Lorraine.

3. Il s'agit de la première offensive de Joyeuse, au printemps de 1587, pour refouler le Roi de
Navarre jusque dans la Rochelle. Mais cette expédition se termina par une retraite assez désastreuse. Il
est vrai que Joyeuse reprit l'offensive à l'automne, seulement ce fut pour aller se faire battre et tuer à
Coutras (20 octobre 1587).

4. T. I de l'édition Réaume, p. 373-374. Ce récit de son arrivée à Paris en mai 1600 est le début
d'une longue lettre (373-382) à un gentilhomme protestant de Touraine, M. de Montausier, qui lui avait
demandé des renseignements rétrospectifs sur sa dispute avec du Perron, et sur celle de Duplessis. Elle
n'a pu être écrite avant 1604 ou 1605, car, à la fin de la lettre (p. 381), d'Aubigné parle de son traité *De
dissidiis Patrum* qu'il apporta, selon sa promesse, à du Perron *fait lors cardinal,* à son premier retour à
Paris. Or, du Perron reçut le chapeau en 1604. Et nous verrons que d'Aubigné revint, en effet, à
Paris cette année-là après la mort de La Trémoïlle. — M. de Montausier lui ayant demandé un complément d'information, d'Aubigné lui adressa une seconde lettre plus courte (t. I, p. 383-386).

Pour comprendre l'intervention de d'Aubigné et le rôle de vengeur de la Cause qu'il va s'attribuer en cette circonstance, il est utile de se rappeler dans quelles conditions s'était tenue la conférence de Fontainebleau. Non que je veuille la raconter par le menu après d'autres [1] : ce serait long et inutile. Voici seulement ce qu'il importe de savoir :

La conférence de Fontainebleau eut pour origine la publication par Duplessis-Mornay, en juillet 1598, d'un livre qui fit grand bruit : le *Traité de l'Institution de l'Eucharistie*. Ainsi que son titre l'indique, cet ouvrage traitait spécialement du sacrifice de la messe, qui est le fondement même de la religion catholique, et il prétendait établir par des textes autorisés, sacrés ou profanes, que les premiers chrétiens ne la célébraient pas, et que la croyance à la présence réelle dans l'Eucharistie était un dogme relativement récent. Subsidiairement, Duplessis s'attaquait aux autres points de doctrine ou de pratique qui divisaient Catholiques et Protestants, et, par une argumentation analogue, il contestait que le culte de la croix et des images, l'invocation de la Vierge et des Saints, la croyance au Purgatoire fussent des articles du *Credo* primitif de l'Église.

On conçoit que le livre ait fait sensation. Toutes ces questions étaient capitales pour le Catholicisme. S'il était démontré qu'il reposait sur l'erreur pour tout ce qui le séparait du Protestantisme, comment pouvait-il se maintenir? L'œuvre de Duplessis fut donc discutée avec passion. Pendant que les Réformés l'exaltaient, les Catholiques — prêtres et religieux en tête — fulminaient contre elle [2], et avec d'autant plus d'indignation qu'il avait commis la maladresse d'assimiler le Pape à l'Antéchrist annoncé par les Écritures.

Bref, comme on arguait de faux ou de contre-sens les textes invoqués, et qu'en particulier du Perron, l'évêque d'Évreux, le « Grand Convertisseur », s'était vanté d'y relever cinq cents erreurs, Duplessis s'offrit lui-même [3] à faire vérifier les

1. Notamment l'abbé Féret dans son apologie du cardinal du Perron (*le Cardinal du Perron*, Paris. Didier, 1877). On peut entendre l'autre son de cloche, la cloche protestante, dans l'*Essai historique de* J.-A. Lalot. *sur la Conférence tenue à Fontainebleau entre Duplessis-Mornay et Duperron, le 4 mai 1600*. Paris, Fischbacher. 1889, in-8°.

2. Écrits de Bulanger, de Dupuy (Official de Bazas), de Fronto-le-Duc, de du Perron. Cf. L'Estoile, *Supplément* (de 1736) au *Journal de Henri IV*, t. VII de l'édition Brunet-Champollion, p. 365.

3. Pas tout à fait spontanément, mais à l'instigation pressante d'un coreligionnaire, Sainte-Marie du Mont dont nous avons parlé à propos de la *Confession de Sancy* (cf. mon chapitre xi, § 4 ci-dessus, . 216 et 266-267). Il était venu le trouver le lundi 13 mars 1600, et il le revit le lendemain à un dîner

passages incriminés par des commissaires que le Roi désignerait. Mais il ne s'attendait certes pas qu'Henri IV, dans son zèle de nouveau converti et pour se faire bien venir à Rome, donnât un tel éclat à cette affaire, et transformât l'examen demandé par lui en une controverse publique et solennelle, devant une très nombreuse et très brillante assistance. Il arriva donc à Fontainebleau, où devait se tenir la conférence, très mal préparé et mal équipé pour la discussion, n'ayant même pas apporté ses livres pour faire les recherches nécessaires. — Négligence invraisemblable et impardonnable, est-on tenté de dire ; mais on ne l'avait pas informé de la procédure adoptée, dont tous les détails avaient été réglés entre le chancelier Bellièvre et du Perron, ni du choix des commissaires, ni même de la date fixée. Il dut travailler toute la nuit avant la conférence sur des livres que lui prêta du Perron, qui les lui réclama dès le matin. Il se présenta ainsi à la séance, qui s'ouvrit à une heure, dans des conditions d'infériorité manifeste, à cause de la fatigue de l'insomnie, et parce qu'il n'avait pas eu le temps d'étudier sérieusement les points sur lesquels devait porter le débat de la première journée, dont la liste ne lui avait été communiquée qu'après minuit.

Toutes ces circonstances ressortent de l'exposé même de l'abbé Féret, qui est pourtant une apologie sans réserve de du Perron et de son succès. Elles lui paraissent naturelles. On peut ne pas être de son avis, et, sans aller jusqu'à croire à un coup monté contre Duplessis, comme il en fut persuadé, et comme beaucoup de ses coreligionnaires le pensèrent, il est permis de considérer qu'on se préoccupa fort peu de maintenir les chances égales entre les deux adversaires, et que le hasard seul ou un simple malentendu ne suffisent pas à expliquer ce concours de circonstances fâcheuses.

En tout cas elles expliquent et atténuent la défaite de Duplessis qui ne semble pas douteuse. Les commissaires, deux catholiques et deux protestants [1], lui auraient donné tort sur presque tous les points. C'est là une question de fait pour laquelle on peut s'en rapporter aux *Actes de la Conférence*, relation officielle écrite

(déjeuner) chez la princesse d'Orange. Il prétendait ne songer qu'aux intérêts et à la défense de la religion réformée, mais en fait il était près de la quitter et ne cherchait que des prétextes honorables pour le faire (cf. L'ESTOILE, *Ibid.*, et *Vie de Duplessis*, par Mme DE MORNAY, sa femme, au t. I de l'édition des *Mémoires de Duplessis-Mornay*, de 1824, p. 362 et 363).

1. Du côté catholique le président de Thou et l'avocat au Parlement Pithou, du côté protestant Fresne-Canaye, président de la chambre de l'Édit à Castres, et Casaubon, le fils de l'Helléniste.

par du Perron, mais authentifiée par le visa royal, après examen et approbation par les membres du Conseil qui y avaient assisté. Du Perron la composa pour répondre au *Discours véritable* de Duplessis, qui l'avait précédée. Elle était d'ailleurs accompagnée, dans la première édition, d'une *Réfutation du faux discours véritable*[1]. Il faudrait, si l'on voulait juger équitablement les faits, confronter les deux comptes rendus, alors que l'abbé Féret accepte comme paroles d'Évangile tout ce que dit du Perron[2].

Mais il n'en reste pas moins acquis que du Plessis fut battu, et bien battu. Rosny (Sully), un coreligionnaire et un parent (car il avait épousé une nièce des Duplessis[3]), ne cache pas dans ses *Mémoires* l'impression pénible et même désastreuse que produisit la faiblesse ou l'embarras des justifications de Duplessis :

« Il se défendit si faiblement qu'il faisoit rire les uns, mettoit les autres en colère et faisoit pitié aux autres[4]. »

La discussion prouva que la documentation de Duplessis avait été hâtive, qu'il avait lu trop vite ou accepté d'autres mains, sans contrôle suffisant, certains des textes au moins dont il avait fait état dans son *Traité de l'Eucharistie*. Mais il ne faut pas exagérer la portée de sa défaite. On ne sait ce qu'auraient réservé les journées suivantes, s'il n'avait pas abandonné la partie le lendemain à cause d'une indisposition, sinon diplomatique, du moins plus morale peut-être que physique après son échec mortifiant de la veille.

« En somme, comme il l'écrit à Madame le 18 juin [et ces chiffres sont confirmés par l'abbé Féret], de cinq mille passages allégués en ce livre accusé de faulx, on en a choisi cinq cens, de cinq cens trié soixante, et de ces soixante examiné neuf[5]. »

---

1. Ce *Discours véritable de la Conférence tenue à Fontainebleau* fut rédigé par Duplessis en 4 jours dès son retour à Saumur, et publié à Paris, la Rochelle, Sedan et Montauban (1600). Quant aux *Actes* ils furent revêtus de l'attestation royale le 22 décembre 1600 et parurent à Évreux en 1601 avec la *Réfutation* à Duplessis. La polémique continua : Duplessis annonça une réplique à la Réfutation dans son *Advertissement à MM. de l'Église romaine sur l'Écrit publié par l'Évêque d'Évreux*, Saumur, 1601. et cette réplique vint l'année suivante en 1 gros volume in-4 de 767 pages, intitulé *Response au livre publié par le Sr Evesque d'Evreux*, Saumur, 1602.

2. *Le Supplément au Journal de L'Estoile* (de 1736) que j'ai déjà cité donne une relation de la conférence qui parait faite impartialement. Éd. Brunet-Champollion, t. VII, p. 370 à 375 et p. 377.

3 Cf. *Mémoires* de Mme de Mornay sur la vie de son mari, t. I des *Mémoires de Duplessis-Mornay*, dans l'édition de 1824, p. 433.

4. *Œconomies royales*, chap. xcv.

5. Cf. *Mémoires*, t. IX, p. 374.

Duplessis, en effet, avait préparé les réponses seulement sur les soixante passages controversés qui devaient faire la matière de la première journée. Il n'avait pas eu le temps d'aller plus loin. A la conférence, comme on le voit, on s'arrêta encore bien en deçà.

Neuf citations ou références sur cinq mille ! C'est un faible résidu. Et l'on ne doit pas penser que du Perron avait choisi pour ce premier engagement les passages sur lesquels il était le moins sûr de lui. Il n'aurait peut-être pas eu si bon marché de Duplessis par la suite. Il n'y avait donc pas lieu encore de crier victoire. En tout cas il n'y avait pas de quoi entonner cet hosannah triomphal qu'Henri IV chante, dans une lettre à d'Épernon, à la gloire de la Religion catholique et pour la confusion de son vieux serviteur huguenot :

« Mon amy, Le diocèse d'Évreux a gagné celuy de Saumur ; et la doulceur dont on y a procédé oste l'occasion à quelque huguenot que ce soit de dire que rien y ayt eu force que la vérité. Ce porteur y estoit, qui vous contera comme j'y ay faict merveilles. Certes c'est un des grands coups pour l'Église de Dieu qui se soit faict il y a longtemps. Suivant ces erres, nous ramenerons plus de separez de l'Église en un an, que par une aultre voye en cinquante. Il a ouy le discours d'un chacun, qui seroit trop long à discourir par escript ; il vous dira la façon que je veulx que mes serviteurs tiennent pour tirer fruict de cest œuvre. Bonsoir, mon amy ; saichant le plaisir que vous en aurès, vous estes le seul à qui je l'ay mandé. De Fontainebleau, ce vᵉ may 1600 [1]. »

Cette allégresse est vraiment un peu cruelle [2]. Et elle fut publiée partout, car la lettre fut divulguée et répercutée à tous les échos.

1. *Lettres-Missives*, t. V, p. 230-231.
2. Voir les réflexions amères de Mme de Mornay sur cette lettre. Son récit de la Conférence et de ses suites (t. I, p. 351 et sq.) fait ressortir la partialité du Roi. S'étant converti au catholicisme par politique, il cherchait à refaire peu à peu l'unité religieuse de la nation, et il s'irritait contre ceux qui comme Duplessis, donnaient l'exemple d'une fidélité huguenote inébranlable. Le *Traité de l'Eucharistie* contrariait donc fort ses desseins. Après cette affaire, Duplessis tomba en assez longue disgrâce, et Henri IV lui en voulut en particulier de ne pas s'avouer vaincu et de s'obstiner à avoir raison dans la relation (*le Discours véritable*) qu'il publia de la Conférence, où, pour se justifier, il critiquait la procédure, mettant donc en cause inévitablement le Roi lui-même. Duplessis de son côté souffrit beaucoup d'une attitude qu'il considérait comme une grande ingratitude. Toute sa correspondance pendant cette période en témoigne : Cf. notamment lettres du 15 mai 1600 au secrétaire d'État M. de Loménie, t. IX, p. 370 ; du 12 juin à M. de Bouillon, p. 373 ; du 18 juin à Madame, p. 374 ; du 24 juillet à M. de Loménie, p. 377 ;

Aussi d'Aubigné, qui n'a pas l'habitude de mâcher ses mots, ne cache pas au Roi ce qu'il pense de son vilain procédé envers Duplessis, lorsqu'il le voit, dans la rencontre à l'abbaye de Saint-Germain, si exultant de la victoire de l'Évêque. Ce n'est pas dans ses allégations et déductions que M. Duplessis a pêché, lui dit-il, mais sa faute a été « *de s'estre persuadé tant de services et de mérites envers V. M. que vous présideriez en cet affaire favorablement pour luy, et que vous seriez plus ferme à le soutenir contre le Pape que vous n'avez esté pour vostre âme et pour votre salut. Il vit donc tout à la fois les marques de vostre défaveur et, par elle, la diminution de luy et d'une famille trop aymée. Voilà sa faulte et la cause de ceste vaine exsultation* [1]. »

Cette courageuse franchise est tout à fait sympathique, et d'Aubigné a d'autant plus de mérite à prendre chaleureusement la défense de Duplessis qu'il n'avait pas pour lui une sympathie très vive, blâmant en général ses vues trop modérées et trop conciliantes.

Henri IV, piqué de la leçon, se retourna vers ses deux compagnons, Bellegarde et d'Épernon, et leur dit : « *Aubigné fait le résolu, mais il aura sa part au gasteau* [2] *!* » Au mauvais gâteau s'entend, qui lui fera faire la grimace. Et il s'agit, en effet, de le soumettre à la même épreuve que Duplessis, et de le placer à son tour en face du glorieux vainqueur pour lui préparer la même mésaventure. Et c'est ainsi qu'un petit complot fut organisé contre d'Aubigné pour lui rendre impossible la dérobade. Comment ne pas répondre à la courtoisie de du Perron l'invitant à « dîner » chez lui avec dix de ses coreligionnaires protestants ? Comment surtout ne pas essayer de sauver ceux-ci dont la foi chancelait sous les habiletés du convertisseur ? Il pouvait d'autant moins leur refuser son assistance, que la plupart étaient un peu ses enfants spirituels, ayant été pages sous ses ordres à la Cour, quelques-uns même ayant fait leur « apprentissage des armes et leur premier coup d'essay de la guerre » sous son commandement. Pourtant il ne dissimule pas qu'il

---

du 2 septembre au même. p. 383 ; du 8 octobre à M. de Buzenval, p. 388. La préparation (à partir de 1601) d'une 2ᵉ édition du *Traité de l'Eucharistie* ne fut pas faite pour lui ramener le Roi. Il la fit vérifier par les pasteurs et professeurs de Genève, et ne la soumit qu'après ce contrôle au Synode national de Gap (oct. 1603) qui en requit la publication. Elle parut fin avril 1604.

1. Réaume, t. I, p. 375, 1ʳᵉ lettre à M. de Montausier, déjà citée.

2. *ibid.*

avait une grande appréhension d'affronter un adversaire aussi redoutable, et qui disposait de toutes les trompettes de la renommée, alors qu'on bâillonnait la bouche des Huguenots en arrêtant l'impression de leurs écrits. Il hésitait donc, quand l'occasion, l'attrait d'un bon repas le décidèrent. Du moins, il veut nous faire croire que cela y fut pour quelque chose. Ce n'est évidemment qu'une boutade d'homme d'esprit. Mais, sous sa plume, la petite scène de la tentation a bien du charme :

« La faim, raconte-t-il, non pas le double traistre [1], m'advertit un matin aux Tuilleries que ce jour l'Evesque d'Évreux faisoit un grand festin, auquel se devoyent trouver dix prozelites, desquels il devoit triompher en ce jour-là : que on disoit partout que j'y avois esté convié, et que le Roy disoit que je payois d'excuses pour ne m'y trouver pas. En mesme temps je seus que le Roy avoit envoyé à mon logis un neveu de la Valière, pour me sommer de tenir ce que j'avois promis en l'Abaye Sainct-Germain. Certes, tout transporté de cela, un juste despit me fournit de résolution, et ne me promenay gueres parmy les alées des Tuileries pour me montrer que, m'estant aproché à une tourbe de gens qui oyoyent une dispute à la mode du temps, je ne visse l'Esvesque qui avoit mis au pied Berticheres [un des dix prosélytes] sur le poinct de la Justification. Cette foule me fait place ; je pris la parole pour luy, et l'évesque, aprez quelque légère velitation [escarmouche], me teint ce propos : *Monsieur, j'ai envoyé à vostre logis plusieurs fois pour vous convier à prendre vostre dîner au mien, où se doivent trouver dix personnes de marque, la pluspart nourrys de vostre main en la maison du Roy. Ceux-là sont obligez de parole qu'en leur montrant quelques poincts que je leur ay promis, ils me donneront le gantelet, et gloire et resjouissance à l'Eglise. Je vous convie encor devant cette compagnée à vous y trouver, aultrement il y va du vostre et de la bonne opinion que le Roy et un chascun a de vous.*

« Ma response fut : *Monsieur, vous me menez au combat avec telles nécessitez que je ne puis plus, comme je ne veus, me vanter de gayeté de cœur : aussy en ayme-je mieux la résolution que la gayeté : je suis vostre homme quand il vous plaira.* Nous entrons en son carroce, duquel il prit la portière ; je vous puis jurer

---

1. Jeu de mots un peu facile sur *La Fin*, l'aventurier qui entraîna le maréchal de Biron à sa perte en le poussant à trahir le Roi, puis en le trahissant à son tour auprès du Roi.

que je vis par la rue Sainct-Honoré plusieurs personnes à genoux devant luy[1]. »

Le repas fut somptueux, les vins capiteux, la conversation de l'Évêque infiniment brillante. D'Aubigné, qui ne se défend pas de l'avoir admiré, lui donnait la réplique de son mieux, avec une verve caustique à son habitude. Comme on servait « un grand bassin plein de viandes exquises, bordé comme de tourelles de patez faits de blancs de chapon », il lui demanda « si ce plat estoit la couronne murale pour avoir deffendu les murs de Babel[2]. » Et du Perron de riposter : « *Et vous, ne cerchez-vous point de couronne? — J'ay vraiment*, répond d'Aubigné, *celle que tout fidèle doit espérer, et pour le présent la civile, pour la garde de ces dix citoyens que vous nous voulez ravir*[3]. »

Enfin, quand on fut bien réconforté, on entra en lice. La salle du festin fut convertie en salle de conférence, l'Évêque allant prendre place au bout de la table, « vers la cheminée », d'Aubigné à sa gauche, les dix prosélytes à sa droite, sur « deux grands bancs tapissez ».

Mais, ce qui ne laissait pas d'être impressionnant, ce fut l'affluence soudaine « d'environ 400 personnes, docteurs de la Sorbonne, Jésuittes, de plusieurs sortes de moines et, parmy eux, plusieurs surtanes de damas et de satin, qui estoyent à mon advis de la cour de Parlement. Aussy tost entrèrent trois crocheteurs qui deschargèrent les livres qu'ils portoyent sur deux tables vides à nostre main gauche, et le jeune du Perron mit sur table un gros manuscript, et puis se teint debout derrière son frère[4] ».

En vérité cette assemblée de robes, ces gros volumes qui semblaient prêts à écraser l'hérétique, tous ces préparatifs rappelaient singulièrement la conférence de Fontainebleau. D'Aubigné n'avait qu'à se bien tenir! Mais voici qui était plus rassurant : la réunion conservait un caractère privé ; pas de juges officiels, pas de sentence à attendre, et le Roi s'était abstenu. Sans doute le mauvais effet produit sur les Réformés par sa partialité trop ouvertement affichée à Fontainebleau l'avait averti et rendu prudent : il restait dans la coulisse.

---

1. Réaume, t. I, p. 376-377, 1re lettre à M. de Montausier.
2. Dénomination satirique de Rome, capitale du catholicisme « universel ».
3. 1re lettre à Montausier, p. 377.
4. *Ibid.*, t. I, p. 378.

Du Perron ouvrit la séance par un éloge hyperbolique de d'Aubigné, si bien que celui-ci le tira par la manche : « Monsieur, c'est trop pour un Evesque ! »

Quand il eut terminé, d'Aubigné se recueillit un instant, pria Dieu de l'assister, et « tournant le visage vers cette grande multitude », après quelques précautions oratoires pour excuser sa témérité d'oser discuter de matières religieuses, malgré son incompétence de soldat, avec un prélat si savant et si réputé, il entra sans plus tarder dans le vif du débat, avec une franchise un peu brutale, à sa mode coutumière.

L'enjeu, c'était l'âme de dix gentilshommes, du moins si leurs doutes et leurs hésitations étaient sincères. Car s'ils n'étaient venus que pour « aporter une cérémonie à leur résolu changement, comme quelques-uns ont fait » — allusion claire à l'abjuration du Roi — la controverse qui allait s'engager n'avait pas de raison d'être. C'est à Dieu alors qu'ils auraient des comptes à rendre. Cela dit, et en supposant leur sincérité, l'affaire était assez grave pour qu'on ne s'amusât pas aux beaux discours (où excellait du Perron, s'entend) et d'Aubigné proposa de chercher seulement « à extraire le suc de la vérité par les règles de logique pressantes ».

Il paraît, en effet, avoir eu une confiance absolue, et un peu scolastique, dans les raisonnements mis en forme de syllogismes, et le peu qu'il rapporte [1] d'une dispute qui dura cinq heures, ce sont deux applications de cette logique formelle.

La question débattue était celle de la *Justification*, si importante, puisqu'elle joua un rôle décisif à l'origine de la Réforme allemande. La justification par les œuvres pouvait-elle s'ajouter à la justification par la foi ? C'était la thèse catholique, et du Perron prétendait l'appuyer sur la tradition constante des Pères de l'Église. D'Aubigné rejetait leur témoignage, en soutenant qu'ils n'étaient pas d'accord ni avec eux-mêmes, ni entre eux, ni avec l'Écriture. Et voici le moule syllogistique dans lequel il coulait son argumentation :

---

1. Dans les deux lettres à M. de Montausier déjà citées, aux pages 380-381 et 381-385. Il avait dû en écrire une relation complète « déposée entre les mains du Roi », et destinée à l'impression. Cf. *Histoire*, t. IX, p. 319. Elle ne subsiste pas, soit qu'elle n'ait pas paru, soit que l'édition ait été détruite comme il arriva à plusieurs de ses écrits « polémiques ». (Cf. ce qu'il dit à ce sujet dans sa 2· lettre à Montausier, Réaume, t. 1, p. 383.)

Majeure : *Nullus judex falsus est judex,*

Mineure : *Atqui patres sunt falsi,*

Conclusion : *Ergo patres non sunt judices.*

Notons qu'il jouait un peu sur le sens du mot *falsus,* qui, dans la formule de droit canon invoquée, devait désigner non pas un juge qui fait erreur, mais un juge de mauvaise foi.

Sous cette réserve il est certain que le raisonnement pouvait porter contre la tradition dont se réclamait le Catholicisme, à la condition que les contradictions des Pères fussent prouvées ; car dans ce cas il n'y aurait plus eu de tradition, et les Protestants avaient donc raison de se reporter au texte même de l'Écriture, et de chercher à l'interpréter avec leurs propres lumières.

Ainsi la mineure restait à démontrer, ce qui nécessitait une longue et minutieuse étude des Pères de l'Église. D'Aubigné évidemment ne fit que l'effleurer à la conférence, se réservant de la reprendre dans un traité qui fut le *De Dissidiis Patrum* [1].

Autre syllogisme hérissé de grec, dans lequel il enferma du Perron comme dans un système de tranchées. Celui-ci, à un moment de la discussion, ayant « voulu eschaper à l'autorité de *l'Église visible* selon leur bonne coutume », c'est-à-dire chercher un échappatoire et un refuge de ce côté — sans doute en affirmant le droit de l'Église établie par Dieu sur la terre d'interpréter la parole de Dieu — d'Aubigné nia que l'Église catholique pût se dire visible par le fait même qu'elle se dit catholique, c'est-à-dire universelle, car l'universel ne peut être embrassé par nos regards. Et ce raisonnement a bien l'air d'un jeu de mots sur τὸ καθ'ὅλου et καθολίκη ; mais il l'étaya de prétendues confirmations contenues dans l'exposé même de du Perron, ce qui était le comble de l'art du logicien, à savoir de former la démonstration *ex concessis ab adversario.* Il paraît que l'Évêque, se voyant pris dans une impasse, manifesta un cruel embarras.

« Cet esprit violent se trouva tellement entravé qu'il luy sortit du front autant

---

1. Apporté par d'Aubigné à du Perron, comme je l'ai dit dans une note précédente, selon la promesse qu'il lui en avait faite, à son plus prochain retour à Paris, ce qui fut en 1604, après la mort de La Trémoïlle. (Cf. Réaume, t. I, p. 74 et p. 381-382 à rapprocher).

Le *De dissidiis Patrum* est perdu (Cf. notice bibliographique de Legouez, Réaume, t. V, p. 210), peut-être supprimé par la Censure ?

d'eau qu'en contiendrait une quoque d'œuf, et cette rosée tombant sur le Chrisostome que j'ay dict, je mis les mains au devant pour la destourner ; il se prit à moy, disant que je me moquois, et que c'estoit son naturel. J'atteste le Dieu vivant que je pensois que ce fust eau tombant du plancher... »

Le bon apôtre ! nous pouvons l'en croire. Comment avouerait-il son geste irrévérencieux ? Il fallut, pour remettre du Perron d'aplomb, lui apporter « deux grands verres de vin trez fort, comme nous l'avions trouvé à disner, desquels il en engoufra un, et advancea la main pour l'autre, que par honte il retira, et cela n'a esté ny ne sera crié au Palais [1] ».

D'Aubigné a peut-être poussé un peu à la charge cet incident. C'est un sati rique, qui manie volontiers le crayon du caricaturiste. Mais est-ce une raison suffisante pour révoquer en doute tout son récit, comme le fait l'abbé Féret [2], dont l'admiration pour le cardinal du Perron ne saurait admettre aucune ombre à sa réputation? A l'en croire, ce brillant tournoi théologique, dont d'Aubigné est si fier, et où il voit la revanche de Fontainebleau, n'aurait jamais eu lieu que dans son imagination. Imagination singulièrement fertile alors, car il entre, on l'a vu, dans des détails précis, abondants, suggestifs, qui donnent l'impression complète de la réalité. Portée à ce degré, la gasconnade devient du grand art et confine au génie ! Mais ce serait le génie de la mystification à l'égard du correspondant de d'Aubigné, M. de Montausier.

A moins de supposer que celui-ci ne soit un correspondant imaginaire, et que d'Aubigné ait fabriqué sa réponse [3] comme les lettres qu'il lui adresse ? Ces documents, retrouvés dans les papiers de Bessinges, seraient donc des faux, destinés à authentiquer un jour auprès de la postérité les brèves mentions des *Mémoires* [4] et de l'*Histoire universelle*? Tout cela serait bien machiavélique.

L'*Histoire* a paru de son vivant. On sait le respect qu'il y professe pour la vérité ; mais quand bien même il n'en aurait pas eu tellement le scrupule, se serait-il exposé à un démenti en rappelant que la conférence de Fontainebleau eut un épilogue ?

1. Cf. Réaume, t. I, p. 384-385.
2. *Op. cit., le Cardinal du Perron,* Paris, Didier, 1877, p. 216 à 219 (longue note).
3. Cf. Réaume, t. I, p. 382-383.
4. *Mémoires* (Réaume, t. I, p. 73).

« Cette mesme dispute relevée à quinze jours de là par un gentilhomme contre le mesme évesque, dont les extraits, qui en furent déposez entre les mains du roi, se pourront voir imprimez [1]. »

C'est presque un témoignage officiel qu'il apporte là. On ne publie guère d'assertions de ce genre, quand elles sont inexactes. De même, et en considérant la correspondance avec M. de Montausier comme réelle, — car il n'y a vraiment aucun motif pour la juger suspecte, et l'abbé Féret la récuse sans fournir la moindre preuve de sa fausseté, — ne parait-il pas évident que d'Aubigné ne commettrait pas l'imprudence, s'il contait un roman, de citer des garants et d'inviter M. de Montausier à se renseigner auprès d'eux ? C'est pourtant ce qu'il fait. Il nomme plusieurs des dix gentilhommes huguenots, « prozélytes » de du Perron, comme il les appelle, pour l'instruction de qui avait été organisée cette conférence contradictoire : « Vignoles, Saincte-Marie, Bertichère, Chambret, Loménie [2] » et il termine sa première lettre par cette déclaration catégorique :

« Je vous prie de faire enqueste de ce que j'escris et vous prouverez [trouverez ?] qu'aucun des dix ne quitta sa religion de quatre ans, au bout desquelz Saincte-Marie, Vignoles et Loménie se laissèrent aller pour divers intérestz, mais les deux derniers ne laisseront pas de donner tesmoignage à la vérité [3]. »

Est-ce là le langage d'un homme qui ne serait pas sûr de son fait ? Et M. de Montausier lui répond, après l'avoir remercié de la peine qu'il avait prise en lui écrivant si longuement :

« *J'ai veu trois de vos clients :* entre ceux-là M. de Chambray m'a parlé de je ne say quelle pluye qui tomba du front de ce convertisseur. Il m'a aussy dict que quelque temps aprez vostre dispute, sur une nouvelle de sa mort vous aviez pris la poste à Blois pour vous trouver à son chevet de lict avec un dessein que j'ai trouvé grandement à mon goust. Je vous prie de donner encore un mot à vos enfants [4] sur l'un et l'autre de ces deux poincts [5]. »

1. *Histoire*, t. IX, p. 319.
2. Réaume, t. I, p. 377. Loménie est vraisemblablement le futur secrétaire d'État (1606), Antoine de Loménie, seigneur de la Ville-aux-Clercs.
3. *Ibid.*, p. 382.
4. L'expression semble désigner ceux des dix gentilshommes huguenots qui avaient été « nourris des mains de d'Aubigné en la maison du Roi » lorsqu'ils étaient pages.
5. Réaume, t. I, p. 382-383.

Ce sera le sujet de la deuxième lettre de d'Aubigné. M. de Montausier avait donc fait l'enquête à laquelle d'Aubigné l'avait convié auprès des intéressés, et elle avait pleinement confirmé son récit, et y avait même ajouté des détails inédits sur lesquels il s'était tu par discrétion.

L'abbé Féret prétendra-t-il que les dix prosélytes aussi sont imaginaires ? Mais ceux que cite d'Aubigné sont des noms connus. L'un d'eux, Sainte-Marie, avait déjà été l'occasion ou le prétexte de la conférence de Fontainebleau. C'est lui qui avait engagé Duplessis, « pour son honneur, » à relever les démentis que du Perron donnait à ses citations et interprétations des Pères[1].

L'Estoile mentionne son abjuration qui fit sensation. Il est vrai qu'il la date du 31 mars 1600[2], avant même la conférence de Fontainebleau, à plus forte raison avant la controverse entre d'Aubigné et du Perron qui la suivit. Mais j'ai déjà fait observer[3], à propos du chapitre de la *Confession de Sancy* consacré à Sainte-Marie-du-Mont, que le *Journal de L'Estoile*, dans cette partie, n'était pas un diaire rédigé au jour le jour. Il a donc pu, en relatant des événements passés, commettre une erreur de date. D'Aubigné, de son côté, écrivant avec ses souvenirs, a peut-être exagéré la durée de la résistance de Sainte-Marie-du-Mont.

Mais, en somme, il n'y a aucune raison de supposer qu'il a inventé de toutes pièces cette histoire de dispute publique avec du Perron. Seulement il n'est pas interdit de penser qu'il a un peu brodé sur la réalité vraie, de façon à la rendre plus brillante pour lui-même et à mettre le futur cardinal en posture plus ridicule.

Ce succès remporté sur du Perron mit d'Aubigné en goût de controverse théologique. Dans le même temps une autre occasion s'en offrait, qui était aussi un devoir. Puisque le Roi mettait son appui manifeste dans la balance des convertisseurs, il fallait ouvertement combattre cette influence partout où c'était possible. Or il y avait une âme au sort de laquelle les Églises s'intéressaient tout particulièrement, c'était celle de Catherine de Bourbon, sœur unique du Roi, devenue duchesse de Bar par son mariage avec l'héritier de la Maison de Lorraine.

Étrange destinée que celle de cette princesse, qui avait les vertus héroïques

1. Le jour du dîner chez la Princesse d'Orange. Voir ci-dessus p. 276 note 3.
2. Cf. *Journal de L'Estoile,* éd. Brunet-Champollion, t. VII, p. 215.
3. Cf. Mon chapitre xi, § 4. Même tome ci-dessus, p. 267.

de Jeanne d'Albret, quelque chose de la verve du Béarnais, un réel charme physique, bien qu'elle fût un peu boiteuse, des dons agréables, musicienne, chanteuse, rimeuse, et qui, avec tous ces mérites, ne recueillit guère, dans l'ombre de la gloire de son frère, que des tristesses et des larmes.

Elle avait toujours été sacrifiée à la raison d'État. Toute jeune, dans les années qui suivirent la Saint-Barthélemy et où elle demeura quasi prisonnière, comme son frère, à la Cour de France, elle était déjà l'objet de combinaisons matrimoniales. On dit qu'Henri III, à son retour de Pologne, désira l'épouser ; plus tard il fut question du duc d'Alençon. C'étaient les mêmes calculs qui avaient présidé à l'union de Marguerite de Valois avec le Roi de Navarre pour rattacher à la Maison de France cette branche dissidente des Bourbons protestants. L'évasion de 1576, préparée par d'Aubigné, dérangea tous ces beaux projets. Catherine rejoignit son frère dans le Midi, après la paix de Beaulieu. Et pendant plus de vingt ans il la destina, ou la réserva — indéfinement — à un brillant mariage politique. Elle eut la satisfaction d'orgueil d'être « pourchassée », comme dit d'Aubigné [1], par tous les princes de la Chrétienté, et faillit devenir Reine d'Espagne ou d'Écosse ; mais ces hautes fortunes ne touchaient pas son cœur. Elle n'aima jamais que son cousin, le comte de Soissons, et c'était précisément le mari que son frère ne voulait pas lui donner. Il ne se souciait pas d'offrir à l'ambition de ce Bourbon médiocre et envieux, d'ailleurs catholique et candidat possible du Tiers-Parti, la perspective de la succession de Navarre, si lui-même mourait sans enfants, et qui sait ? peut-être, du trône de France. Mais les deux amoureux s'obstinaient dans leur rêve, et conspiraient pour le réaliser. Soissons s'était échappé du siège de Rouen en 1592, et avait couru en Béarn pour conclure le mariage. Il s'était heurté à l'opposition formelle du Conseil souverain, dont le Président, Pierre de Mesme, seigneur de Ravignan, avait reçu du Roi ce billet laconique et suffisamment éloquent :

« Mous[r] de Ravignan. J'ay receu du desplaisir de la façon que le voyage de mon cousin le comte de Soissons s'est entrepris. Je ne vous en diray aultre chose, sinon que, s'il se passe rien où vous consentiés ou assistiés contre ma volonté, vostre teste m'en respondra [2]. »

1. Cf. *Histoire universelle*, t. IX, p. 302.
2. *Lettres-Missives*, t. III, p. 588 (vers le 25 mars 1592).

Une émeute populaire, fomentée par le Conseil, obligea le comte de Soissons à déguerpir. Ainsi finit ce roman, d'une façon tragi-comique. Catherine en souffrit, et son humeur s'en ressentit. Ce m'est « une affliction insupportable, confiait Henri IV au duc de Caumont La Force, son gouverneur en Béarn. C'est pourquoy je me depesche le plus qu'il m'est possible de la marier » (18 juin 1598)[1]. Il était temps qu'il se dépêchât, car elle avait atteint la quarantaine. A ce moment, le mariage de Lorraine était décidé, mariage de raison s'il en fut. Le malheur est qu'il n'était pas si raisonnable, et que cette union mal assortie renfermait peu d'éléments de bonheur, ou de simple paix domestique. Catherine entrait dans une famille ultra-catholique, alors qu'elle était bien résolue à demeurer inébranlablement fidèle au Protestantisme : « Avec la grâce de Dieu, écrivait-elle à Bèze, je ne changeray jamais. » Et elle tint parole. Les tentatives pour la convertir avant la cérémonie religieuse n'eurent aucun succès[2], et comme le Pape refusa les dispenses nécessaires, ce fut son demi-frère — frère naturel — Charles de Bourbon, archevêque de Rouen, qui prit sur lui de donner la bénédiction nuptiale dans le cabinet du Roi, à Saint-Germain, le dimanche 31 janvier 1599. Aussitôt après, le prélat « conduisit le nouveau marié à la messe, comme aussi fust la nouvelle mariée conduitte au presche par M. de Bouillon et autres seigneurs et gentilshommes de la Religion en grand nombre[3] ». Voilà une séparation qui paraît être de mauvais augure : « Rien de plus froid que ces nopces », écrivait Duplessis à sa femme[4]. Les deux époux, en effet, s'étaient mis la main dans la main pour gravir un rude calvaire. Car tous deux furent à plaindre. Il n'y avait pas seulement entre eux une différence de religion, mais un différend profond, absolu, déchirant. Le duc de Bar était un galant homme, qui avait pour sa femme tous les égards possibles, mais il était d'une dévotion bigote, et tremblait de peur sous l'excommunication pontificale : « J'ay de durs combats à soubtenir, avoue Catherine à Duplessis, non pour

1. *Lettres-Missives*, t. IV, p. 1010.

2. Cf. D'Aubigné, *Histoire*, t. IX, p. 301-302 et *Journal de L'Estoile* (*Supplément* de 1736), t. VII, p. 347. Voir aussi J. Pannier, *L'Église réformée de Paris sous Henri IV*, p. 71-72.

3. L'Estoile, t. VII, p. 174. D'Aubigné fait erreur et place cette cérémonie au Louvre, *Histoire*, t. IX, p. 302. Duplessis qui y assista confirme L'Estoile (lettres du 29 janvier, avant de partir pour Saint-Germain, t. IX de ses *Mémoires*, p. 218, et du 3 février, à son retour, p. 223).

4. Duplessis-Mornay, *Mémoires*, t. IX, p. 223.

estre forcee en ma relligion, mais pour voir les peines aulxquelles on met monsieur mon mari, pour ne pouvoir obtenir du pape l'absolution de m'avoir espousee estant sa parente. Cela l'afflige si fort que je ressens sa douleur, et n'y puis apporter remède que la plainete. La doulceur de quoi il me traicte me fait souhaiter qu'il n'y allast que de ma vie pour l'oster de la créance où on le met qu'il est damné. On lui a deffendeu de faire ses pasques. Tout cela le rend extresmement affligé, mais non pas m'aimant moins ; et me dict sa peine avec tant d'amoureuses paroles, qu'à toute heure j'ai les yeux pleins de larmes, mais pourtant bien résoleue de vivre et mourir en la craincte de Dieu. Je vous escris librement comme à mon ami ; je vous prye que cela ne passe pas oultre [1]. »

A la cour de Lorraine, sa religion faisait scandale, et on l'obligeait à la pratiquer discrètement. A Bar-le-Duc elle avait la permission de faire célébrer le culte chez elle, mais pas à Nancy, et elle devait se rendre pour le prêche au château de la Malgrange, hors la ville. On s'efforçait d'ailleurs de la convertir. Le 13 novembre 1599, au palais ducal, à Nancy, elle subit une manière d'instruction en présence des princes lorrains, son beau-père, son mari, son beau-frère le Cardinal, en écoutant une controverse théologique entre deux docteurs catholiques, le jésuite Commelet et le capucin Esprit — et deux ministres protestants, les pasteurs Coyët et La Touche. Elle en sortit, comme elle le mandait à Duplessis, ayant « plus appris encores à estre Huguenotte que jésuite. Voilà comme ce qu'ils ont faict, pensant me gaigner, a réussi tout au contraire [2] ».

Le Pape lui-même (Clément VIII) lui écrivait paternellement, et l'adjurait de revenir de ses erreurs, pour le salut de son âme et la dignité de son mariage, qui ne saurait être légitimé avant [3].

Elle restait sourde à ces appels. Alors de guerre lasse et en désespoir de cause, le duc de Bar se décida à partir pour Rome en pénitent et à aller solliciter

1. Duplessis, t. IX, p. 298-299 (novembre 1599).
2. Duplessis, t. IX, p. 269. Cette conférence donna lieu à diverses publications de part et d'autre, du côté protestant comme du côté catholique. Cf. *Bulletin du Protestantisme français*, t. XV (1866), p. 19 et sq. étude du pasteur Coquerel fils sur l'Église de Madame; et t. LVII (1908), p. 303-309, rapport du baron de Schickler à la 53e assemblée de la Société d'Histoire du Protestantisme français, tenue à Nancy le 12 mai 1908. J'ai puisé beaucoup de renseignements intéressants dans ces deux exposés.
3. L'Estoile, t. VII, p. 215-222, insère dans son *Journal* une de ces Lettres Pontificales, datée du 26 janvier 1600.

son absolution. Il quitta Nancy dans les premiers mois de 1600 et n'y revint qu'à la fin de l'année [1].

La situation de Catherine, restée seule au milieu d'une famille hostile, était encore plus pénible. Sa foi la soutenait, et la sympathie de toutes les Églises qu'elle savait en communion avec elle. Elle était en correspondance avec Théodore de Bèze, dont les lettres la réconfortaient. Le 24 septembre 1600, elle lui écrit tristement : « La trop longue absence de monsieur mon mary me cause un ennui presque insupportable. En ceste affliction, j'ay recours à Dieu qui me fournit de la constance pour la supporter, non pas toutesfois sans beaucoup de ressentiment de ma trop juste douleur... »

Aussi, quand le duc de Bar fut enfin rentré, elle poussa un cri d'allégresse (15 décembre 1600) :

« J'ay tant importuné mon Dieu de mes prières qu'enfin il m'a ramené monsieur mon mary sain et gaillard, dont je le loue et le remercie de tout mon cœur. Monsieur mon mary me promet tout bon traitement, et m'asseure fort en sa parolle, car il est prince de très bonne foy [2]. »

Le Pape, en effet, après s'être fait beaucoup prier, l'avait autorisé à remplir ses devoirs envers sa femme, sans vouloir encore régulariser son mariage, car, depuis qu'il était excommunié, il n'osait plus avoir de rapports avec elle [3]. Il allait donc y avoir pour le ménage une période d'accalmie.

D'Aubigné ignorait cela quand il composa la *Lettre à Madame sur la Douceur des Afflictions*. Elle a été écrite au plus fort de l'épreuve de Catherine, c'est-à-dire pendant l'absence de son mari, au cours de l'année 1600. Voici, en effet, ce qu'on y lit presque au début :

« Nous avons sceu, Madame, comment Monseigneur le Duc vostre mary, estant allé vers le Pape pour faire lever l'excommunication foudroyée sur luy, a receu pour sa peine ce qui se trouve ordinairement en ce siège d'impiété, c'est à

---

1. Il rentra en décembre, comme nous allons le voir. Or la chronique messine du protestant Jehan de Morcy (publiée dans le *Bulletin du Protestantisme* en 1856, t. V, p. 283 et sq) note que son absence fut de 8 à 9 mois, ce qui fixe approximativement l'époque de son départ.

2. A Th. de Bèze comme la lettre précédente. La correspondance de Catherine avec Bèze a été publiée dans le *Bulletin de l'Histoire du Protestantisme français* en 1853, t. II, p. 140 à 155.

3. Cf. DE THOU, *Histoire*, t. XIII, p. 458.

sçavoir aultant d'orgueil, comme on a recongneu en luy d'humilité, et des menaces aussy hautaines qu'ont esté infimes ses submissions [1]. »

Il croit donc alors au résultat purement négatif de ce voyage à Canossa. Mais quand la lettre fut publiée, il était fixé, comme en témoigne un petit avant-propos de l'Imprimeur au lecteur, qui figure sur un des rares exemplaires conservés, celui que possédait le duc d'Aumale dans sa bibliothèque d'Orleanshouse à Twickenham. Cet exemplaire porte une date, 1601, avec la mention « nouvellement imprimé », tandis que celui de M. Frédéric Chavannes, le premier qui ait fait connaître aux modernes (en 1855) la belle lettre de d'Aubigné, n'était pas daté [2]. Voici l'avant-propos :

« Un de nos familiers, qui est près de Madame, nous ayant envoyé en ceste ville la copie de ceste épistre consolatoire, nous avons esté en perplexité pour luy refuser ou donner la lumière : estans premièrement retenus de ce que les afflictions de son Altesse estoient changées par la grâce de Dieu en un meilleur estat, d'ailleurs aussi de la crainte d'offenser l'autheur de ce traicté. Mais enfin, ces doutes ont esté vaincus de deux plus fortes considérations. La première que telles consolations vouées particulièrement à son Altesse sont très utiles à grande quantité de familles et de personnes travaillées de semblables oppressions. D'ailleurs l'autheur nous doit permettre de donner au public les fruits de la vérité, pour lesquels le vray soleil esclaire ; tel peut estre y mettra les dents pour y mordre, de qui le palais y goustera la vérité en la mordant [3]. »

La publication se serait donc faite à l'insu de l'auteur. Cela m'a tout l'air d'un

---

1. Éd. Réaume, t. I, p. 533.

2. Voir la communication et la publication de M. Chavannes dans le t. IV du *Bulletin de la Société d'Histoire du Protestantisme français*, p. 561 et sq. (tirage à part chez Aubry, 1856, 8°. 32 pages) et au t. XXVI (1873) ce que dit M. Read de l'exemplaire de Twickenham. Dans l'intervalle avait eu lieu l'exploration des mss. de Bessinges, qui avait confirmé le pressentiment de M. Chavannes que l'opuscule anonyme édité par lui était bien de d'Aubigné. Le texte de Bessinges, donné au t. I de l'édition Réaume et Caussade, p. 531 à 551, est conforme à celui de M. Chavannes. L'exemplaire de Twickenham contient de nombreuses variantes et ajoute à la fin une paraphrase du psaume *88*, en vers mesurés, que d'Aubigné dédie à Madame : « Comme vous pouvez le voir à la fin du *Traitté des doulces afflictions à Madame* », écrira-t-il plus tard à M. Certon (éd. Réaume, t. I, p. 455). Voilà une déclaration qui authentifie tout particulièrement l'exemplaire de Twickenham. Il représente une autre édition de la Lettre à Madame que l'opuscule de M. Chavannes, tout au moins un autre tirage. — Sur l'application que d'Aubigné s'était faite à lui-même dans son veuvage du psaume *88* avant de la faire à Madame, cf. ci-dessus mon chapitre XI, § 1, t. II, p. 158 à 161.

3. Cité par Read, *loc. cit.*

premier larcin de Prométhée. On sait que c'est la fiction sous laquelle d'Aubigné donna sa première édition anonyme des *Tragiques*, en 1616.

Quoi qu'il en soit, il résume bien ici la double intention et la double destination de sa lettre : lettre de consolation pour Madame, lettre d'édification à l'usage de tous les Religionnaires. D'Aubigné était lié à Madame par une ancienne et confiante amitié; il voulut, au moment où elle était malheureuse, et où les Églises compatissaient à son sort, joindre sa voix à leurs prières, et lui dire sa respectueuse sympathie, son admiration aussi pour le bel exemple de fidélité huguenote qu'elle donnait. Mais, en même temps, et afin de soutenir cette fidélité contre les pièges de l'Esprit malin, il lui fournit des arguments pour répondre à toutes les objections et justifier sa foi. Ainsi la lettre personnelle devient une Épître apologétique qui intéresse l'ensemble des Réformés. C'est ce qui décida sans doute d'Aubigné à la publier en 1601, malgré ce qu'elle avait d'intime, et malgré l'amélioration qui s'était produite dans la condition de la Princesse. Mais, pour excuser ce semblant d'inopportunité, il imagina la fable d'une fuite du manuscrit.

Le début et la fin de la lettre s'adressent seulement à Madame. D'Aubigné cherche à exalter son âme en lui représentant ses épreuves comme un signe d'élection providentielle. Bienheureux ceux qui souffrent pour leur foi et qui sont appelés à porter la croix de Jésus-Christ! Ils participeront à sa gloire après avoir été associés à lui dans la douleur. Cette vocation au malheur est une vocation au salut. Il n'y a rien de particulièrement protestant dans cette théorie de la « bonne souffrance ». C'est une idée chrétienne. Mais d'Aubigné l'expose avec une conviction qui prend une forme mystique. Cette prédestination de certaines âmes se reconnaît au dehors, la beauté morale rayonne sur les visages, elle les transfigure et les embellit. Il en cite des exemples tirés du martyrologe huguenot, et qu'il avait déjà mis en vers pour ses *Tragiques*.

Madame pouvait entendre cette haute et sévère leçon. Mais elle dut être touchée encore davantage par la délicate et profonde affection qui émane de tant de passages. D'Aubigné laisse parler ses souvenirs pour lui montrer qu'il n'a rien oublié de leurs aimables relations d'antan, et que nul ami n'est mieux capable de comprendre sa peine et de la partager. Quel charme dans cette évocation de la jeune fille, chantant, en sa chambre de Pau, un air triste qu'elle avait composé sur des paroles de d'Aubigné ! Elle avait alors une grâce mélancolique, qui seyait bien à sa beauté [1]. Mais comment surtout n'aurait-elle pas été remuée par ce tableau rétrospectif de la vie agréable qu'ils menaient en Guyenne, quand tant de dévouements se pressaient autour du frère prodigue qui, maintenant, les a quittés ? « Vous avez veu, Madame, combien doux estoit l'exil du Roy et de vous, en cette Guyenne, que nos courtizans estiment une solitude. Vous souvient-il de la douce vye que nous y vivions ? Premièrement nous servions Dieu en paix, et faisions esclater ses louanges non estouffées... Et encore, pour ce qui est des contentemens de cette vye, souvenez-vous, Madame, qu'il ne vous a rien manqué de ce qui est nécessaire à la vraye splandeur des Princes. Le Roy se voyant suivy, et qui mieux vaut, tendrement aimé d'une Noblesse liée à ses piedz des vrays liens de la Religion. Ceux qui brûloyent de mesmes désirs que les siens, estoient brulans à l'exécution de ses commandemens... Mais n'oubliez pas encore nos franches délectations, nos honnestetez sans admertumes ny soupçons ; il vous en souvient, et les avez peut-estre conférez avecq vostre condition présante [2]. »

Comme on sent que lui se souvient ! C'est la mémoire du cœur. Il n'en sera jamais chassé le Prince qui lui inspire cette page, après et malgré l'abjuration !

La peinture des Églises berçant de leurs cantiques et de leurs prières l'âme endolorie de Madame, comme on endort un enfant en chantant, a quelque chose de touchant aussi, quoique peut-être d'un peu mièvre. Mais c'est le sentiment seul qui nous intéresse ici :

« C'est en ces pleurs que reluisent en vous des beautez surnaturelles ; ceste affliction esmeut l'Église de Dieu à vous endormir dans son giron, à vous serrer en son sein, à donner des baizers chauds à vos larmes tendres, et à faire ce que font les mères débonnaires à leurs chers enfans qu'elles menaçoient naguères en l'esclat de leurs félicitez. Ces caresses sont les prières que toutes les Églises de

1. Cet incident nous rappelle un joli endroit des *Mémoires de Turenne*, qui paraît avoir éprouvé pour Catherine, à cette époque, un sentiment assez tendre : « Madame et moy parlions souvent ensemble, de façon qu'elle commença de prendre de la confiance en moy, qui l'honorois fort, ayant cette princesse de fort belles qualités, estant jeune et agréable, chantant des mieux, jouant fort joliment du luth, faisant quelques rimes, de sorte que luy rendant l'honneur que je lui devois, elle me disoit familièrement ses conceptions et moy les miennes... » *Mémoires de Turenne*, p. p. la Société de l'Histoire de France, p. 118-119).

2. T. I de l'éd. Réaume, p. 546-547.

l'Europe présentent à Dieu, comme encens de bonne odeur : vostre nom par leurs bouches résonne dans le Ciel[1]. »

Le corps de la lettre, je l'ai dit, a un tout autre caractère. Il est fait pour tous les fidèles. C'est une confession de foi huguenote, polémique autant que dogmatique. Le *Credo* du Protestantisme n'y est pas seulement formulé, il est défendu contre toutes les objections et les attaques de l'adversaire. Si l'appareil de l'argumentation est parfois un peu scolastique, le fond est solide. D'Aubigné connaît bien la matière de sa religion ; il a réfléchi à toutes les questions ; rien ne l'embarrasse, il a réponse et riposte à tout. Il apporte dans cette discussion la subtilité d'un théologien de profession et la fougue d'un soldat : c'est de la dialectique guerrière. Et ainsi il passe en revue tous les points controversés entre Catholiques et Protestants : l'autorité des Écritures seules, ou aussi de la tradition ? — la conformité avec le christianisme primitif dans les croyances et dans les institutions ; l'admission ou le rejet d'intermédiaires entre Dieu et nous, dans le ciel et sur la terre ; d'où le culte des Saints et des images, la Papauté et la hiérarchie ecclésiastique, la messe et la transubstantiation, la confession, le rachat des âmes du Purgatoire, et, en général, la justification par les œuvres ou par la foi ?

Je suis persuadé que Catherine ne sut pas mauvais gré à d'Aubigné d'avoir étalé publiquement ses misères morales pour l'instruction de ses coreligionnaires. Elle dut même l'en remercier. M. Read croit avoir retrouvé sa réponse dans les manuscrits de Bessinges[2]. Il l'a publiée, en 1875, dans le *Bulletin de la Société d'Histoire du Protestantisme français*[3]. La voici :

« Monsieur d'Aubigné, vous avez satisfaict à trois devoirs ou offices tout à la fois, d'un chrestien, d'un amy, d'un serviteur, et fourny à tout en perfection. D'un chrestien, en ce que vos entrailles, esmeuës des douleurs des enfans de l'Église, ont monstré que vous estiez membre de ce corps pour lequel J.-C. est mort. D'un

1. **T.** I de l'éd. Réaume, p. 532-533.
2. Dans le vol. 3 des mss. (cf. *Notice bibliographique de Legouez*, au t. V de l'éd. Réaume, p. 195).
D'Aubigné avait certainement conservé la réponse de Madame à sa *Lettre sur la Douceur des Afflictions* puisqu'il se proposait de la publier : cf. l'Avis de l'Imprimeur aux lecteurs dans l'édition anonyme des *Tragiques* de 1616 : « Je vis dans les quatrains de Mathieu jusque à trois vers de suitte desrobez dans le *Traité des douceurs de l'affliction*, qui estoit une lettre escritte promptement à Madame, de laquelle je vous promets la response au recueil que j'espère faire. » (Éd. Réaume, t. IV, p. 5.)
3. **T.** XXIV, p. 28.

amy, en ce que vous n'avez pas craint la hayne des puissances qui dominent aujourd'huy pour m'instruire à mespriser ce que les lasches et ignorans adorent, en
me faisant part de vostre entendement et de vostre cœur. Mais le soin continuel
que vous avez monstré des choses esloignées est d'un vray et fidelle serviteur : je
dis, de telle sorte de serviteurs que les princes bien advisés en font leurs maistres
une fois le jour. Je n'ay que faire de vous exhorter à la continuation de tous ces
bons offices. Cela ne peut venir en doute qu'à ceux qui ne vous ont pas cognu, ou
qui malicieusement voudroient oublier les preuves de vostre magnanimité. Or, pour
ce que tous les gens de bien de notre confession sont fort regardés en me visitant,
et que vos pas n'y seront pas indifférens, je vous donne adresse à deux de mes
femmes, afin que vous envoyiez vers elles prendre l'heure à propos. L'une est la
Mothe, l'autre ma More, laquelle vous nommastes, au Mont de Marsan, Mélayne,
et on l'appelle Mélanie. Je voudrais qu'il y eust autant de François aussi blancs
en piété comme cette nègre. A Dieu jusques à vostre veue, qu'avec vostre prospérité désire.

« Vostre meilleure et plus affectionnée amye,

« CATHERINE ».

Il est certain que les remerciements conviennent bien à l'objet et au contenu de
la lettre de d'Aubigné. Il est bien vrai qu'il lui avait fait part « de son entendement et de son cœur » pour lui apprendre à « mespriser ce que les lasches et
ignorans adorent », c'est-à-dire les puissances de ce monde, ou, en un mot, le Catholicisme. Mais faisons attention à la fin de la réponse; les circonstances qu'elle
révèle ne sont pas celles de l'année 1600, quand Catherine se morfondait en Lorraine
pendant l'absence de son mari, et que d'Aubigné lui écrivait sa lettre du fond du
Poitou, et vraisemblablement la lui envoyait :

« Et moy, qui ay toute ma vye aymé les tristesses, comme vous savez, Madame
je sens mon cœur compatizer *de deux cens lieuës* aux peines qui vous font bien
heureuse : ayez agréable de ma bouche des louanges, de ma plume cet escrit[1]. ».

Quand Madame répond, ils ne sont plus à deux cents lieues l'un de l'autre:
sinon l'inviterait-elle à venir la voir et lui indiquerait-elle, comme si sa visite était

---

1. T. 1 de l'éd. Réaume, p. 532.

prochaine, imminente, le mot de passe ou les moyens de parvenir jusqu'à elle **sans** être remarqué?

L'hypothèse qui se présente tout naturellement à l'esprit, c'est que Madame était à Paris quand elle écrivit cette lettre, et d'Aubigné aussi. La rencontre alors était possible. C'est pourquoi elle prend ses précautions contre les indiscrétions, car elle se sent surveillée.

Or, la duchesse de Bar fit un séjour de plusieurs mois à la Cour de France en 1601, de juillet à décembre [1], et, pendant ce temps, elle eut à subir le plus rude assaut et le plus tenace qui ait été livré à sa foi huguenote. L'Estoile note que, le 13 août, arrivèrent à Saint-Germain les évêques d'Embrun, d'Évreux (du Perron) et de Clermont avec le capucin frère Ange (un Joyeuse), pour l'entreprendre sur sa conversion:

« Mais, nonobstant tout ce qu'ils y emploièrent, elle demeura ferme et leur déclara, par généreuses réparties, qu'ils perdoient leur temps et qu'elle estoit aussi bien, ou mieux qu'eux, asseurée de son salut en la profession de la Religion qu'elle faisoit, en laquelle, comme estant la vraye, elle estoit bien résolue de vivre et de mourir [2]. »

Cette opiniâtreté irrita le Roi, excédé des plaintes du beau-père et du mari. Il malmena Catherine assez rudement, en propos d'une crudité toute béarnaise, auxquels elle répondait du même ton. Il lui disait que, tant que son mariage ne serait pas légitimé, « on ne la tiendroit que pour la garse d'un duc de Bar »; à quoi elle répliqua que « le meilleur estoit que, de cette garse là, il se trouveroit qu'il en avoit esté le macquereau [3] ». On voit que les mots ne lui faisaient pas peur. Mais voici qui est plus féminin. Comme il la menaçait d'une répudiation de la part de son mari si elle s'obstinait, elle repartit en souriant « qu'elle s'assuroit tant de sa bienveillance et bonne amitié que, quand son mari la lairroit, il [son frère] ne la déloisseroit point pour cela [4] ». Et il eut beau jurer son Ventre-Saint-Gris qu'il le ferait, elle savait bien qu'il n'en ferait rien.

---

1. Elle arriva le 11 juillet (Cf. L'Estoile, t. VII, p. 305, et repartit le 17 décembre. *Ibid.*, p. 322.
2. L'Estoile, t. VII, p. 309.
3. L'Estoile, t. VII, p. 319-320.
4. *Ibid.*, p. 319.

L'attaque brusquée n'avait pas réussi, ni la manière forte. On revint à des moyens plus doux, et on lui proposa de nouveau une conférence contradictoire qu'elle accepta. Son beau-père, le Duc de Lorraine, avait écrit à du Perron de venir la trouver à Fontainebleau où était la Cour. L'Évêque y eut un premier entretien avec elle, le 7 octobre, sur la question de la messe. Elle le pria de rédiger ce qu'il lui avait dit, afin qu'elle pût soumettre la thèse catholique à ses ministres. Ceux-ci y répondirent le 17. Une conférence devait avoir lieu à Saint-Germain le mois suivant. Mais les pasteurs désignés ne parurent pas : ils ne voulaient discuter que par notes écrites. Madame repartit en Lorraine avant qu'on ait pu se mettre d'accord sur la procédure [1].

Au moment où elle montait en carrosse (17 décembre), du Perron, prenant congé d'elle, lui présenta un livre d'apologétique qu'il lui avait promis, et qu'elle mit dans son manchon [2]. Simple politesse de sa part. L'Évêque, cependant, la croyait ébranlée ; il écrivait peu après au cardinal Aldobrandini que Madame était « en assez bon chemin [3] ». Il se faisait des illusions.

D'Aubigné fut-il pour quelque chose dans l'échec de cette dernière grande tentative de conversion de Madame? Certainement, et de toutes façons, il eut une action par sa *Lettre sur la Douceur des Afflictions*, qui n'avait pu que l'affermir dans sa Religion et la préparer au combat qu'elle allait avoir à soutenir. Mais fit-il plus, et, au fort même de la lutte, vint-il appuyer sa résistance? Je n'ai pas de preuves décisives d'un voyage de d'Aubigné à Paris en 1601, mais divers indices concordants qui fournissent une présomption assez forte.

M. Legouez, dans sa *Notice* de l'édition Réaume, rapporte un fait que malheureusement il ne date pas, sans doute parce que le document d'où il le tire — sans indiquer sa référence — ne précise pas la date. Catherine, pressée par le Roi de se prêter à un débat contradictoire entre controvertistes des deux religions, y aurait consenti à cette condition qu'elle « lui laisse le choys des douze, horsmis de trois qu'elle a voulu nommer », et ces trois personnes, en qui elle avait toute con-

---

1. Cf. l'abbé Féret, *Du Perron*, chap. III. p. 216 à 236 (éd. citée, Didier, 1877), et, pour entendre l'autre son de cloche, *Chronique Messine* du protestant Jehan de Morey, dans le *Bulletin du Protestantisme*, t. V (1856), p. 283 à 292. Voir aussi J. Pannier, *l'Église réformée de Paris sous Henri IV*, p. 79-80.

2. Cf. L'Estoile, t. VII, p. 322.

3. Abbé Féret, *loc. cit.*, p. 234.

fiance, étaient M. de Courde, son pasteur et d'Aubigné. Elle craignait seulement que celui-ci « ne fraude son espérance, par la profession qu'il fait d'un autre métier, et par les haines qu'il a desjà acquises[1]. »

A quelle époque cela se passe-t-il ? Rien n'interdit de supposer que c'est pendant le séjour de Madame à Paris, en 1601, quand elle était en butte à tant d'instances pour se laisser instruire. Quoiqu'à vrai dire il soit un peu surprenant, je l'avoue, après la *Lettre sur la Douceur des Afflictions*, qu'elle paraisse douter de d'Aubigné et de son acceptation si elle lui demande de l'assister en cette circonstance. C'était bien mal le juger. Mais elle était témoin de tant de défaillances, et se sentait par instants tellement abandonnée, qu'elle est excusable si elle a péché en pensée contre l'amitié. Souvenons-nous de ses plaintes à Bouillon. Au mois d'octobre 1601, lorsque la Cour était à Fontainebleau et que du Perron la préparait à la conférence projetée de Saint-Germain, le duc de Bouillon eut un jour la cruauté de lui dire que, si elle avait envie de les quitter, il n'était pas besoin de conférence, « laquelle ne pouvoit estre que préjudiciable à leurs Églises. Madame, avec les larmes aux yeux, répliqua que jamais ceste volonté ne lui estoit tombée au cœur ; mais bien avoit-elle à se plaindre d'eux, qu'estant poursuivie de tout le monde, elle n'estoit assistée de personne, et qu'un seul ne parloit pour elle[2] ».

Que, dans cet état d'esprit et cette amertume, elle ait eu par moments l'injustice de généraliser et de ne plus s'attendre à personne, ce n'est pas impossible. Mais aussi cela expliquerait l'effusion de sa gratitude pour d'Aubigné dans la lettre qu'a publiée M. Read ; il y entrerait à la fois de la reconnaissance et du repentir pour avoir douté de lui. La lettre serait écrite aussi bien en remerciement du *Traité des Douces Afflictions* que de l'assistance donnée sans réserve, à Paris, contre les convertisseurs. Interprétée avec cette double signification, la réponse de Madame me parait s'éclairer complètement.

M. Legouez croit, comme M. Read, d'une façon un peu plus dubitative peut-être, que c'est bien une réponse à la *Lettre sur la Douceur des Afflictions*, mais ce n'en serait qu'un fragment — ce qui a lieu d'étonner, à vrai dire, car elle semble bien, telle qu'elle est reproduite par Read, être entière — et il y en aurait un autre

1. Éd. Réaume, t. V, p. 113.
2. L'ESTOILE, t. VII, p. 318.

dans les manuscrits de Bessinges — je n'ai pu vérifier la chose — où Catherine remercierait d'Aubigné du bel éloge qu'il lui avait décerné, en disant « que la loy salique n'avoit pas partagé la constance en sa maison », c'est-à-dire l'avoit donnée aux femmes et refusée aux hommes. Allusion à un passage de l'*Histoire universelle*, remarque M. Legouez [1].

Mais Catherine mourut bien avant [2] que l'*Histoire* n'ait paru. D'Aubigné n'était qu'au début de la rédaction en 1601. Si donc ce fragment de la lettre existe à Bessinges, je l'expliquerais autrement. Rapportons d'abord le passage de l'*Histoire* en question. Il y figure sous l'année 1601 :

« Le roi... faisoit travailler à une seconde et dernière conférence pour faire que Madame changeast de religion ; à quoi il employa un soin merveilleux, des grandes promesses et des menaces sur la fin... [Elle] n'eut rien pour parer à tout cela que les pleurs et la fermeté. Enfin elle se fit laisser en paix, mais elle acquit la colère du roi pour avoir dit à ceux qui la pressoyent par l'exemple du frère, que cet exemple lui estoit loi en tout ce qui ne touchoit point l'honneur de Dieu, qu'elle savoit les bornes de l'obéissance et qu'enfin la loi salique n'avoit pas fait les partages de la constance en leur maison, touchant en passant l'exemple d'Antoine de Bourbon et de Jeanne d'Albret [3]. »

Ici le mot est mis dans la bouche de Catherine comme une inspiration personnelle. Si, dans une de ses lettres, elle l'attribue à d'Aubigné et l'en remercie, que faut-il conclure de cette apparente contradiction, sinon que c'est lui-même qui le lui avait suggéré, en la félicitant de sa constance religieuse et en faisant ce rapprochement entre les hommes et les femmes de sa famille ? Mais alors, ne devient-il pas très vraisemblable que c'est dans le temps même où elle se débattait à Paris contre les convertisseurs qu'il lui souffla cette fière réplique ?

Autre confirmation de sa présence. Je la trouve dans l'étrange histoire de Baronius (Brocardo Baronio, le neveu du Cardinal), échappé de Rome avec des secrets importants, et qui vint les communiquer à Paris « à une assemblée de doctes [protestants] que le duc de Bouillon y entretenoit pour défendre la créance

1. Éd. Réaume, t. V, p. 112-113 et notes.
2. Le 13 février 1604.
3. *Histoire universelle*, t. IX, p. 362.

de Madame [1] ». Ce ne peut être qu'à ce moment. Or, d'Aubigné est un des commissaires choisis par cette assemblée pour prendre connaissance des *Mémoires* emportés par Baronius [2].

Enfin j'invoquerai encore, à l'appui de mon hypothèse d'un voyage de d'Aubigné à Paris en 1601, l'anecdote rapportée dans l'*Avis de l'Imprimeur au lecteur*, en tête du premier volume de l'*Histoire* — et que j'ai déjà citée au chapitre précédent [3]. C'est la discussion qui aurait eu lieu dans le cabinet du Roi, à propos des travaux historiques de d'Aubigné, entre un jésuite et du Perron, le premier demandant au souverain d'interdire l'œuvre, le second au contraire de la favoriser et de l'aider de sa bourse, témoignage d'estime et de libéralisme, qui est tout à l'honneur du Cardinal et de d'Aubigné. Or l'Imprimeur déclare que ceci s'était passé quinze ans auparavant [4]. L'*Avis* étant daté de 1616, cela nous reporterait donc à 1601, si le chiffre de 15 ans est exact et non approximatif. Et comme manifestement, d'après le récit, d'Aubigné était présent à la discussion, c'est donc qu'en 1601 il était bien à Paris. Je ne donne pas cette preuve pour péremptoire, bien qu'elle soit mathématique, je veux dire qu'elle résulte d'une simple opération d'arithmétique ; mais, telle qu'elle, elle s'ajoute aux autres confirmations.

En résumé, d'Aubigné serait venu deux fois à Paris en 1600, et une fois en 1601, trois voyages rapprochés, ce qui nous montre que, malgré ses griefs religieux — et quelques autres — contre le Roi, il ne pouvait rester longtemps sans le voir ; et sans doute, du moins je veux le croire, était-ce réciproque. Au reste, quelques mois avant ce troisième voyage de 1601, d'Aubigné avait eu l'occasion, comme nous l'allons voir, d'éprouver lui-même la fidélité de ses sentiments envers son maître, et de lui rendre à son insu un signalé service. Si le Roi, comme il est probable, en fut informé peu après, je gage qu'il lui fit bon visage à son arrivée. Peut-être moins au départ, j'en conviens, quand d'Aubigné eut contrecarré ses efforts pour ramener sa sœur au catholicisme.

1. *Histoire*, t. IX p. 199-201
2. Cf. *Mémoires*, éd. Réaume, t. II, p. 91-92. Voir aussi ci-dessous mon chapitre xiv, § 1, *in fine*.
3. Même tome, p. 173-174.
4. Cf. *Histoire universelle*, t. I, p. 18. éd. Ruble.

§ 2. — La Conspiration de Biron et le loyalisme huguenot. — Comment d'Aubigné dans un conciliabule mystérieux (février 1601) fait repousser les propositions de Biron.

Il est probable que l'Édit de Nantes, quoi qu'en pense d'Aubigné, avait donné une satisfaction suffisante à l'ensemble du Parti, car dans les années qui suivirent il ne bougea pas, malgré les tentations que purent lui offrir la guerre de Savoie et la conspiration du maréchal de Biron.

Ces deux ordres de faits sont liés d'ailleurs. Ce qui incita le Duc de Savoie à ne pas tenir les engagements pris [1] lors de son voyage à Paris, « ce fust l'intelligence avec le mareschal de Biron, de qui il estimoit l'armée entre ses mains [2] » — et d'autre part Biron, qui fut obligé de faire son devoir pendant la guerre, sans doute parce que la conspiration n'était pas encore mûre, ne pardonna pas à Henri IV — le Roi se défiait-il déjà de lui ? — de ne pas lui avoir donné le commandement supérieur, et de l'avoir relégué sur un théâtre d'opérations secondaire, dans la Bresse, où il eut en outre la mortification d'échouer devant la citadelle de Bourg [3]. La vraie campagne fut conduite avec un plein succès par le maréchal de Lesdiguières dans les vallées de la Tarentaise et de la Maurienne [4].

Biron avait essayé de s'approprier le gouvernement de Bourg, avant de l'avoir pris — la peau de l'ours. Le Roi avait refusé. De dépit, de colère [5], il aurait tenté

1. Traité de Paris du 27 février 1600.

2. D'Aubigné, *Histoire universelle*, t. IX, p. 325.

3. Il était entré sans coup férir dans la ville le 13 août 1600, deux jours après la déclaration de guerre, mais la citadelle résista jusqu'à la paix, et même au delà, et ne se rendit qu'en mars 1601 sur un ordre formel du Duc de Savoie (cf. DE THOU, t. XIII, p. 519, 558, 572, et D'AUBIGNÉ, *Histoire*, t. IX, p. 344).

4. Le plus beau fait d'armes fut la prise du fort de Montmélian, que sa situation avantageuse semblait rendre inexpugnable. Mais « Suilli, grand maistre, montra du jugement » en trouvant un emplacement convenable pour la batterie, ce qui n'était pas commode (D'AUBIGNÉ, *Histoire*, t. IX, p. 330). Montmélian capitula le 16 octobre 1600, à terme de 30 jours, pour laisser le temps du secours qui ne vint pas (cf. DE THOU, t. XIII, p. 533, et *Lettres-Missives d'Henri IV*, t. V, p. 325, au Connétable, 19 octobre ; p. 328, au maréchal d'Ornano, 20 octobre ; p. 339, au grand prieur de Lucinge, gouverneur de la place, 3 novembre.

5. Biron tenait beaucoup du caractère de son père, le vieux maréchal, tué à Épernay après le siège de Rouen. Celui-ci avait été le loyal serviteur d'Henri IV, depuis son avènement, mais on se rappelle

de se venger en l'attirant sous le feu de l'ennemi — averti — lors d'une visite au camp devant Sainte-Catherine, que Biron assiégeait en même temps que Bourg[1]. Tant que dura la guerre (août à décembre 1600), Duplessis-Mornay, malgré le ressentiment de la conférence de Fontainebleau, prêchait la sagesse à ses coreligionnaires, pour ne pas donner prise aux soupçons : « J'estime que plus que jamais nous debvons estre modérés en nos actions... [2]. » — « Ceux-là sont ou malins ou mal advertis qui font croire au roy que les huguenots brouillent, et particulièrement font mal interpréter tous mes pas et toutes mes syllabes... [3]. » — « Le passé doibt estre garant de l'advenir, et si on m'a donné subject de passer par dessus le respect humain, la craincte de Dieu m'est une borne qu'avec son aide je n'oultrepasserai poinct... [4]. »

On peut l'en croire. Le passé, en effet — son passé — était garant de l'avenir, sa fidélité était à l'épreuve même de l'ingratitude royale. Seulement il faut noter, c'est une nuance, que ce n'est pas son loyalisme seul et son patriotisme qui lui dictaient ces conseils et cette attitude. Quand il invitait son parti à se tenir tranquille pendant la guerre, il songeait au moins autant aux intérêts de la religion protestante qu'à ceux du pays. La guerre étrangère lui paraissait une diversion salutaire aux passions et aux divisions intérieures, et donc une sauvegarde pour les Réformés contre un retour offensif du fanatisme catholique .

« C'est exercice-là nous consolidera tant mieux au dedans[5]. » — « Je tiens que nous avons à en louer Dieu ; car les malignes humeurs auront où s'esvaporer [6]. »

qu'il avait été constamment en conflit avec lui autrefois dans le gouvernement de Guyenne. Il avait « de grandes parties », la science militaire, la libéralité, mais autant de besoins que de générosité, d'où une ambition difficile à rassasier, et où il entrait encore plus d'orgueil que d'intérêt, un orgueil qui, en cas de déceptions, s'exaspérait jusqu'à la menace. Le fils avait surtout hérité des défauts du père, sur lequel on a une bien curieuse lettre de d'Aubigné à Sainte-Marthe, remplie d'anecdotes symptomatiques. Cf. Réaume, t. 1, p. 186-190.

1. Cf. DE THOU, t. XIII, p. 529. D'Aubigné ne mentionne rien de suspect à cette occasion (*Histoire*, t. IX, p. 331). Le voyage d'inspection d'Henri IV à Sainte-Catherine et dans le Fossigny se place entre le 3 et le 8 octobre. Voir sa lettre du 3 octobre 1600 au Connétable, en parlant de son quartier général de Chambéry. *Lettres-Missives*, t. V, p. 317-318. Il y rentra le 8.

2. A M. de Guaschon en septembre. *Mémoires de Mornay*, t. IX, p. 380.

3. A M. de Calignon, le 2 septembre. *Ibid*, p. 384.

4. A M. de Loménie, secrétaire d'État, 2 septembre. *Ibid.*, p. 384.

5. A M. de Loménie, en juillet, avant même que la guerre ne fût déclarée. *Ibid.*, p. 377.

6. Dans la lettre à M. de Guaschon, en septembre, citée plus haut, t. IX, p. 380.

Entre deux maux il faut choisir le moindre. Il préférait la guerre étrangère à la guerre civile. Et on le comprendrait si ce danger avait été vraiment à redouter. Mais il ne l'était plus depuis l'Édit de Nantes, et tant qu'Henri IV vivrait, à moins que les Huguenots ne prissent eux-mêmes l'initiative de rompre le pacte. Il y avait donc dans le calcul qu'on faisait un certain égoïsme de parti, qui trouvait bon d'acheter un complément de sécurité au prix d'un mal général. C'est là un sentiment un peu déplaisant.

Et quand les négociations de paix furent engagées grâce à l'intervention pontificale, Duplessis le regretta ; et, dans l'espoir qu'elles échoueraient, il recommanda aux siens un redoublement de prudence, pour ne pas hâter cette paix en alarmant le Roi par la crainte du « dedans » [1].

La paix fut cependant conclue, le 17 janvier 1601, par un troc raisonnable de nos droits sur Saluces contre des territoires plus à notre portée, les possessions savoyardes sur la rive droite du Rhône. Mais, si l'on en croit d'Aubigné, il n'y eut pas que les Huguenots qui déplorèrent la précipitation de ce traité : « Tous les capitaines de la France » le regardaient « à contre-cœur », car on avait coupé les ailes à la Victoire, au moment où son essor faisait lever dans les esprits les souvenirs et les rêves des guerres d'Italie. [2]

Cette déception de l'armée pouvait être exploitée par Biron, bien qu'il ne partageât pas du tout les sentiments des « François qui n'avoyent rien d'Espagne [3] ». La preuve c'est que quinze jours après la paix, le 31 janvier 1601, il consommait sa trahison par la convention de Somo qui en fixait le prix, et le liait définitivement à l'Espagne et à la Savoie [4]. Dès lors, ayant franchi le « pas du diable » et jeté sa conscience au vent, il ne songea plus qu'aux moyens de réussir.

C'eût été un coup de maître, et un précieux atout dans son vilain jeu, d'obtenir l'adhésion des Réformés, qui représentaient une force organisée, et dont on avait

1. Recommandations faites en particulier à propos d'un conflit qui s'était élevé dans certaines villes du Midi, où les Catholiques se plaignaient d'être écartés des mairies par une interprétation abusive d'un article de l'Édit de Nantes : « La véhémence qu'on y apporteroit, écrit Duplessis à Bouillon, le 4 janvier 1601, donneroit subject de haster la paix estrangère, au lieu que le repos public semble requérir que la partie se lie » (c'est-à-dire que les hostilités reprennent). Cf. *Mémoires de Mornay*, t. IX, p. 401.

2. Cf. *Histoire universelle*, t. IX, p. 343.

3. *Ibid.*

4. Somo est en Italie, sur le Pô.

assez éprouvé la valeur guerrière. Mais comment les associer à tous les éléments troubles, qui entraient dans cette étrange conjuration, où prédominaient les Ligueurs mal repentis, et que soudoyaient même les puissances catholiques ? Il l'essaya pourtant, comptant sans doute sur les ambitions déçues qui existent dans tous les partis, quand un ordre de choses régulier est rétabli après une longue tourmente ; surtout pensant que, depuis la conversion du Roi, les Protestants devaient être en défiance contre lui, et n'avaient pas intérêt à le voir devenir trop puissant. Pour sonder leurs dispositions il s'adressa au duc de Bouillon, qui eut le tort de ne pas rejeter immédiatement ses propositions, et de les soumettre, comme si elles méritaient examen, à une sorte de conseil des Dix, réuni discrètement par lui en février 1601 dans un des châteaux de sa vicomté de Turenne. Les assistants étaient « ou personnes authorisées en son parti ou autres envoyez des plus grands ». D'Aubigné était du nombre, et en écrivant son *Histoire*, longtemps après l'événement, il crut pouvoir révéler cette « négociation qui n'a poinct, dit-il, esté descouverte jusques ici [1] ».

Nous allons voir que son intervention fut décisive, du moins à ce qu'il raconte. Elle reste anonyme dans l'*Histoire*, mais il en revendique justement l'honneur dans ses *Mémoires* :

« Vous avez à la fin du 13e chapitre du tome 3e [2] un discours notable soubs tiltre d'un Gouverneur de place, estimé violent partisan. C'est Aubigné qui monstra par là comment sa violence aux affaires des Réformez ne le faisoit point consentir aux iniques moyens [3]. »

L'attitude de Bouillon, qui parla le premier, avait été beaucoup moins nette. Il se défendit d'ailleurs de vouloir formuler une opinion avant les autres, par cour-

---

1. Cf. D'Aubigné, *Histoire*, t. IX, p. 354. M. Mariéjols conteste la date de février 1601 (*Histoire de France*, de Lavisse, t. VI, vol. II, p. 49), mais pour des raisons qui ne me paraissent pas péremptoires, et le texte de d'Aubigné est formel : la tentative de Biron auprès des Protestants est faite *un mois après la paix* de Savoie, cf. *Histoire*, t. IX, p. 360. Le Roi fut-il renseigné ? Sa police était bien faite, cf. *OEconomies royales* (collection Michaud et Poujoulat, t. I des *Mémoires de Sully*, p. 381-383 et 394-396): il questionna Bouillon peu de temps avant l'arrestation de Biron.

2. La référence est incomplète, il manque l'indication du livre : c'est le Ve du tome III dans les éditions publiées par d'Aubigné, qui devient le livre XV dans l'édition Ruble, où les livres forment une série unique.

3. Éd. Réaume, t. I, p. 74.

toisie, afin de ne pas les influencer, mais elle perçait dans la façon dont il représenta et fit valoir les raisons et les offres des conspirateurs.

Quelle force et par conséquent quelles espérances dans ce nouveau parti ! Biron annonce « qu'il ne parle point de la part d'une association foible, mais de princes souverains, de ceux du sang de France et autres qui y tiennent cette qualité d'officiers de la couronne, gouverneurs de provinces, lieutenans de roi, et encore de la part de plusieurs cours de parlement, communautez et villes principales du royaume, si bien qu'on ne doit point avoir honte de périr en cette conjonction[1]. »

Ses affiliés, dit-il, connaissent et comprennent les ressentiments des Huguenots, mal payés de leurs services « ausquels tous d'un accord ils donnent la louange d'avoir sauvé l'Estat[2] ». C'était les toucher au point sensible que de proclamer cette ingratitude de la Royauté envers eux. Mais qu'était-ce que cette déception à côté de ce qu'on leur révèle ! Le Roi les trahit — car c'est trahison après l'Édit de Nantes — le Roi les a livrés à l'ennemi :

« Lors de la paix de Savoye... en un conseil où ont esté admis les ambassadeurs de l'empereur et du roi d'Espagne, il s'est fait une conjuration, signée du roi et de tous les susdits, avec quelques princes et officiers de la couronne de France, par laquelle ils ont fait association en forme de croisade, pour, à terme nommé, exterminer partout les réformez[3] ».

Le Duc de Savoie a entre les mains les engagements authentiques de cette nouvelle Saint-Barthélemy ; il ne refuserait pas de les communiquer.

Voilà de quoi chasser les scrupules, et justifier le soulèvement préventif, auquel Biron propose comme appât la moitié de la France, au sud de la Loire, où les Réformés seront laissés maîtres, sans compter des villes d'otages dans l'autre partie, pour leur garantir qu'on ne traitera pas sans eux.

D'Aubigné convié à donner le premier son avis sur ces propositions, bien que l'âge ne l'y obligeât pas — et cela prouve l'autorité dont il jouissait — riposta par un discours véhément, solidement construit en trois points[4], où il repoussa avec indignation au nom du Parti le déshonneur qu'on leur offrait avec tous les royaumes de la terre. Il montra d'ailleurs que ce ne serait qu'un marché de dupes.

Qui parle à nous, se demande-t-il, qui sommes-nous et que nous dit-on ? La réponse à cette triple question dicte la conduite à suivre.

Ceux qui témoignent aujourd'hui tant d'intérêt à la Cause protestante ont été les « violents solliciteurs de nostre ruine qui, maintenant, ne trouvans pas leur compte, s'y veulent opposer par une charité, de laquelle ils ne sauroyent dire la cause, ni nous la deviner. » Comment se fier à eux ? Comment croire à la sincérité de Biron qui hier « sentait l'athéiste », et, maintenant, parce qu'il a partie liée avec les puissances catholiques et la Papauté, fait le cagot et se traîne au pied des croix rencontrées sur la route :

« De cet eschantillon, jugez la pièce pour un concert d'ennemis de nostre liberté, d'infidèles à la patrie, et d'ingrats au roi. »

Monstrueuse alliance que celle qu'on leur propose avec des gens dont tout les sépare, qui ne poursuivent que de vils intérêts humains, alors que les Réformés ont tout sacrifié à un idéal moral et religieux. Ce serait contaminer le Parti que de le commettre avec eux.

Et que leur demande-t-on ? De troubler le royaume « par précaution du trouble » et d'attirer sur eux « les malédictions des peuples... l'opprobre de tous les François... avec l'horreur des nostres mesmes... qui ne consentiront pas à la nouveauté ».

Retenons cet aveu. D'Aubigné sait et reconnaît que ses coreligionnaires ne marcheraient pas, si on les appelait à la révolte. C'est donc que dans l'ensemble ils sont satisfaits de la situation présente, c'est-à-dire du régime de l'Édit.

Il y a bien, il est vrai, cette histoire de conjuration des souverains catholiques, avec laquelle on peut essayer de les alarmer. Mais d'Aubigné, si défiant d'ordinaire en ces matières, n'a pas l'air d'y croire ou d'y attacher grande importance : « Il n'y a rien de nouveau en cette conjuration que la personne du roi, laquelle nul de nous ne croit estre menée en cet affaire avec gayeté, mais traînée à contre-cœur. » Même si c'était vrai, il plaiderait donc les circonstances atténuantes. Ce calme et cette modération étonnent de sa part, mais on sent qu'à cette heure grave il fait effort sur lui-même pour juger avec équité ou avec indulgence la conduite religieuse du Roi. Car la même excuse, remarquons-le, vaut pour expliquer son abjuration, et, s'il ne le dit pas formellement, il le laisse entendre.

En fait, il a confiance en lui ; il est assuré qu'il ne les sacrifierait pas. Si ce n'était par un reste d'amitié, ce serait du moins par politique, afin de les maintenir comme contre-poids du « Grand Parti », c'est-à-dire du Catholicisme ultramontain et espagnol : « Il est sensible à la jalousie de son Estat, lequel il void en pièces, comme il l'a bien sçeu dire, quand le respect des huguenots ne fera plus distraction des desseins du grand parti ; il n'a point encores monstré d'avoir perdu cette opinion. »

Il est regrettable qu'une argumentation si droite, si nette, aboutisse à une conclusion qui l'est beaucoup moins, et que d'Aubigné, après ce vigoureux réquisitoire contre les traîtres, préconise à leur égard une conduite assez équivoque. Je sais bien que ce ne serait qu'une tactique, mais elle eût été dangereuse, et pour le Parti qui risquait de s'y compromettre, et pour la France qu'elle laissait exposée à une surprise. Que recommande-t-il, en effet ? Non pas, comme on s'y attendrait, de rejeter l'offre avec mépris, et de signifier à Biron que les Huguenots ne voulaient avoir rien de commun avec de mauvais Français, mais au contraire il conseille de conserver le contact et de ne pas rompre les pourparlers, afin d'être au courant de ce qui se trame et de pouvoir s'y opposer au bon moment, au besoin en le révélant au Roi. — Pourquoi pas tout de suite ? Et n'y a-t-il pas à craindre de laisser aller les choses trop loin, et d'avertir trop tard ? Si encore il n'obéissait qu'à un scrupule — discutable, mais honorable — en hésitant à dénoncer, sans nécessité absolue, des gens qui se sont fiés à eux, on comprendrait. Mais, en fait, il y a une autre raison à l'expectative qu'il désire qu'on garde, une raison moins avouable, dont il ne se cache d'ailleurs pas avec des coreligionnaires : c'est que l'entreprise de Biron, si criminelle qu'elle soit, a l'avantage de diviser les Catholiques ; alors il y a intérêt à ne pas l'arrêter trop tôt, et donc à laisser espérer un concours éventuel des Protestants. Ce ne sera qu'un appât trompeur, bien entendu, mais il produira le résultat cherché :

« Je sai bien que la division entre ceux qui nous veulent déstruire est un présent du ciel pour nous garantir ; mais recevons les justes effects qui s'en produiront, sans nous polluer dans les choses iniques et pleines de danger. Je dis donc que nous devons laisser eschapper les impatiences de ces meschans à leur honte, sans la nostre, mesnageans leur espérance sans nostre crime, par la longueur qui se trouve à donner un pli nouveau à notre grand corps et l'instruire de choses à quoi il ne peut estre si tost préparé ; le tout sans promesse absolue ni par parole ni par escrit. »

Voilà du machiavélisme assez compliqué ; et cette façon de se laver les mains d'un crime que, dans l'ombre, on aura fait mine d'encourager, tant qu'il s'en tiendra à la préparation — où sera la limite exacte ? — cette attitude où d'Aubigné voit sans doute le fin du fin de l'habileté politique, ne saurait nous plaire autant qu'à lui-même. Ces subtilités et ces artifices choquent plus de sa part que d'un autre, tant ils jurent avec son caractère. Il se flatte de pouvoir par ce moyen « observer la foi aux choses et aux personnes », c'est-à-dire concilier tous les devoirs : envers le Roi et la France, envers les Églises, envers les traîtres mêmes qu'il ne voudrait pas trahir. Il s'abuse. Il y avait là des intérêts trop opposés pour être ménagés tous ensemble ; et, dans un conflit de devoirs, il faut savoir choisir. En réalité il a choisi, et le corps du discours en témoigne. Il a bien vu où était le devoir essentiel. C'est dans la manière de le remplir qu'il peut se tromper. Mais il reste, et c'est l'important, que, sans hésiter, il a repoussé du pied l'alliance avec ceux qui conspirent contre le Roi, et que sa fidélité a éclaté comme un cri du cœur. Cela rachète bien des injustices, notamment dans l'appréciation de l'Édit de Nantes. A vrai dire son grand grief contre le Roi, c'est l'abjuration ; mais l'indignation qu'il en a éprouvée ne s'est jamais traduite qu'en paroles. Quand il s'agira de passer aux actes, toujours il reculera ; c'est son honneur et c'est son absolution.

Après son beau discours au conseil des Dix, « la compagnie, nous dit-il, n'eut qu'une voix à l'approbation de ce que dessus, et le seigneur, qui l'avoit convoquée, ajousta que tout ce qui venoit d'estre allégué estoit son sentiment, mais que l'usage méritoit leur conseil, bien joyeux de le voir ainsi approuvé [1] ».

Bouillon sauvait au moins la face adroitement, et, n'ayant pas rencontré chez ses partenaires les dispositions qu'il espérait, il changeait de visage sans hésiter.

C'est d'Aubigné qui voyait juste, en effet, en déclarant que les Protestants refuseraient de se laisser entraîner dans cette aventure. Leur abstention confirma son pronostic. Le Parti, dans son ensemble, demeura indemne de toute contagion. C'est

1. *Histoire universelle*, t. IX, p. 361.

la meilleure preuve qu'il avait retrouvé la santé morale, et que le régime de l'Édit,
si honni par d'Aubigné, lui était bon.

Certes, on avait encore des sujets de plaintes, soit contre le gouvernement cen-
tral, soit contre les autorités locales, les Parlements en particulier, pour des infractions à l'Edit [1] ; mais les réclamations suivaient leur cours normal, et parvenaient
au Roi par les Cahiers de requêtes périodiques. La difficulté était de maintenir
cette soupape de sûreté après la suppression des assemblées politiques qui jus
qu'alors avaient eu la charge de rédiger les Cahiers. L'Édit de Nantes ne les autorisant plus [2], il fallait trouver une autre forme de représentation du Parti, et un
autre organe de transmission des griefs et demandes. L'institution des Députés
généraux en Cour, véritables ambassadeurs permanents des Églises auprès du
Roi, répondit à ce besoin. Ce fut le compromis adopté au moment de la disparition
de la dernière survivance de la Grande Assemblée qui avait débattu l'Édit de
Nantes. On se rappelle [3] qu'elle avait été autorisée à laisser derrière elle, pour en
surveiller l'exécution, une réduction d'assemblée qui devait durer jusqu'à l'établissement de la chambre mi-partie de Guyenne. Les candidats proposés pour être
juges en cette chambre furent agréés par le Roi en septembre 1600. Six mois après
la petite assemblée (de Saumur) subsistait encore par un instinct de conservation
peut-être naturel, mais qui à la longue devenait gênant pour le gouvernement, car
les Catholiques protestaient. Henri IV la somma de se dissoudre (27 mars 1600).
Elle eut beau faire appel aux provinces, aux Grands du Parti, au Synode national
de Jargeau (avril), force lui fut de se résigner à mourir (31 mai 1601). Mais avec une
compensation et une consolation : le Roi avait consenti à la convocation d'une dernière Assemblée pour élire les premiers Députés généraux, et fixer leur mode de
nomination ultérieur, à défaut d'Assemblées pour les désigner [4].

1. En dehors des protestations renouvelées contre les modifications introduites par l'Édit vérifié,
les plaintes qui reviennent le plus souvent concernent : l'irrégularité du paiement des ministres, du fonds
d'entretien des garnisons toujours réduit au-dessous du chiffre promis, — l'admissibilité aux charges
publiques, qui reste trop souvent théorique et lettre morte, — les retards apportés à l'établissement des
juridictions exceptionnelles, des cimetières et collèges protestants, — les tracasseries locales pour gêner
l'exercice du culte, etc.
2. Interdites par l'article 83. Cf. Texte de l'Édit dans ANQUEZ, *Assemblées politiques des Réformés*, p. 482.
3. Cf. mon chapitre x ci-dessus, § 2, t. II, p. 144, 146 et 147 (avec la note 1).
4. Cf. ANQUEZ. *Assemblées politiques des Réformés*, p. 183-187.

C'est à Sainte-Foy, en octobre 1601 (du 16 au 2[?]), que se réunit cette Assemblée qui devait être la dernière. Il y en aura d'autres. Mais enfin on n'en pouvait être assuré, et la mission de celle-là était assez mélancolique, puisqu'elle consistait à régler les funérailles des assemblées politiques et à transmettre leur succession. Saint-Germain et Desbordes-Mercier furent les premiers exécuteurs testamentaires, je veux dire les premiers Députés généraux présentés au choix du Roi et agréés. Mais pour l'avenir, la procédure adoptée, ou plutôt l'absence de procédure fixe pour la nomination des Députés généraux, montre bien qu'on gardait l'espoir de la résurrection des Assemblées : on ne voulut pas se lier à un moyen qui eût permis de se passer d'elles. Il fut donc décidé — vaguement — qu'ils seraient désignés soit par des Assemblées, soit par des Synodes nationaux, soit autrement [1].

Au fond, on n'avait en vue que l'élection par des Assemblées ; et, comme il n'y en eut pas de permises en 1603, ni en 1604, le Synode national de Gap (1603) préféra accepter le maintien en fonctions des mêmes Députés généraux — ils n'étaient régulièrement nommés que pour un an. C'est donc Saint-Germain et Desbordes-Mercier qui présentèrent les Cahiers pendant trois années, ceux de l'Assemblée de Sainte-Foy d'abord, ceux des provinces ensuite. Henri IV y répondit avec bonté et accorda tout ce qu'il put, sauf la révision des modifications apportées à l'Édit vérifié, qu'il estimait de peu d'importance [2]. Mais à part cela, l'application de l'Édit s'améliorait de jour en jour, les infractions étaient corrigées, les résistances brisées. Ainsi se faisait peu à peu l'accommodation du petit État protestant, reconnu par l'Édit de Nantes, au grand État dont il faisait partie.

Somme toute, dans l'ensemble, si on néglige les cas épars d'intolérance et les déceptions individuelles, les Réformés étaient satisfaits de leur sort et jamais ils ne s'étaient sentis si bien protégés. Duplessis en fait l'aveu dans une lettre du 26 mars 1604 à M. de La Fontaine, pasteur français résidant en Angleterre : « Nos Églises, par la grâce de Dieu, et soubs le bénéfice des édicts du roy,

---

1. Cf. ANQUEZ, op. cit., p 204. Article [...] du Règlement de[...]

Ce règlement se trouve tout au long dans le volume aux [...] de [...], au procès-verbal de l'Assemblée de Sainte-Foy.

2. Cf. ANQUEZ, op. cit., p. 212-213.

jouissent d'une condition qu'elles n'ont poinct envie de changer. L'Évangile est presché librement, non sans progrès ; la justice nous est départie ; nous avons des lieux où nous mettre à l'abri contre l'orage ; s'il survient quelque contravention, on oit nos plainctes ; souvent on les répare. On pourroit désirer en plusieurs lieux que nos exercices feussent ou plus proches ou plus commodes ; que nous eussions plus de part aulx honneurs et aulx charges ; et peult-estre ne seroit-il pas ni inutile au roy, ni indeu à nos services. Mais ce sont choses à souhaiter, et non à exiger ; complainctes de chrestiens trop douillets ou purement d'hommes. Brouiller le monde tant soit peu pour cela, il n'y a veine qui y tende [1]. »

Ce témoignage est d'autant plus précieux, qu'à l'époque où Duplessis le rend, il ne saurait être suspect de complaisance pour le Roi, contre qui au contraire il est assez aigri par sa disgrâce injustifiée depuis la conférence de Fontainebleau. En outre, il existe à ce moment dans le Parti une cause de mécontentement qui pourrait rendre moins sensibles les avantages dont on jouit, c'est la poursuite intentée au duc de Bouillon pour participation au complot de Biron. On sait que Biron, arrêté le 14 juin 1602 [2] sur la dénonciation d'un complice, La Fin, et jugé pour haute trahison par le Parlement de Paris, fut condamné à mort et exécuté le 31 juillet.

L'accusation portée contre Bouillon ne paraît pas si invraisemblable quand on a vu le rôle assez louche joué par lui dans le conciliabule mystérieux que raconte d'Aubigné. Mais ceux qui y avaient assisté avaient bien gardé le secret ; aussi personne dans le Parti ne croyait à sa culpabilité, et on ne doutait pas qu'il ne fût victime d'une machination catholique pour le perdre. Henri IV avait-il des preuves formelles contre lui ? Au début sans doute des soupçons seulement, mais assez sérieux pour le sommer de venir se justifier [3]. Dans la suite l'enquête aurait révélé des charges graves, une correspondance coupable avec le Roi d'Espagne [4].

---

1. Duplessis-Mornay, *Mémoires*, t. IX, p. 539-540.

2. En même temps que le comte d'Auvergne (fils de Charles IX) qui sera relâché le 2 octobre suivant. Voir dans les *Pièces épigrammatiques* (éd. Réaume, t. IV, p. 374) un quatrain au comte d'Auvergne et un à Biron faits à ce moment (les pièces XLII et XLIII).

3. Voir la réponse que fera Henri IV, le 18 mars 1603, à l'Électeur Palatin, beau-frère de Bouillon, chez qui il s'était réfugié à Heidelberg, et qui était intervenu en sa faveur, *Lettres-Missives*, t. VI, p. 53.

4. Le Roi le fera certifier à Duplessis par son envoyé Hespérien, en mars 1605 (cf. dans les *Mémoires de Mornay*, t. X, p. 64-69, le compte rendu de la mission d'Hespérien à M. de Sillery en particulier la page 69.)

Quoi qu'il en soit, et qu'il se défiât de la justice du Roi ou qu'il ne se sentît
pas la conscience bien nette, il se dispensa d'obéir à son injonction et d'aller le
trouver. Redoutait-il le sort du maréchal de Biron ? Mais d'où lui serait venue cette
appréhension s'il n'avait rien eu à se reprocher ? Une lettre qu'il écrira beaucoup
plus tard à Duplessis, quand il croira à l'imminence d'un arrangement à l'amiable,
ne donne pas l'impression qu'il était si sûr de son innocence [1].

On s'expliquerait alors ses échappatoires. Il réclamait et n'acceptait qu'une
juridiction, celle de la chambre mi-partie de Castres. Duplessis, invité par le Roi
à s'entremettre pour le faire céder, appuya au contraire sa prétention à être jugé
à Castres comme conforme à l'Édit de Nantes [2]. Point de vue très discutable. Les
tribunaux spéciaux avaient été institués pour garantir aux Huguenots le droit
commun, et non pour juger des crimes contre la sûreté de l'Etat. Duplessis, il est
vrai, invoquait aussi des considérations d'opportunité politique, arguant qu'il ne
fallait laisser aux Réformés aucun doute sur l'équité de la sentence qui serait ren-
due. Le Roi passa outre à cet avis, et fit défense à la chambre de Castres de s'occuper de cette affaire qui revenait de droit au Parlement de Paris, dont Bouillon était
justiciable comme duc et pair. Privilège redoutable en la circonstance. Il prit
peur. D'où sa fuite en Allemagne, à Heidelberg, chez son beau-frère l'Electeur
Palatin (janvier 1603). Celui-ci écrivit au Roi pour plaider sa cause (8 février).
D'autres manifestations de solidarité protestante se produisirent en sa faveur : une
députation des Princes allemands (avril), une autre des Cantons suisses. Le
Synode de Gap, qui se tint du 1er au 23 octobre 1603, trouva un moyen original de
protester contre le procès fait à Bouillon : ce fut de rendre une sentence contre le
Pape, et d'insérer dans la Confession de foi imprimée des Églises réformées un
article proclamant à la face de l'univers que le Pontife romain était l'Antéchrist
annoncé par les Écritures. Duplessis a beau prendre la défense du Synode [3] ; ce

1. Cf. *Mémoires de Mornay*, t. X, p. 130-133. C'est au moment (en 1605) où l'entremise adroite du
Landgrave de Hesse, Maurice le Savant, lui avait obtenu un sauf-conduit pour aller présenter sa défense
au Roi, et la promesse qu'il n'aurait que lui pour auditeur et juge : des difficultés ultérieures empêchèrent
cet arrangement d'aboutir.

2. Cf. dans les *Mémoires de Mornay* la demande du Roi, t. IX, p. 487-488 (et t. X, p. 68) et la réponse
de Duplessis, t. IX, p. 188-490.

3. Voir ses arguments dans ses lettres aux Députés généraux MM. Desbordes-Mercier et Saint-Germain, du 29 décembre 1603, t. IX, p. 522-523, et dans un plaidoyer en forme qui suit, p. 521-527.

n'en était pas moins un défi maladroit — et puéril — jeté au Catholicisme, dans le temps même où Henri IV s'employait avec tant de persévérance à assurer la pacification religieuse.

Toute cette agitation était un peu artificielle, et ne pénétra pas dans les couches profondes du Parti, attaché à la paix de l'Édit, et tenant à la conserver. On s'en apercevra lorsque le Roi se décidera à des mesures de rigueur. Il ne rencontrera aucune résistance, et Bouillon sera proprement lâché par ses coreligionnaires. Une Assemblée réformée, autorisée en 1605 — et dont nous reparlerons — refusera de s'engager dans cette aventure. D'Aubigné, qui n'a pas pardonné au Duc de s'être montré trop accommodant avec la Cour lors de la Grande Assemblée, prendra ce jour-là sa revanche :

« Le duc de Bouillon, ayant envoyé à ceste assemblée pour lui prattiquer quelque résolution contre les menaces de la cour, eut pour réponse que, par la paix de Chastelleraut, il avoit énervé toutes les vigueurs du parti, fermé les voyes à telles délibérations, comme *on* lui avoit prédit quand il faisoit le mal[1]. »

Ce *on* c'est d'Aubigné, et on croirait que c'est lui qui a dicté la réponse. Il est sûr en tout cas qu'en la rapportant il y met son accent personnel.

Dès lors ce sera la débâcle pour Bouillon : en 1605 (octobre), l'occupation de sa vicomté de Turenne, en 1606 (avril) l'expédition royale contre Sedan, d'où Henri IV le ramènera à Paris, soi-disant réconcilié, mais faisant une triste figure dans le cortège du triomphateur :

« Le vendredi 28e de ce mois (avril 1606), rapporte L'Estoile dans son *Journal*, le Roi, revenant de son voyage de Sedan, rentra à Paris par la porte Saint-Antoine, accompagné de plusieurs princes et seigneurs, et entre autres de M. le mareschal de Bouillon, qui estoit vestu tout simplement d'un habillement tanné, monté sur un simple cheval sans aucune parade, et portoit un visage fort triste. A l'arrivée de Sa Majesté, furent tirées de l'Arsenal force canonnades ; et estoit près de lui M. de Rosni, qui l'entretenoit et lui monstroit les belles dames[2]. »

On comprend que Bouillon se soit senti mal à l'aise sous les regards ironiques

1. *Histoire universelle*, t. IX, p. 344. Par un invraisemblable lapsus chronologique d'Aubigné met cet incident et cette assemblée sous l'année 1599.
2. L'Estoile, t. VIII, p. 216-217.

des belles dames et des Parisiens. Mais si son amour-propre put en souffrir, la vengeance au fond n'était pas bien terrible, puisque deux ans après le Roi devait retirer la garnison mise à Sedan. Il n'avait donc voulu que donner une leçon à Bouillon et un avertissement aux grands. En sa personne, c'est leur tête à tous qu'il courbait sous le joug de l'autorité royale restaurée. Mais il avait fait tomber celle de Biron pour avoir vraiment médité le crime de Judas. La différence de traitement prouve la différence de culpabilité. Si la fidélité de Bouillon chancela, ce ne fut sans doute qu'une velléité passagère, et non suivie d'effet. Et son cas resta isolé. Sa défaillance ne retombe pas sur le Parti.

§ 3. — **Pro Christo et Rege:** d'Aubigné entend ne trahir ni l'un ni l'autre. — Une explication avec Henri IV à ce sujet après la mort de La Trémoille (fin 1604 ou début 1605). — Son rôle à l'Assemblée générale de Châtellerault (26 juillet au 9 août 1605).

En contribuant à empêcher le Parti de tremper dans la vilaine affaire Biron, d'Aubigné avait montré qu'il gardait fidélité au Roi malgré l'abjuration. Tout en le condamnant, et en l'appelant au Tribunal de Dieu, il lui restait dévoué — par devoir et par affection. Il rendait à César ce qui appartient à César, et il le rendait de bon cœur et de bonne grâce. Mais le service de Dieu primait celui du Roi. C'est dire que jamais il ne consentirait à lui sacrifier les intérêts de la Religion, tels qu'il les comprenait, ni la défense de ses coreligionnaires. Henri IV le savait. Il connaissait assez son caractère pour ne pas se faire d'illusions à cet égard, et si jamais il en avait eu, la conduite de d'Aubigné aux Assemblées les aurait dissipées. Il n'avait aucun espoir de le rallier. Il lui en voulait sans doute de cette fermeté inébranlable. Il lui en voulait surtout au moment où elle le gênait tant en fortifiant la résistance des autres ; mais il ne pouvait s'empêcher d'admirer au fond, tout en la raillant comme un ridicule,

cette grande roideur des vertus des vieux âges

dont d'Aubigné était l'image.

Car il avait reconnu que c'était un mérite rare, même dans les milieux pro-

testants, où il avait trop souvent jeté avec succès l'appât des faveurs et des libéralités. Ceux qui mordaient à l'hameçon lui plaisaient peut-être davantage, mais il
avait de l'estime pour les autres ; et il le laissa bien voir à d'Aubigné dans une
circonstance mémorable, quoiqu'il essayât de lui donner le change par un ton de
reproche qu'il ne put conserver jusqu'au bout.

C'était *au moment de la mort de La Trémoille*, qu'il n'aimait pas, le seul
peut-être de ces Huguenots intraitables à qui il ne pardonna pas de lui avoir tenu
tête. C'est que La Trémoille jouissait dans le Parti d'un prestige incomparable,
par la grandeur de sa maison, et plus encore, par sa grandeur d'âme : deux noblesses
qui se faisaient valoir l'une l'autre. On se rappelle son rôle aux Assemblées qui
débattirent l'Édit de Nantes, et comment il accueillit à Saumur, en 1597, le marché que lui proposaient les commissaires royaux, Schomberg et de Thou[1].
D'Aubigné qui a transmis à la postérité ce beau trait, à la gloire de son ami,
l'avouait pour suzerain d'élection, parce qu'il voyait briller sur son blason l'honneur huguenot dans toute sa pureté[2]. Aussi sa disgrâce lui fut une raison de plus
d'afficher davantage ce vasselage volontaire. Il y avait entre eux une sorte de
pacte à la vie, à la mort. Et ce n'était pas là une formule ; qu'on en juge par cette
anecdote :

« Ceux qui tenoient bon pour le Parti, courants sans cesse grande risque de
leur vie, et ayants serment de mourir ensemble, le Roy ayant faict démarcher
quelques forces pour investir le Duc dans Thouars, il escrivit à Aubigné : *Mon
ami, je vous convie suivant nos juremens à venir mourir avec vostre très fidèle.*
La responce fut : *Monsieur, vostre lestre sera bien obeye, quoy que je la blasme
d'une chose, c'est d'avoir allégué nos promesses qui doivent estre trop présentes
pour les ramentevoir*[3]. »

Ne semble-t-il pas que l'esprit et les coutumes de l'ancienne chevalerie revi-

1. Cf. ci-dessus t. II, p. 142-144.

2. Voir avec quelle émotion, et quelle piété pour la mémoire du père, il écrit au fils de La Trémoïlle, qui avait exprimé le désir de le rencontrer en octobre 1616. « Monseigneur, vostre commandement
accomplit un de mes plus grands désirs et me fait espérer une chose dont je me suis vanté à tous mes
amis et en toutes occurrances, c'est de donner avant mourir une bonne journée à l'aquit de ce que je
doibz à feu M. de la Trimouille, auquel je ne voy nul pareil en mérites... » (collection des ducs de la
Trémoïlle). Cf. Réaume, t. I, p. 563.

3. *Mémoires* de d'Aubigné, éd. Réaume, t. I, p. 77.

vent dans l'union de ces deux hommes si bien assortis, de même valeur morale, et prêts, par l'estime et l'admiration mutuelles, à se dévouer totalement l'un pour l'autre ?

Claude de La Trémoille était sensiblement plus jeune que d'Aubigné [1]. Mais il mourut prématurément à trente-huit ans, le 25 octobre 1604, à son château de Thouars, après une courte maladie [2], entouré des siens et de « quelques ungs de ses plus affectionnés [3] » qui avaient eu le temps d'accourir à son chevet. Je veux croire que d'Aubigné était du nombre [4], mais Duplessis-Mornay, qui avait été mandé un des premiers par le malade dont il devait être l'exécuteur testamentaire [5], ne nomme expressément que La Noue et le Député général Saint-Germain Monroy. En tout cas d'Aubigné s'associa du fond du cœur au deuil de la famille, et se mit à l'entière disposition de la veuve [6]. Mais bientôt il se sentit si désemparé par la perte d'un tel ami, *animæ dimidium suæ*, qu'il eut un moment de dépression, et comme si désormais il était sans défense, « ne voyant plus personne à cause des corruptions et pensions, à qui il pust se conjoindre pour deffendre sa vie en cas d'oppression », il songea à quitter la France, et déjà il avait fait ses préparatifs de départ et commencé d'embarquer ses « bahuts » (coffres de voyage) sur un bateau « traversier », quand arriva fort opportunément un courrier royal apportant des lettres, où « avec les familiaritez du temps passé » Henri le priait de venir en qualité de « Doyen des Esquiers » enseigner à deux de ses jeunes successeurs les joutes, tournois et combats de barrière [7].

1. Il était né en 1566 et avait donc 14 ans de moins.

2. Cf. Duplessis-Mornay, t. X, p. 14 (à l'Électrice Palatine, sœur de Mme de La Trémoille), et t. X, p. 28 (à M. de Bourron).

3. Même lettre à M. de Bourron, p. 27.

4. Si, comme je l'ai supposé dans mon chapitre xi, § 3, ci-dessus, même tome, p. 241, la *Méditation en prose sur le Psaume 16* lui a bien été inspirée par la mort de La Trémoille, l'argument qui la précède confirmerait qu'il était présent à cette mort. (Cf éd. Réaume, t. II, p. 204.)

5. En même temps que l'Électeur Palatin et le duc de Bouillon ; mais comme ceux-ci étaient hors de France, c'est Duplessis qui, muni de leur procuration, devait assumer toute la tâche, et tout le mécontentement du Roi qu'il ait accepté cette tâche. Cf. deux lettres à M. de Saint-Germain du 31 décembre 1604, et du 2 janvier 1605. *Mémoires de Mornay*, t. X, p. 49 et 50. — Voir aussi deux lettres de justification au Roi à ce propos, des 1er et 15 décembre 1604, et une réponse assez sèche d'Henri IV, le 17 décembre. *Ibid.*, t. X. p. 42, 44 et 45.

6. Cf. une lettre de d'Aubigné au secrétaire de la Duchesse, le 24 novembre 1604 (Réaume, t. I. p 561).

7. *Mémoires*, éd. Réaume. t. I, p. 74-75. On lit, d'autre part, dans les *Mémoires de Bassompierre* éd. du

C'était la reprise de la vie de Cour, brillante, dont les Valois avaient donné le spectacle et laissé le regret. La paix enfin conquise après tant d'épreuves ramenait les plaisirs d'autrefois. Ces exercices chevaleresques en particulier, images d'une guerre archaïque, simples jeux belliqueux, annonçaient par leur retour la fin de la vraie guerre qui comme une tempête avait secoué et désolé le pays. On comprend qu'Henri IV, pour marquer l'avènement de cette ère nouvelle, ait voulu faire revivre avec éclat ces passes d'armes élégantes et hardies, où s'était complue naguère et signalée son activité prisonnière pendant son séjour forcé à la Cour des Valois. D'Aubigné, qui était déjà lié alors à sa fortune et son premier écuyer, n'y excellait pas moins. En s'adressant à lui pour les restaurer dans leur ordonnance traditionnelle, il ne rendait pas seulement hommage à sa maîtrise, mais il témoignait que ces souvenirs de jeunesse lui restaient chers, et c'était une manière de renouveler leur affection en la retrempant à sa source première. D'Aubigné le comprit ainsi. Touché et flatté à la fois de cet appel, il s'empressa de décharger son « traversier » et de changer la direction de son voyage. C'est ainsi qu'il passa deux mois en Cour à la fin de 1604 ou au début de 1605[1].

Le Roi, tout en lui faisant bon visage, évita longtemps le tête-à-tête et les sujets délicats, sans doute pour ne pas le heurter, et pour le remettre en confiance avant de lui dire ce qu'il avait sur le cœur. Mais enfin vint l'heure de l'explication, qui, engagée par Henri sur le mode ironique afin de dissimuler son émotion, prit, dès la première réplique de d'Aubigné, un accent de gravité où l'on sent des deux côtés résonner le fond des âmes. Voici le récit sans apprêt, et qui n'en est que plus impressionnant, que d'Aubigné nous a laissé de cette intime conversation :

marquis de Chanterac pour la *Société d'Histoire de France*, t. I. p. 161), que « le dimanche 27 février 1605 se fit le combat à la barrière, *le seul qui se soit fait du règne du feu Roi* ni de celui de son fils ». C'est sans doute pour la préparation de cette fête que d'Aubigné fut appelé.

1. Il n'avait pas encore quitté le Poitou à la fin de novembre 1604 et il n'en était même pas encore question (cf. la lettre déjà citée au secrétaire de la duchesse de La Trémoille, Réaume, t. I, p. 561). Je relève, d'autre part, dans le récit des *Mémoires* un détail assez surprenant. Outre des lettres du Roi pour le mander à la Cour, d'Aubigné en aurait reçu « *d'autres du duc de Bouillon, lors auprès de S. M.* et encore *du sieur de La Varenne*, confirmatives de sa bienvenue à la Cour ». (Éd. Réaume, t. I, p. 74.) Pour Bouillon la chose est impossible, et il ne peut y avoir là qu'une confusion de souvenirs. Compromis comme on l'a vu dans l'affaire Biron, il était alors réfugié, et pour longtemps encore, à Heidelberg chez son beau-frère l'Électeur Palatin.

Il y avait déjà deux mois qu'il était en Cour « sans que le Roy ouvrist la bouche du passé ; mais un jour que Monsieur le Premier [écuyer] de Liancourt fit que l'Esquier qui estoit en quartier présenta sa place au Doyen des Esquiers [d'Aubigné] il l'accepta, et en entrant dans le bois, le Roy lui tint ce discours : *Je ne vous ay point encore parlé de vos Assemblées, où vous avez failli à tout gaster, car vous estiez bon, et je corrompois tous vos plus grands, si bien que j'en ay fait un mon espion et vostre traistre pour six cents escus. Combien de fois, en voyant que vous ne suiviez pas mes voluntez, ay-je dit :*

O que si ma gent
Eust ma vois ouïe !
Et puis, j'eusse en moins de rien
Peu vaincre et deffaire, et c.t.

Mais quoy, pauvres gens, vous estiez peu qui travailliez aux affaires, et le reste à leurs bources, et à gagner mes bonnes grâces à vos despens. Je puis me vanter qu'un homme des meilleures maisons de France ne m'a cousté à corrompre que cinq cents escus.

« Après plusieurs tels propos, d'Aubigné respondit ainsi : *Sire, je suis tombé en election, que j'ay fuyie quand les autres la practiquoyent. On a tiré le serment de moy qui eschet en tel cas ; je ne sçay que c'est de l'oublier, ni de l'explicquer ; seulement je sçay que tous nos plus apparents, hormis Monsieur de la Trimouille, vendoyent leur peine à vostre Majesté, comme estant là pour ses affaires : je mentirois si je vous en disois autant ; j'y estois pour les Esglises de Dieu, avec autant plus de juste passion qu'elles estoient plus abaissées et plus affaiblies, vous ayant perdu pour protecteur. Dieu miséricordieux ne veille pas laisser d'estre le vostre : Sire, j'ayme mieux quitter vostre Royaume et la vie que de gagner vos bonnes grâces en trahissant mes frères et compagnons.* La replicque du Roy fut estrange: *Cognoissez-vous* (dit-il). *le President Janin ?* Sur la négative, il poursuivit : *C'est celuy sur la cervelle duquel toutes les affaires de la Ligue se reposoyent ; voilà les mesmes raisons desquelles il me paya ; je veux que vous le cognoissiez, je me fieray mieux en vous et en luy, qu'en ceux qui ont esté doubles.*

« A ce discours j'en veux joindre un autre qui se fit au despart ; après une grande ambrassade, Aubigné congédié retourna au Roi, et luy dit : *Sire, en regardant vostre visage, il me donne les anciennes hardiesses suivant lesquelles j'ose demander à mon Maistre ce que l'ami demande à l'ami ; defaites trois boutons de vostre estomac, et me dites pourquoy voys m'avez peu hayr ?* Le Roy ayant pasli, comme il faisoit à tout ce qu'il prononçoit d'affection, dit : *Vous avez trop aimé la Trimouille.* Responce, *Sire, ceste amitié s'est faicte à votre service.* Demande, *Ouy, mais quand je l'ay hay vous n'avez pas laissé de l'aimer.* Responce, *Sire, j'ay esté nourri aux pieds de vostre Majesté attacquée de tant d'ennemis et d'accidents, qu'elle a eu besoing de serviteurs amateurs des affligez, et qui n'abandonnassent pas vostre service, mais redoublassent leur affection au prix que vous estiez accablé par une puissance supérieure ; supportez de nous cest apprentissage de vertu.* Il n'y eut autre responce que l'ambrassade d'à Dieu[1]. »

Le bel épisode et l'admirable profession de foi dans la bouche de d'Aubigné ! Principes et sentiments, tout y a la même valeur. L'honnêteté foncière et la générosité de sa nature s'y expriment tout entières : manquer à son serment, manquer aux malheureux, sont des lâchetés qui lui font également horreur. Il n'achèterait à ce prix ni la faveur du Roi, ni encore moins la vie. — Et d'ailleurs y aurait-il gagné vraiment la faveur du Prince ? *Des* faveurs tout au plus, ce n'est pas la même chose ; mais il aurait perdu son amitié profonde le jour où il aurait démenti son beau et grand caractère. N'est-ce pas ce qui ressort du propos d'Henri sur le Président Jeannin, qu'il met à part dans son estime avec d'Aubigné, très au-dessus de tous les autres ? Et plus significatifs encore que cet aveu sont les paroles muettes, les silences expressifs, les attitudes, les regards, tout ce que d'Aubigné nous fait deviner, tout ce qui rend la scène si émouvante, et qui semble avoir tenu tant de place, ce jour-là, dans le langage du Roi. En vérité d'Aubigné pouvait s'en retourner satisfait. Il avait senti encore une fois le cœur de son maitre battre à l'unisson du sien.

Au moment de son voyage en Cour, une nouvelle Assemblée générale protestante était autorisée en principe — par brevet royal du 28 octobre 1604 — à l'effe de remplacer les premiers Députés généraux dont le mandat était depuis longtemps

1. *Mémoires*, t. I de l'éd. Réaume, p. 75-76.

arrivé à son terme. C'est celle à laquelle Bouillon devait s'adresser inutilement. Est-ce en prévision de cette Assemblée qu'Henri IV jugea opportun de catéchiser d'Aubigné, et de lui remontrer l'inutilité de son opposition dans les précédentes, afin de le désarmer cette fois ? Il se pourrait, et il n'est pas interdit de penser qu'en provoquant cette explication, il ne cédait pas seulement à un mouvement d'affection qui le ramenait vers un ami, mais qu'il avait une arrière-pensée. Dans ce cas, il en fut pour ses frais de diplomatie.

Cette *Assemblée de Châtellerault* eut une naissance assez laborieuse. Le Roi répugnait à l'accorder, pour ne pas renouveler le précédent de Sainte-Foy (octobre 1601) et ne pas régulariser ainsi le système d'élection des Députés généraux par des assemblées politiques contraires à l'Édit de Nantes. Les Réformés, en revanche, voyaient là une occasion périodique de tourner l'interdiction, et tenaient donc beaucoup à consacrer, par une seconde dérogation, la tolérance des assemblées. De là l'insistance qu'ils mettaient à la demander. Ils avaient un autre motif plus important encore peut-être : le délai de concession des places de sûreté, qui leur avaient été laissées pour huit ans par l'Édit de Nantes, approchait de sa fin. Il y avait doute d'ailleurs sur l'époque de l'échéance, parce qu'il y en avait sur le point de départ : fallait-il compter les huit années depuis la signature de l'Édit, ou seulement à partir de l'enregistrement au Parlement de Paris, ou même plus tard encore, dans les autres Parlements ? L'écart pouvait être de deux ans. suivant la façon dont on calculerait. Si l'on faisait courir le délai depuis la signature, il expirait en 1606. Qu'allait-il advenir ? Les Protestants estimaient que l'hostilité dont ils étaient l'objet n'avait guère diminué, et qu'ils avaient autant besoin de ces garanties qu'en 1598. Tout leur effort tendait donc à obtenir une prolongation. C'était leur objectif essentiel en sollicitant l'Assemblée, encore qu'ils ne l'avouassent pas [1].

Le Roi ne l'ignorait pas, et il était au fond assez disposé à leur donner cette satisfaction, mais pas d'emblée, afin de garder un moyen d'action et de pression sur

---

1. Cf. DUPLESSIS-MORNAY, *Mémoires*. t. IX. p. 557 à 561, lettre du 24 août 1604, avant l'octroi de l'Assemblée, au Député général Saint-Germain; t. X, p. 94 à 99, Mémoire aux Églises, en juin 1605, en vue des assemblées provinciales qui vont avoir à élire les Députés à la Générale et à les munir d'instructions ; t. X, p. 104 à 110, Mémoire daté du 22 juillet 1605, adressé directement à l'Assemblée qui va s'ouvrir le 25, et lui fournissant tous les arguments à faire valoir pour justifier la prorogation des places de sûreté.

les délibérations de l'Assemblée. C'est peut-être parce qu'il avait cette arme en mains que finalement il autorisa la convocation. Et ainsi se dessinait un compromis, ou un marché possible : la prorogation des places contre le consentement de l'Assemblée à une procédure d'élection des Députés généraux, qui n'impliquât pas la nécessité d'assemblées périodiques.

Aussi, pour souligner le caractère exceptionnel de celle-ci, il avait imposé certaines conditions, contre lesquelles les Députés généraux et après eux les représentations provinciales, soufflées par Duplessis, avaient vainement protesté[1] : limitation de l'ordre du jour, qui ne devait pas comporter d'autre question que celle de la Députation générale ; contrôle des débats par un représentant de la Couronne, protestant de qualité qui, à ce titre, aurait voix délibérative conformément au Règlement de Sainte-Foy (de 1594), etc. Cette dernière exigence surtout, par la défiance qu'elle manifestait, parut humiliante et insupportable. D'autant qu'on craignait, si on s'y soumettait, d'être obligé de décerner la présidence à ce personnage[2]. La crainte s'accrut quand on sut que ce serait Rosny, le gouverneur du Poitou (depuis 1603).

« L'assemblée, pour éviter cela, changea la coustume et l'article [de Sainte-Foy], eslisant un président avant l'examen des lettres d'envois et pouvoirs. Et là-dessus envoyèrent au duc de Suilli la pluspart de l'assemblée, et *par un gentilhomme de la maison du roi* prièrent le duc de les laisser en leur liberté ; ce que lui receut doucement. Mais Parabère répliqua à un Pui Michel, portant la défense en termes plus durs, que sa qualité lui donnoit séance par l'article de Sainte Foy. Le Provençal respondit : Nous avons cassé l'article en vostre considération[3]. »

Cadet de Puimichel était, en effet, député de Provence. Quant au gentilhomme de la maison du Roi, ce titre recouvre d'Aubigné lui-même. Il donne dans ses

---

1. Cf. Anquez, *Assemblées politiques des Réformés*, p. 212 à 216, et Duplessis, t. X, p. 51 à 57, *Advis pour estre envoyé aux Églises sur le mémoire des points proposés par S. M.* Ce mémoire, contenant les conditions du Roi et les remontrances qu'y avaient faites les Députés généraux, avait été envoyé par ceux-ci aux provinces, avec prière de l'examiner et de formuler leurs observations.

2. Cf. à ce sujet une conversation de Duplessis le 5 mars avec un envoyé du roi Hespérien, *Mémoires de Mornay*, t. X, p. 64-69 ; et une lettre de Duplessis à M. Rivet, pasteur à Thouars, du 22 mai 1605, t. X, p. 91-92.

3. D'Aubigné, *Histoire*, t. IX, p. 303. J'ai déjà noté à propos de Bouillon que d'Aubigné, par une confusion extraordinaire, mettait cette Assemblée de 1605 sous l'année 1599.

Mémoires des détails et des précisions sur la démarche dont il fut chargé auprès de Sully, ou plutôt Rosny, car il n'était pas encore duc de Sully :

« De là à deux ans se fit une Assemblée à Chastelleraut, à laquelle fut envoyé le Duc de Sully. M. de la Noüe et Aubigné furent en leur absence députez à Sainct-Maixent [c'est-à-dire élus à Saint-Maixent ou députés par Saint-Maixent]. Ce fut pourquoy ce dernier estant arrivé à Chastelleraut pour s'excuser sur l'élection non accoustumée, et sur ce que la hayne de sa personne nuiroit aux affaires qu'on luy mettoit en mains, comme il estoit sorti, cependant qu'on adviseroit là-dessus, au lieu d'accorder sa demande, quelques excuses qu'il peust apporter, on [lui] donna la commission d'aller advertir le Duc de Sully (qui prétendoit de présider) à ce que il s'abstint de l'Assemblée, sinon aux occasions selon lesquelles il voudroit parler de la part du Roy[1]. »

D'après le procès-verbal de l'Assemblée[2] d'Aubigné fit, en effet, partie, ainsi que Puimichel, de la délégation choisie pour aller « gratiffier » le marquis de Rosny, c'est-à-dire lui porter les hommages de la compagnie. Mais rien n'indique dans le procès-verbal qu'il y ait eu le moindre incident à la réception. Rosny expliqua les raisons de sa venue et demanda qu'on lui soumît le plus tôt possible les requêtes qu'on avait à présenter.

D'autre part, il n'est guère possible que Puimichel ait répliqué à Parabère invoquant, pour avoir droit de séance, un article de Sainte-Foy : « Nous avons cassé l'article en votre considération. » Car il aurait anticipé sur les événements. L'Assemblée s'ouvrit le 26 juillet, c'est le jour même que fut faite auprès de Rosny cette démarche de courtoisie[3]; et c'est seulement deux jours après, le 28, que fut votée une modification du Règlement de Sainte-Foy (revu déjà à Chastelleraut en 1597), pour retirer aux personnages de qualité le privilège d'assister aux séances avec voix délibérative sans être régulièrement députés aux assemblées : « A esté aussi arresté que nul n'y pourra présider qui ne soit député et esleu à la pluralité des voix et suffrages[4]. »

1. Éd. Réaume, t. I, p. 77.
2. Mazarine, vol. ms. 76-8. Actes de l'Assemblée de Chastelleraut.
3. Qu'avait conseillée du Plessis. Voir dans ses *Mémoires*, t. X, p. [illegible], une [illegible] adressée de [illegible] 1605 aux Églises pour la préparation de l'Assemblée.
4. Procès-verbal (Mazarine, vol. cité) à la date du 28 juillet.

Que ceci visât spécialement Rosny, on ne saurait dire ni oui ni non ; c'est à demi vrai et à demi faux. Il ne s'agissait plus de l'écarter de la présidence puisque la question était réglée, et que l'élection du bureau avait eu lieu dès le jour de l'ouverture, le 26. C'est le baron de La Caze, député de la Saintonge, Aunis et Angoumois, qui avait été nommé président. Mais il est bien évident que c'est l'alerte causée par la candidature possible de Rosny qui avait déterminé cette réaction. Je ne dis pas, en effet, que tout soit faux dans le récit de d'Aubigné. Il y avait bien eu quelque chose, mais dans la coulisse et avant le lever du rideau, c'est-à-dire avant l'ouverture de l'Assemblée. Rosny sentant ou pressentant une résistance, avait de lui-même décliné toute candidature, ce qui rendait inutile la signification brutale dont d'Aubigné se targue dans ses *Mémoires*, plus encore que dans l'*Histoire*, d'avoir été l'huissier.

La correspondance officielle, que Rosny entretint avec le Roi et ses ministres pendant son séjour à Châtellerault, ne laisse pas de doutes, en effet, ni sur le désir qu'aurait eu Henri IV de lui voir au moins offrir la présidence, par déférence, quitte pour lui à la refuser, ni sur l'opposition que Rosny fit à cette idée :

« Quant à la prière que V. M. désiroit qui me fust faite de vouloir présider en l'assemblée, je ne nieray point que je n'ay esté celuy seul qui a empesché qu'il n'en s'en fist seulement la propositon, et ce, pour deux causes et raisons si pressantes que vous les trouverez telles, lorsque je les représenteray à V. M.[1] ».

Dira-t-on que les raisins étaient trop verts, et qu'il repoussait ce qu'il n'aurait pu obtenir ? C'est bien possible. Le futur duc de Sully était assez vaniteux et susceptible ; mais, quel qu'ait été le mobile, en renonçant de lui-même, il s'épargna l'affront d'un refus. Je ne crois donc pas que la scène que d'Aubigné raconte, et où lui et Puimichel tiennent un rôle avantageux, ait pu être jouée telle qu'il la rapporte, autrement qu'en imagination. Il a arrangé et embelli les choses. Nous le verrons dramatiser de même façon le dernier acte de l'Assemblée.

---

1. Réponse à une lettre du Roi du 27 juillet. Cf. *OEconomies Royales* (collection Michaud et Poujoulat au t. II des *Mémoiresde Sully*, p. 58, col. 2). Il tenait le même langage au secrétaire d'État Villeroy, qui lui avait écrit, le 28 juillet, que le Roi se plaignait du manque d'égards des députés dans cette affaire : « Quant au mal contentement qu'il a pris de ce que ceux de l'Assemblée ne m'ont pas offert de présider en icelle, c'est moy seul qui les ay empeschez, non seulement de le faire, mais aussi de mettre ce poinct en proposition ny délibération... » (Lettre du 8 août. *Ibid.*, p. 240).

Dans l'intervalle, il y fit de bon travail, car *il fut de presque toutes les commissions — de rédaction ou de négociation*. Le procès-verbal nous le montre sans cesse sur la brèche. Le 26, après l'entrevue avec Rosny, il est désigné avec quelques autres pour mettre sur pied les demandes à présenter au commissaire royal, notamment pour la prolongation des places. Il fait partie de la délégation qui va les porter. Le lendemain, c'est Rosny qui vient à l'Assemblée et y prononce une harangue « d'une grande demi-heure, » pleine de bonne humeur, mais qui ne dut pas être trop du goût des députés, car il y déprécia la valeur des places de sûreté, parmi lesquelles il y avait tant de « bicoques » indéfendables, et se moqua agréablement de certains gouverneurs, comme Duplessis, qui étendait démesurément les fortifications de Saumur, sans se rendre compte qu'il y faudrait huit mille hommes pour les défendre, si jamais il prenait fantaisie au Roy de s'y attaquer. Le jour où il entrerait en campagne pour reconquérir ses villes, elles ne feraient pas long feu et peut-être verrait-on même le plus fort des généraux protestants, Lesdiguières, « tourner jacquette » (ou casaque) et faire sa composition plutôt que de risquer la partie [1].

Tout cela, arguments et saillies, pour conclure que la meilleure sauvegarde des Huguenots était encore la bienveillance du Roi, et qu'il fallait donc lui complaire en se conformant à son désir pour la nomination des Députés généraux, c'est-à-dire en lui proposant six noms entre lesquels il choisirait, au lieu de lui désigner d'office, et par conséquent de lui imposer les deux titulaires. C'était bien peu de chose, semble-t-il, que cette satisfaction réclamée par l'autorité royale, et c'était beaucoup moins que l'exigence première formulée dans les conditions mises à l'autorisation d'une Assemblée [2]. Que demandait alors le Roi ? Qu'on adoptât un mode de nomination qui permît de se passer d'Assemblées générales, au moins pendant un assez long temps. Et pour cela il proposait deux solutions : ou bien que l'élection fût confiée à tour de rôle aux provinces protestantes, ou bien que l'Assemblée lui fournît un lot de candidats, parmi lesquels il pourrait puiser pendant plusieurs années [3]. Maintenant il renonçait ou paraissait renoncer à trancher la question pour

1. Mazarine, vol. ms. 7608, Actes de l'Assemblée de Châtellerault, 27 juillet.
2. Conditions exposées dans le mémoire envoyé aux provinces par les Députés généraux en exercice et qui avait donné lieu aux remontrances dont j'ai parlé ci-dessus.
3. Cf. ANQUEZ, *op. cit.*, p. 214-215.

l'avenir, il laissait de côté ce terrain trop brûlant, et il se bornait à vouloir régler la situation présente, c'est-à-dire le remplacement actuel des Députés généraux par un procédé qui ménageât sa dignité. Prétention bien modeste, dont la modération aurait déjà pu être accueillie par l'Assemblée comme une victoire. Et cependant elle protesta encore, pas seulement pour la forme ou par habitude, mais parce que ce bloc enfariné de six candidats ne lui disait rien qui vaille. Elle craignait que ce ne fût un moyen détourné de revenir au programme primitif, et que le Roi, après avoir choisi sur la liste les deux personnages qui lui agréeraient le mieux, n'eût l'idée d'utiliser les restants pour les renouvellements ultérieurs. Aussi après en avoir délibéré le 28 juillet, le lendemain de l'audition de Rosny, elle lui envoya une députation pour lui faire part de ses objections. D'Aubigné en était[1]. Mais il trouva son maître. Rosny joua habilement, pour faire céder l'Assemblée, de l'appât de la prolongation des places; et elle accepta donc de faire ce qu'on lui demandait, mais en stipulant que les quatre candidats qui resteraient sur le carreau, une fois que le Roi aurait fait son choix, ne conserveraient aucun mandat des Églises pour remplacer éventuellement les deux autres. Et d'Aubigné fut encore un de ceux qui portèrent au commissaire royal cette résolution[2].

Celui-ci revint à l'Assemblée le 30, pour presser l'élection, « avec promesse que la diète nommeroit ladite, il avoit en mains de quoy donner contentement aux dictes Églises ». Toujours la prorogation des places qu'il faisait miroiter ; mais ce n'était pas le miroir à alouettes: il avait réellement le pouvoir et l'intention de leur faire ce cadeau. Seulement, donnant donnant : c'était clair et l'on comprit. Le vote eut lieu le 1er août, les résultats en furent communiqués à Rosny par une délégation dont faisait à nouveau partie d'Aubigné[4], et qui lui présenta en même temps une motion de l'Assemblée, suppliant le Roi, puisque la charge des Députés généraux n'était que pour une année, d'accorder dès maintenant qu'une nouvelle Assemblée se tiendrait au terme de leur mandat, pour nommer leurs successeurs.

Rosny refusa de transmettre cette supplique avec les noms des six candidats, et

1. Procès-verbal de la journée du 28 juillet, ms. 2608.
2. Ibid., journée du 28.
3. Ibid., journée du 30.
4. Ibid., journée du 1er août.

déclara qu'elle devait être insérée dans les Cahiers des Églises, et que ce serait l'affaire des Députés généraux de l'appuyer avec les autres requêtes. Ainsi la question était réservée, il évitait d'engager le Roi en aucune façon à ce sujet ; et il faut croire que la procédure qu'il indiquait était, en effet, la seule régulière — ce qui montre l'avantage qu'il y avait pour le Roi à se faire représenter par un protestant au courant du mécanisme de l'organisation huguenote — car l'Assemblée après une vaine insistance, finalement, s'inclina [1]. Et elle se rendait si bien compte qu'il y avait peu de chances d'obtenir une nouvelle Assemblée si rapprochée que, prévoyant le cas, elle donnait alors mission au prochain Synode national « de pourvoir au changement des depputez [2] ».

Cette question de la Députation générale, réglée, au moins provisoirement, celle des places de sûreté passait au premier plan. Il s'agissait de recevoir le prix de la bonne volonté — relative — dont on venait de faire preuve. Sully l'avait annoncé, promis à plusieurs reprises ; maintenant il fallait payer. S'il allait se dérober ? D'Aubigné prétend qu'il y songea, et que c'est lui qui l'en empêcha. Une commission avait été nommée par l'Assemblée, le 2 août, « pour faire entendre à M. de Rosny les très humbles recommandations que les Églises ont à faire à S. M. en ce qui concerne la seureté et les places qu'il luy a pleu leur donner en garde ». Elle comprenait les sieurs de Jarnac et Courtaumer, de Maraval, *Daubini* (Daubigny ou Daubigné), de Mirande, de la Devèze, du Cros [3]. Elle n'avait pas seulement la charge de soutenir la demande de prorogation, mais d'exposer les besoins et les situations particulières des diverses places. Une de ces situations était, paraît-il, si compliquée que l'Assemblée y avait perdu son latin, et que sans doute la commission en fit autant, car d'Aubigné fut prié de la débrouiller seul, et puis de faire son rapport. Il le bâtit en quelques heures, et il fut unanimement approuvé. Il semble encore tout fier de cette prouesse, quand il raconte *sa Vie à ses enfants :*

« La compagnie ayant esté trois jours à desmesler un afaire pour Oranges, tellement implicite que les intérêts du Roy, du prince d'Oranges, des Esglises de Dauphiné et du Languedoc, du Mareschal des Diguières, de la ville d'Oranges à

1. Procès-verbal de la journée du 1er août.
2. Procès-verbal de la journée du 2 août.
3. *Ibid.*

part, du Sieur de Morges, du Sieur de Blacons, et d'autres Seigneurs notables du pays se chocquoyent; la compagnie, ne voyant chemin de desmesler ces contrariétez, quelqu'un proposa qu'on commandast à un seul d'en faire la résolution, et qu'il seroit plus aisé de corriger sur l'escrit que sur les paroles qui s'en alloyent en l'air. Aubigné choisy pour cela demanda trois jours de terme, et dès lors sortant de l'Assemblée, prit du papier, et sur la mesmoire fresche esbaucha sa besogne, et puis ayant considéré qu'après y avoir pensé plus long temps, qu'elle ne lairroit pas d'estre bien controllée et litturée, il rentre dans la compagnie, blasmé de n'aller pas travailler à sa besongne. Il la leur mit sur la table, et dans demie heure rappelé, après la censure, trouva qu'on luy avoit troublé une silabe seulement, et a tous jours estimé cest escrit le plus heureux de tous les siens[1]. »

Le 7 août, Rosny vint apporter à l'Assemblée le brevet royal nommant La Noue et Ducros Députés généraux, ainsi que le brevet de prorogation des places de sûreté pour quatre ans. Cette prorogation devant compter depuis la fin des huit années précédemment accordées par l'Édit de Nantes, il expliqua, pour dissiper tout malentendu, que ce premier délai n'avait commencé à courir que du jour où l'Édit avait été enregistré par *tous* les Parlements, et non pas seulement au Parlement de Paris. C'est le Parlement de Rennes qui l'avait vérifié le dernier, en août 1600. Les huit années n'expireraient donc qu'en août 1608, si bien que, à l'époque où l'on était, la conservation des places par les Protestants était encore assurée pour sept ans. Interprétation très libérale, et dont l'Assemblée se montra satisfaite, mais qu'elle aurait voulu voir consacrée par un engagement écrit. Sully déclara que la parole du Roi pouvait suffire. Néanmoins l'Assemblée, en prononçant sa clôture, le 9 août, remit au Député général Ducros, entre autres pièces, le brevet des places, pour être emporté à Paris et « refformé » suivant ses désirs par la précision de temps qu'elle demandait.

1. *Mémoires* (Réaume. t. I, p. 78). Il y a des allusions à cette affaire d'Orange dans le procès-verbal de l'Assemblée (Mazarine ms. 2608). Mais on trouve surtout des précisions dans la correspondance échangée entre Rosny et les secrétaires d'État pendant sa mission à Châtellerault, notamment dans une lettre que lui adresse Villeroy — après la clôture de l'Assemblée — le 12 août. Blaccons, gouverneur d'Orange pour le Roi, était en révolte ouverte contre Lesdiguières, le gouverneur de la province. La situation se compliquait des droits des Princes d'Orange (de Hollande) sur le pays, et des intrigues qui en résultaient. La ville d'Orange était le refuge des Protestants de la région. C'est pourquoi les Églises s'intéressaient vivement à cette affaire, craignant que si Blaccons était dépossédé, il ne fût remplacé par un gouverneur catholique.

Voilà ce que nous apprend le procès-verbal[1], et on ne se douterait pas à le lire, qu'il y avait eu des incidents de la dernière heure. Or, si l'on en croit d'Aubigné, ils avaient été assez sérieux et la situation un moment fort tendue.

Voici d'abord le version des *Mémoires* :

« A la fin de ceste Assemblée, le Duc de Sully luy ayant fait commandement, de par le Roy, de se desjoindre, par les menées d'Aubigné qui seroyent longues à déduire, le Duc de Sully fut contraint de partir luy mesme, ayant laissé à l'Assemblée le brevet des places qu'il nioit avoir, et puis refusoit l'ayant monstré[2]. »

Dans l'*Histoire* il y a plus de détails, mais l'action personnelle de d'Aubigné y est plus dissimulée :

« Durant ceste assemblée se prattiquèrent plusieurs ruses d'un costé et quelque fermeté de l'autre. Sur la fin, le duc leur fit un rude et absolu commandement de se séparer dans le lendemain midi sans les consentements [pour les places] desquels il avoit le pouvoir en sa pochette, voulant, ainsi qu'on dit, rapporter du pain au logis. Il adjousta au commandement menaces d'employer l'autorité et les forces du roi. Mais, sur le soir, quelques-uns de l'assemblée ayant catéchisé Préau, gouverneur du lieu, Boisguérin, le prévost de Poictou et autres desquels le duc se faisoit fort, ceux-là ayants donné promesse d'obéir à l'assemblée, le duc, voyant tout affermi contre ses menaces et quelques résolutions qui le faschoyent, demanda audience au matin et là satisfit à quelques particuliers qu'il avoit offensez. Et pour conclusion tira de sa pochette les brevets du roi pour la confection des choses demandées et continuation des places de seureté[3]. »

Sully étant venu pour la dernière fois à l'Assemblée le 7 août, comme nous venons de le voir, et y ayant apporté les brevets royaux, c'est donc la veille au soir 6 août qu'aurait eu lieu ce branle-bas de combat.

Il n'y a aucune allusion à ces difficultés extrêmes — dans les deux sens du mot — chez Sully. N'en aurait-il rien dit au Roi? C'est bien invraisemblable. Tout paraît au contraire, d'après ses comptes rendus, s'être passé en douceur, et finalement en congratulations réciproques. Où est la vérité?

<hr>

1 **Ms.** 2608 (Mazarine), séance du 7 août et fin de l'Assemblée.
2. *Mémoires*, éd. Réaume, t. I, p. 77-78.
3. *Histoire universelle*, t. IX, p. 304.

D'Aubigné l'accuse de duplicité, et d'avoir essayé d'escamoter au dernier moment le brevet relatif aux places, après l'avoir laissé entrevoir pour obtenir de l'Assemblée qu'elle déférât au désir du Roi dans la question de l'élection des Députés généraux. Il l'avait dans sa pochette, dit-il, et il voulait l'y garder. Il faut s'entendre. Ce que Rosny avait en poche, trois semaines mêmes avant l'ouverture de l'Assemblée, c'était un brevet, daté du 4 juillet, qui prolongeait l'occupation seulement pour trois ans[1]. Ce n'est pas celui-là qu'il remit à l'Assemblée le 7 août, mais un autre, postérieur d'un mois (daté du 4 août) et qui était plus avantageux, accordant quatre ans au lieu de trois. Si dans les jours précédents Sully donna l'impression de tergiverser et de temporiser, c'est qu'il l'attendait. Naturellement le Roi aurait préféré qu'il se servît du premier, et lui avait écrit de faire tout son possible pour amener l'Assemblée à se contenter de trois ans[2]. Sully passa outre. Les Protestants n'eurent donc pas à se plaindre de lui en cette circonstance.

Je ne vois, en confrontant *les Œconomies Royales* et le procès-verbal de l'Assemblée, qu'un point où le marquis de Rosny usa peut-être de quelque rouerie ; c'est à propos de la fixation du terme final des huit premières années de garde des places. Il fut verbalement très catégorique dans le sens que j'ai indiqué plus haut, mais quand on lui demanda une confirmation écrite du Roi pour éviter toute contestation ultérieure, il déclara qu'il n'était pas en mesure de la donner. Or, il l'avait dans sa pochette, comme dit d'Aubigné, et l'avait reçue en même temps que le second brevet de prorogation du 4 août. Les voici tous deux, tels qu'ils sont reproduits dans les *Mémoires* de Sully[3] :

« Aujourd'huy, quatriesme jour d'aoust 1605, le Roy estant à Saint-Germain-en-Laye, désirant favorablement traiter ses sujets de la religion prétendue réformée et leur donner toute occasion de continuer en l'affection et l'obéyssance qu'ils doivent à S. M., elle leur a, pour bonnes occasions importantes au bien de son service et à la tranquillité de son royaume, ac-

1. Voir les secondes Instructions qu'il emportait (*Œconomies Royales*, collection Michaud et Poujoulat, t. II des *Mémoires de Sully*, p. 44, col. 2, et p. 45, col. 1 et 2). Elles sont datées du 4 juillet et contresignées de Neufville (Villeroy). Elles ont un caractère plus confidentiel que les premières, datées de la veille et contresignées Forget (*Ibid.*, p. 43 et 44, col. 1). Anquez (*Assemblées politiques des Réformés*, p. 217-218) donne une analyse exacte des unes et des autres.

2. Cf. Lettre du Roi du 4 août, *Œconomies Royales* (Michaud et Poujoulat), t. II, p. 65, col. 1, reproduite dans les *Lettres-Missives d'Henri IV*, t. VI, p. 496.

3. Michaud et Poujoulat, t. II des *Mémoires de Sully*, p. 67, col. 1 et 2.

cordé la prolongation de la garde des villes, places et chasteaux qui leur avoient esté délaissés pour seureté, par brevet de S. M. du dernier avril 1598, et ce pour le terme de quatre ans, à compter du jour de l'expiration des huict ans portez par le dit brevet et sous le mesme entretenement et autres clauses et conditions contenues en icelui. En tesmoin de quoy sa dite Majesté a commandé le présent brevet en estre expédié, qu'elle a voulu pour ce signer de sa main et fait contresigner par moy, conseiller en ses conseils d'Estat et secrétaire de ses commandemens. »

HENRY,

et plus bas : FORGET.

Voilà pour la prorogation, et voici pour le décompte des années :

« Aujourd'huy, quatriesme jour d'aoust 1605, le Roy estant à Saint-Germain-en-Laye, ayant, par autre brevet de ce mesme jour, accordé à ses sujets faisans profession de la religion prétendue réformée la prolongation de la garde des villes, places et chasteaux, qui leur avoient esté délaissés pour seureté par brevet de sa dite Majesté du   avril 1598, et ce pour le terme de quatre ans à compter du jour de l'expiration des huict ans portez par le dit brevet (de 1598), a déclaré les dits huict ans n'avoir eu cours que de la publication de l'Édit de Nantes faite en *tous* ses Parlemens, ayant commandé le dit brevet leur estre expédié, etc... »

FORGET.

Pourquoi Sully ne délivra-t-il pas celui-ci avec l'autre ? Mystère. Sans doute il le jugeait inutile, et il était choqué de la défiance de l'Assemblée après les explications très nettes qu'il avait fournies sur ce point, et qui, enregistrées au procésverbal, engageaient la parole du Roi. Il se peut qu'il y ait eu des mots entre lui et d'Aubigné à ce propos ou à d'autres. Ce qui me donne à croire qu'ils s'étaient heurtés au cours de cette Assemblée, ce n'est pas seulement la partialité de la relation de d'Aubigné, mais c'est, en contre-partie, un fragment de la correspondance de Sully avec Villeroy. Dans une lettre du 3 août, répondant à des nouvelles envoyées par Rosny le 29 juillet, Villeroy écrivait :

« S. M. n'a pas esté fort contente de la consultation et délibération de ces sept provinces que vous m'avez escrit s'estre assemblées, pour envoyer demander advis à *Monsieur du Plessis* sur l'offre de la nomination de six pour estre députez généraux, afin que S. M. en élise deux, et m'a commandé vous escrire qu'elle s'asseure que *les Sieurs Constans et Aubigny* auront esté de ce conseil et de vous prier de lui en mander la vérité [1]. »

---

1. *Œconomies Royales*, Michaud et Poujoulat, t. II, p. 61, col. 1.

Et Rosny réplique à ce sujet le 8 août :

« Quant au sieur *du Plessis*, ce n'est pas un homme fort à craindre, toute sa plus grande puissance ne consistant qu'en écritures, qui seront bien faibles lorsque les armes en diront; et *me ris quand vous m'alléguez des Constans et Aubigné* et autres semblables gens, qui n'ont force ny vertu que celle qu'ils tiennent du cas que le Roy fait d'eux [1]. »

Cette affectation de dédain excessif à l'égard d'un homme qui avait les services et la valeur de d'Aubigné a de quoi nous surprendre, même dans la bouche de l'orgueilleux Sully ; elle ne peut être provoquée que par un mouvement de mauvaise humeur, qui tient évidemment à la résistance que lui avait opposée d'Aubigné. Il faut donc bien qu'il y ait quelque chose de vrai dans le récit que fait celui-ci de son action à l'Assemblée. Même en admettant qu'il exagère, et cela ressort assez de tout ce que nous avons exposé, elle suffit à irriter Sully, et, sans doute par contre-coup, le Roi. Est-ce pour cela que d'Aubigné resta ensuite pendant plus de deux ans sans retourner à la Cour ?

§ 4. — **Les deux dernières apparitions de d'Aubigné à la Cour d'Henri IV. — Il y arrive à la fin de 1607, au moment où s'agitaient des projets de rapprochement entre les deux Religions : il contribue à leur échec. — Le dernier voyage quelques mois avant la mort d'Henri IV.**

Si l'on s'en rapporte au texte des *Mémoires* publié par Lalanne en 1854, d'après le manuscrit de la bibliothèque du Louvre qui fut détruit dans l'incendie de 1871, et qui avait appartenu à Mme de Maintenon [2] — aussi bien qu'au texte de l'édition Réaume et de Caussade, provenant des manuscrits de Bessinges, ces deux voyages que nous distinguons n'en feraient qu'un. Depuis l'explication qu'il avait eue avec Henri IV à la fin de 1604, après la mort de La Trémoille, sur leur rôle à tous deux dans les Assemblées protestantes qui négocièrent l'Édit de Nantes, d'Au-

---

1. *Œconomies Royales*, p. 63, col. 1.

2. Cf. LALANNE, *Mémoires d'Agrippa d'Aubigné*, publiés pour la première fois d'après le ms. de la Bibliothèque du Louvre, 1854, chez Charpentier, notice, p. XI ; et, dans l'édition Réaume, notice bibliographique de Legouez, au t. V, p. 197.

bigné ne serait plus revenu à Paris « que trois mois avant la mort du Roy [1] ». C'est alors qu'il fut mis dans la confidence du Grand Dessein, dans lequel il réclama sa part comme vice-amiral de Saintonge et de Poitou, en proposant de conduire une expédition en Espagne; et, à peine était-il rentré chez lui pour « y travailler », que « dans deux mois après, arriva l'effroyable nouvelle [2] ».

Cette précision dans ses souvenirs, liés à des événements aussi mémorables, qui sont dans son esprit comme des points de repère éclairés d'un jour tragique, ne permet pas de penser qu'il puisse se tromper. Mais s'il n'est pas douteux qu'il ait revu le Roi peu avant son assassinat, il n'est pas moins certain que le récit du dernier voyage, tel qu'il nous est donné dans le texte actuel des *Mémoires*, contient des circonstances qui se rapportent à un autre temps. D'Aubigné aurait été mêlé, pendant son séjour à Paris, à des discussions provoquées par un projet de réunion des deux Religions, et aurait eu avec le cardinal du Perron une entrevue à ce sujet; et tout cela n'est pas invention, comme nous allons le voir, mais n'a pu se passer que deux ans plus tôt, quand cette question était à l'ordre du jour. Nous avons, en effet, dans un Journal contemporain, la confirmation de sa présence à Paris à la fin de 1607 et au début de 1608, au moment où cette affaire occupait et passionnait les esprits. Avait-il donc oublié ce voyage, et comment a-t-il pu le confondre et le fondre avec le suivant?

La chose est étrange, bien qu'elle ne soit pas absolument impossible. Mais n'y aurait-il pas une hypothèse plus simple et plus vraisemblable, qui serait d'admettre une faute de copie dans les *Mémoires* : « Trois *mois* avant la mort du Roy... » est-il dit; lisons trois *ans :*

« Trois ans avant la mort du Roy, Aubigné arrivé à Paris alla descendre chez Monsieur du Moulin, où il trouva Messieurs Chamier et Durant, et quatre autres pasteurs jusques à sept. Ceux-cy luy dirent qu'il estoit venu en un temps où on avoit la teste bien rompuë pour l'accord des Religions [3]. »

Dès lors la date est exacte, ou à peu près. Si l'intervalle de trois ans n'y est pas rigoureusement, c'est bien dans la troisième année avant la mort du Roi,

---

1. Cf. *Mémoires*, t. I de l'éd. Réaume, p. 78.
2. *Ibid.*, p. 83.
3. *Mémoires*, t. I de l'éd. Réaume, p. 78.

en 1607, que d'Aubigné arriva fort opportunément à Paris pour se concerter avec les pasteurs et faire échouer l'intrigue des partisans de la réunion, c'est-à-dire, à son sens, de l'absorption du Protestantisme dans le Catholicisme. Nous verrons comment la fin du récit [1] peut, dans ce cas, se détacher parfaitement du reste, et s'appliquer, sans rien changer au texte, à un voyage postérieur qui serait celui de 1609-1610.

Remarquons que cette légère correction du texte a été faite dans les éditions du xviiie siècle, celles données par Le Duchat en 1729 et 1731, où les *Mémoires* parurent pour la première fois avec une réédition des *Avantures du Baron de Faeneste*. Bien que ces éditions soient inexactes et fautives sur beaucoup de points, et très inférieures à celles de Lalanne et de Réaume, il me paraît évident que, pour ce passage, ce sont elles qui ont raison contre les suivantes, puisque, moyennant ce changement d'un mot, elles mettent le texte d'accord avec les faits réels. Rien ne dit d'ailleurs qu'elles fassent une correction. Elles peuvent reproduire tout simplement un manuscrit qui donnait ici une autre leçon que celle des manuscrits du Louvre et de Bessinges [2].

C'est par *un Journal contemporain*, ai-je dit, que nous savons avec certitude la venue de d'Aubigné à Paris, à la fin de 1607, au moment où tout le monde parlait de la réunion des deux Religions. Ce Journal est une *relation de voyage faite par le pasteur Daniel Chamier*, de Montélimar, qui avait été envoyé à Paris par les Églises du Dauphiné pour les affaires de la province [3]. Il venait bien aussi pour les siennes, comme on s'en rend compte en le lisant. Car il n'ignorait pas l'irritation du Roi contre lui, et il sentait le besoin de se justifier du rôle qu'il avait

1. Depuis : « Le Roy en peu de temps changea bien d'opinion, et reprit d'Aubigné en telle grâce..., etc. », p. 82

2. Le manuscrit de Bessinges n'est pas autographe. Il a été seulement revisé par d'Aubigné, comme l'attestent des corrections de sa propre main (cf. *Bulletin de la Société de l'Histoire du Protestantisme français*, 1874, t. XXIII, p. 326 à 330, compte rendu bibliographique du 1er vol. de l'éd. Réaume). Une erreur du copiste a donc très bien pu lui échapper en relisant.

3. Il venait surtout soutenir la requête des Réformés de Montélimar pour le transfert dans leur ville du collège de Die, en s'appuyant sur des lettres patentes de 1598, qui accordaient un collège à leur ville, mais qui étaient restées lettres mortes à cause de la résistance du Parlement de Grenoble et de l'opposition des Protestants de Die. Conflit de villes et d'églises, comme on le voit. Le Parlement de Paris débouta Montélimar de sa demande. Chamier s'en plaignit amèrement au chancelier M. de Bullion, qui eut beau jeu à lui répliquer : Prenez-vous en à vos coreligionnaires ; ils n'ont qu'à se mettre d'accord entre eux avant de solliciter quelque chose.

joué dans les Synodes et les Assemblées précédentes [1], où il s'était signalé parmi les plus intransigeants et les plus fanatiques. Il eut la gloire, par exemple, de présider le fameux Synode de Gap (octobre 1603), qui arbora comme étendard l'article sur l'Antechrist, et l'aurait, sans l'interdiction du Roi [2], fait insérer dans la Confession de foi imprimée du Parti.

La question fut d'ailleurs reprise au Synode de la Rochelle, qui venait de se tenir en mars 1607, et auquel Chamier assistait. C'était une maladresse que condamnait Duplessis-Mornay :

« Et à la vérité, Messieurs, nous estant libre d'en dire ce que nous en sentons, et en nos presches et en nos livres, je ne sçais quelle utilité nous peult revenir de rechercher quelque chose plus oultre [3]... »

Il avait raison ; mais allez donc faire entendre la voix de la sagesse à des gens qu'entraîne la passion ! Ce Synode mené par les violents, qu'on appela « les fous du Synode », souleva un autre conflit beaucoup plus grave avec l'autorité royale, à propos de la présentation des candidats à la Députation générale, dont l'Assemblée de Châtellerault (1605) l'avait chargé. En autorisant sa convocation [4], le Roi lui avait prescrit de proposer six noms, parmi lesquels il ferait son choix, comme cela s'était pratiqué à Châtellerault. Mais malgré ce précédent, ou justement à cause de ce précédent, le Synode résista pour ne pas consacrer par une seconde application une procédure jugée humiliante. On comprend que les Protes-

---

1. Depuis 1596 où il avait été délégué par le Dauphiné au Synode national de Saumur, et à l'Assemblée de Loudun, la 1re de la série qui forme la Grande Assemblée. Il suivit celle-ci dans ses déplacements successifs et prit une part active à la discussion de l'Édit de Nantes. C'est lui qui, avec son collègue Brunier, fut chargé d'en porter le texte au synode de Montpellier, en juin 1598. Il fut secrétaire du Synode de Jargeau qui intervint inutilement pour prolonger l'existence du « reliquat » de Saumur, après la Grande Assemblée (avril 1601). Nous le retrouvons à l'Assemblée de Sainte-Foy (octobre 1600) qui institua la Députation générale, et à l'Assemblée de Châtellerault (1605, où il fit, comme d'Aubigné, une vive opposition à Sully. Entre temps il avait présidé le Synode de Gap (octobre 1603) dont nous parlons, et, au début de cette année 1607, il avait été au nombre des « fous » de la Rochelle, dont il va être également question.

2. J'ai reproduit la déclaration du synode du Gap sur l'Antéchrist dans mon précédent chapitre xi, § 3, p. 212 du tome II.

3. DUPLESSIS, *Mémoires*, t. X, p. 199, lettre du 24 mars à Messieurs du synode national des Églises de France. Le Synode chargea finalement un pasteur de Blois, M. Loignais, de traiter à fond la question de l'Antéchrist et de présenter son mémoire au prochain synode qui devait se tenir en mai 1609 à Saint-Maixent (cf. *Mémoires de Mornay*, t. X, p. 539).

4. Par brevet du 20 décembre 1606. Cf. ANQUEZ, *Assemblées politiques des Réformés*, p. 221.

tants auraient préféré élire directement leurs deux représentants, mais on comprend aussi que le Roi n'ait pas voulu se laisser imposer des « résidents » qui n'auraient pas eu son agrément. Duplessis, qui partageait la répugnance de ses coreligionnaires pour ce mode de nomination, invoquait « la disette de personnes capables [1] », qui ne permettait guère d'en trouver tant à la fois. Il est évident que ce n'est pas la vraie raison ; le Parti n'était pas si pauvre en hommes. Mais, en dehors de l'objection de principe que j'indiquais plus haut et commune à tous les Réformés, il avait un motif personnel de voir d'un mauvais œil cette élection à deux degrés : son gendre, M. Villarnould, était candidat, et il lui déplaisait qu'on fût contraint de lui susciter des concurrents. Il évita donc de s'interposer auprès du Synode pour l'amener à composition, et celui-ci, livré aux suggestions des fortes têtes, fit un coup d'audace : il ne désigna que deux personnes, Villarnould et Mirande. Ainsi le Roi n'avait plus le choix ; c'était à la fois une rébellion contre sa volonté et une atteinte à sa dignité. Comment avait-on pu croire qu'il s'inclinerait ? Il arriva ce qui devait arriver : il refusa de ratifier l'élection, et maintint en fonctions les Députés généraux sortants, MM. de La Noue et Ducros. C'est à eux qu'incomba le soin d'arranger les choses ; ils négocièrent pendant l'été un compromis en vertu duquel une Assemblée serait autorisée pour procéder à leur remplacement, à charge de se soumettre aux exigences du Roi, et de présenter six noms [2].

Telle était la situation lors du voyage de Chamier et de d'Aubigné à Paris. Elle était encore assez tendue, comme on le voit, et l'on s'étonne un peu que ce soit précisément à ce moment que certains aient songé à la possibilité de réconcilier ces deux frères ennemis, le Catholicisme et le Protestantisme. Mais, après tout, on peut dire aussi que les récentes manifestations de « l'esprit de guerre » devaient inciter les bonnes volontés, de part et d'autre, à faire œuvre d'apaisement, et à rechercher un terrain d'entente.

---

1. Lettre du 23 janvier 1607 à M. Rivet avant la réunion du Synode. *Mémoires*, t. X, p. 196.

2. Cf. ANQUEZ, *Assemblées politiques des Réformés*, p. 222, et DUPLESSIS-MORNAY, *Mémoires*, t. X, p. 204, lettre du 7 juin à M. Rivet : « Le Roi a accordé l'Assemblée à M. de la Noue » ; t. X, p. 207, lettre de condoléances du synode provincial du Poitou le 7 juillet 1607 à MM. de Villarnould et Mirande. — Cette Assemblée sera l'Assemblée de Jargeau (octobre 1608). Son siège ni sa date n'étaient encore fixés en mai 1608 : cf. lettre de Duplessis à M. Rivet du 16 mai, t. X, p. 227.

Quoi qu'il en soit, au reste, des chances de réussite que pouvaient offrir ces projets, il est certain qu'ils existaient, qu'ils fermentaient dans beaucoup de têtes, et qu'ils ont donné lieu à diverses publications pour ou contre au cours des années 1607 et 1608. On trouve des précisions à ce sujet dans un article de M. le pasteur Ath. Coquerel fils, publié dans le *Bulletin de la Société de l'Histoire du Protestantisme français* en 1867 [1].

Les incidents auxquels d'Aubigné fut mêlé n'étaient donc pas isolés, et il n'en a pas grossi l'importance par vanité comme il lui arrive quelquefois. Ils se rattachent à un ensemble de circonstances sur lesquelles nous sommes renseignés par ailleurs, mais que nous connaîtrions beaucoup moins bien sans lui et sans le *Journal de Chamier.*

Ce Journal, resté inédit jusqu'au xix⁰ siècle et communiqué (en copie) par un descendant, a été publié dans le *Bulletin de la Société d'Histoire du Protestantisme français,* en 1853, par Read [2] et réédité par lui en 1858 dans son volume

----

1. C'est le 5ᵉ chap. (IIᵉ partie) d'une étude générale sur l'*Église Réformée de Paris sous le régime de l'Édit de Nantes.* Les quatre premiers chapitres ont paru dans le t. XV. Le 5ᵉ, qui nous intéresse ici, se trouve avec le 6ᵉ dans le t. XVI. M. le pasteur Coquerel est sévère pour ces projets, où il voit un plan machiavélique d'Henri IV contre le Protestantisme. Je retiens seulement les renseignements bibliographiques qu'il donne : en 1607, le Père Gontier publia la *Vraie Procédure pour terminer le différend de la Religion.* Un catholique moins suspect, Ribier, conseiller en la Cour, fit imprimer sur le même sujet un *Discours au Roy.* Du côté protestant Jean Hotman, conseiller du Roi, le fils de l'auteur célèbre du *Franco-Gallia,* fit réimprimer (en 1607) le petit livre de Mélanchton *De Pace Ecclesiæ,* au grand scandale des pasteurs de Charenton, qui non seulement en interdirent la lecture à leurs ouailles, mais dirent qu'il le fallait brûler. Autre promoteur de la réconciliation du même côté : Louis Turquet de Mayerne, ancien de l'Église de Lyon (*Advis sur le Synode,* c'est-à-dire Concile national, *que le Roy vouldroit convoquer,* 1608) et le fils du ministre Perrot, de Genève. — Ajoutons a cette bibliographie du pasteur Coquerel deux réponses catholiques au *Discours au Roy* de Ribier, mentionnées au t. IV (xvıᵉ siècle) des *Sources de l'Histoire de France* de Hauser, articles 3234 et 3235, l'une anonyme, l'autre de De Grieux, toutes deux s. l. 1607, 8ᵉ.

Les résistances étaient d'ailleurs aussi grandes dans les deux camps. Sauf les évêques de Cour, comme du Perron, tout le Clergé catholique était hostile à ces tentatives, la Sorbonne en tête : tandis qu'elle approuva, en 1607, la brochure publiée par Amboise, maître des Requêtes, sous le titre *De l'impossibilité et Impertinence du Concile,* elle mit à l'index l'année suivante le livre de M. de Joviac, gouverneur de Rochemore, intitulé l'*Heureuse conversion des Huguenots,* dans lequel le texte latin de la messe était traduit en français. L'Estoile, qui est sympathique à ces tentatives de rapprochement, est sceptique sur leur résultat, justement à cause des partis pris qui s'opposent ; il ne croit pas non plus que le Roi y mette assez de persévérance : Cf. t. VIII, p. 341-342 (à propos de Jean Hotman ou Villiers-Hottoman, et de sa réédition du *De Pace Ecclesiæ*) et p. 354 (à propos du livret d'Amboise : *De l'Impertinence du Concile*), sept. et oct. 1607. — Voir encore sur ces tentatives l'ouvrage du pasteur PANNIER, *l'Eglise réformée de Paris sous Henri IV,* p. 498 à 504.

2. 1ʳᵉ série, t. II, p. 252 et 430.

sur Daniel Chamier [1]. En dehors de l'intérêt local qu'il peut offrir pour les Églises du Dauphiné, c'est surtout un document précieux par ce qu'il nous apprend sur les tentatives d'accord des deux Religions à cette époque, et la part qu'y prenait le Roi. Chamier qui avait trouvé la Cour à Fontainebleau, le 8 novembre 1607, et l'avait suivie à Paris à la fin du mois, note le jour de sa première rencontre avec d'Aubigné : ce fut le dimanche 2 décembre, à Charenton, chez le pasteur du Moulin — le jour même de l'arrivée de d'Aubigné, comme nous allons le voir — et il marque la date de son départ, 15 janvier 1608. Cela fait donc un séjour de six semaines. Chamier, lui, ne repartit que le 16 mars.

Quant au récit des *Mémoires* [2], il est fondé aussi sur pièce authentique et contemporaine des événements, non pas un journal de voyage comme pour Chamier, mais une lettre que d Aubigné écrivit peu après son retour en Saintonge [3], et dont il avait conservé copie. Il en a fait passer toute la matière dans ses *Mémoires*, et c'est une garantie d'exactitude, puisqu'il ne raconte pas cet épisode de sa vie d'après des souvenirs anciens, mais en se reportant à un compte rendu presque immédiat. Dans l'ensemble, la concordance est parfaite entre les deux versions, à part une légère divergence chronologique [4], à part surtout l'épilogue dont il ne parle pas dans la lettre, je veux dire la menace de la Bastille, pour avoir fait manquer par son intervention malencontreuse la combinaison manigancée, d'où devait sortir miraculeusement la fin du schisme protestant. Pour le reste, les différences sont sans importance : quelques détails omis ou ajoutés d'un côté ou de l'autre [5], et plutôt encore une différence de forme que de fond. Les *Mémoires*

---

1. Avec une biographie anglaise de Chamier, texte et traduction par le pasteur John Quick, Paris, 1858, 8 , Agence centrale de la *Société de l'Histoire du Protestantisme*.

2. T. I de l'éd. Réaume, p. 78-82.

3. Le début l'indique, bien qu'elle ne soit pas datée : « Monsieur, à mon dernier voyage à Paris..., etc. » Éd. Réaume, t. I, p. 386. C'est la sixième des *Lettres de Piété et de Théologie* (I. p. 386-389).

4. D'après les *Mémoires*, c'est le jour même de son entretien avec les ministres à Charenton (2 décembre) que d'Aubigné se serait rendu au Louvre et de là chez du Perron, cf. Réaume, t. I, p. 79. D'après la lettre (t. I, p. 387), c'est le lendemain, ce qui est plus vraisemblable, car autrement la première journée eût été bien chargée.

5. Ainsi les plaisanteries de l'adieu à du Perron (t. I, p. 388) ne sont pas reproduites dans les *Mémoires*. Par contre, ils précisent une circonstance piquante que la lettre laisse dans l'ombre, c'est la rapidité avec laquelle le Roi est mis au courant, par un message du Cardinal, de ce qui vient de se passer entre d'Aubigné et lui, avant même que d'Aubigné n'ait eut le temps de retourner au Louvre (t. I, p. 81).

abrègent les préliminaires avant l'entrevue avec du Perron, et la narration ainsi resserrée est peut-être plus vive. En revanche, ils délayent les propos échangés, et les ralentissent parfois, en substituant le discours indirect au dialogue animé de la lettre.

De l'amalgame des deux récits, voici la substance qu'on peut tirer, et l'essentiel de ce que rapporte d'Aubigné sur son voyage en 1607 :

Donc, un beau ou un vilain jour de décembre 1607 — plutôt vilain, car la première partie du mois fut pluvieuse [1] — d'Aubigné, qui avait fait le voyage à cheval, arrivait au faubourg Saint-Germain, et, laissant ses gens « establer les chevaux », sans prendre le temps de souffler, il se rendait à Charenton chez du Moulin. Il y avait là bonne compagnie de pasteurs, MM. Chamier, Durant, Chambaran, le ministre de Beaugency et deux autres. Nous savons par Chamier que c'était le dimanche 2 décembre. Cette nombreuse réunion n'était pas due seulement au hasard ; c'était un conciliabule de défense contre un complot qui menaçait les Églises. Et l'on met d'Aubigné au courant : Il n'était bruit, à la Cour comme à la ville, que d'un rapprochement entre Catholiques et Protestants. Du Perron, le Grand Convertisseur, ne se contentant plus de ramener quelques brebis égarées, jugeait le moment venu de faire rentrer au bercail tout le troupeau. Quelques pasteurs corrompus lui donnaient l'espérance du succès. Le Roi s'enthousiasmait pour ce vaste dessein. L'Église Catholique se préparait à ouvrir les bras à l'enfant prodigue... pour mieux l'étouffer, pensaient les pasteurs. Ils étaient convaincus, en effet, que la Religion réformée seule ferait les frais de la conciliation, et qu'il n'y avait à attendre de l'infaillibilité romaine aucune concession sérieuse. Cette défiance seule suffisait à rendre mort-né le projet. Mais il s'agissait de le faire avorter habilement, doucement, sans contrecarrer trop ouvertement le Roi.

D'Aubigné devient « songe-creux », mais après avoir « pourpensé » l'affaire quelques instants, il avait son plan fait qu'il proposa à l'assistance : c'était d'offrir de ramener l'Église chrétienne aux croyances et institutions des quatre premiers siècles ; il était bien sûr de mettre par là ses adversaires dans l'embarras. On discuta pendant deux heures ; et, après mûr examen, sa proposition fut adoptée. Sur ce, il se retira, bien muni d'instructions.

---

1. Cf. *Journal de L'Estoile*, t. IX, p. 34, à la date du 17 décembre.

Le lendemain (3 décembre) à une heure de l'après-midi il se présentait au Louvre, et trouvait le Roi en son cabinet, entouré « de cinq ou six Princes, deux Cardinaux et autant de Jésuites », dont le P. Cotton son confesseur. Le premier mot du Roi, après le bon accueil, fut pour lui commander d'aller voir du Perron qui avait une communication à lui faire. D'Aubigné obéit, et rencontre le Cardinal qui, déjà prévenu, s'était fait porter assez loin au-devant de lui. « Caresses, baisements de joues et serrements de mains », tout le chapelet de ses « courtoisies excessives » y passe. Après ces démonstrations d'amitié, on rentre et la conversation sérieuse commence. Malgré l'opposition de leurs caractères et de leurs croyances, le subtil convertisseur et le farouche huguenot entretenaient, nous le savons, des relations familières, et même enjouées à l'ordinaire. Mais cette fois du Perron fait le pleureur et gémit sur les misères de la Chrétienté divisée. C'était un exorde par insinuation — ou par lamentation — pour introduire la question : l'heure n'était-elle pas venue de mettre un terme à ces maux et de réconcilier les frères ennemis ? D'Aubigné fait le récalcitrant d'abord, s'excusant pour n'entrer pas en ce propos sur son insuffisance, et sa condition qui n'était pas « consistoriale ». Puis enfin, l'autre insistant, après s'être bien fait prier, il se décide à faire une ouverture :

« *Ouy Monsieur, je la feray et vous ne l'accepterez pas. Réglons-nous, vous et nous, aux doctrines, lithurgies et cérémonies observées par Christ et par ses Apôtres et par toutes les constitutions establies en l'Eglise jusques à l'entrée du cinquiseme siècle* [1]. »

Mais jamais les vôtres ne consentiront à cela, s'exclame du Perron. — Si fait ! j'y engage ma vie et mon honneur. — Et quel ordre voudriez-vous donc suivre pour redresser ce qui se trouvera avoir été altéré ? — Chaque parti, à tour de rôle, signalera à l'autre un point à réformer. — Eh ! bien, si nous vous demandons de remettre les croix en l'honneur où elles étaient à cette époque ? — Nous le ferons « pour le bien de la paix », mais à condition que vous nous concédiez notre premier article, qui est de rétablir « *l'autorité de l'Evesque de Rome, toute telle qu'elle estoit dans la fin du quatriesme siècle* [2]. »

1. Cf. Réaume, t. I, p. 387.
2. *Ibid.*, p. 388.

Le mot était lâché. C'est là où d'Aubigné attendait du Perron. Le Cardinal devint pensif : Donnez-nous 40 ans de plus, conclut-il. — « *Vous en demandez plus de cinquante* repartit d'Aubigné avec malice, *je voy bien que c'est le Concile de Calcédoine ; mettez nous sur le tapis, et ayant concédé la thèse généralle nous accorderons ce que vous demandez, là et non pas icy* [1], » et nous ajouterons même « *deux cents ans pour vos espingles* [2]. » Du Perron parut ébranlé : « Si cela ne se fait à Romme il le fault faire à Paris » dit-il [3].

Après quelques autres discours, on se sépara, non sans railleries familières ; et d'Aubigné menaça plaisamment le Cardinal, qui avait tenu des propos assez hardis pour un évêque, d'écrire au Pape ce qu'il avait « en ce jour-là oüy dire sous un bonnet d'escarlatte [4] ».

Il retourna au Louvre en s'arrêtant un moment chez le président Langlois. Cela suffit pour que le Roi fût déjà informé avant son arrivée, par un message du Cardinal, de la tournure de la conversation. Aussitôt il l'interrogea, lui fit raconter l'entretien, puis brusquement : Pourquoi avez vous dit au Cardinal qu'on pourrait lui accorder 40 ans de plus sur le tapis d'une conférence, et non avant ? Aubigné hésita, mais le Roi le pressant : « *Sire*, répondit-il, *c'est un petit stratagème du mestier ; mais puisque Votre Majesté me le fait dire par autorité, c'est que sur le terme de 400, en demander 50 d'alongement, estoit confesser que les quatre premiers siècles estoyent pour nous, et par la naissance, pureté et vraye antiquité, l'Ésglise estre de nostre party* [5]. »

Gros scandale. Les cardinaux et Jésuites présents se récrièrent. Père Cotton « prit par la main le comte de Soissons pour le divertir [6] » comme si sa foi courait hasard à écouter de tels propos ; et le Roi mécontent « tourna l'eschine [7] » au mécréant, qui venait de proférer cet audacieux blasphème. Aubigné riait sous cape d'avoir jeté ce pavé dans la trame pieusement ourdie pour étouffer en douceur le

1. *Mémoires*, t. I, p. 80.
2. *Ibid.*
3. Dans la lettre, t. I, p. 388.
4. *Ibidem.*
5. *Ibid.*, p. 389.
6. *Ibid.*, p. 389.
7. *Mémoires*, t. I, p. 81.

Protestantisme, « car ce coup rompit entièrement et fit taire dans la Cour les discours d'accommodement [1] ».

Il était très content de lui, mais le Roi l'était moins. « Ce brouillon » était venu tout gâter. Il fut conseillé de le mettre à la Bastille, et il n'en était pas éloigné : « On trouverait assez de quoy luy faire son procès [2] », disait-il à Sully. Un soir Mme de Châtillon [3] avertit d'Aubigné de filer dans la nuit, sinon il était perdu. Il se mit en prière, et écouta l'inspiration qui lui vint.

« De bon matin [il] va trouver le Roy, luy fait un petit discours de ses services, et luy demande une pension, ce qu'il n'avoit jamais faict. Le Roy bien aise de voir en ceste ame quelque chose de mercenaire, l'embrasse et le lui accorde ; et le lendemain le compagnon estant allé à l'Arsenal, le Duc de Sully le convia, et le mena voir la Bastille, luy jurant qu'il n'y avoit plus de danger, mais depuis un jour seulement. Au sortir de la Cène, le Dimanche d'après, Madame de Chastillon bien émerveillée d'un si estrange remède, donna à disner à Monsieur du Moulin, à Aubigné et à Mademoiselle de Ruvigny, femme de celuy qui commandoit à la Bastille. Ceste-cy oyant à table un propos qui luy plaisoit, entre ces deux regardant fixement le second, se mit à pleurer, et pressée de la cause de ses larmes, dit qu'elle avoit par deux fois accommodé une chambre, et la dernière attendu à minuit le condamné [4] ».

Aubigné courut-il un si grand danger ? Les larmes de Mme de Ruvigny le feraient croire. Mais cette visite à la Bastille du prisonnier manqué, ce n'est plus que de la tragi-comédie. On a peut-être voulu seulement lui faire peur, et le dénouement le donne à penser. La vue de la chambre qu'on lui destinait pour cellule put lui suggérer quelques réflexions salutaires, et l'engager à mettre une sourdine à ses incartades.

1. T. I, p. 389.

2. *Mémoires*, t. I, p. 81.

3. Probablement Marguerite d'Ailly de Péquigny, qui avait épousé en 1581 François de Coligny, sgr de Châtillon fils aîné de l'Amiral, mort à 30 ans en 1591. Marguerite d'Ailly était une femme héroïque, qui avait su défendre en 1590, en l'absence de son mari, le château de Châtillon, contre le capitaine Solart, gouverneur de Montargis pour la Ligue. — Une autre dame de Chatillon vivait encore en 1607, Élisabeth de Hauteville, veuve du frère aîné de l'amiral, Odet de Chatillon, cardinal. Elle plaida devant le Parlement, de 1602 à 16 6, pour la succession de son mari. Elle ne mourut qu'en 1611, à 91 ans.

4. *Mémoires*, t. I, p. 82.

Il semble d'ailleurs qu'il exagère ou s'exagère les conséquences de son entrevue avec du Perron, et la rapidité du succès de sa tactique. L'effet ne fut pas aussi immédiat qu'il le prétend. Quoi qu'il en dise, on continua à parler d'un accommodement et l'affaire ne fut pas si vite abandonnée. Le Journal de Chamier le prouve, où il en est question à plusieurs reprises, non seulement pendant la suite du séjour de d'Aubigné, mais encore après son départ.

A la date du 12 janvier 1608, Chamier relate ceci :

« Je vis aussi *M. d'Aire*, qui me dit que le Roy lui avoit parlé de moy, en ce qui concernoit les garnisons [1]. Il me dit aussi que on parloit d'une conférence plus que jamais : que le Roy même lui en avoit parlé et qu'il avoit dit au Roy que c'etoit un dessein grand, beau et digne d'un Roy tel que luy : mais qu'il faloit y procéder sans finesse ; car les voyes de renard, outre qu'elles etoient indignes d'un tel Roy, ne feroient qu'aigrir les affaires. Et le Roy repondant qu'il falloit bien commencer par quelque bout, il répliqua que des mains si grandes que les siennes lèveroient toute la pierre ; (que ?) [2] on parloit de remettre l'Église en l'état qu'elle étoit aux quatre premiers siècles. A quoy il répondit que nous y consentirions, pourvu que ceux de l'autre partie signassent les premiers : car, encore qu'il y pût avoir quelque intérêt pour nous, tant y a que le leur y étoit si grand, qu'il n'y avoit pas apparence qu'il y pussent être amenés.

« Que le Cardinal du Perron lui en avoit aussi parlé, et qu'en luy disant que le Pape n'y consentiroit jamais à cause de son autorité, le Cardinal répondit en lui serrant les doigts, que, si la Cour de Rome ne le vouloit pas, on le feroit par deça contre son gré.

---

1. C'était un des griefs d'Henri IV contre Chamier, qui avait insisté auprès du maréchal de Lesdiguières pour qu'on retirât des garnisons du Dauphiné tous les soldats catholiques.

2. Ce « que » est malencontreux, et le texte est altéré, tout au moins équivoque, car cela a l'air d'une continuation de la réplique de M. d'Aire. Alors la suite « à quoy il *répondit* que nous y consentirions... » ne s'expliquerait plus : elle suppose évidemment un changement d'interlocuteur avant. C'est donc le Roi qui a dû dire qu'on parlait de remettre l'Église dans la situation du ive siècle, et l'autre a répondu..., etc. Pour garder le texte tel quel, il faudrait rattacher ce « que » qui nous gêne à la construction initiale : « *il me dit* aussi *que* on parloit d'une conférence plus que jamais ». Il reprendroit plus loin : (*il me dit*) *qu'on parloit de remettre l'Église*... mais alors le passage est mal ponctué, il faut mettre un point après «... que les siennes lèveroient toute la pierre », et passer à la ligne, comme dans les alinéas suivants : « que le Cardinal du Perron lui en avoit aussi parlé... que de toutes chose il falloit... »

« Que de toutes ces choses, il falloit faire son profit et se tenir prêts pour n'être pas surpris [1]. »

Il est fort intéressant ce compte rendu. L'intérêt en est même plus grand encore qu'il n'apparaît à première vue. M. d'Aire, c'est l'évêque d'Aire [2], Philippe de Cospéan, consacré en cette qualité le 18 février 1607, plus tard évêque de Nantes [3]. Son langage ne laisse pas d'être assez curieux pour un évêque. Ce prélat parle comme un protestant ; j'oserai dire qu'il sent le fagot. Il vient faire des confidences à Chamier, et tout ce qu'il lui rapporte montre que devant le Roi c'est le point de vue protestant qu'il a opposé au point de vue catholique, comme s'il était le porte-parole des Réformés. Il s'associe si bien à la thèse huguenote que, en s'adressant à Chamier, il dit *nous* : « J'ai répondu que *nous* y consentirions pourvu que ceux de l'*autre partie* signassent les premiers. »

L' « autre partie » c'est l'Église catholique, et il doute fort qu'elle accepte de revenir aux institutions du ive siècle, parce que ce serait la ruine de l'autorité pontificale. M. d'Aire, en cette circonstance, n'est pas du côté catholique. Évidemment cet évêque n'est pas ultramontain. Mais que dire de sa recommandation finale à Chamier, « que de toutes ces choses il falloit faire *son* profit et *se* tenir prêts pour n'être pas surpris » ? N'est-ce pas épouser complètement la cause protestante ?

La conclusion s'impose : il y a erreur sur la personne. Ce ne peut être un catholique qui parle, encore moins un évêque. Il démentirait son caractère sacerdotal et renierait sa foi : ce serait le reniement de saint Pierre. Et voit-on un courtisan prudent comme était Philippe de Cospéan exhorter le Roi à éviter les « voyes de renard », semblant insinuer ainsi qu'il était naturellement enclin à cette finesse trompeuse ? Qu'un d'Aubigné, qui se permettait tout, et qui avait habitué le Roi à tout entendre, use d'une telle audace, à la bonne heure, ou passe encore ! Mais un autre ?

Au fait, s'il y a erreur sur l'identité du personnage, et s'il faut le dépouiller de ses ornements épiscopaux, pourquoi, après cette transformation, ne serait-ce

---

1. READ, *D. Chamier*, p. 44-15.
2. Aire-sur-la-Lys, arrondissement de Saint-Omer, Pas-de-Calais.
3. En 1622. Il devait prononcer l'oraison funèbre d'Henri IV. Cf. HAUSER, *es Sources de l'Histoire de France*, xvie siècle, t. IV, p. 216, art. 3262.

pas la figure de d'Aubigné qui apparaîtrait ? Supposons que ce soit lui qui ait causé avec le Roi de l'affaire, aurait-il tenu un autre langage ? La position qu'il prendrait ici, et qu'il prête aux Protestants dans le débat institué, n'est-elle pas précisément celle que nous l'avons vu adopter dans son entretien avec du Perron ? Et ici aussi il est question d'une conversation avec du Perron ; et, sur le point de l'autorité du Pape, les propos échangés sont justement ceux rapportés par d'Aubigné. Or, le dernier mot de du Perron n'est pas de ceux qu'un cardinal répète à toute heure ni à tout venant : « Si cela ne se fait à Romme, il le fault faire à Paris ».

A mon sens il n'y a pas de doute. Le *Journal de Chamier* présente ici une faute de copie, et ce n'est pas *M. d'Aire* qu'il faut lire mais *M. d'Aubigné*. Peut-être y avait-il sur l'original une simple initiale, *M. d'A...* ? Cet original autographe rédigé par Chamier a disparu, et le manuscrit communiqué par les héritiers du nom à la Bibliothèque de l'Histoire du Protestantisme n'est qu'une copie assez fautive [1], que M. Read a été obligé de corriger en plusieurs endroits, mais où il a pu laisser échapper quelques erreurs. Celle que je signale est du nombre.

Mais si c'est bien, comme j'en suis persuadé, avec d'Aubigné que le pasteur Chamier s'est entretenu ainsi le 12 janvier 1608, il en résulte qu'il n'avait pas de son propre aveu écrasé du premier coup « l'Infâme », ce sinistre complot contre la Religion réformée, autant qu'il s'en targue dans les *Mémoires* [2] et dans sa lettre à un coreligionnaire à son retour en Saintonge [3]. C'est que ceux qui avaient conçu ce dessein, dont les Huguenots s'effrayaient tant — bien à tort, semble-t-il — tenaient à leur idée. Ce n'était pas seulement du Perron, qui aurait pu n'y voir que le couronnement triomphal de ses brillants succès de convertisseur. Mais le Roi, dont toute la politique intérieure, forgée dans la rude expérience des guerres civiles, n'avait d'autre but que le rétablissement de la paix et de l'ordre, pour la grandeur et la prospérité de la France, le Roi sentait bien que cette paix du Royaume ne serait vraiment assurée que par la concorde des âmes. C'est pourquoi il appelait de tous

---

1. Cf. Introduction de Read (p. 13) à son vol. sur *Daniel Chamier* (1858), où il réédite le Journal qui avait déjà paru en 1853 dans le *Bulletin de la Société d'Histoire du Protestantisme*.

2. Réaume, t. I, p. 81.

3. A la page 389 du même tome. C'est sans doute à ce retour aussi qu'il écrivit le chapitre de *Sancy* (II du second livre) sur la *Réunion des religions*, où il tourne ce projet en ridicule. Cf. éd. Réaume, t. II, p. 319 et sq.

ses vœux la fin des divisions religieuses. Il la désirait tant qu'il se faisait des
illusions sur la possibilité de ramener les dissidents au Catholicisme par le moyen
d'une conférence et de concessions réciproques. Évidemment c'était l'espérance
d'un grand Français, qui n'était pas un grand croyant. Mais comment n'être pas
ému en l'entendant tenir ce propos à Chamier, dans la dernière audience qu'il lui
accorda le 12 mars, à Chantilly :

« Me dit qu'il voudroit avoir perdu un bras et pouvoir réunir tous ses sujets
en une même croyance » :

Et il ajouta « qu'il avoit envie d'assembler un *Concile* pour cet effet[1] ».

On voit que, loin d'être rentré dans le néant sous l'assaut de d'Aubigné, le
projet d'entente prenait corps et forme, au contraire, deux mois après son départ.
Chamier assura Henri IV du concours dévoué des Protestants pour la réussite de
cette entreprise généreuse. Mais ce n'était guère là qu'une formule de politesse, et
une adhésion du bout des lèvres. Deux jours après, le 14 mars, en prenant congé
du Chancelier à Paris, il faisait déjà des réserves et laissait voir clairement que
ce « bloc enfariné » ne lui disait rien qui vaille : « Il faloit que S. M. print garde
à lever tout soupçon et à montrer qu'elle y procède sincèrement, ôtant toutes les
craintes que nous pourrions avoir d'être surpris », et le seul moyen à ses yeux de
dissiper ces appréhensions serait d'agir en dehors de Rome[2]. Comme si la chose
était possible pour les Catholiques ! La condition étant inacceptable n'équivalait-
elle pas à une fin de non-recevoir ? C'était bien l'idée de derrière la tête des
chefs du Parti de rendre irréalisable l'intention du Roi, car ils étaient assurés que
s'ils prêtaient les mains à cette tentative, on les mènerait plus loin qu'ils ne voudraient. Sans s'y opposer catégoriquement, ils devaient donc s'arranger pour la
faire échouer. Nous en avons l'aveu dans le *Journal de Chamier*, et cet aveu est
fait par le plus grand personnage du Parti, le maréchal de *Bouillon*, au souper
de qui il se trouva, pour l'adieu, ce même jour du 14 mars. Le Maréchal lui parla
de diverses choses, et notamment du projet de Concile :

« Son avis est de regarder aux moyens d'empêcher ce concile en toutes
façons, étant certain qu'il ne peut être tenu qu'avec tromperie, que toutefois il ne

1. READ, *Chamier*, p. 59.
2. READ, *Chamier*, p. 61-62.

faut pas le refuser ouvertement et directement, mais indirectement, en demandant des conditions justes et égales, auxquelles on ne condescendra jamais [1]... »

Quelles conditions ? C'est vague. S'il vise l'exclusion de toute ingérence étrangère, c'est-à-dire de la Cour de Rome, pour pouvoir traiter à égalité avec les Catholiques, comme deux Églises nationales indépendantes, il y avait des chances évidemment pour qu'on n'y consentît pas. En tout cas la tactique est claire : soulever des difficultés, gagner du temps et... se dérober.

L'affaire n'aboutit pas, et elle ne pouvait pas aboutir ; mais si d'Aubigné y fut pour quelque chose, la part qu'il se taille dans ce qu'il considère comme un grand succès semble excessive. Étant donné l'état d'esprit dominant dans le Parti, et les méfiances qu'inspirait toute offre de rapprochement religieux venant des Catholiques ou du Roi converti, il y a tout lieu de penser que, même sans l'intervention de d'Aubigné, les conciliateurs en auraient été pour leurs frais.

Mais il n'est pas impossible, d'autre part, puisque nous ignorons la cause exacte de sa venue à Paris, qu'il y ait été appelé par les ministres précisément pour cette affaire, parce qu'on le savait homme de ressource et ne craignant pas d'affronter les puissants, sans s'inquiéter de déplaire. La hâte avec laquelle il courut chez du Moulin dès son arrivée, au débotté ou même sans se débotter, donne bien à croire qu'il était attendu, et autorise l'hypothèse que nous faisons. Dans ce cas ce serait un bel hommage qu'on aurait rendu à son caractère et à son habileté, en le faisant venir de si loin pour rompre le coup qui se préparait ; et on comprendrait alors qu'il se montrât justement fier d'y avoir réussi, même si le mérite n'en revient pas à lui seul.

C'est peut-être à ce voyage aussi qu'il faut rapporter *une anecdote racontée dans la Préface du premier tome de son Histoire universelle*, et qui met également en pleine lumière sa droiture d'esprit et sa franchise courageuse. C'est *à propos de l'historien de Thou*, pour qui il professait admiration et reconnaissance : car, bien que catholique, il le jugeait impartial, et ne cachait pas qu'il lui était très redevable et avait « tiré beaucoup de chose de cet auteur excellent [2] » pour sa propre *Histoire*. Or, justement à cause de son libéralisme et de son équité entre

1. READ, *Chamier*, p. 62.
2. Cf. lettre au ministre Goulart à Genève en 1616. Réaume, t. I, p. 174.

les partis, de Thou était très attaqué dans les milieux bien pensants. D'Aubigné profita un jour de l'occasion qui s'offrit de le défendre devant le Roi, et de répondre aux critiques malveillantes par un magnifique éloge. Il n'en voyait qu'une de fondée, à savoir la longueur des harangues que de Thou prête trop généreusement, et sans garantie d'authenticité, aux divers acteurs des événements : « Il a souffert, ajoute-t-il, d'autres répréhensions plus aigres et plus injustes par les grands, que les Jésuites animoyent contre lui. Tout cela sont petits poreaux peu apparens en une face digne de tant d'amour et d'honneur, et n'empeschent point qu'il ne faille laisser ici à la mémoire ce qu'il m'a fallu soustenir dans le cabinet du roi, plein de princes, cardinaux et Jésuites, qui lui dressoyent un inique procès ; c'est que la France n'a jamais produit un esprit puissant comme cettui-là, pour opposer aux étrangers, et surtout aux Allemans, nos reprochans qu'il sort bien des François quelque chose subtile et délicate, mais jamais d'œuvre où il paroisse force pour supporter un labeur, équanimité pour estre pareil à soi-mesme, ni un puissant et solide jugement. Toutes ces choses sont tellement accomplies en cet auteur sans pareil, que nous requérons maintenant en eux ce qu'eux austrefois en nous [1]. »

Tout ce qui a paru de l'*Histoire* de de Thou, de son vivant, c'est-à-dire 80 livres sur 137, comprenant la période de 1544 à 1584, fut publié entre 1604 et 1609. Il se peut donc que ce soit après cette date, c'est-à-dire seulement au voyage suivant, que d'Aubigné se soit fait si vaillamment son champion dans le cabinet du Roi. J'incline cependant à croire que cela se passa plutôt en 1607, au fort de la campagne menée contre de Thou, et dans la phase critique de l'instance engagée à Rome pour la condamnation de son ouvrage. Il y était défendu par les cardinaux français Joyeuse, d'Ossat et du Perron, représentants du Roi, et lui-même adressait ses justifications à son parent, le protonotaire Christophe Dupuy, dans des lettres dont on a conservé vingt-quatre, écrites de 1604 à 1607. C'est en 1607 qu'avait été déposé le rapport défavorable du premier censeur, Antoine Caracciolo ; on attendait celui du second censeur, le cardinal Bellarmin. « La question de Thou » était donc tout à fait à l'ordre du jour, et on s'expliquerait fort bien l'intervention de d'Aubigné à ce moment. Quoi qu'il en soit, dans cet hommage à la vérité, et ce

---

1. *Histoire universelle*, t. I, p. 6-7 (éd. Ruble).

témoignage de gratitude offert à son maître en Histoire, il apparaît très sympathique, et c'est un fleuron de plus à ajouter à ses belles ou bonnes actions.

Après l'alerte de la Bastille, et la réconciliation *in extremis* avec le Roi, d'Aubigné reprit, le 15 janvier 1608, le chemin du Poitou. L'hiver était devenu très rigoureux, « la gelée si grande et si aspre » — depuis le nouvel an — « que, de mémoire d'homme, il ne s'en estoit point veu de semblable », et que plusieurs personnes furent « trouvées mortes de froid par les champs[1] ». Frimas sur la campagne, frimas dans son cœur. Il devait se faire certaines réflexions mélancoliques. Malgré la satisfaction d'avoir déjoué une machination dangereuse pour la Religion, et le plaisir qu'il avait pris sans doute par vieille habitude à livrer ce nouveau combat, il ne pouvait pas, maintenant qu'il s'éloignait et se remémorait son séjour, ne pas faire de comparaisons attristantes avec le passé, et ne pas éprouver d'amertume en songeant à l'hostilité qu'il avait rencontrée dans une Cour où les serviteurs de la veille, comme lui, auraient dû être à l'honneur. En fait, ils n'étaient plus que gênants, et on le leur faisait sentir. La vue des Huguenots fidèles ne pouvait qu'être désagréable au Roi, comme un reproche vivant. Ils s'apercevaient que leur place n'était plus là, au milieu de tous les Catholiques qui avaient désormais la faveur du maître, et qui les regardaient de travers. Leurs costumes, comme leurs idées, étaient démodés. Ils n'avaient plus qu'à vivre dans la retraite, vieux « *emeriti* » tout chevronnés d'ans et de services, et qui avaient cessé de plaire.

Qu'ils fussent des irréductibles comme d'Aubigné, ou des esprits conciliants comme Duplessis, ils étaient tous logés à la même enseigne, c'est-à-dire hors de la Cour, et relégués dans la même disgrâce, pour n'avoir pas voulu renier leur religion. Sans doute le Roi par moments avait des retours, des repentirs, mais passagers, fugitifs, et, après l'émotion du souvenir, il était repris par le présent, les influences et les idées nouvelles auxquelles il avait adhéré. Il n'était donc pas possible de faire fond sur ces réminiscences du cœur, et le plus sage, pour les Huguenots de vieille roche, était de se tenir à l'écart, non par bouderie, mais par dignité ou simple bon sens.

Quelques jours après le départ de d'Aubigné, Duplessis répondant à une invi-

---

1. Cf. *Journal de L'Estoile*, t. IX, p. 42.

tation que lui avait adressée le Chancelier, de venir à Paris pour les affaires des domaines de Navarre et de Béarn dont il était le trésorier, s'excusait auprès de M. de Loménie, secrétaire d'État, de ne pas faire le voyage, en invoquant son état de santé, mais il ajoutait :

« Ayant à estre inutile, il m'est plus séant ici que là ; j'oserois presque dire plus convenable au service du roy mesmes », et, parlant à un ami, il ne craignait pas de s'épancher, et d'avouer toute sa pensée : « C'est la vérité que la saison que je servois ne ressemble pas à celle qui distribue les salaires ; et y a plus, je ressens bien que j'ai laissé passer la récolte[1] ».

En réalité, installé dans sa place de Saumur, comme d'Aubigné l'était à Maillezais, gratifié de pensions, il avait tout de même été payé ; mais il n'était plus le conseiller écouté et vénéré qu'il avait été pendant longtemps. Dans la situation qui leur était faite, les anciens compagnons du Béarnais souffraient plus dans leur affection que dans leurs intérêts, en se voyant supplantés par les serviteurs de la onzième heure : mais à cela il leur fallait bien se résigner.

Et j'imagine que d'Aubigné se résignait assez facilement quand il revoyait la lumière de son foyer, et retrouvait le labeur de son cabinet de travail, où s'édifiait la grande œuvre de son *Histoire universelle*. Ne pouvant plus agir, ou guère, il revivait en la racontant l'épopée huguenote. Le sourire de ses filles le reposait et le dédommageait de toutes les ingratitudes. Par elles il ne recevait que de la joie, mais son fils Constant lui donnait déjà de graves soucis[2]. Ce « misérable », démentant sa naissance et son « exquise éducation », s'était déjà débauché à Sedan et en Hollande « par les hivrongneries et les jeux » ; et peu après son retour, il profita d'une absence du père pour épouser, à la Rochelle, une veuve fort belle, dit-on, mais sans fortune ni vertu : mariage malheureux qui devait être rompu d'une façon tragique. Le contrat est du 3 septembre 1608[3]. Cette première femme de Constant d'Aubigné, qui ne fut pas la mère de Madame Maintenon, s'appelait Anne Marchant, et était veuve de Jean Courault, seigneur et baron de Chastellaillon[4].

1. Lettre du 18 janvier à M. de Loménie, t. X des *Mémoires du Mornay*, p. 221.
Cf. *Mémoires*, t. I de l'éd. Réaume, p. 109-110.
3. Reçu par Du Puis, notaire à la Rochelle, cf. Carrés d'Hozier, vol. XL, f. 94 (Bᵉ Nat., fonds fr., n° 30269).
4. Cf. Une note de Henri Clouzot la concernant dans le *Bulletin de la Société d'Histoire du Protestan-*

En octobre se tint l'*Assemblée protestante de Jargeau* (du 1er au 16) à laquelle d'Aubigné n'assista pas. Elle avait pour objet de régler le conflit avec le Roi, imprudemment ouvert par le Synode de la Rochelle (mars 1607), à propos de la désignation des nouveaux Députés généraux. Elle consentit à proposer six candidats et le choix d'Henri IV se porta sur les deux élus du Synode de la Rochelle MM. de Villarnould, gendre de Duplessis, et Mirande : preuve qu'il n'avait contre eux aucune prévention, et qu'en maintenant le principe de la présentation d'une liste, il voulait seulement conserver intacts les droits et le prestige de son autorité, à laquelle devait rester le dernier mot.

Dès lors, et après ses réponses favorables au Cahier des Requêtes de l'Assemblée, il ne devait plus y avoir de heurt, jusqu'à la fin du Règne, entre le Parti et lui. La plupart des réclamations justifiées avaient reçu satisfaction, les institutions protestantes fonctionnaient normalement, et les Églises jouissaient d'une autonomie et de garanties raisonnables, avec leurs tribunaux spéciaux, leurs places de sûreté, leurs diverses représentations. Si individuellement certains religionnaires avaient des motifs de mécontentement, en comparant leur condition à celle de catholiques mieux pourvus, sans avoir les mêmes mérites ni les mêmes titres à la reconnaissance royale, dans l'ensemble on ne se trouvait pas malheureux, et on éprouvait un sentiment de bien-être et de sécurité qu'on n'avait jamais connu auparavant de la même façon. D'Aubigné était peut-être trop partial et trop entêté pour l'avouer, mais nous avons entendu le témoignage de Duplessis-Mornay en 1604 ; il le renouvelle en 1609, après une plus longue expérience du régime instauré par l'Édit de Nantes, et quand bien des difficultés ont été encore aplanies. Son attestation a donc encore plus de portée à cette date. Et elle est donnée en toute sincérité, puisque c'est une confidence à un coreligionnaire, le même M. de La Fontaine, ce pasteur français établi en Angleterre, à qui il envoyait déjà les nouvelles de 1604 :

« Pour nous, lui écrit-il le 5 février 1609, nous vivons assés doulcement soubs

tisme français, t. LIII (1904) p. 495-497 : Anne Marchant avait trois filles du premier lit. Ce mariage irrita d'autant plus Agrippa qu'il fut suivi d'une demande de reddition de comptes par Constant pour la succession de sa mère. Le règlement n'intervint qu'après l'établissement de ses deux sœurs. Surimeau lui fut attribué en titre (baron de Surimeau). Mais il n'eut qu'une portion de l'usufruit de cette terre. D'Ade et sa femme (Marie d'Aubigné) l'occupèrent et s'y maintinrent.

le bénéfice des édicts de Sa Majesté, et nos Églises se fortifient plustost qu'elles ne croissent, non que plusieurs ne s'esmeuvent, mesmes s'esbranslent pour venir à Christ ; mais c'est à Dieu vraiment de les tirer, et ne se vérifia jamais plus clairement[1]. »

Rien ne peut mieux justifier la politique religieuse d'Henri IV, et montrer son succès, que cette déposition favorable d'un des meilleurs membres du Parti et, à vrai dire, de sa plus haute autorité morale.

D'ailleurs, à la fin du règne, Henri IV, en dehors de sa bienveillance originelle pour les Protestants, et de son esprit de tolérance, a un motif de plus pour les ménager et s'efforcer de les rendre satisfaits : c'est qu'il se prépare à jouer une grosse partie au dehors, et à jeter les forces et les ressources de la France reconstituée sur l'échiquier européen, pour contre-balancer la puissance exorbitante des héritiers de Charles-Quint, ceux d'Espagne et ceux d'Autriche, unis sous l'égide de la Papauté. Il a donc besoin plus que jamais de concorde à l'intérieur ; et, comme ses alliés naturels contre cette Trinité catholique sont les États protestants, son intérêt se trouve d'accord avec ses sentiments pour lui commander d'éviter tout conflit inutile avec les Églises de France, qui pourrait lui aliéner les Protestants étrangers.

Dès 1606, Duplessis-Mornay prévoyait une nouvelle guerre avec l'Espagne, et il estimait qu'il vaudrait mieux la prévenir que l'attendre :

« Je dis maintenant, écrivait-il le 13 octobre à M. de Bouillon, que, puisque nous ne faisons par nos procédures que thésauriser la haine de l'Espagnol, et esquiver à une guerre qu'enfin nous ne pouvons éviter, il est de la prudence de Sa Majesté de primer plustost que de temporiser ; de l'entreprendre en la santé que Dieu lui donne, et en la ferme auctorité qu'il s'est acquise, et avec les alliés qui l'y convient, plustost que de la remettre à ung age plus incommode, et la laisser peult estre en héritage très onéreux à Monseigneur le Dauphin[2]. »

Mais la nécessité de restaurer d'abord et de pacifier complètement l'État, puis de s'assurer par un lent et patient travail diplomatique les concours indispensables, fit retarder encore l'entreprise. A cet égard, le rétablissement de la paix entre l'Espagne et les Provinces-Unies fut une déception : Henri IV avait essayé

1. Cf. Duplessis, *Mémoires*, t. X, p. 280.
2. Cf. Duplessis, t. X, p. 185-186.

de l'éviter et de soutenir le parti de la guerre en Hollande, en offrant une assistance plus déterminée, et même sa souveraineté si l'on voulait l'accepter. Mais sa proposition inquiéta plus qu'elle ne tenta, et elle hâta plutôt la négociation de la paix. Quand il vit qu'il ne pouvait pas l'empêcher, il y contribua loyalement, et aida la Hollande à obtenir aux meilleures conditions *la Trêve de douze ans*, conclue le 9 avril 1609. Ainsi gardait-il la nouvelle République, sinon sous son patronage, au moins sous son influence.

En Allemagne, *la constitution de l'Union Évangélique* (4 mai 1608), qui groupa les Protestants divisés, mais apeurés par la réaction catholique, était un événement favorable pour les desseins du Roi de France, qui s'employa à accroître la cohérence des associés et à les faire entrer dans l'orbite de sa politique.

C'est sur ces entrefaites que s'ouvrit, le 25 mars 1609, *la succession de Clèves*, qui était susceptible de mettre le feu aux poudres, en opposant sur ce petit théâtre, par la diversité des prétendants et les appuis dont ils disposaient, toutes les forces antagonistes de l'Europe, catholiques et protestantes.

Pendant toute l'année 1609 et l'hiver suivant, ce fut un beau remue-ménage diplomatique, préparatoire à l'action militaire que chacun sentait inévitable. Les Protestants français avaient leur diplomatie secrète en marge de la diplomatie royale, mais loin de la contrecarrer en cette occurrence, elle tendait au même but, et s'efforçait d'amener à une alliance les Provinces-Unies, les Princes protestants d'Allemagne et la République de Venise, sur laquelle nos Réformés fondaient des espoirs excessifs. Parce qu'elle avait été en conflit avec la Papauté pour une question de juridiction sur les clercs, ils y croyaient les esprits mûrs pour un schisme, et voyaient déjà la Réforme installée dans la cité des Doges. Tout le tome X des *Mémoires de Duplessis-Mornay* est rempli de ces illusions, et de tractations qui aboutirent seulement à un échange d'ambassades entre la Hollande, les Princes d'Allemagne et Venise.

Ainsi peu à peu, et non sans hésitation peut-être de part et d'autre, on s'acheminait à une conflagration générale. Dans ces circonstances, le Roi se souvenait de ses anciens compagnons d'armes, et avait le désir bien naturel de rallier autour du trône les dévouements épars et sans doute un peu refroidis. D'Aubigné profita de ces dispositions.

Nous avons vu qu'à son départ de Paris, au début de 1608, il avait laissé le Roi assez irrité contre lui, puisque même peu s'en était fallu qu'on ne le jetât en prison pour être venu faire le frondeur et le brouilleur de cartes au milieu d'un arrangement qu'on croyait en bonne voie. Le récit des *Mémoires* continue ainsi, raccordant ce voyage en Cour avec le suivant — qui précéda de peu la mort du Roi — mais l'en distinguant aussi, semble-t-il, suffisamment, sans qu'il soit besoin, ainsi que je l'ai dit plus haut, de faire aucune modification dans le texte :

« Le Roy en peu de temps changea bien d'opinion, et reprit Aubigné en telle grâce, qu'il délibéra de l'envoyer en Allemagne comme Ambassadeur général, avec charge aux agents particuliers de luy rapporter deux fois l'an toutes leurs négociations ; et puis ce desseing changea, lorsque ce Prince eut pris le sien grand, qu'il luy communiqua tout du long [1]... »

Remarquons que ce revirement à l'égard de d'Aubigné et l'intention de l'employer en Allemagne, puis l'abandon du projet, tout cela suppose du temps et l'intervention de circonstances qui agissent peu à peu sur l'esprit du Roi, et modifient ses sentiments et ses vues. Dans notre hypothèse, avec un intervalle de deux ans entre les deux derniers voyages, ces changements successifs s'expliquent fort bien. Au contraire, ils seraient peu naturels et feraient l'effet de caprices s'ils se produisaient en quelques jours, après la bourrasque où d'Aubigné faillit trouver un abri à la Bastille.

Au reste, de même que le Journal de Chamier certifie sa présence à Paris à la fin de 1607, nous avons *une pièce qui date à coup sûr le dernier voyage*, c'est une lettre où d'Aubigné raconte une dispute théologique avec le jésuite Cotton sur la question de la Transsubstantiation [2]. C'était « un matin que le Roy entretenoit le Prince d'Anhalt au bout de la première gallerie ». Pour distraire la noblesse pendant ce temps le maréchal de Fervaques était venu prendre d'Aubigné par la main et l'avait mené « à une grande fenestre de l'autre bout », où se trouvait nombreuse compagnie, et là, malicieusement ou imprudemment, il avait excité les deux adversaires à la bataille.

Cette controverse a donc lieu, sinon en présence du Prince d'Anhalt, qui est

---

1. *Mémoires*, éd. Réaume, t. I, p. 82.
2. Cf. éd. Réaume, t. I, p 390-395, la VIIe des *Lettres de Piété et de Théologie*.

occupé avec le Roi et ne l'entend point, du moins pendant son séjour à Paris. Or nous sommes fixés par ailleurs sur l'époque et l'objet de la mission qu'il vint remplir au nom des Princes protestants d'Allemagne pour concerter leur action avec celle d'Henri IV dans l'affaire de la succession de Clèves. Le Prince d'Anhalt arriva à Paris le mercredi 16 décembre 1609. C'est ce qu'annonce à Duplessis M. Marbault, dans une lettre du samedi 19 : « M. le prince Christian d'Anhalt est ici de mercredi, revenant des nopces du duc de Wurtemberg ; il eut hier son audience [1]. »

La première s'entend, car il dut y avoir plusieurs conférences, la négociation étant délicate, et le Roi ne voulant pas s'engager sans être assuré du concours de l'Angleterre et des Provinces-Unies, ni sans une promesse d'assistance mutuelle entre les Princes confédérés et lui, pour le cas où le royaume serait attaqué par l'Espagne [2].

Le 26 décembre, M. Marbault récrit à Duplessis et l'informe que le Prince est reparti avec un accord de principe sur l'effort militaire à fournir de chaque côté [3].

Avant de rentrer en Allemagne, il se rendait à la Haye, pour connaitre les intentions de la Hollande, et savoir quelle contribution elle était prête à apporter à l'entreprise [4].

C'est donc entre le 18 décembre, jour où il fut reçu pour la première fois par le Roi, et le 25 décembre au plus tard, puisque le 26 il n'était plus à Paris, que dut se passer la petite scène du Louvre, où d'Aubigné et le P. Cotton amusèrent la galerie par leur débat théologique, pendant qu'on s'était écarté pour laisser le Souverain seul avec le Prince.

Naturellement, c'est d'Aubigné qui a la victoire dans le compte rendu qu'il

1. Cf. *Mém. de Mornay*, t. X, p. 470.

2. Cf. lettre de M. d'Aersens, ambassadeur des Provinces-Unies en France à Duplessis du 2 janvier 1610, *Mémoires de Mornay*, t. X, p. 493-494. Il lui apprend que M. de Boissise vient de partir pour Hall, où va se réunir l'Union évangélique, afin d'obtenir cet engagement réciproque que consacrera le traité de Hall du 11 février 1610.

3. Cf. *Mémoires de Mornay*, t. X, p. 485. C'est le prince d'Anhalt qui commandera les Allemands. Henri IV lèvera 6.000 Suisses, dont M. de Rohan sera le colonel, et rappelera ses deux régiments de Hollande. Somme toute, comme le note M. d'Aersens dans la lettre citée plus haut du 2 janvier, le Roi fera autant à lui seul que les Princes confédérés ensemble (*Mémoires de Mornay*, t. X, p. 493). Duplessis le confirme dans ses lettres à M. Asselineau à Venise, du 1er janvier (t. X, p. 492) et du 16 (t. X, p. 506).

4. Cf. la lettre de M. d'Aersens du 2 janvier (*Mém. Mornay*, t. X, p. 493-494) et celle de M. Marbault à Duplessis du même jour (*Ibid.*, p. 497) où il dit que M. d'Aersens est très vexé que le Prince aille ainsi traiter à la Haye en dehors de lui.

fait à un correspondant, et même, si on l'en croit, l'assistance lui était favorable et s'égaya de l'embarras du P. Cotton, esquivant la discussion sur la question essentielle de la vérité et de l'antiquité des deux croyances, pour se réfugier dans de subtiles chicanes sur l'interprétation d'un texte de Théodoret, et finalement se dérober tout à fait :

« Sur la contenance effrayée du Sieur Cotton, une grand' barbe s'escria d'un peu en arrière : *Monsieur, on vous attend où vous savez : il y va de vostre promesse.* Quelques gentilhommes le voulurent faire taire, mais ce fascheux redoubla : *Monsieur, il y va de vostre promesse.* — Et Cotton pria de remettre la partie, pour ce qu'il estoit engagé de parole ; et là dessus, quitta la Compagnie sans dire à Dieu à personne [1]. »

C'est tout de même « un rude homme » observe le maréchal de Fervaques. Oui, réplique d'Aubigné, il en est « aux rudiments [2] ».

Le séjour s'annonçait bien. D'Aubigné répétait ses maladresses du précédent voyage. Après du Perron, le P. Cotton : il continuait à souffler sur les lumières du Catholicisme. Qu'allait dire le Roi de cette nouvelle irrévérence ? Ma foi! il ne paraît pas qu'il s'en soit courroucé ; peut-être même en rit-il, comme la noblesse qui en avait été témoin [3]. Nous savons qu'il n'était pas alors en disposition de chercher querelle à des Huguenots, bien au contraire. Il avait en tête des affaires trop sérieuses, et le mot d'ordre était la conciliation et l'union. Aussi laissa-t-il de côté les différends, pour faire part à d'Aubigné, avec la confiance d'antan, de ses préoccupations et de ses projets concernant la politique extérieure. C'est ainsi qu'il l'aurait mis au courant de ce que l'on appelle *le Grand Dessein*, « contre les remonstrances qu'Aubigné faisoit que telles pièces ne se devoyent commettre qu'à ceux qui en portoyent le fardeau. Or pource que lors il estoit Vice Admiral de Xaintonge et de Poitou, il ne voulut point demeurer oizeux en un si grand mouvement ; il pressa le Roy de vouloir jetter une branche de ses desseings vers l'Espagne, et donnant de tous costez sur les ongles à son ennemi, luy envoyer une

<hr>

1. Éd. Réaume, t. I, p. 394.

2. *Ibid.*, p. 395.

3. C'est peut-être pour cela que d'Aubigné se risqua à faire un quatrain (adressé au Roi) sur le P. Cotton, qui est malicieux, mais un peu grossier. (Cf. éd. Réaume, t. IV, p. 361, la xxe des *Pièces épigrammatiques*.)

flèche vers le cœur ; et quand le Roy rejettant telle ouverture eut allégué le vieil proverbe : *Qui va foible en Espagne y est battu, et qui y va fort, il meurt de faim*, Aubigné luy ouvrit un marché auquel il obligeoit un million d'or vaillant, pour faire deux flottes qui rendroyent, par le circuit d'Espagne, dans les magazins du Roy [1] les vivres au prix qu'ils estoyent lors à Paris. Il adjoignit à son parti d'Escures ; et cela fut arresté après que le Duc de Sully eust fort traversé l'affaire au commencement [2]. »

Ainsi d'Aubigné s'attribue l'initiative d'une extension du Grand Dessein, qui était pourtant déjà assez vaste, et il aurait réussi à y convertir le Roi. Jusque-là il n'était question que d'élaguer le Grand Arbre de la Maison d'Autriche, qui couvrait d'ombre l'Europe, de le découronner en enlevant l'Empire d'Allemagne aux Habsbourgs, et de couper les rejets poussés en tous sens par la branche Espagnole, pour qu'elle ne dépassât plus les Pyrénées, et laissât respirer l'Italie et les Flandres. Maintenant, avec le projet de d'Aubigné, c'est au cœur même, en Espagne, qn'on devait aller la frapper de la cognée, et il se chargerait, comme amiral du Poitou et de Saintonge, de ravitailler par mer l'expédition.

La même affirmation se retrouve dans l'*Histoire*, avec quelques indications plus précises sur les moyens d'exécution :

« Tel estoit au commencement le grand dessein [3], se contentant le roi de réduire l'Espagnol aux frontières des Pirénées et de la mer. Mais deux choses firent penser plus avant ; l'une, l'offre de l'archiduc [4]... Et, de mesme temps, quelques riches marchans des costes de Guyenne, *ameutez par un vis-amiral du pays* [5], s'offrirent à nourrir l'armée qui conquerroit l'Espagne, rendans à leurs périls et despens les vivres, par toutes les villes et forts maritimes qu'on dresseroit, au prix qu'ils estoyent lors à Paris. Cela faisoit cercher vers la coste du Languedoc des offres de mesme commodité et doubler la doze de la despense

1. C'est-à-dire de l'armée du Roi en campagne, en Espagne.
2. *Mémoires*, t. I. de l'éd. Réaume, p. 82-83.
3. D'Aubigné a exposé en détail le plan royal, dont je viens seulement d'esquisser les grandes lignes. Cf. *Histoire universelle*, t. IX, p. 465-467.
4. Cet archiduc proposait, paraît-il, à Henri IV de l'aider à « mettre la couronne impériale sur sa tête ». Cela semble bien chimérique.
5. D'Aubigné lui-même.

pour jetter deux armées en Espagne, de chascune vingt-cinq mille hommes ; l'une, pour commencer à Saint-Sébastien, et l'autre à Parpignan, et se joindre, par les bords de la mer, où les conquestes leur permettoyent [1]. »

D'Aubigné a donc connu le Grand Dessein, il a reçu les confidences d'Henri IV, son témoignage s'accorde avec l'exposé de Sully [2], au moins dans une certaine mesure, c'est-à-dire sur le but à atteindre, l'abaissement de la Maison d'Autriche-Espagne, et les moyens d'y parvenir par un remaniement territorial de l'Europe, qu'imposerait la coalition de tous les pays opprimés ou menacés par la monarchie bicéphale. Ce qui manque chez lui, c'est ce qu'on a le plus critiqué dans les combinaisons de Sully, à savoir ce programme de reconstitution fédérative de l'Europe, organisée en une véritable « Société des Nations », et placée sous la tutelle de conseils supérieurs, avec un Conseil Suprême au sommet. Débarrassé de cette utopie, qui n'est peut-être après tout qu'une anticipation prématurée sur l'avenir, le Grand Dessein réduit aux proportions, déjà larges avouons-le, que lui donne d'Aubigné, apparaît moins chimérique.

Sans vouloir entrer ici dans les controverses qu'il a suscitées [3], ni discuter sa réalité (dans l'esprit d'Henri IV) ou ses possibilités de réalisation, observons seulement qu'à le supposer sérieux, il ouvrait à la politique française des horizons sans doute lointains, peut-être même inaccessibles, mais l'orientait du moins dans le sens où elle allait s'engager avec Richelieu, et continuer, en déviant un peu, avec Louis XIV. Pourquoi Henri IV et Sully n'auraient-ils pas été capables de la même clairvoyance que leurs successeurs ? En tout cas, si le témoignage de Sully est un peu suspect, parce qu'il a pu être tenté, pour rabaisser le mérite de Richelieu, de prêter à Henri IV des projets plus grandioses ou même imaginaires,

---

1. *Appendice à l'Histoire universelle*, t. IX, p. 467-169.

2. Auquel on attribue la paternité du Grand Dessein, et dont il ne faut pas aller chercher le projet seulement dans les *OEconomies Royales* où il paraît avoir été délayé et amplifié par ses secrétaires, mais dans un autographe retrouvé par le marquis de Vogué au château de Peseau (appartenant à la famille d'un secrétaire de Sully) et publié par lui en 1884 dans les *Notices et Documents de la Société de l'Histoire de France* à l'occasion de son cinquantième anniversaire. Cf. à ce sujet un article de N. Weiss sur le Grand Dessein d'Henri IV dans le *Bulletin de la Société de l'Histoire du Protestantisme français*, 1921, t. LXX, p. 118-120.

3. Cf. Ch. Pfister, les *OEconomies royales de Sully et le Grand Dessein* de Henri IV, *Revue historique*, année 1894 : t. LIV, p. 300 à 324 ; t. LV. p. 67 à 82 et 289 à 302 ; t. LVI, p. 34 à 39 et 304 à 309.

d'Aubigné n'apportait pas dans la question le même intérêt d'amour-propre ; et il nous semble que toute discussion ou opinion sur le Grand Dessein doit tenir compte de ce qu'il en rapporte.

Une fois fixé sur le rôle qu'il allait avoir à jouer, d'Aubigné regagna le Bas-Poitou pour faire ses préparatifs « et dans deux mois après, arriva l'effroyable nouvelle » de la mort du Roi, assassiné le 14 mai 1610. Si l'intervalle indiqué est bien exact, il serait donc resté à Paris près de trois mois, de la mi-décembre 1609 à la première quinzaine de mars 1610.

§ 5. — La mort du Roi.

A l'en croire, d'Aubigné aurait eu le pressentiment de la fin prochaine d'Henri IV. Au moment de son départ, le Roi lui tint un propos qui lui parut le signe de cet égarement fatal, où les croyants de tous les temps ont vu l'annonce du châtiment céleste prêt à frapper les puissants :

« *Aubigné*, lui dit-il, *ne vous y trompés plus, je tiens ma vie temporelle et spirituelle entre les mains du Sainct Père, véritablement vicaire de Dieu.* »

Quel blasphème pour un Huguenot! L'abjuration pouvait peut-être encore trouver grâce devant l'Éternel, si elle n'était qu'un acte politique, laissant subsister dans le secret de l'âme la vraie foi ; mais ce reniement définitif, cette abjuration intérieure, c'était le crime inexpiable. Dès lors, il n'y avait plus d'espoir et « il s'en revint tenant non seulement ce grand desseing pour vain, mais encore la vie de ce pauvre Prince condamnée de Dieu ; ainsi en parla-t-il à ses confidents [1] ».

Étranges certitudes du fanatisme! Mais il y a mieux ; c'est l'intrépidité d'assurance avec laquelle il affirme, dès la première nouvelle, que le Roi n'a pu être frappé qu'au cœur :

« Il la reçeut au lict, et le premier bruit estant que le coup estoit dans la gorge, il dit devant plusieurs qui estoyent acourus en sa chambre avec le messager,

---

1. *Mémoires* (Réaume, t. I, p. 83).

que ce n'estoit point à la gorge, mais au cœur, estant assuré de n'avoir point menty [1]. »

Le terrible homme qui, dans l'émotion d'un pareil moment, ne sent pas se détendre un peu sa passion religieuse, au contraire ! D'où lui venait cette conviction ? C'est que ne devait pas être démentie la prédiction qu'il avait faite naguère, au siège de la Fère, en présence de Gabrielle d'Estrées. On se rappelle la rude leçon qu'il tira alors de l'attentat de Châtel, et son mot cruel au Roi, qui lui montrait sa lèvre coupée : «*Sire, vous n'avez encore renoncé Dieu que des lèvres, il s'est contenté de les percer; mais, quand vous le renoncerez du cœur, il vous percera le cœur* [2]. »

Il est probable que, lorsqu'il proféra cette menace, elle n'avait pour lui-même d'autre portée que celle d'un avertissement, destiné à réveiller par une crainte salutaire la foi chancelante au cœur du Roi. Mais ensuite, confirmée par l'événement, elle prit à ses yeux une valeur prophétique, et il ne douta plus qu'il n'eût été le porte-parole de Dieu. Aussi s'en fait-il une sorte de gloire douloureuse, et est-il revenu souvent sur ce sujet, en vers comme en prose [3].

Bien des légendes, remarque-t-il, ont couru après la catastrophe; la superstition et la magie s'en sont mêlées; on a répandu beaucoup de prédictions après coup. Mais la sienne était assez connue, et le Roi lui-même la « ramentevoit » souvent, ainsi qu'un autre avertissement antérieur, « comme lui ayans donné quelque frisson » tous les deux [4].

Cette première cloche d'alarme, nous l'avons déjà entendue [5], mais comment ne pas en rappeler le son ici ? C'est la harangue que fit au Roi de Navarre, au moment où il « prenait congé du Poitou [6] », le juge de Moncontour, ce vieillard

---

1. *Mémoires.*

2. *Mémoires*, t. I, p. 69. — Cf. ci-dessus p. 113 de mon tome II.

3. Cf. *Histoire universelle*, t. IX, p. 104 et 461 ; *Confession de Sancy*, éd. Réaume, t. II, p. 352; *Préface des Tragiques* (Réaume, t. IV, p. 24-25); *Discours par stances avec l'esprit du feu Roy Henry Quatriscure. Ibid.*, p. 314. D'Aubigné avait eu aussi chez lui pendant plusieurs mois un muet extra-lucide, qui s'exprimait par signes, et qui dès 1606 avait prédit l'assassinat du Roi et toutes les circonstances. Cf. *Mémoires* (Réaume, t. I, p. 93) et *Lettres de Points de Science*, t. I, p. 426-427.

4. *Histoire*. Appendice, t. IX, 461.

5. Cf. ci-dessus, même tome, p. 10.

6. Je ne vois qu'une époque qui réponde bien à la mention de d'Aubigné que le Roi prenait alors « congé » du Poitou. Cela paraît signifier qu'il le quittait définitivement, ce qui expliquerait les conseils

sévère — presque sinistre — dont l'aspect singulier apprêtait à rire aux courtisans, mais qui figea de suite la moquerie sur leurs lèvres par l'autorité de sa parole, et la véhémence biblique de ses remontrances. C'était l'accent d'un prophète juif s'adressant à un roi d'Israël.

D'Aubigné évidemment a refait son discours,[1] en lui laissant d'ailleurs une forme fruste pour plus de vraisemblance ; mais on y reconnaît sa façon, et on y entend l'écho du premier livre des *Tragiques* sur les *misères* des paysans foulés par les gens de guerre ; néanmoins le fond doit être authentique, puisqu'il l'affirme, et cette scène semble avoir fait une forte impression sur lui comme sur l'esprit du Roi.

Ce n'était plus la voix d'un juge de campagne qu'on écoutait, mais celle du Grand Juge de la terre, faisant comparaître les Rois à son Tribunal et leur rappelant qu'ils sont dans sa main, qu'ils ne peuvent se dire ses représentants ici-bas que s'ils offrent l'image de sa justice et de sa clémence. Le voisinage et le souvenir de Moncontour fournissent un terrible exemple à l'appui de cette rude leçon : là la terre s'est engraissée du sang de dix-mille gentilshommes, « la plus généreuse noblesse de France », pour les punir d'avoir mis leurs armes au service de l'iniquité et de la cruauté. C'est le commencement du châtiment qui se continuera après la mort ; Dieu frappe ici et dans l'autre vie :

« Cependant *peu de ces grands vont la gorge sèche au tombeau, pource que le grand justicier dès ce monde exerce jugement.*[2] »

Voilà la parole fatidique, qui fit trembler Henri IV et qu'il n'oublia jamais, « et *nous* répétoit souvent ce terme, témoigne d'Aubigné, où il est parlé que les grands vont rarement la gorge sèche au tombeau[3] ».

---

et les remontrances du juge de Moncontour, avant de le laisser partir pour courir sur un autre théâtre une plus haute fortune. On est ainsi amené à penser que c'est au moment où il venait de signer la trève de Plessis-lès-Tours (3 avril 1589) et se rendait à l'appel d'Henri III à Tours pour combattre la Ligue. Mais les bandes de Mayenne ravageant ses domaines du Vendômois, il résolut de passer par le Nord de la Loire, pour les en chasser. Les *Lettres-Missives* nous le montrent encore à la Rochelle le 5 avril, le 15 il était à Thouars, et le 19 à Saumur où ses troupes allaient traverser la Loire. Or, Moncontour est tout près de Thouars, et s'était trouvé à peu près sur son chemin. Je croirais volontiers que c'est le *14 avril* qu'il y fut harangué par le juge du lieu, la veille du jour où il fit étape à Thouars.

1. Cf. *Histoire universelle*, t. IX, p. 461 et sq.
2. *Histoire*, t. IX, p. 463.
3. *Ibid.*, p. 464.

C'est dans l'*Appendice à l'Histoire universelle* que d'Aubigné a rapporté cette anecdote et l'Appendice fut écrit sous la Régence. L'*Histoire* s'arrêtait, on le sait, à 1602 ; il avait renoncé à la poursuivre plus loin. Mais, après la catastrophe qui terminait si tragiquement la carrière merveilleuse du Roi Henri, comment aurait-il pu laisser sans conclusion une œuvre où il tenait la première place ? Il voulut donc « poser un chapiteau » au monument, comme il dit, c'est-à-dire ajouter une oraison funèbre digne du Grand Roi dont il avait raconté les exploits. Et, en quelques pages émues, écrites avec une encre « pâlie par ses larmes », il retraça la destinée providentielle de ce Prince parti de peu et porté, à travers les périls et les vicissitudes les plus étonnantes, jusqu'au trône chancelant qu'il avait mission de raffermir. De fait, après quelques années de règne, il avait rétabli partout le respect de sa puissance, en France comme à l'étranger, et ramené dans le royaume la tranquillité avec la prospérité. Le panégyrique est sans réserve, ou presque. Il fallait cette mort dramatique pour arracher à d'Aubigné ces éloges magnifiques, qui sont comme un long cri d'admiration, et faire taire ses griefs et sa critique[1].

A ses lauriers, le Roi a mêlé l'olivier de la paix pour s'en tresser un diadème :

« Sous ces chapeaux d'oliviers, les lions et les ours de la France enchaînez et emmuselez, les renards et les belettes seules troubloyent, mais en cachettes et en ténèbres, le profond repos du laboureur, du marchand et du noble. Ces petites gales de l'Estat n'en altéroyent comme point la générale santé. Ceux qui avoyent accoustumé de demander les récompenses, comme les exigeans, ne les demandoyent plus comme debtes, mais comme bienfaits. Au lieu de dire *j'ai obligé le roi*, les plus hardis ne mettoyent en jeu que leur devoir acquité. Et, quant aux grands du royaume, le plus proche du premier en marchoit si loin qu'il n'avoit garde de

---

1. Il est regrettable qu'il n'ait pas observé la même décence dans le *Discours par stances avec l'esprit du feu roi Henry quastriesme* (cf. Réaume, t. IV, p. 313 à 325) qui dut être composé dans le même temps, et dont il a transcrit quelques strophes dans son Appendice. Malgré de belles louanges au début, le ton général est celui d'une âpre satire contre l'ingratitude du Roi à l'égard des Protestants et du Dieu qui l'avait comblé de ses grâces. Il s'est remis entre les mains des infidèles : là est la vraie cause de sa perte. Ce n'est pas cette opinion qui choque, mais un certain ton d'animosité, qui n'est peut-être après tout que l expression de sa douleur et de ses regrets. Il en veut surtout à Henri IV d'avoir éloigné les dévouements éprouvés, qui l'avaient si longtemps protégé, et qui auraient su le défendre contre le couteau de Ravaillac.

lui escorcher les talons. Les estrangers demandoyent leurs debtes par supplications, non par menaces, et le chapeau bas qu'ils avoyent enfoncé autrefois. Le roi voyoit autour de son lict et de sa table une florissante multitude d'enfans, bien que différents de conditions, tous obligez à son appui. Et, chose inouïe aux rois de France, il avoit sous la clef du duc de Suilli cent canons de batterie, les armes de quarante mille hommes, poudres et boulets pour deux cent mille coups en son arcenal, mais en son thrésor vingt-deux millions ; ces richesses comparées aux pauvretez souffertes et ces douceurs aux amertumes du passé. Pour l'excellence de cela, toutes ces armes ne faisoyent que parer la Majesté royale, elle lors n'estant armée que de ses loix. Or, cependant que sa mémoire emplit l'Europe par les oreilles, il n'a pas laissé les yeux sans actions, ayant en dix ans de paix, surmonté les bastimens et les labeurs des dix rois qui ayent de suite le plus travaillé pour s'éterniser en pierre et se faire voir à leurs successeurs [1]. »

Cet hommage suprême semble se dresser au terme de l'œuvre comme un mausolée superbe, ou mieux un Arc Triomphal, auquel on accède par toutes le avenues de l'*Histoire*, marquées des trophées de Henri le Grand. Car « ses félicitez... tenoyent, hors l'esgard à Dieu, hommagément de sa vertu [2] ».

Mais il est temps, précisément, d'avoir « égard » au rôle de Dieu, car finalement c'est à lui qu'un croyant doit rapporter toute gloire humaine et tout événement important. Le dénouement imprévu de cette grandeur suffirait à rappeler sa source, et sa fragilité dès que Dieu l'abandonne. C'est sur cette pensée que d'Aubigné veut clore son *Histoire* ; et c'est, dit-il, la conclusion, non seulement de la sienne, « mais de toutes celles qui ont esté escrites et s'escriront jamais [3] ». C'est la philosophie de Bossuet dans son *Discours sur l'Histoire universelle* et dans ses *Oraisons funèbres*, c'est le thème de l'Ecclésiaste « *vanitas vanitatum* », c'est l'idée de tous ceux qui s'inclinent devant une Providence supérieure. Malgré son cœur déchiré par la plus grande épreuve qui pouvait l'atteindre, et avec lui toute la France, d'Aubigné n'a pas un moment de révolte ni de doute. Il se met à genoux et renouvelle un acte de foi et de soumission. Il invite les Français à pleurer avec lui

1. *Histoire universelle*, t. IX, p. 457-458.
2. *Ibid.*, p. 455.
3. *Ibid.*, p. 475.

leur bon et grand Roi, mais à lever comme lui leurs yeux pleins de larmes vers le ciel pour apercevoir le contraste « des splendeurs qui passent aux éternelles, des royaumes caduques au permanent, et enfin de ce qui paroist estre, vivre et régner, à ce qui seul est, vit et règne véritablement[1] ».

1. *Ibidem.*

FIN DU TOME DEUXIÈME

TABLE DES MATIÈRES

DU DEUXIÈME VOLUME

CHAPITRE VIII

LES PROTESTANTS AU SECOURS DE LA ROYAUTÉ
L'ASSASSINAT D'HENRI III ET L'AVÈNEMENT D'HENRI IV

CHAPITRE IX

DE L'AVÈNEMENT A L'ABJURATION (25 JUILLET 1593)

CHAPITRE X

DE L'ABJURATION (25 JUILLET 1593) A L'ÉDIT DE NANTES (AVRIL 1598).
LA FIN DES GUERRES ET LA RETRAITE D'AGRIPPA D'AUBIGNÉ

CHAPITRE XI

LE FOYER ET LE CABINET DE TRAVAIL D'AGRIPPA D'AUBIGNÉ

CHAPITRE XII

DE L'ÉDIT DE NANTES A LA MORT D'HENRI IV (1598-1610)